国家社科基金
GUOJIA SHEKE JIJIN HOUQI ZIZHU XIANGMU
后期资助项目

明清江南文士治生研究

Research on Scholars' Making a Living in South of the Yangtze River in Ming and Qing Dynasties

徐永斌 著

中華書局
ZHONGHUA BOOK COMPANY

图书在版编目(CIP)数据

明清江南文士治生研究/徐永斌著. —北京:中华书局,2019.3(2024.4重印)

(国家社科基金后期资助项目)

ISBN 978-7-101-13690-6

Ⅰ.明… Ⅱ.徐… Ⅲ.知识分子-研究-华东地区-明清时代 Ⅳ.D691.71

中国版本图书馆 CIP 数据核字(2019)第 005196 号

书　　名	明清江南文士治生研究
著　　者	徐永斌
丛 书 名	国家社科基金后期资助项目
责任编辑	吴爱兰
责任印制	陈丽娜
出版发行	中华书局 (北京市丰台区太平桥西里 38 号　100073) http://www.zhbc.com.cn E-mail:zhbc@zhbc.com.cn
印　　刷	三河市中晟雅豪印务有限公司
版　　次	2019 年 3 月第 1 版 2024 年 4 月第 2 次印刷
规　　格	开本/710×1000 毫米　1/16 印张 22　插页 2　字数 350 千字
国际书号	ISBN 978-7-101-13690-6
定　　价	88.00 元

国家社科基金后期资助项目出版说明

后期资助项目是国家社科基金设立的一类重要项目，旨在鼓励广大社科研究者潜心治学，支持基础研究多出优秀成果。它是经过严格评审，从接近完成的科研成果中遴选立项的。为扩大后期资助项目的影响，更好地推动学术发展，促进成果转化，全国哲学社会科学工作办公室按照“统一设计、统一标识、统一版式、形成系列”的总体要求，组织出版国家社科基金后期资助项目成果。

全国哲学社会科学工作办公室

目　录

序　一

范金民

中国士大夫一向注重治生，孔子就说："富而可求也，虽执鞭之士，吾亦为之。如不可求，从吾所好。"（《论语·述而》）孔圣人认为，如果为了治生求富，无论什么营生都是可以考虑的。时代的步伐到了明清时期，随着科举取士制度的日益完备、高度成熟，文人中第的比率日益降低，入仕的竞争日趋激烈，读书从政之外，寻求谋生之方显得愈益紧迫，极为必要。

明中期嘉定人沈龄称当时"文士无不重财者"，江阴人李诩记时人重财数例：曾有人向名士常熟人桑悦求文，托以亲昵，无润笔，桑悦说："平生未尝白作文字，最败兴，你可暂将银一锭四五两置吾前，发兴后待作完，仍还汝可也。"苏州书画家唐寅，曾在孙思和家有一巨簿，录记所作，簿面题二字曰"利市"。苏州文人都穆雅有"不苟取"之名，曾患疾，当有人求字时，以帕裹头而强起，旁人请其休息，都穆说："若不如此，则无人来求文字矣。"马怀德曾为人向祝允明求字，问其"是见精神否"（当时人以取人钱为"见精神"——范按），祝回答"然"，并补充道："吾不与他计较，清物也好。"马又问何物，答称"青羊绒罢"（［明］李诩：《戒庵老人漫笔》卷1"文士润笔"条，中华书局，1982年，第16页）。大名鼎鼎的苏州才子唐寅会试落第后，以书画为生，赋诗描摹其生涯："不炼金丹不坐禅，不为商贾不耕田。兴来只写江山卖，免受人间作业钱。"（［明］唐寅：《唐伯虎全集》补辑卷4《题画一百十三首》，中国美术学院出版社，2002年，第434页）更吟诗自嘲："抱膝腾腾一卷书，衣无重褚食无鱼。旁人写我谋生拙，拙在谋生乐有余。"（［明］唐寅：《唐伯虎全集》卷3《风雨浃旬，厨烟不继，涤砚吮笔，萧条若僧；因题绝句八首，奉寄孙思和》，中国美术学院出版社，2002年，第109页）这些当时声名赫赫、后世景仰的江南文人，以书画易换衣食，获取润笔毫不含糊，活脱脱是文人治生的形象写照。到了嘉靖、万历之际，著名文人、官至兵部侍郎的徽商子弟汪道昆更曾借徽商之口说："丈夫不为名高，则为厚利，安能郁郁坐困乎？"（［明］汪道昆：《太函集》卷28《沈文桢传》）清康熙十七年

(1678)，连后来成为著名理学家的陆陇其也认识到："农工商贾是其本业，不可谓之俗物。"他读著名的古文大家苏州人汪琬的《钝翁类稿》有关"今之君子，仰无以养其亲，俯无以畜其妻子，饥寒之患，迫于肌肤，此其时与古异矣。当不得志，其能遁世长往，浩然于寂寞之滨哉？吾以是知其难也"一段时，大发感慨谓："不觉为之慨然，不得不令人思许鲁斋'治生为急'一语。"([清]陆陇其：《三鱼堂日记》卷5戊午中，中华书局，2016年，第136—137页)更有甚者，清初思想家唐甄(1630—1704)，曾在苏州做牙人以谋生，有如此精彩问答：人问："学诗书，明《春秋》，合乎古人之义，人皆称为君子，可谓贤矣，而何乃自污于市？"唐答："今者贾客满堂，酒脯在厨，日得微利以活家人，妻奴相保，居于市廛，日食不匮，此救死之术也，子不我贺，而乃以诮我乎？"人问："民之为道，士为贵，农次之，惟贾为下，而牙人尤下，先生为之，无奈近于利乎？"唐答："吕尚卖饭于孟津，唐甄为牙于吴市，其义也一。"(唐甄：《潜书》上篇下《食难》，中华书局，1955年，第86—88页)唐甄与他人的问答，形象地说明，随着人生伦理价值观念的变化，治生求利有了理论依据，文人对自己的治生生涯自视甚高，辩护起来显得底气十足。明清文人，治生为急，数百年间，前后一脉相承，赓续不断。

对于这种极为平常极为普遍的明清时代文人治生现象，在学界已经引起注意，在不同层面上作了一定程度的探讨，也有了较为显著的成果。但既有研究远没有揭示出明清文人治生的丰富而生动的繁复面貌，对文人治生极为突出的江南地区还殊少细腻的描述和精到的考察。明清江南文士是极为突出的著名地域文人集团，其生活状态富有学术意义和现实参考意义。徐君永斌，以其明清史学和文学的知识积蓄，最近十余年肆力于明清江南文士的治生研究，搜集和征引了方志、文集、笔记等丰富材料，专门探讨江南文士群体的治生状况，撰成《明清江南文士治生研究》一书，为明清人文研究和江南社会生活史研究，奉献出了一部颇有新意、较有力度的心血之作。

全书分为上下篇，上篇主要考察分析文士的治生群体、治生途径、治生用途及其治生原因，以江南为地域范围，综合考察明清文士的治生活动和特点，并以代表性事例和人物加以说明和验证，更在相应篇章中附以处于不同时代从事不同治生行业的代表性个案，比较不同时代江南文士治生的共性与差异及其原因；下篇探讨作者所定江南范围南京、扬州、苏州、杭州、上海、徽州六大区域内的文士治生特点，考察文人治生的行业诸如处馆、游幕、书院、书画、刻书业、业农、经商等，并分析其侧重点。作者还在余论部分对文士治生与明清通俗文学的创作和传播的关系展开论述，以进一步论述文人治生与文学流播的关系。全书既分区域考察各地文人的治生情形及其异同，又分类型探讨江南文人治生的途径，更分析文人治生的用途和原因，既有总的论述，又择取各类代表作典型分析，清晰地揭示了明清江南文士的治生情形，较为形象地呈现出明清时期江南文人治生的风貌，从而较大程度地丰富和推进了明清生活史和江南人文史的研究。

永斌君为人朴实，凡事认真。承他厚意，感念师生之谊，每有新作，往往让我先睹为快。他申请国家社科基金后期资助项目之前，曾将书稿交予我并请提修改建议。当时我觉得文如其人，《明清江南文士治生研究》一书，行文较为平实，较少跌宕起伏，但提供了不少生动事例，做了不少学理分析。若能博采事例，分类深入探讨，在现在的基础上不断深耕挖掘，在已有框架下完善提高，相信一定能够达致更高境界，做出新的学术贡献。

于金陵草场门外寓所

2017年2月14日

序　二

萧相恺

我和永斌是同事。说是同事，其实共事时间很短——他到所里时，我已经退休了。但他在浙江大学读书时的导师徐朔方步奎先生，却是我十分敬重，且有过交往、至今难忘的权威学者。

读步奎先生的大作，总觉得他与人论争，芒角犀利，讲理论道，英气逼人，想象中，他一定是位十分严厉、难于接近的人。1990 年，在第一次"海峡两岸明清小说金陵研讨会"上，我第一次见到徐先生。那时，我只是《明清小说研究》的一名普通编辑，负责会务接待等事宜。因为有上面所说的"想象"，见面时，颇觉惴惴。但不久，我就发现，大会发言，徐先生确实如我想象的那样，严肃严谨，在一些成名学者面前，他亦不苟言笑，但对我这个无名小辈，却很"客气"，说读过我和欧阳健的《水浒新议》，"名实相副"，确实"新"；说我们的《中国通俗小说总目提要》很有价值，勉励我继续努力，俨然一位邻家老翁，和蔼可亲。徐先生的汤显祖研究，成就之巨，中外闻名，而汤显祖是我们江西临川人，无形中，似也拉近了我们的情感距离。这是不是佛家的所谓"缘"？

那次会后，我曾多次书信请益，徐先生都谆谆教诲，还把他的大著《小说考信编》赠我，附信中有"对于《水浒传》的作者，我与你们江苏的一些学者有'不同的观点'，欢迎批评"的话。又记得他给我寄过一篇研究宋懋澄的稿子，亦附有一信，说："如果不合贵刊的要求，掷还就是，千万不要勉强。"丝毫没有名家的架子。

听传言，徐先生对学生很严厉，但在我的印象中，他对自己的学生却似乎爱护有加，常流露出一种"舐犊之情"。记得他曾寄过一篇廖可斌的稿子给我，稿子中附有一信，信中讲了他推荐这篇稿子的理由。坚持学术原则的同时，就很有些护犊的意味。

徐先生仙逝时，他的学生把讣告发给我。悲痛之余，我代表《明清小说研究》编辑部、"古代小说研究网"，写了两句挽词，寄给治丧委员会以示哀悼:“徐步奎先生千古——学界巨星陨　风范人间留”。因为悲痛,不问平仄对仗,只抒内心而已。

还记得永斌到文学所之时,知道他是徐先生的博士,“严师高徒”,我内心真是喜悦无限,期待无限。

对于永斌的研究,在他到文学所之前,我了解不多。直到院里决定,要选择一批新近进院博士的博士论文,出一套博士论文丛书,要我参加评选时,我才认真地拜读他的研究成果。永斌送选的著作是《凌濛初考证》。这是一部实证性研究著作,资料搜罗完备,论证合理充分,颇能服人,与乃师的研究路子相类。

如今步奎先生仙逝十周年了,他的弟子永斌又把《明清江南文士治生研究》的大著寄给我,嘱我写序。这是永斌对我的信任,竟不由得又想起步奎先生来。

读完永斌的论著,第一印象仍然是:永斌继承乃师步奎先生的传统,在做着实证性的研究——一种从深入了解研究对象的研究历史与研究现状开始,广泛搜罗资料,产生并论证自己观点的研究。这是一种需要全身心潜入、浮躁不得、功利不得的艰难研究。看得出永斌对自己职业的执着。而读者要读这部著作,我则建议先从论著的《后记》读起。《后记》中,永斌叙述了写作这部论著的因缘。研究者写作论文,触发于自己经历的情况并不少见。而永斌的叙述,更令我感动。永斌的感恩态度也令我更了解他的为人。读过这篇《后记》,我也更能体会《明清江南文士治生研究》一书论述文人治生与文人生存、文人创作、文化传播之间的紧密关联,更能理解这论题对拓展明清文学、文化史研究视野的价值。

我们常说,穷愁著书。论杜甫,总会提及他的贫穷生活;谈曹雪芹作《红楼梦》,常常用“举家食粥酒常赊”说明其著《红楼梦》的原因。这固然不错,但杜甫毕竟还有所茅屋可居,曹雪芹毕竟还有粥可食,有酒可赊;若一个人真到了生活不下去的时候,还能著书么?特别是还能著很多有价值的书么?若一个人能够通过自己“治生”而有吃有穿,坚持著述,还能做文学传播的工作,岂不也是一件好事?凌濛初正是通过自身的努力“治生”,成就了《拍案惊奇》和《二刻拍案惊奇》等多达五十余种编著。李渔不正是靠着组班巡演、芥子园印书,成就着自己的《连城璧》《十二楼》《闲情偶寄》等小说戏曲创作和理论论著?甚至唐伯虎绘画的名声、成就,也与他的卖画相关。尽管凌濛初、李渔的作品难与杜甫、曹雪芹相比。

在论著中，永斌将面上的论证与个案的研究结合进行，这样的点面结合，既避免了仅有面上研究，容易流于浮泛的毛病，又避免了只研究个案，容易出现以点代面、以偏概全的问题。

对个案的选择，永斌也十分用心，选择得颇为精准。比如他选了唐寅、凌濛初、李渔、张履祥四人，四人是四种典型：唐寅是书画家治生的代表，凌濛初是以刻书业为生计的代表，李渔是出版兼组班演戏的典型，张履祥则是多种途径治生的代表。由唐寅以书画治生，论证这种治生手段对书画创作及书画市场繁荣的影响；由凌濛初的刻书和“二拍”的创作，论证文人治生对小说创作及其传播的影响，这已如上述；而由李渔的刻书并组班演出，则论证了文人治生对推进小说和戏剧创作并传播的作用；由张履祥的治生，又论证了“四民异业而同道”新观念的产生。再比如，他选了《儒林外史》作为个案进行分析，指出《儒林外史》中对虞博士处馆、牛玉圃卖文、马二先生以及匡超人选文等等文人治生生活的描写、治生文士形象的塑造，证明文人治生已经是当时一个十分普遍的社会现象，等等，都达到了自己所要达到的目标。再结合其他面上的分析研究，永斌有关“文士治生在一定程度上促进了文学作品特别是明清戏曲小说的大量诞生，二者形成了良好的互动：一方面，文士通过治生获得了薪酬，改善了明清文士的生活环境，为以后的明清戏曲小说创作奠定了一定的经济基础；另一方面，通过读者的接受程度和市场的反馈，又对作家的创作提出了切近读者和市场的文学编创要求，在一定程度上促进了戏曲小说题材和艺术性的变化。文士治生对文学作品的传播也有一定的积极作用：一方面，通过文士和书商的合作，文士使其文学作品得到销售渠道和传播渠道，促进了出版业的发展，特别是明清戏曲小说不断得到社会的认知和认可，扩大了戏曲小说作品的接受度；另一方面，随着明清戏曲小说的不断传播，书商得到的利润不断扩大，文士的薪酬也不断增加，促进了文士的创作动机”，丰富了文学作品创作题材的结论，便有了很强的说服力。

论著的标题是《明清江南文士治生研究》，其研究的背景，主要放在明清时期的江南。对此，我又不能不说，论者眼光犀利，着眼点正确。宋代通俗文学的繁荣，在某种程度上，得益于商品经济发展，这使得某些文学具有了商品的色彩，尤其是通俗文学，比如通俗小说与戏曲。到了明代，随着整个社会——尤其是江南社会——商品经济的空前发展，在人们的思想意识里，士农工商，商虽然仍居末位，地位却有相当程度的提高，至少是鄙视的程度有很大的减轻。明末清初学者张履祥的“四民异业而同道”新观念的产生，正是这一社会现象的反映。而文学的商品色彩，相较于宋，此时亦更见浓重。这种社会现实，无疑为文人的治生提供了比较宽松的环境，扩展了他们的谋生范围；又正是这种环境，加重了明清文学（尤其是通俗文学）浓重的商品色彩。于是这种研究，也就有了必要与可能。

如上所述，永斌的着眼点主要在明清江南文士的身上，但论著所涉，实不止于明清这个时代的文人，也不止于江南这个地域。比如，书中曾对唐宋两代，尤其是宋代文人的治生状况作了不少的分析阐述，像穆修于京都相国寺设肆鬻书、崔唐臣科举落第后从事经商、书会才人创作话本等等。这些论述，似乎与论题关系不大，其实不然，因为，从中我们可以见出源流，也看得出这部论著的“史”的厚重。论著论证的文士治生手段也很多，绝不止于我在上面所提到的，比如文士的收受润笔、文士的游食等等。有关这些，读者诸君可以从书中读出，毋庸我再赘言。

拉拉杂杂写了上述这些话，算是我读此书的一些心得，更是一种续缘——与步奎先生结缘的延续。有门生如此，步奎先生在天之灵，当亦感慰藉。借用步奎先生的话：永斌，继续努力吧。

草于海南三亚山营村

引　言

“治生”一词，语出司马迁《史记·货殖列传》：“盖天下言治生祖白圭。”后多为历代采用，言通过授徒、游幕、行医、问卜、业农、经商等手段谋生。“江南”的概念和区域范围，古今论者众说纷纭，拙著所论及的“江南”限于江浙地区、上海和徽州地区；“文士”的概念虽起源于古时的“士”，但与后者又有所不同，今人论述颇多，恕不赘述。本书所论及的“文士”不仅包括通常意义上的文士，还包括曾习儒业后因各种原因从事治生或经商者一类。

一、明代之前文士治生概况

文士从事治生活动，可上溯到春秋战国时期，如子贡、范蠡、白圭等人都是文士治生的典型代表；又如战国四君子赵国平原君赵胜、齐国孟尝君田文、魏国信陵君魏无忌、楚国春申君黄歇广收门客，许多身怀一技之长的文士慕名投奔其门下，成为他们的食客或贵宾。许多文士游食于江湖。三国时期的诸葛亮，在出山辅佐刘备之前，就曾“躬耕于南亩”；另外三国时期的许多名士如徐庶、庞统、荀彧、荀攸、贾诩、郭嘉等，都是依附于乱世豪杰的杰出谋士。其后历朝历代都不乏治生之文士，不过宋代之前的文士治生状况，文献记载较少，这可能与宋代之前对文士治生的重要性认识不足有关系。延至宋代，文士治生开始逐渐增多起来，呈现出多样化的特点。

有宋一代，朝廷实行崇文政策，优礼文士，扩大科举录取规模，提高文士的待遇，自上而下，形成了尊师重道、重文轻武的风气，即使是贵为皇帝、王公大臣亦多不免如此。文士的地位空前提高，尤以北宋为最，如宋太宗曾以感慨的口气对其近臣言：“学士之职，清切贵重，非他官可比，朕常恨不得为之。”①中央的重要职位多由馆阁文士担任：

> 自祖宗以来，所用两府大臣多矣，其间名臣贤相出于馆阁者，十常

① [宋]李焘：《续资治通鉴长编》卷34“淳化四年（993）五月丙午”条，中华书局，2004年，第749页。

八九也。……其余不至辅相而为一时之名臣者，亦不可胜数。[①]

社会上对士人亦是刮目相看，就连富甲一方的商人也以能攀附士人为荣，如朱彧在其《萍洲可谈》卷1“买妾价贵捉婿费多”条中云：“近岁富商庸俗与厚藏者嫁女，亦于榜下捉婿，厚捉钱以饵士人，使之俯就，一婿至千余缗。”[②]诸如此类记载颇多。尽管如此，还有许多宋代文士出于各种原因，汲汲于治生或从事商业活动，其中既有功成名就的文士，又有落第士子和落魄文士，但以后者为多。

宋代名士包括踏入仕途的文士去从事治生或商业活动，并不是因为自身经济困难，而主要是出于当时社会上崇尚酬请名士作文或撰写墓志铭的世风的影响，宋代的经济发展及文学艺术商品化也是一个重要的因素。名士治生主要是通过为他人撰文或撰写墓志铭来获取报酬，有时具有商品化的特点。这种现象在唐代就已盛行，如南宋时的洪迈曾云：“作文受谢，自晋宋以来有之，至唐始盛。”[③]卖碑文及墓志铭者更是大有人在，如韩愈、李邕、王缙均为一时之能手，并获得了巨额酬金，时人讥之曰“谀墓金”[④]。宋代文士为他人撰文或撰写碑铭以获酬金的现象更比前代为重，宋人洪迈曾为此感叹道：“本朝此风犹存，唯苏坡公于天下未尝铭墓。”[⑤]不过，这种为他人做谀文并收润笔物的现象自元丰以后始趋严重，如罗大经《鹤林玉露》丙编卷3“谢肉牒”条云：“盖改牒为状，自元丰始，日趋于谀矣。且前辈交际，其馈止于如此，未尝过于丰侈也。”[⑥]在宋人的一些笔记小说中也多有记载，如文莹《玉壶清话》卷10中云“韩熙载才名远闻，四方载金帛求为文章碑表，如李邕焉。俸入赏赉，倍于他等”[⑦]。王明清《挥麈录·后录》卷11“孙仲益作墓碑”条云：“孙仲益每为人作墓碑，得润笔甚富，所以家益丰。”

① [宋]欧阳修：《欧阳修全集·奏议集》卷18“又论馆阁取士劄子”条，中国书店，1986年，第901页。

② [宋]朱彧：《萍洲可淡》，《宋元笔记小说大观》(二)，上海古籍出版社，2001年，第2306—2307页。

③ [宋]洪迈：《容斋随笔》续笔卷6“文字润笔”条，中华书局，2006年，第286页。

④ 在《李义山文集》卷4《刘乂》中，曾记载李商隐讥笑韩愈为他人撰写碑铭以牟取巨额酬金事：“(刘乂)后以争语不能下诸公，因持愈金数斤去，曰：‘此谀墓中人得耳，不若与刘君为寿！’”“谀墓金”之名，由此而来。

⑤ [宋]洪迈：《容斋随笔》续笔卷6“文字润笔”条。

⑥ [宋]罗大经：《鹤林玉露》，《宋元笔记小说大观》(五)，上海古籍出版社，2001年，第5351页。

⑦ [宋]文莹：《玉壶清话》卷10，《宋元笔记小说大观》(二)，第1530页。

岳珂《桯史》卷6“鸿庆铭墓”条中云“孙仲益(觌)《鸿庆集》,太半铭志,一时文名猎猎起,四方争辇金帛请,日至不暇给。今集中多云云,盖谀墓之常,不足咤”。这种作文者与主家之间的买卖风气愈演愈烈,即使是与宋朝敌对的金朝也曾重金购买宋人之作,如罗大经《鹤林玉露》甲编卷6“斩桧书”条中云:“胡澹庵上书乞斩秦桧,金虏闻之,以千金求其书。”不过这多是出于政治目的。

唐代文士多坐等所求之人奉送酬谢,而宋代文士除此以外,尚有许多为他人撰文者直接向主家索取报酬,即使对自己的亲朋好友亦不例外;另外,对酬谢物的种类及奉送的形式也有一定的要求。今人李向民先生的《中国艺术经济史》也曾论述这个问题,认为这是由于卖文者商业意识的加强[①]。时人对此多有记载,如欧阳修《归田录》卷1曾云:

> 王元之在翰林,尝草夏州李继迁制,继迁送润笔物数倍于常,然用启头书送,拒而不纳。盖惜事体也。近时舍人院草制,有送润笔物稍后时者,必遣院子诣门催索,而当送者往往不送。相承日久,今索者、送者皆恬然不以为怪也。[②]

中国古代文士耻于言利的观念荡然无存,作文者公然向主家索要润笔报酬,若主家送报酬不及时,为人作文者就派人去催要,主家有时拖欠不付,有的作文者还比较注重奉送润笔物的形式,如上文所提到的王元之不接受主家“用启头书送”,这种现象在宋代已是司空见惯。王辟之《渑水燕谈录》卷2《明臣》中又云王元之不接受主家李继迁所送的润笔物——五十匹马[③],这说明宋代已出现作文者对润笔物种类的要求。叶梦得《石林燕语》卷10中亦云:“王禹玉作《庞颖公神道碑》,其家送润笔金帛外,参以古书名画三十种,杜荀鹤及第时试卷亦是一种。”[④]就连欧阳修这样的名家也有这样的遭遇,如欧阳修的《归田录》卷2曾云其老友——书法名家蔡襄因为其《集古录目序》刻石,收取其润笔物事:

> 蔡君谟既为余书《集古录目序》刻石……余以鼠须栗尾笔、铜绿笔

① 李向民:《中国艺术经济史》,江苏教育出版社,1995年,第382—383页。

② [宋]欧阳修:《归田录》卷1,《宋元笔记小说大观》(一),第610页。

③ [宋]王辟之:《渑水燕谈录》卷2《明臣》,《宋元笔记小说大观》(二),第1233页。

④ [宋]叶梦得:《石林燕语》卷10,《宋元笔记小说大观》(三),第2570页。

格、大小龙茶、惠山泉等物为润笔，君谟大笑，以为太清而不俗。后月余，有人遗余以清泉香饼一箧者，君谟闻之叹曰："香饼来迟，使我润笔独无此一种佳物。"兹又可笑也。①

文莹《玉壶清话》卷2中又记载宰相和凝的门生李翰向其索要润笔报酬一事：

会凝作相，翰为承旨，适当批诏，次日于玉堂，辄开和相旧阁，悉取图书器玩，留一诗于榻，携之尽去，云："座主登庸附凤阁，门生批诏立鳌头。玉堂旧阁多珍玩，可作西斋润笔不？"②

竟然趁其座主不在时，取己所爱，作为自己的润笔之酬。

卖文者不仅以为以文取酬理所当然，而且有的还为此争长论短，如王明清的《挥麈录·后录》卷11"孙仲益作墓碑"条载孙仲益作墓碑事：

有为晋陵主簿者，父死，欲仲益作志铭，先遣人达意于孙云："文成，缣帛良粟，各当以千濡毫也。"仲益欣然落笔，且溢美之。既刻成，遂寒前盟，以纸笔、龙涎、建茗代其数，且作启以谢之。仲益极不堪，即以骈俪之词报之，略云："米五斗而作传，绢千匹以成碑，古或有之，今未见也。立道旁碣，虽无愧词；谀墓中人，遂成虚语。"

甚至有些文士以文还"债"，不过这些名士卖文还"债"不是因生活贫困等经济原因所致，而主要是以之作为高兴之余所偿还的"人情债"。如吴臣《能改斋漫录》卷9"文贵自然"条中云王禹玉曾"以钱二万，酒十壶饷吕梦得，梦得作启谢之"。苏轼曾有以所写诗来抵黎子云秀才的款待事："东坡自儋耳北归，临行以诗留别黎子云秀才云：'我本儋州人，寄生西蜀州。忽然跨海上，譬如事远游。平生生死梦，三者无劣优。知见不再见，欲去且少留。'后批曰：'新酿佳甚，求一具理，临行写此，以折菜钱。'"③

一般而言，宋代名士或有官职的文士生活比较优越，无衣食之忧，况且还能通过给他人作文或碑铭赚取丰厚的酬谢。但也有少数有官职的文士或世家子弟，生活亦十分艰苦，甚至到了贫困已极的地步。如徐度《却扫

① [宋]欧阳修：《归田录》卷2，第622页。
② [宋]文莹：《玉壶清话》卷2，第1464页。
③ [宋]张邦基：《墨庄漫录》卷4，《宋元笔记小说大观》(五)，第4678页。

编》卷上中云："李才元大临仕仁宗朝为馆职，家贫甚，僮仆不具，多躬执践役。一日自秣马，会例赐御书，使者及门适见之，嗟叹而去。"后有人作诗述其贫苦："待诏先生穷巷居，箪瓢屡空方晏如。自操井臼秣羸马，却整衣冠迎赐书。王人驻车久叹息，天子闻之动颜色。"①周密《癸辛杂识》别集上"二章清贫"条又云：

> 章文庄参政与其兄宗卿，虽世家五马，而清贫自若。少依乡校，沈丞相该之家学相连，章日过其门。沈氏少年与客坐于厅事，时方严冬，二章衣不掩胫，沈哂之曰："此人会著及时衣。"

处于下层社会的文士，特别是家境贫寒或仕途未达的士子，他们不像功成名就或家境富裕的文士那样潇洒，他们常常处于为生计而犯愁的境地，如《冷斋夜话》卷2"雷轰荐福碑"条云范仲淹救助一贫寒书生事："书生自言天下之至寒饿者，无在某右。时盛行欧阳率更书，《荐福寺碑》墨本直千钱。文正为具纸墨，打千本，使售于京师。"可惜范仲淹救助书生未成，当其为书生准备好纸墨后，不幸碑被雷击碎。又如宋代永嘉学派的著名人物叶适和陈亮的早年生活就十分穷苦。叶适出身于"贫匮三世"之家。在叶适17岁时，叶家遭水灾，"自是连困厄，无常居，随就辄迁，凡二十一所。所至或出门无路，或栋宇不完"，虽靠其父教书维持家用，然"多不继"②。陈亮亦很贫苦，如其曾自言："会亮涉历家难，穷愁困顿，零丁孤苦，皆世人耳目之所未尝见者。"③甚至穷到父死无钱安葬，只好向人借贷的地步："葬不克自力，乃从人贷钱以葬。坟墓未干，顽然欲以教人自名，求钱以偿其负，因得窃衣食以苟旦暮之活。"④为此许多下层文士在科举未第后或仕途未达前，不得不从事治生，如叶适的父亲就靠教书维持家用，陈亮在未出仕之前就曾以躬耕垄亩和教书为治生手段，在其著述(《陈亮集》)中多次提到他早年的治生情况，今略举一二，如卷27"与韩无咎尚书"条云"今但与妻孥并力耕桑以图温饱，虽书册亦已一切弃去"；同卷"又戊戌冬书与吕伯恭"条云"亮入冬无一事，遂与田里相忘矣"；卷29"复黄伯起"条又云"亮方学为

① [宋]徐度：《却扫编》卷上，《宋元笔记小说大观》(四)，第4509—4510页。

② [宋]叶适：《叶适集·水心文集》卷25"母杜氏墓志铭"条，中华书局，1961年。

③ [宋]陈亮：《陈亮集》卷19《书》"与韩无咎尚书"条，中华书局，1974年。

④ [宋]陈亮：《陈亮集》卷23《祭文》"先考移灵文"条。

老农老圃者也，足下肯访之于畦垄之间，使亮放锄释瓮”。周密《癸辛杂识》别集上“李梦庚”条中曾云襄阳人李梦庚“善文，不偶，归而治生”；龚明之《中吴纪闻》卷6“朱氏盛衰”条曾云“朱冲微时，以常卖为业，后其家稍温，易为药肆”。这样的事例尚多，兹不赘述。他们常常为养家糊口而奔走，正如吴自牧《梦粱录》中所言的那样，他们不得不依靠各种手段来维持自己或家庭的生计：

> 姑以今时府第宅舍言之，食客者：有训导蒙童子弟者，谓之“馆客”。又有讲古论今、吟诗和曲、围棋抚琴、投壶打马、撇竹写兰，名曰“食客”，此谓之闲人也。更有一等不著业艺，食于人家者，此是无成子弟，能文、知书、写字、善音乐，今则百艺不通，专精陪涉富豪子弟郎君，游宴执役，甘为下流，及相伴外方官员财主，到都营干。又有猥下之徒，与妓馆家书写柬贴取送之类。更专以参随役之生……大抵此辈，若顾之则贪婪不已，不顾之则强颜取奉，必满其意而后已。①

由此可以看出，身处下层社会的文士治生途径是多样的：或为“馆客”，取得束脩；或投靠豪家大族，成为豪家大族的“食客”或家臣，来养家糊口。有的甚至沦落到不顾廉耻、热衷谋利、强颜取奉的地步。

教书或做“馆客”，是宋代下层文士治生的一种重要手段。时人笔记小说中也多有记载或描述，其中以落第或尚未发达的士子为多。他们虽以教书或做“馆客”为生，但其中有许多文士仍是十分清贫，只不过勉强度日而已。如刘斧《青琐高议·补遗》“李生白银”条云：“李秀才者，亮州人。家贫，置小学教童蒙，日止十人，朝夕供给不足。”马永卿《懒真子录》卷5中云：“洛中士人张起宗字起宗，以教小童为生，居于会节园侧，年四十余。”②王得臣《麈史》卷中《诗话》中云：“张颂公美，颍昌人，举进士不第，尝馆于吾家义方斋。”③邵伯温《邵氏闻见录》卷7中云：“张文定公齐贤，河南人。少为举子，贫甚，客河南尹张全义门下，饮啖兼数人。自言平时未尝饱，遇村人作愿斋方饱。”④同书卷8云：“薛简肃公知成都，范蜀公方为举子，一见爱

① ［宋］吴自牧：《梦粱录》卷19“闲人”条，山东友谊出版社，2001年，第276页。
② ［宋］马永卿：《懒真子录》卷5，《宋元笔记小说大观》(三)，第3183页。
③ ［宋］王得臣：《麈史》卷中《诗话》，《宋元笔记小说大观》(二)，第1351页。
④ ［宋］邵伯温：《邵氏闻见录》卷8，《宋元笔记小说大观》(二)，第1739页。

之，馆于府第，俾与子弟讲学。”同书卷 13 又云：“章惇者，郇公之疏族，举进士，在京师馆于郇公之第。”有的下层文士家贫为人做工，在余闲时以授业的方式来补贴家用，如刘斧《青琐高议》后集卷 3《程说》中云潭州长邑人程说“家甚贫，说为工以日给其家，暇则就学舍授业”[①]。张舜民《画墁录》中又记一事：“嘉祐末，余在太学，有佣书陈逵者，携一子方孩，饥冻不可支，书亦不佳。”甚至为救其父脱罪，与其弟回家掘其祖坟，取墓中之物[②]。亦有不愿求仕的文士以之为业，如王辟之《渑水燕谈录》卷 4《高逸》云：“时有同郡刘巽，治《三传》，年老博学，躬耕不仕，以讲授为业。”[③]

投靠豪家大族或显宦之门，成为其“食客”或家臣，也是下层文士治生的一种途径，在宋代也不乏其例。如文莹《湘山野录》卷上中云：“尤著者江州陈氏……别墅建家塾，聚书延四方学者，伏腊皆资焉，江南名士皆肄业于其家。”[④]文莹《玉壶清话》卷 1 云：“黄夷简闲雅有诗名，在钱忠懿王俶幕中，陪尊俎二十年。”[⑤]刘斧《青琐高议》别集卷 3《越娘记》中云西洛人杨舜俞：“少苦学，颇有才。久客都下，多依倚显宦门。”[⑥]周密《齐东野语》卷 3“诛韩侂胄本末”条云“师旦本平江书佐，侂胄顷为钤辖日，尝以为笔吏，后依韩门”。魏泰《东轩笔录》卷 14 又记载了范仲淹在睢阳屡遭孙秀才“索游上谒”，打秋风[⑦]。也有士子通过游幕得到较好的待遇，如罗大经的《鹤林玉露》乙编卷 1“妒妇喻”条云张无垢在浙江游幕时处境较优，连转官亦所不愿，为此众人不解，张曾对人透露其缘由：“既请月俸，又受供给，偶然进书，又便受赏。”

还有一部分下层文士通过直接到市面上去卖文、卖画、相字等手段，把他们的知识化为商品，以达其治生的目的，如《梦粱录》卷 13“夜市”条云：

> 衣市有李济卖酸文，崔官人相字摊，梅竹扇面儿，张人画山水扇。……灌肺岭曹德明易课。……盖都人公私营干，深夜方归故也。

---

① [宋]刘斧：《青琐高议》后集卷 3《程说》，《宋元笔记小说大观》(一)，第 1108 页。

② [宋]张舜民：《画墁录》，《宋元笔记小说大观》(二)，第 1546 页。

③ [宋]王辟之：《渑水燕谈录》卷 4《高逸》，第 1262 页。

④ [宋]文莹：《湘山野录》卷上，《宋元笔记小说大观》(二)，第 1396 页。

⑤ [宋]文莹：《玉壶清话》卷 1，第 1456 页。

⑥ [宋]刘斧：《青琐高议》别集卷 3《越娘记》，第 1176 页。

⑦ [宋]魏泰：《东轩笔录》卷 10，《宋元笔记小说大观》(三)，第 2777 页。

刘斧《青琐高议》别集卷1“西池春游”条中云潭州人侯诚叔“久寓都下，惟以笔耕自给”。又如周密《癸辛杂识》后集“贾廖碑帖”条曾记载婺州人王用和为贾师宪摹拓碑帖，获得丰厚酬谢。更有甚者，还出现了专为求官职之人指点门路的“卖阙者”，如周密《癸辛杂识》续集下“卖阙沈官人”条曾记载：

> 昔有卖阙沈官人者，本吴兴之族，专以卖阙为生，膳百余指。或遇到部干堂之人，欲得便家见阙者，或指定何路，或干僻阙，虽部胥掌阙簿者，亦不过按图索骏。时方员多阙少，动是三、五政，十年殊不易得。必往扣之，门外之履常满。彼必先与谐价邀物为质，或立文约，然后言某处为见阙，某处减两政。

生意可谓十分红火。

宋代文士还常常亲自参与一些商业活动，甚至出现了经商和贸易的热潮，这是与宋代以前显著不同之处，在其规模和种类上，也远远超过了宋代以前。宋代文士也不再耻于言利，重视工商，如叶适、陈亮、吕祖谦、徐积等人即是杰出代表。叶适曾云：“百物皆可以为货，而钱并制其权。”①他又云“夫四民交致其用，而后治化兴，抑末厚本，非正论也”②，“工必于官府，是使余民艰于器用也。商之市井，农之田野，固不待上之教令矣。其要欲使四民事为之，其理固当然，而四民古今未有不以事”③；陈亮云：“古者官民一家也，农商一事也。……商藉农而立，农赖商而行，求以相补，而非求以相病。”④吕祖谦云：“天下事，何尝一件不是学，如百工技艺。”⑤徐积亦云：“知夫农本，而不知乎商贾者市井之本，则小民何依焉？故或依于农，或依于工，或依于商贾行旅，各得其所依，则各得其所养，然后教化可行，刑罚可省，患盗可以息盗也。”⑥又如岳珂《桯史》卷6“富翁五贼”条中曾记载一士人向富人请教致富之事。由此可以看出，宋代有些文士在观念上已有所改

① [宋]叶适：《叶适集·水心别集》卷2。

② [宋]叶适：《习学记言序目》卷19《史记一》“书”条，中华书局，1977年。

③ [宋]叶适：《习学记言序目》卷12《国语》“齐语”条。

④ [宋]陈亮：《陈亮集》卷11《策》“四弊”条。

⑤ [宋]吕祖谦：《东来吕太史外集》卷5《拾遗一·杂说》，参见胡宗楙辑《续金华丛书》，民国十三年(1924)刊本。

⑥ [宋]徐积：《节孝集》卷28，文渊阁《四库全书》本。

变，由传统的耻于言利向重视工商转变。

文士从事书市贸易，是其中的一个重要方面，除了一部分人是为了满足自身的生活所需外，不乏有以之为致富的途径，时人记载颇多。如黄休复《茅亭客话》卷10“杜大举”条云杜鼎昇“鬻书自给”，这里是用来维持生计。《道山清话》中曾云：

> 张文潜尝言，近时印书盛行，而鬻书者往往皆士人，躬自负担。有一士人尽掊其家所有约百余千买书，将以入京。至中涂，遇一士人，取书目阅之，爱其书而贫，不能得。家有数古铜器，将以货之。而鬻书者雅有好古器之癖，一见喜甚，乃曰：“毋庸货也，我将与汝估其直而两易之。”于是尽以随行之书换数十铜器，亟返其家。[①]

从《道山清话》的记载可以看出，在宋代有许多文士从事贩书活动，甚至有的士人将全部资产投资于书市，并在此展现出一幅宋代文士从事易货贸易的画面。王辟之《渑水燕谈录》卷2《名臣》中又云：“时蔡君谟为《四贤一不肖》诗，布在都下，人争传写，鬻书者市之，颇获厚利。虏使至，密市以还。”[②]鬻书者善于把握书市需求信息，及时推销畅销书，从而获得厚利，就连外国也跟风而来，可见当时的书市贸易比较盛行。

书市的繁荣也带动了刻书业的发展。除了官刻外，出现了许多私人刻书，虽然北宋京师——开封是北方十分著名的刻书中心，但据叶德辉《书林清话》所论，宋代的私人刻书主要集中在南方，尤其是南宋时期；就书籍的刻印质量而言：

> 以杭州为上，蜀本次之，福建最下。京师（开封）比岁印板，殆不减杭州，但纸不佳；蜀与福建多以柔木刻之，取其易成而速售，故不能工。福建本几遍天下，正以其易成故也。[③]

这与宋代时全国的经济重心已转移到南方，及南宋时全国的政治、文化重心也已转移到南方，且南方较少受到战乱破坏有很大的关系。许多文士亦参与其中，如建安余氏家族即是宋代最著名的刻书世家，清臣钟音给乾隆帝的奏折中曾云：

---

① 佚名.《道山清话》，《宋元笔记小说大观》（三），第2929页。

② ［宋］王辟之：《渑水燕谈录》卷2《名臣》，第1237页。

③ ［宋］叶梦得：《石林燕语》卷8，第2546页。

余氏后人余廷勳等呈出族谱，载其先世自北宋建阳县之书林，即以刊书为业。彼时外省板少。余氏独于他处购选纸料，印记“勤有”二字，纸板俱佳，是以建安书籍盛行。至勤有堂名相沿已久。宋理宗时，有余文兴号勤有居士，亦系袭旧有堂名为号。①

南宋临安陈氏书坊的刻书也很著名。其他地方也有许多刻书坊肆，但主要集中在浙、赣、皖、蜀、闽等地。他们在刻书的同时也从事书籍出售。有的文士在罢官后也加入了这一行列，如魏泰《东轩笔录》卷 3(《杨文公谈苑》“穆修”条亦有记载，内容完全相同)中云穆修被逐出官场之后，“是故衣食不能给，晚年得《柳宗元集》，募工镂板，印数百帙，携入京相国寺，设肆鬻之”②。

宋代又是说唱艺术比较盛行的时代，说话、杂剧等在民间得到广泛流传，甚至还流传到宫中。虽然这些艺术形式的演出主要由民间艺人担负，但其所依据的话本、剧本等有许多是由宋代文士创作的，而这些文士就是通常所言的“才人”，有的还为此形成了自己的行会组织，即“书会”。在周密的《武林旧事》卷 6“诸色伎艺人”条中就有“书会”一项，并开列出当时在杭州的主要书会才人及其部分作品：李霜涯(作赚绝伦)、李大官人(谭词)、叶庚、周竹窗、平江周二郎(猢狲)、贾廿二郎。据记载，两宋的书会主要有：永嘉书会、武林书会、古杭书会、九山书会、玉京书会、元贞书会、敬先书会等。供给说唱艺人的话本、剧本，并不是无偿的，今人李向达先生经过研究，认为：

这些“书会”作家并不是无偿将作品赠送出去，而是有偿的，有时甚至还会因众多艺人争购新本而发生争执。不仅杂剧、说书艺人争求新本，而且歌唱艺人也会为求得新词而与文学家发生交易关系。③

今人唐文标也在研读叶梦得《避暑新话》与宋翔凤《乐府余论》关于词人柳永的记载后，认为：“我们相信柳永能拿到的润笔，必与韩愈的‘谀墓金’大有分别，但从柳永的生活来看，也许下开以后职业写曲人之风。”④唐氏之

① 叶德辉：《书林清话》卷 2“宋建安余氏刻书”条，中华书局，1957 年。
② [宋]魏泰：《东轩笔录》卷 3，第 2701 页。
③ 李向民：《中国艺术经济史》，第 381 页。
④ 唐文标：《中国古代戏剧史》，中国戏剧出版社，1985 年，第 149 页。

论断柳永为人作词曲拿润笔酬谢，并在一定程度上以此为生是比较合乎实际的，虽然李向民先生批评他的论断“也许下开以后职业写曲人之风”不太确切，因为早在唐代就有李益卖新词的事例出现。由上可以看出，宋代的书会才人，至少是一部分书会才人在为说唱艺人或剧团等艺术团体提供作品时收取一定的报酬，到元明时期，更是如此。

除此以外，有的文士还从事一些与其不甚相关的行业，甚至是一些低贱的行业，这在宋代以前是很少见的。如钱易《南部新书·壬》中曾记载胡生“以钉铰为业……既成卷轴，尚不弃于猥贱之业，真隐者之风，远近号为‘胡钉铰’”①。周密《癸辛杂识》续集又有记载：“古都向有吴生者，专以偏僻之术为业，江湖推为巨擘。居朝天门，开大茶肆，无赖少年竞登其门。”②赵令畤《侯鲭录》卷8中曾云：“唐白岑遇异人，传发背方，其验十全，岑卖弄求利。”③有的家族允许士子的家庭在其未出仕前从事这类低贱的行业以治生，但在其出仕后就予以停止，如陆游《老学庵笔记》中云：“成都士大夫家法严。席帽行范氏，自先世贫而未仕，则卖白龙丸，一日得官，止不复卖。城北郭氏卖豉亦然。”④

宋代的经济贸易比较活跃，有的文士也走上经商之路，宋代文士参与经商，多是始自失意于科举和仕途后，他们常常以之为业，对科举和仕途亦不再留恋，这从叶梦得《避暑录话》卷4中所记载的福建人崔唐臣科举落第后从事经商一事中可以看出，如崔唐臣对其两同学谈起自己的经商过程：

> 初倒箧中，有钱百千，以其半买此舟。往来江湖间，意所欲往则从之。初不为定止。以其半居货，间取其赢以自给，粗足即已，不求有余，差愈于应举觅官时也。

在给其同学的留刺中又云：“集仙二客问生涯，买得渔舟度岁华。案有黄庭樽有酒，少风波处便为家。”⑤

最后，再让我们看一看曾任过官职的宋代文士在罢职或去职后的治生状况。由于宋朝历代政府崇尚文教，并优待文士，因此入仕文士的待遇较

---

① [宋]钱易：《南部新书·壬》，《宋元笔记小说大观》(一)，第370页。

② [宋]周密：《癸辛杂识》续集下“吴生坐亡”条，《宋元笔记小说大观》(六)，第5808页。

③ [宋]赵令畤：《侯鲭录》卷8，《宋元笔记小说大观》(二)，第2097页。

④ [宋]陆游：《老学庵笔记》卷9，《宋元笔记小说大观》(四)，第3532页。

⑤ [宋]叶梦得：《避暑录话》卷4，《宋元笔记小说大观》(三)，第2672页。

高，所以除了极个别现象，宋代仕子多是衣食无忧的，即使为人作文或铭碑赚取酬谢，也不是因为生计所逼；但是当仕子因某种原因被罢职或去职后，除了家境富裕的文士外，他们失去了赖以生存的生活来源，为了谋生，他们常常不得不从事治生。他们从事的谋生职业也是多样的，甚至从事一些时人认为很低贱的行业。时人对此多有记载，如上文所提到的在《东轩笔录》和《杨文公谈苑》中记载的犯官穆修就是其中的一个典型例子："后遇赦释放，流落江外。赋命穷薄，稍得钱帛，即遇盗，或卧病，费竭然后已，是故衣食不能给。"晚年只好以刻书、卖书为生。张师正的《括异志》卷1"陈靖"条曾记载巨野人陈靖"以公事忤郡太守，辄致所事而去。……未几，诏下，以太子中舍致仕。值岁荒，徙家京师，卖药自给"。

总而言之，在宋代，有许多文士从事于治生和商业活动，名人或踏入仕途的文士从事这类活动多不是因为生活贫苦所致，其治生的手段主要是通过为主家作文或撰写碑铭来获取报酬，且具有一定的商业化的特点；下层文士常常是因经济拮据不得不忙于治生或经商，其从事治生的手段是多样的，甚至从事一些为时人不齿的行业，去职或遭罢官的文士，也加入了这一行列。

元代，虽历时短暂，但亦不乏文士治生者。元朝建国后，长期废止科举，对中土文士采取打压和歧视政策，许多文士不得不走向民间，参与词曲创作，此为元杂剧兴起的重要原因之一，文士参与民间曲艺创作和舞台艺术而取酬，虽缺乏文献记载，但学界多认为这种现象会有所存在。刘基于元代末年，曾弃官隐于家乡，以授徒为业。元代理学家许衡"学者以治生为急"的治生思想深刻影响了明清文士。

综上所述，明清之前，文士治生现象就已存在，乱世之际，游食于权贵者尤多，有的功成身退而经商，有的甚至成为一代富商，文士治生的状况情形不一。到了宋代，文士治生的现象日渐普遍，治生的途径呈现多样化特征，文士开始由轻视治生向重视工商的观念转变，元代许衡的治生思想更是将文士治生的重要性提到一个新高度。

二、研究概况

对于明清文士治生问题的研究，现代学者发表了许多有价值的成果，早在20世纪30年代就已有国内学者由关注幕府研究涉及文士游幕研究，从此至中华人民共和国成立期间，发表了一些颇具学术价值的开创性研究成果。20世纪50年代至中国改革开放这段时期，由于受到时代的影响，国内学者基本上未有文士治生方面的论文、著述出现，而在境外如中国台湾、日本、韩国等地有学者发表了一些有关幕府方面的文章，也涉及文士游幕治生的内容。20世纪80年代以后，随着我国改革开放的实行，许多文士或官员下海经商，成为时代的弄潮儿，这引起了各界的关注，在中国学术界也兴起了研究文士或官员治生问题的热潮。

学界对文士治生及其思想的研究成果主要集中在以下几个方面：

（一）关于文士与“润笔”的专题研究

国内学者的研究成果主要体现在对文士通过为人作文、书画等获得酬谢的数额、方式、支付形式等内容进行探析，往往在整体论述中国古代文士与“润笔”之时，兼论及明清时期江浙文士的“润笔”情况。如童回《唐伯虎、祝枝山和稿酬》(《编辑学刊》1986年第4期)，廖传江《试论我国古代的稿费》〔《四川师范学院学报(哲学社会科学版)》1991年第5期〕，程章灿《谁得了便宜——碑志文润笔及其他》(《中国典籍与文化》1996年第3期)，彭印川《“润笔”：中国古代文人的稿费》(《中学历史教学参考》1998年第3期)，彭勇《明代士夫追求润笔现象试析》(《史林》2003年第2期)，唐明辉、李丽萍《古代文人的“润笔”及支付形式》(《零陵学院学报》2003年第4期)，赵晓兰《我国近代稿酬制度的确立与原因分析》(《中国出版》2009年Z3期)，刘春玲《论晚明士大夫的润笔风气》(《阴山学刊》2010年第3期)，翟勇《明代诗文的功利化趋势——嘉靖、隆庆文人何良俊诗文解读》〔《湖北民族学院学报(哲学社会科学版)》2010年第5期〕等。廖传江文对文士作文受酬这一现象的产生以及特有的形式和本质特征进行了探讨。彭印川文考察了中国古代文士“润笔”的历史演变及“润笔”的数额、厚薄。彭勇文分析和考察了明代士大夫获取“润笔”的不同方式、“润笔”的支付形式及其促使文士获取“润笔”的因素，并指出这是一种广泛存在的文化现象，是因“文化”的生产者——“士夫”思想上的解放，消费是其最直接的动力。唐明辉、李丽萍文综合考察了中国古代文士收取“润笔”的情形及“润笔”的三种支付形式：钱物并举、实物、银钱的特点。赵晓兰文认为我国稿酬制度是从近代开始的。近代稿酬制度经历了一个从免费刊登到书稿付酬再到报刊来稿付酬的演变过程。稿酬制度是近代社会的产物,也是知识分子观念转变的结果,同时与科举制度的废除也有一定的关系。稿酬制度的确立是我国新闻出版业逐步进入近代化运作阶段的重要标志。刘春玲文认为晚明商品经济的发展与活跃,在一定程度上促使传统社会结构松动与士人治生观念的变化,导致士人对经典化生活模式最终背离并走上世俗化的生存道路,士人润笔就是其中一个重要表现。这种现象是晚明士风变化的新趋向,它反映了士人自我独立意识的萌动,是一种合理行为,尽管其中也有消极影响,但对士群体的生存和发展具有重要的社会意义。翟勇文认为明代诗文之所以衰落,其原因虽是多方面的,但明代诗文功用的转变原因不可忽视。奉和、雅集、题画之诗充斥明人诗文集。不幸的是,此类诗歌仅仅成为日常雅致生活的点缀及交往的媒介。文章之中的代笔、请托之作更是比比皆是,文士往往借此显己扬名、赚取润笔。

(二)关于文士游幕的专题研究

海内外学者对研究中国古代幕府颇为重视,这方面的研究成果最多。早在民国初年,曾有“绍兴师爷研究会”,并于1920年出版了董坚志所编的《绍兴师爷》,不过此书只是辑载了一些绍兴师爷折狱谋略与奇闻轶事,在严格意义上算不得研究之作。其后,张荫徽、李鼎芳于1935年在《大公报·史地周刊》上刊发《曾国藩与其幕府人物》(《大公报·史地周刊》第63期,1935年5月24日),对曾国藩及其幕府的情况,如曾国藩与其幕僚之间的相互影响及对晚清政治的影响进行了开创性研究。李鼎芳又以此文为蓝图,并搜集了一些新史料,编成《曾国藩及其幕府人物》一书(文通书局,1947年)。此后,沈讱《幕府制的检讨》(《国专月刊》第3卷第4号,1936年)、戴振辉《五代的游幕》(《大公报·史地周刊》第107期,1936年10月16日)、刘樊《五代的幕府》(《食货》第5卷第6期,1937年)、杜衡《中国历史上之幕职》(《再生》第216、217期,1948年)等文章相继发表,对中国古代幕府进行了探究。到了40年代,全增佑、张纯明又相继发表了纵论清代幕府制度的文章——《清代幕僚制度论》(《思想与时代》第31、32期,1944年)、《清代的幕制》(《岭南学报》第9卷第2期,1949年)。《清代幕僚制度论》一文论述了清代幕友制度的形成、确立原因和幕友对主官的制衡作用,并对幕友中影响最大的“绍兴师爷”群体形成的原因作了探讨,关于“幕友制度萌芽于明中叶以后，而完成于清初”的论断，为后来学者所普遍接受。张纯明《清代的幕制》一文概述了历代幕府制度，并重点就清代“幕的性质”“幕的种类”“幕的流品”等进行比较具体的分析。全、张二人的文章，为清代幕府研究的展开奠定了基础。

50—70年代期间，研究者主要集中在中国台湾，以及日本、韩国、美国等国家。除继续就清代幕府进行宏观探讨外，研究重点已放在游幕活动的具体问题及游幕生活上。这一时期，台湾政治大学的缪全吉教授可谓是这方面最著名的研究者，他发表了一系列有关清代幕府的论文，并出版了《清代幕府人事制度》一书（台湾中国人事行政月刊社，1971年），此书将研究重点放在官幕关系、幕席类别、游幕方式、游幕条件、幕才培养、幕馆要领、幕府生活诸方面，是首部较为全面、系统地研究清代幕府的专著。其次日本的宫崎市定《清代の胥吏と幕友——特に雍正朝を中心として》（《东洋史研究》第16卷第4号，1958年）、藤冈次郎《清朝における地方官、幕友、胥吏及び家人——清朝地方行政研究のためのノ|トニ》（《北海道学艺大学纪要》第12卷第1号，1961年），分别就清代胥吏和幕友的关系问题做了探讨，韩国汉城大学的闵斗基教授则在其所撰《清代幕友制与行政秩序的特性——以乾隆朝前后为中心》（见闵著《中国近代史研究——绅士层的思想与行动》，[汉城]一潮阁1983年重版。此文初发于《历史学报》1962年第17、18合辑）一文中，以较大篇幅，专门就幕友制的弊害问题做了考察。

在地方督抚幕府的研究方面，王尔敏《淮军志》（成书于20世纪60年代，中华书局1987年出版）分析了李鸿章幕府的组成、人才状况及影响，并整理出同治年间139位李鸿章幕府人物的活动情况表，颇具资料价值。美国学者福尔瑟姆（Kenneth E.Folsom）的著作“*Friends, Guests, And Colleagues——The Mu-Fu System In The Late Ch'ing Period*”（University Of California Press, Berkeley And Los Angeles, 1968。后于2002年被刘悦斌、刘兰芝翻译成中译本，收入王庆成、虞和平主编的《中国近代史研究译丛》中，中国社会科学出版社出版，中译本书名为《朋友・客人・同事：晚清幕府制度研究》）主要对曾国藩幕府与李鸿章幕府进行了研究，美国学者波特（Jonathan Porter）的著作《曾国藩的幕僚》（“*Tseng Kuo-fan's Private Bureaucracy*”, University Of California, Berkeley, 1972）着重分析了曾国藩幕府的特点，并与传统幕府相比较，将曾国藩幕府划分为“内幕”（Inner

Mu—Fu)、“外幕”(Out Mu—Fu)两个组成部分,分析了其组成部分的特点和功能。

80年代至现在,大陆学者发表了许多研究成果,主要集中在对明清幕府制度的宏观研究,对胡宗宪幕府、陶澍幕府、曾国藩幕府、李鸿章幕府、袁世凯幕府的研究,对州县衙门幕友制度的研究,对学人游幕的研究等几个方面。如陈宝良《明代幕宾制度初探》(《中国史研究》2001年第2期)在区分幕职与幕宾的基础上,系统探讨了明代的幕宾制度,认为明初即有幕府制度存在,而至迟到正统年间,已有“自己用人”的例子;幕宾流向从中央到地方的各级衙门,由此形成聘幕之风;幕宾的身份以生员为主;主、幕之间,既是宾、师,又有一种相互依存的关系;幕宾的职掌,包括主文牍、备咨询、佐治民事、帮闲;幕宾的出现,既是幕官制形同虚设以及科举的产物,又对当时的政治产生了一定的影响。孙志鹏的硕士论文《胡宗宪幕僚群体研究》(西北师范大学,2013年)从胡宗宪幕府的形成原因、幕僚群体的作用和内心世界做了探析。郑天挺《清代的幕府》(《中国社会科学》1980年第6期)、《清代幕府制度的变迁》(《学术研究》1980年第6期)两篇文章根据幕府职能、宾主关系、幕宾社会地位等的变化,对清代幕府的发展阶段进行了划分,并考察了“幕客的来源”问题。朱东安《曾国藩幕府研究》(四川人民出版社,1994年)和朱谐汉《曾国藩的幕府及其“功业”》(《历史档案》1994年第2期)对曾国藩幕府进行了深入的研究。马昌华主编的《淮系人物列传》(黄山书社,1995年)一书为李鸿章幕府的数十名主要宾僚立传,又另制《淮系集团文职人员表》,搜集整理了数百名李鸿章幕府宾僚的活动资料。成晓军在《曾国藩的幕僚们》(东方出版中心,2000年)一书中,选取与曾国藩关系密切的八位著名幕僚李鸿章、彭玉麟、郭嵩焘、左宗棠、刘蓉、罗泽南、李元度、丁日昌,将其置于当时特定的、具体的历史情境中加以认识、理解,以评传形式分别展示了他们在修身、齐家、从政、治军、学术等方面深受曾国藩培育、砥砺的全过程,书后附有“曾国藩的其他重要幕僚”,具有一定的资料价值。梁勤主编的《曾国藩全书:曾国藩及其幕府》(远东出版社,2002年)一书对曾国藩幕府的入幕途径、幕僚职责、主幕关系、出幕之后的情形、幕府组成情况、幕府中重要人物、幕僚人数统计诸多方面进行了考察和分析。李志茗《晚清四大幕府》(上海人民出版社,2002年)对晚清陶澍幕府、曾国藩幕府、李鸿章幕府、袁世凯幕府进行了详细的分析和考察,对学界较少涉及的陶澍幕府与袁世凯幕府的研究颇具学术价值。

研究州县幕友也引起学界的关注。在这一时期，研究州县幕友的学术文章主要有朱金甫《论清代州县之幕友》(收入《第二届明清史国际学术讨论会论文集》，天津人民出版社，1993 年)，吴爱明、夏宏图《清代幕友制度与文书档案工作》(《历史档案》1993 年第 4 期)。尤其值得注意的是，这一时期对“绍兴师爷”的研究尤为深入，如项文惠《绍兴师爷》(南京出版社，1991 年)、王振忠《绍兴师爷》(福建人民出版社，1994 年)、郭建《绍兴师爷》(上海古籍出版社，1995 年)、郭润涛《官府、幕友与书生——“绍兴师爷”研究》(中国社会科学出版社，1996 年)等著作从不同层面对“绍兴师爷”进行了考察。其中以郭润涛《官府、幕友与书生——“绍兴师爷”研究》一书最为详尽和深入，此书以幕业群体“绍兴师爷”为主体，综合分析和考察了清代幕业的成因、幕业的人才来源、幕业的特点、幕业的内容、幕业的学成、幕业的生活状况、幕业的道德规范、幕业的职业观念八个方面。李乔《中国的师爷》(商务印书馆国际有限公司，1995 年)对中国幕友也进行了概括性的介绍。

在学人游幕研究方面，尚小明的两部著作《学人游幕与清代学术》(社会科学文献出版社，1999 年)、《清代士人游幕表》(中华书局，2005 年)对清代学人游幕的研究非常详尽和深入。前者是其在博士论文基础上改写而成的，此书对清代学人游幕的发展演变、清代不同时期重要的学人幕府的情况及学人游幕期间进行的学术活动进行了考察和分析；后者对清代士人游幕进行量化分析，并从大量史籍中钩稽出学人游幕的资料，制作出了颇具学术价值的《清代士人游幕表》。另外赵园在《黄河科技大学学报》2004 年第 2、3 期上相继发表的《明清之际士人游幕及有关的经验表述——以易堂诸子为例(一)》《明清之际士人游幕及有关的经验表述——以易堂诸子为例(下)》，也有一定的学术价值。

(三)关于文士与艺术市场的研究

研究明清文士参与艺术市场的主要成果尤以李向民《中国艺术经济史》(江苏教育出版社，1995 年)和徐建融《明代书画鉴定与艺术市场》(上海书店出版社，1997 年)两本著作最具学术价值。李向民先生在其书中考察和论述了中国古代艺术市场的发展和特点，其中文士在艺术市场中扮演着十分重要的角色，如文士通过卖文、书画、戏曲等治生。徐建融先生在其书中通过对明代书画市场的发展考察，认为明代文士所赖以创作的时代文化背景正是买家所赖以赏玩、收藏的时代文化背景，明代书画所能适应的市场需求，只是限于一小部分社会层次较高的文化精英；而真正以市场牟利为目的而产生大规模作伪古今书画的现象始自明代，随着市民阶层的壮大和商品经济的兴盛，明代书画的发展日益染上了商品化色彩，一些文士书画家和坊主也参与到造假的行列。

还有一些论文（包括学位论文）探讨了明清时期江浙书画家的治生活动，如杨贤宗《扬州盐商与板桥风格的形成》〔《南京艺术学院学报（美术及设计版）》2002 年第 4 期〕、王颀《试析明清时期士商阶层与吴门画派》（《东南文化》2004 年第 3 期）两篇文章探讨了明清时期的一些书画家的创作特点所受到的商人影响，如杨贤宗文从扬州徽商对扬州文化影响的背景出发，对“板桥风格”的艺术渊源、风格特征等方面进行了探讨。荆建设《明代儒学思想的平民化转型与中国画世俗化、商业化发展的关系》（《美与时代》2007 年第 12 期），认为明代的政治、经济、文化、伦理、价值观等方面都具有了很明显的近世性特征，人们对弃儒就贾、治生、私欲功利、润笔、利市等价值观念的改变及绘画审美思想的发展，都源自儒学的平民化转向和释道文化的空前融合。李升文《论士商交往对明代中晚期文人画的商品化与画家职业化的影响》（扬州大学硕士论文，2007 年）通过对士人生存状态的考察，从士商交往入手，探讨士商交往对文士画的绘画商品化与画家职业化这一历史现象的形成所起到的积极作用，解析它对文士画的商品化的原始产业链的形成的积极意义。文中认为正是由于士商交往，才促使文士画的创作主体从“义利之辩”的选择中走了出来，对于“末业治生”有了彻底的转变，以卖画为生才变得名正言顺，真正参与到商品化中去。商贾对艺术的附庸风雅推动了社会各阶层生活的艺术化，收藏、鉴赏之风渐盛，对文士画的消费市场有决定作用。陈婷《明中后期文人画家治生活动探析》〔《传奇·传记文学选刊（理论研究）》2010 年第 11 期〕认为随着明中后期社会价值观念的转变与商品货币经济的发展，文士画家原有的单一生计方式不再适用，在社会冲击之下，出卖书画逐渐成为文士画家的一种重要谋生方式。王莉函《论扬州八怪的书画润笔》（硕士论文，郑州大学，2010 年）通过书画家因生活原因、经济活动及社会需求而产生的与书画家相关的书画购藏活动之间的关系研究,探讨清代中期生活在扬州的书画家们的日常生活,包括艺术创作、经济活动及其活动方式所发生的变化以及这些变化背后的传统及思想观念发生的深刻变迁,从中发现书画家的身影及精神世界,看到经济活动中书画家们真实的生存状态。李鹏《试论扬州画派的商业现象及艺术影响》(硕士论文,中央美术学院,2010年)认为明代中叶以后,学术领域出现的实用主义倾向与民间资本主义的萌芽共同促成了艺术领域的商业化潮流。从明代开始出现"润笔"现象到清乾隆年间扬州画派的崛起,艺术领域商业化的进程,其发展已使得艺术从传统模式走向近代模式,而艺术家的身份也从文士转变为职业艺术家。扬州画派的艺术家,作为艺术商业化的实践者,他们的社会背景及艺术历程有着典型意义。他们的艺术观念及作品也对后来的艺术家产生了巨大的影响。扬州画派的成功,不仅仅得力于他们出众的学养,更与他们所继承的丰厚遗产、开放的社会环境不无关系。

(四)关于文士和官员经商的研究

随着20世纪80年代改革开放的进行,不少文士和官员开始下海经商,大陆学术界在关注中国古代"士"阶层的同时,开始对中国古代文士和官员经商这一现象予以关注,海外学者的一些研究成果和方法也对国内学者起到了一定的借鉴和促进作用,尤其是余英时先生的两部著作《中国近世宗教伦理与商人精神》(初稿刊于《知识分子》季刊1985年冬季号,后在中国大陆出版发行)、《士与中国文化》(出版刊行于1987年,后于2003年由上海人民出版社在大陆出版发行)在大陆的出版、发行,对中国大陆学者影响很大。《中国近世宗教伦理与商人精神》下篇《中国商人的精神》中,对明清儒家的"治生"论、新四民论——士商关系的变化、商人与儒学、"贾道"进行了探讨。《士与中国文化》一书,收录了《中国近世宗教伦理与商人精神》,并在其后《附录》中断言:十五六世纪以来,许多"士"成为"商"的代言人,所谓商人的意识形态其实是通过"士"的笔或舌建立起来的;自15世纪以来,"弃儒就贾"已成为中国历史上普遍的新现象,不但商人从士人中来,而且士人也往往出身于商贾家庭。余先生又在此书中对士商互动与儒学转向进行了研究。

大陆学者在20世纪80年代以后对中国古代文士和官员经商的问题

进行了广泛的研究，时限跨度很大，上起春秋战国，下至晚清，成果颇丰。研究明清以前文士和官员经商的成果，主要有倪丽华《春秋战国时期官僚经商致富的原因》(《历史教学》1995 年第 10 期)，刘春香《试论两晋南北朝时期的官僚经商》(《河南商业高等专科学校学报》2003 年第 2 期)，吴浩学《新词“儒商”的历史演变》(《语文学刊》2005 年第 6 期)，武原《唐代的官僚经商与朝廷对策》(《新西部》1997 年第 6 期)，洪学秋《唐代打击官吏经商谋利的法律规定》〔《安徽大学学报(哲学社会科学版)》1998 年第 4 期〕，储著斌、张忠国《唐代禁止官吏经商谋利的法律规定及启示》〔《郑州轻工业学院学报(社会科学版)》2002 年第 3 期〕，陈秀宏《唐宋时期的“士人经商”现象》〔《齐齐哈尔大学学报(哲学社会科学版)》2000 年第 5 期〕等。

明清时期，正如余英时先生所论断的那样，文士、官员经商已成为一种社会普遍的现象，大陆不少学者开始研究这一课题，主要研究论文有王剑《明清时期官僚经商的文化透视》(《史学集刊》1996 年第 1 期)、岑大利《论明清时期的官员经商问题》(《社会科学辑刊》1997 年第 2 期)、唐林轩《略论明清小说中的弃儒从商现象》(硕士论文，湘潭大学，2004 年)、王燕玲《“抑商”思想与明清官僚经商》(《云南社会科学》2005 年第 3 期)、晏成江《明代官员治生活动研究》(硕士论文，河南大学，2007 年)、胡平《浅论晚清文人经商》(《嘉兴高等专科学校学报》2000 年第 3 期)、费鸿萍《略论明清儒商经营理念的形成及其主要内容》〔《北京工商大学学报(社会科学版)》2004 年第 1 期〕、李晓英《试论晚清士人阶层的经商潮流》〔《甘肃联合大学学报(社会科学版)》2004 年第 4 期〕等。其中，王剑文从文化史角度对明清时期官僚经商进行了审视，认为明中叶以后骤然增多的官僚“下海”，不仅仅是“利”的诱惑，也是社会传统观念逆转后的应潮行为，同时由于官僚经商者身份的二重性，以及官僚经商中“权”的特点，又把这种文化现象引向更深层的意义。岑大利文对明清时期官员经商出现的历史背景、经商特点及其危害进行了探讨，认为明清商品经济的发展是官员经商出现的客观条件，社会风气和思想观念的变化促进了官员经商。经商特点主要表现在三个方面：一是经商官吏的人数多，涉及面广；二是官商资本的来源主要由政府出资和官僚出资两条途径；三是官员经商的规模宏大，手段多种多样，经济违法严重。官员经商的危害主要表现在：妨碍了商品经济的发展，败坏了吏治和社会风气。王燕玲文通过对明清时期官僚经商的考察和“抑商"思想本质的探讨,认为"抑商"思想一直是封建社会的主流经济思想,它指的并不是抑制商业,而是抑制商人,尤其是抑制中小商人;官僚经商与各种各样抑商措施并存并不是矛盾的,相反倒是一种统一,同时,明清时期抑商政策的继续推行和发展,对于中国社会经济的发展,以至于社会形态的更替,无疑也是一种巨大的阻力。唐林轩文通过对明清小说中出现的弃儒从商现象的考察,认为明清时期大量弃儒从商现象的出现,是由社会和个人两方面的原因造成的,但传统的儒学教育和儒家思想对他们的经商活动仍产生着深刻影响,体现出的是一种难以弃舍的"儒"之情结。而小说家在对人物的弃儒从商行为表示同情和认可的同时,也依然表现出一种儒重于商的传统意识。明清小说中的弃儒从商现象来源于现实,是对当时社会中这一同类现象的艺术化反映,也是小说家观念的反映。胡平文探讨了晚清文士经商热潮的社会历史原因,选取其中具有代表性的魏源、郑观应、张謇等人的经商活动来反映整个社会文士经商的阶段性进展,揭示了其对中国近代化进程的影响和失败的原因。费鸿萍文认为,明清时期,由于儒家文化观的改变以及大量书生从商现象的出现,商人们在经营过程中逐渐开始将中国传统主流文化——儒家文化与治生之道相结合,形成了儒商经营理念,同时也形成了中国商人中一个特有的群体:儒商。本文回顾了儒商及其经营理念的形成过程,并对儒商经营理念的主要内容进行了简单的论述,对儒商及其经营理念的了解在一定程度上将有利于实现今天中国市场营销本土化。李晓英文通过对晚清士人阶层经商活动的考察,认为在晚清中国社会的大变局下,绅士阶层的社会职业发生了分化,新的社会职业层出不穷,绅士阶层由于得天独厚的知识背景和特殊的社会角色及社会地位,在这一社会转型当中处于社会潮流的领导地位,由于西方侵略的加剧以及国内重商思想的兴起,绅士阶层大量投身于商业领域,近代中国工商业因此而兴起。

有的学者将官员经商放在整个中国古代社会中加以考察,如郭莹《中国古代的官吏经商》(《史学月刊》1999 年第 4 期),考察了中国历史上各个时期官员经商的诸种现象及其弊端,揭示出这股历史暗流所包藏、派生的贪婪、腐败、奸诈、无耻,并指出官吏经商现象屡禁不止,不仅透露出封建政治的虚伪,也对社会造成了现实的危害。作者认为,官吏、贵族凭藉势位,违制弄权,经商牟利,是中国古代官场痼疾之一。

现代一些学者在其著书中也论及明清时期文士和官员经商，如张海鹏、王廷元主编《徽商研究》（安徽人民出版社，1995 年）和唐力行《明清以来徽州区域社会经济研究》（安徽大学出版社，2001 年）第二编《徽州商人徽商》中《“贾而好儒”的特色》部分均论及徽州文士经商的情况及儒、商相混的特点和观念的变化。在张海鹏、王廷元主编《明清徽商资料选编》（黄山书社，1985 年）中收录了许多徽州文士弃儒经商的资料，具有重要的史料价值。徐茂明在其著作《江南士绅与江南社会（1368—1911）》（商务印书馆，2004 年）第三章第一节《江南士绅文化权利的运作与维护·士商相渗》中分析了明清时期江南士、商之间的关系及其相互渗透的原因，在第四章对清代苏州大阜潘氏的个案研究中，分析了其族中弃儒经商的特点和原因。

（五）关于治生思想、观念的研究

20 世纪末，学术界在研究文士治生方面，将目光转向对文士治生思想观念的研究，如胡发贵《儒家义利观与贱商心态》（《学海》1993 年第 2 期），李静《一种新的价值观念的显现——从“贵义贱利”到“不耻言利”》（《明清小说研究》1995 年第 1 期），卢昌德《“士”“商”观念变迁论》（《社会科学战线》1998 年第 3 期），刘增合《儒道与治生之间——儒教经济伦理观念中的对峙与融通》（《史学集刊》1999 年第 3 期），江道源《本末观的变迁与士人的流向》（《厦门特区党校学报》1999 年第 3 期），吴传清《中国传统家训文化视野中的治生之学——立足于封建士大夫家训文献的考察》〔《中南民族学院学报（人文社会科学版）》2000 年第 1 期〕，刘晓东《明代士人本业治生论——兼论明代士人之经济人格》（《史学集刊》2001 年第 3 期），罗能生《儒商价值观探析》（《河南商业高等专科学校学报》2001 年第 1 期），王世光《清儒治生观念刍议》（《云南社会科学》2002 年第 4 期），户华为《张履祥的耕读治世思想与实践》（《泰山学院学报》2004 年第 4 期），陈才训《治生切于读书，适志基于财富——从〈黄英〉看蒲松龄的治生观》（《贵州社会科学》2005 年第 4 期），黄海涛《论李贽经济伦理的批判性》〔《云南师范大学学报（哲学社会科学版）》2005 年第 3 期〕，毕颖达、刘春英《晚清士人商战观念的兴起》（《长春师范学院学报》2005 年第 1 期），袁宏《论〈歧路灯〉的“治生”精神》〔《科教文汇（下半月）》2006 年第 9 期〕，方旭东《儒学史上的

“治生论”——兼与余英时先生商榷》(《学术月刊》2006年第6期),胡欣《从〈儒林外史〉看吴敬梓对治学与治生问题的思考》〔《信阳师范学院学报(哲学社会科学版)》2007年第6期〕,张长杰《浅谈许衡的“治生”思想和素质教育》(《焦作大学学报》2008年第3期),王瑜、蔡志荣《明清士绅家训中的治生思想成熟原因探析》〔《河北师范大学学报(哲学社会科学版)》2009年第2期〕等。其中,卢昌德文对“士”与“商”的关系、“治学”与“治生”的意识流变进行了剖析。刘增合文将费孝通先生研究中国乡土社会的关键概念——“差序格局”引入儒教经济伦理观念的框架中,以“儒—商”“农—商”这两种对峙性的经济伦理观念作为切入点,剖析了业儒与事贾之间两极性的传统经济伦理的基本特征,认为在明清时期,商界群体在商业活动中努力以“理—欲相通”说不断消解着原本对峙的经济伦理,致力于粘合二者之间的嫌隙,儒道与治生得到了有限度的结合,而在晚清时期,这种有限度的结合又实现了近代意义上的转换。江道源文认为,中国古代由于德本财末、农本商末价值观念的影响及其政策化的推行,驱使士人志于向道而流向仕途;吴传清文系统地探讨了中国封建士大夫家训治生之学的兴衰历程及其内容特征,并评析了它在中国传统治生之学和传统经济思想发展史上的地位和影响。但宋元明清之际,由于商品经济的发展,社会价值观念由重义重德转向崇尚金钱,由农本商末转而认为工商皆本、士农工商四民异业而同道,加上“天下之势偏重在商”,于是士人发生了弃儒就贾、官商兼为、亦儒亦商、儒重实学等义利兼顾、德财兼重的流向分化,这无疑是社会的进步。刘晓东文主要论述了三个方面:一、明代士人本业治生之基本方式及其经济状况;二、本业治生的窘困与明代士人的经济人格特征;三、“以文营商”与晚明士人经济人格的萌动。罗能生文认为,儒商的价值观是儒商在长期的商业实践中形成的、具有儒家文化特色的商业精神,其核心是注重把经商谋利与家族、国家的目标结合起来,追求一种超越个人功利的价值定位。这种价值观体现为三个层次:经世济民的商业理想,“创家立业”的功业意识,“治生裕后”的功利追求。这三个层次的价值观既相互区别,又相互联系、相互递进,共同构成了儒商的价值体系。王世光文通过对清儒治生观念的社会背景、基本内容及其历史意义的考察,认为清儒通过治生获得经济上的独立是自身能够保持人格独立、精神独立的有力保障,这是他们对传统观念的超越之处;清儒的一些有识之士强调儒者追求经济独立的同时，一定不要丢掉社会良知以及自己的历史使命，既要自救，同时又不能逃避应有的社会责任，既要批判不切实际的过高道德理想主义，又要保持知识阶层理应具有的担当意识。这是对传统贵义贱利思想的挑战，特别是对宋明理学所倡导的道德理想主义精神的一个沉重打击，也意味着传统知识分子在自我认识方面实现了又一次飞跃。陈才训文以《聊斋志异》中的一篇短篇小说《黄英》为切入点，分析了蒲松龄的治生观，认为蒲松龄受到明清之际思想界对士人治生问题的大讨论及自身经历的影响，借《黄英》传达了自己的治生观念，即治生切于读书，适志基于财富。毕、刘之文考察了晚清时士人的商战观念，认为晚清士人商战观念的兴起与形成，是内外两种合力作用的结果，16 世纪以来中国传统重商思想的发展为晚清士人接受西方近代经济观念起到了桥梁与中介作用，西潮的冲击，则使已走近传统边缘的中国重商思想最终得以突破传统，走向了近代化，这不可避免地带有明显的过渡性特征。黄海涛文认为，李贽以“崇私论”为逻辑起点，提出“吃饭穿衣皆是人伦物理”，倡导功利主义，主张“治生产业之事”，通过“重商富民”的途径和“法自然”的经济自由主义，制定“恒顺于民”的经济措施，实现“至人之治”的理想境界。其经济伦理的主流是批判性，并非市民经济伦理。李贽开启了明清实学经济伦理之先河，其学说在当今的市场经济大潮中仍有借鉴意义。袁宏文首先阐述了《歧路灯》作者李绿园“治生观”的源起和内涵，并结合《歧路灯》中着力塑造的士人形象对“治生”精神进一步做出详细论述，最后阐发了“治生”精神所蕴含的理性精神和实践意义。方旭东文通过对许衡的儒者以“治生”为先务思想的解读，对当代学者余英时先生从王阳明对许衡治生论的批评中解读出明代儒家伦理有了新发展、儒家伦理在明代是否有了新发展，以及这种伦理发展与社会风尚变化之间是否存在某种因果关系等问题进行了反驳。胡欣文认为《儒林外史》通过对三大类知识分子形象的描述，展现了其所在时代知识分子的治学和治生追求，显示出作者在新的历史时期对知识分子命运和追求的冷峻思索，回答了治学和治生的关系问题，并为知识分子指出了一条崭新的人生发展道路。张长杰文认为许衡的教育思想主要包括明人伦和治生两方面，其治生教育即解决经济生活问题，并把它作为办教育的前提，这在封建社会“君子喻于义，小人喻于利”的教育思想中，是十分难能可贵的。他的这种思想与当代大力发展素质教育，提高学生自力更生能力的养成和德育思想是一致的，他的治生教育宗旨和一些新的教育思想也是我国古代优秀传统文化的精华。王、蔡之文认为明清时期由于士绅人数剧增，朝廷能够提供的官职非常有限，使得希冀通过出仕而谋食的明清士绅面临的生存问题非常严峻。在文化观念上，贫穷一词的词义由过去的中性（或不带感情色彩）转变为贬义词，摆脱贫穷也就意味着摆脱与之对应的富含道德贬义的懒惰；商品经济的长足发展又为他们从事治生之业提供了宽松的外部环境，也促使他们对工商诸业重新审视并逐渐参与其中——物质和精神方面的多重压迫，使得明清士绅家训在论及治生问题时表现出普遍性、深入性和多元性特点，这些特点表明明清士绅家训中治生思想的成熟。

（六）关于李渔治生的个案研究

学术界对李渔的研究比较深入，涉及李渔的研究成果有许多，其中研究李渔治生的论文主要有徐保卫《尘世之旅——李渔的"游荡江湖"和"打秋风"》（《艺术百家》1994 年第 3 期）、《杭州的"寇警"与南京的"妖氛"——再论李渔的"游荡江湖""打秋风"》（《江苏社会科学》1995 年第 4 期），钟明奇《李渔：一个有作为的书坊主与编辑家》〔《复旦学报（社会科学版）》1995 年第 4 期〕、《李渔：集文士与商贾于一身——试论李渔戏曲创作思想的商业化倾向》〔《河南师范大学学报（哲学社会科学版）》1995 年第 5 期〕，任心慧《试论李渔商业化"治生"方式对其曲论及剧作的影响》（硕士论文，四川师范大学，2002 年），陈国华《论李渔的商品意识在戏曲活动中的体现》（《河南社会科学》2009 年第 1 期），王慧林《李渔小说的商业化与其"治生"心态》〔《郑州航空工业管理学院学报（社会科学版）》2011 年第 1 期〕等论文。其中徐保卫《尘世之旅——李渔的"游荡江湖"和"打秋风"》主要论述并分析了李渔从一个知识分子向一个文化商人转变过程中的心路历程，指出了他的这一追求的历史意义以及由此带来的人格上、生活上的变化；《杭州的"寇警"与南京的"妖氛"——再论李渔的"游荡江湖""打秋风"》一文是其在上文基础上的进一步深化，通过对李渔在治生过程中表现出的一些行为的考察，认为商品经济的原则导致了李渔个性的复杂化和人格的多元化。钟明奇《李渔：一个有作为的书坊主与编辑家》着重探讨了李渔从事编辑、出版业的成因、特点，阐述了李渔勇于开拓、严格精审的编辑精神，同时指出李渔从事编辑、出版业的价值与意义。黄果泉又在《李渔：集文士与商贾于一身——试论李渔戏曲创作思想的商业化倾向》一文中认为，李渔的文学活动都同商业经营活动密不可分，但仍保持着文士本色；并分析了李渔戏曲创作的观众本位思想、娱乐本位思想，体现出一种商业化倾向。任心慧的硕士论文从“生计”这一士人最为基本的生存要素着手，以贯穿李渔文艺人生始终的商业性为切入点，重新评价李渔其人，从而对在商品经济冲击下古代士人经济人格的发展做一尝试性探讨；并以此观照其曲论及剧作，以客观的实事求是的态度来探讨二者的一致性问题。陈国华文认为，在中国戏曲发展史上，李渔的戏曲活动总体上是以商业经营与赢利为旨归的。论文以此为切入点，从一个新的视角，通过李渔出身和经历形成的商人品格、以出版为依托的商业戏曲活动、戏曲创作中鲜明的商品化色彩、李渔家班演出活动的营业性等方面，来论述商业化的治生方式对李渔戏曲活动的影响，说明李渔的商品意识在戏曲活动中的谋利性特征。王慧林文认为，因受明清之际新的思想意识、价值取向、生存方式对传统文士的有力的冲击的影响，李渔的作品呈现商业化倾向，从这种倾向可以看出李渔及其同时代人治生心态的转变。

（七）其他专题的研究

除了上述几个主要专题外，一些学者还在其他方面对文士治生进行了研究，如邹莉《明清江南士子心态的变迁》〔《华东师范大学学报（哲学社会科学版）》1997 年第 2 期〕一文，着重探析了明清江南士子的心态变迁，认为明清江南商品经济的发展极大震撼了江南士子的心理，这一群体的心态呈现出复杂多维化的变迁：或弃业从商，或文墨糊口，或堕入非途，或仍由科举入仕；对利的汲汲求取不免造成士气的沉沦，然而却也促进了江南士子经济独立能力的提高，削弱了对科举制度的依附迷信，预示着其人生道路由古代向近代转型契机的到来。赵红娟《凌濛初及其家族的刻书经商活动》（《湖州师专学报》1998 年第 2 期）一文，分析了凌濛初从商的背景、凌氏家族的刻书活动、凌氏家族刻书的特点与目的，认为凌濛初是在晚明经商热潮的推动下，自身的科举受挫促使了他成为一名书商老板，凌濛初及其家族刻书是为了追求商业利润，因其善于经营，而且刻书精美，赢得了一个相当广大和稳定的书籍销售市场。由于商业利润的驱使，他们在刻书经商活动中也时有投机取巧行为。尽管如此，他们对历史文化的保存和传播，特别是在普及文化、满足群众需要、促进印刷术发展方面做出了重大的贡献。刘晓东《论明代士人的“异业治生”》(《史学月刊》2007年第8期)一文，认为明代士人的异业治生，主要包括耕读传家、医卜杂艺、工贾自食三种方式。由于本业治生途径的狭窄、收益低下与不稳定，中国传统社会的士人形成了“重异轻本”的治生理念。这一理念随着明代社会的变迁与商品经济的发展渐趋深化，并呈现出由重“耕”向重“贾”的演变趋势。这种演变一定程度上提升了士人的生存能力，促使其社会人格的相对独立。与此同时，也加深了士人对异业治生的依赖程度，导致其经济人格的渐趋软弱与社会人格独立的相对有限，并成为影响近世中国知识分子群体生存与发展的一个内在因素。刘晓东《“弃儒从商”与“以文营商”——晚明士人生计模式的转换及其评析》(《社会科学辑刊》2011年第3期)认为，晚明商品经济的发展，促进了士人生计模式的转换。弃儒从商与以文营商成为其中最为引人注目的两种方式，前者表现为对儒业的一种脱离，后者则是从传统卖文博食延展而来的、更具商品化特征的一种本业治生。两者都在很大程度上拓展了士人的生存基础，相对有效地提升了士人的生存能力。但从知识群体自身发展的角度来看，这两种不同的谋生方式，其社会与历史内涵不尽相同。前者以一种曲线回归的方式，又返回仕途经济的窠臼之中；后者则多少体现出晚明士人经济与社会人格的某些萌动意识。王燕燕《晚明山人治生论》〔《湖南工业大学学报(社会科学版)》2009年第4期〕一文，认为作为被排除在仕途之外的知识流民，山人不事产业，问舟车于四方的世俗治生方式，曾一度遭到非议，但其多样的治生方式，无疑是晚明下层士人生存发展遭遇阻滞下出路的探索与扩展。其治生方式的多元性、流动性、世俗性，客观上也为士人人格的完整与健全提供了契机与条件。

除了上述论文外，邱江宁在其专著《明清江南消费文化与文体演变研究》(上海三联书店，2009年)的部分章节中，通过对明中后期商业、出版风尚对文学文体演变影响的研究，也在不同程度上对江南文士的治生状况作了一些探析。

一些学者还对明清时期士、商交游这一课题进行了研究，尤其是对扬州盐商与文士交往方面研究比较深入。在诸多研究成果中，王瑜、朱正海等人的专著《盐商与扬州》(江苏古籍出版社，2001年)最为突出。王瑜、朱正海等人在书中拿出相当的篇幅论述了许多弃儒经商致富者的活动，并考察了盐商与文士的交往过程和对扬州城市文化发展所起的作用。一些学术文章也对明清时期士、商交游这一课题进行了研究，如朱宗宙《明清时期扬州盐商与文士“雅集”》（《盐业史研究》2001 年第 2 期），从扬州盐商与文士“雅集”的角度就扬州商人对文化所起的影响与作用进行了探讨。李家池《论扬州盐商与扬州八怪的依存关系》（《扬州教育学院学报》2000 年第 1 期）一文中，认为扬州盐商为了改变低下的社会地位，广交文士，不惜用重金组织各种艺文活动，资助文士、画家的生活和创作；文士、画家也给盐商不少实际帮助，使其跻身于文士行列，成为儒商，从而提高了社会地位，所以扬州盐商和扬州八怪的相互依存关系，也就是经济和文化的相互依存关系。范金民《明清地域商人与江南文化》（《江海学刊》2002 年第 1 期）文中，探讨了明清时期的各地域商人对江南文化的发展所起的作用和影响，文中认为明清时期的各地域商人作为文化投资者的角色，在江南刻书印书、贩纸贩书、收藏书画彝器，繁荣了江南文化，推动了江南工艺品市场的发育成长；商人赞助戏曲演出，推介戏曲流派，使得江南戏曲文化更加多姿多彩；各地商人建造寓有地方建筑特色的会馆，崇拜寓意各异的地方神灵，从事各种民俗活动，资助各种宗教文化设施，在江南营造了浓厚的地域文化，丰富了大众文化的内容；各地商人长袖善舞，与江南达官名士觥筹交错以厚资博高名，各有所好，相互利用，谱写了近世士商关系的新篇章。徐林《明中后期士商社会交往评析》〔《东北师大学报（哲学社会科学版）》2005 年第 1 期〕和徐林、杨琪《士商相混　蝇聚一膻——明代中后期江南商人与士人社会交往活动》（《江苏商论》2005 年第 3 期）两篇文章对明中后期士商的社会交往进行了考察和分析。前文主要论述了三个方面的内容：一是“士商相混”与“士商互识”；二是士商相交、“蝇聚一膻”；三是士商相交之文化解析。徐林认为，尽管王学等思想在某种程度上改变了人们对商人的认识，但是居于传统社会核心地位的士人和商人实际社会交往活动却并非对等。明代士商交往，表明了士人世俗化倾向的加强。后文主要探析了士商交往现象及其原因，认为经商所带来的丰厚利润吸引着士人们，士人阶层开始重视现实的物质利益和物质享受，从而由士而商、由商而士或亦商亦士，士商交往各取所需，成为一种普遍的社会现象。高娟《论明代中后期通俗小说对士商关系的整合》（广西师范大学硕士论文，2006 年）认为，“士农工商”是中国古代传统观念中四民的排序，到明代中后期士商关系发生了转变，士商互渗成为当时社会结构变动的一大特色，士人弃儒从商或兼事贾业，商人业儒入仕的现象，在明代中后期小说中屡见不鲜。采用文史互证的方法，以《醒世姻缘传》为例来探讨明代中后期通俗小说对士商关系的整合情况。另外，周礼、范成梅《徽商与江南士人社会交往研究》（安徽省徽学学会二届二次理事会暨“徽州文化与和谐社会”学术研讨会论文集，2007年）也对徽商与江南文士的交往情况进行了探析，认为明清徽商侨寓经商的重要据点主要在江南，江南乃人文荟萃之地，贾而好儒的徽商与江南名流社会交往频繁，对此现象的深入研究有助于我们更深入地理解明清徽商的社会地位以及明中期以后士商互动的关系。高建立《明清之际士商关系问题研究》（《江汉论坛》2007 年第 2 期）认为，明清之际，商业经济的发展、江南地区资本主义的萌芽以及新市民阶层的崛起，使得传统的“重农抑商”政策遭到破坏，出现了“工商亦为本业”的思潮，传统士商关系开始发生巨大裂变。士商渗透、官商融合、弃儒就贾、亦贾亦儒渐成风气，中国特有的儒商精神也在商业实践中日渐形成，在明清社会经济思想文化领域都产生了广泛而深远的影响。孙其芬《明清江南儒商的文化艺术活动》（上海师范大学硕士论文，2010 年）认为，明清时期，江南儒商亦儒亦贾、贾儒并重，“虽为贾人，而言论风旨雅有士人标格”。他们“贾名而儒行，贾事而儒行”，在江南诗性审美文化的熏陶渐染之下，自觉主动参与丰富多彩的文化艺术创造与休闲娱乐活动，表现出主体参与的诗性审美自觉以及审美趣味的商业性与精英化融合的特征。这些文化艺术活动、文化交往活动和文化娱乐活动，促进了江南地区经济文化事业的发展和繁荣，对江南地区文化发展和交流起到了强有力的推动作用，加速了江南城市艺术特色的形成和发展。

有的学者还对中国绅士的收入进行了研究，如曾在 20 世纪四五十年代留学美国的大陆学者张仲礼先生的专著《中国绅士的收入》（1962 年美国西雅图华盛顿大学出版社出版，中译本于 1991 年在上海问世，后于 2001 年上海社会科学院出版社又出版发行，2008 年 9 月上海人民出版社出版的张仲礼《中国绅士研究》一书中亦收录了《中国绅士的收入》），对 19 世纪中国绅士在各种活动中所得的收入进行了深入的研究，认为 19 世纪中国绅士的收入主要有以下几个来源：担任官职、出自绅士功能、充当幕僚、教学、服务收入、地产和商业活动等，并在此书《增补篇》对 19 世纪 80 年代年度国民生产总值和绅士在国民生产总值中所占的份额进行了估算，在《附录》中稽考了地方志所载绅士的资料，具有很高的学术价值。顾鸣塘《〈儒林外史〉与江南士绅生活》（商务印书馆，2005年）第二章《从〈儒林外史〉透析江南士绅阶层的经济状况》中，利用文史互证的研究方法，对《儒林外史》中描写的江南士绅的收入状况和物价与支出进行了翔实的研究。刘晓东《明代的塾师与基层社会》（商务印书馆，2010年）第三章《塾师的生计》中，对明代塾师的经济收入、社会基本消费、基本生活状况、治生观念的演变等进行了综合考察。

总而言之，对于江南的文士治生研究，大陆学者的研究成果主要集中在改革开放后至现在这段时期，海外学者的研究成果主要集中在20世纪80年代之前，学界对此取得了不少成绩，这对明清经济史、文学、民俗文化的深入研究具有一定的积极意义。

三、选题缘起及本书布局

明清时期，江南经济和文化的发展程度在全国首屈一指，许多文士参与治生活动，成为明清江南社会经济史、文化史中的重要内容。国内外学者也多涉足这一领域，在不同层面和不同程度上进行了研究，并取得了许多可喜的研究成果。但是对于明清时期江南文士治生的整体研究还不够全面和深入，多局限于其中某一个或几个方面的探讨，对于文人士大夫必游地——南京、扬州、苏州、杭州及晚清文士之“乐土”——上海的文士治生状况未予以深入研究，而这些重要区域多位于运河沿岸或毗邻运河，显示出运河与江南文士治生的密切关系。徽学一直是学术界的“显学”，学者多集中在徽商及其社会经济史的研究，对徽州文士治生状况的研究也只是纳入对徽商研究的框架中，成为其不太引人注意的从属部分。因此对文士在这六个特色区域的治生情况的研究有待加强。

文士将治生所得用于何种用途，学界对此多未研究，其实这是一个非常值得关注的问题。虽然史籍中记载文士治生用途的史料非常散乱，但资料还是非常丰富的，其中在地方志、明清文集、笔记等史籍中多有记载。对文士治生用途的研究，也有助于我们了解明清时期江南文士的活动及其对促进当地经济文化的作用，甚至对明清政治史的研究也多有裨益。

对于促使文士从事治生活动的原因，许多学者给予了一定的关注，如家贫、幼孤、科举未第、明清商品经济的发展带来思想观念的变化促使文士从事治生，但是比较简略，其实文士从事治生的原因远不止这些，促使文士从事治生的因素有许多，这也是拙著所要探讨的问题之一。

拙著主要论述明清时期江南文士的治生活动、治生途径、治生用途及促使文士从事治生的原因。全书分上下两篇和余论，上篇主要探讨文士的治生途径、治生的用途和治生原因，将江南作为一个整体，来综合考察文士的治生活动和特点，并用一些代表性的实例来加以说明和验证，在相应篇章附以个案研究，选择的个案主要是处于不同时代从事不同治生行业的代表性人物的治生活动。上篇之所以用大量的篇幅详述了文士治生的这三个方面，是因为综合论述江南文士的治生状况，是本书的核心部分。

下篇着重考察和探讨文士在江南的几个重要区域，如南京、扬州、苏州、杭州、上海、徽州的治生状况。因为这几个区域是文士从事治生最集中、最明显的区域，其中对文士在上海治生情况的考察，主要将焦点放在晚清时期，虽然在晚晴以前，上海一带也存在着文士治生活动，但文士真正大规模地在上海从事治生活动则是在晚清时期，这与当时的历史背景和国内外的形势密不可分，由此上海一跃成为文士治生之乐土，而且在上海出现了一些具有近代化特色的行业，对后世影响颇大。

余论部分主要就文士治生与明清通俗文学创作和传播的关系展开论述。文士治生作为一种文化现象，对明清文学艺术创作和传播起到了一定的积极作用，无论在题材、艺术特色上，还是在思想文化内容上，都超越前代，迎来了明清文学艺术的辉煌时代，对中国传统文化的继承和传播也产生了积极作用。从这个意义上来说，研究文士治生，特别是对明清江南文士治生状况的研究，有助于我们从侧面观照明清文学艺术的发展面貌。

上　篇

文士治生的途径、用途和原因

明清时期，江南经济文化十分发达，许多城镇和地区毗邻运河，甚至是运河流经之地，又是文士从事治生十分活跃的地区。文士治生所从事的职业呈现出多样化的特点，他们从事治生的用途及原因也是多种多样的，值得我们深思和研究，本篇将探析这些问题。

第一章　文士治生的途径

明清时期，江南文士从事治生所涉及的领域是十分广泛的，他们主要根据自身的条件和外界环境的影响，选择一些适合自己的治生方式，他们从事治生的途径呈现出多样化的特点，有的选择一种治生途径，有的则是选择两种乃至多种治生途径以达到更佳的治生目的。这一部分将把江南作为一个整体就文士治生途径进行探析。

第一节　文士与教育市场

明清时期，江南发达的经济、文化，为该地区的文士参与教育市场提供了有利条件。科甲鼎盛，名门望族繁多，十分重视科举，将科举仕途视为其培养子弟成才的一种不可替代的途径，他们拥有雄厚的经济基础，无疑为教育市场的培育起到了重要的推动作用。文士参与教育市场主要有设帐授徒、就职于书院、操选政等途径。

一、通过授徒获得束脩

文士通过授徒获得束脩作为治生的一种途径，早在明代以前就已盛行。这是最普遍的一种文士治生方式，从事这种治生方式的文士所占的比例最大，多为下层文士或去官后的文士所采取的一种治生途径。

古代教育，尤重发蒙之师，正如刘禹生《世载堂杂忆》所云，蒙馆风气，唐时已然。杜甫有诗云："小儿学问只论语，大儿结束随商旅。"一般在儿童五六岁后，家中延师，具衣冠酒食，封红包贽敬，列朱笔，请先生点破童蒙。家塾蒙馆，一曰停馆：富厚之家，延专师以教儿童，师称主人曰居停，主人称师曰西席，所授往往为《三字经》《千字文》《百家姓》，再授《四书》白文。二曰朋馆，亦名村塾、义塾，作为市井乡村贫穷儿童就读之所：其师开馆授徒，儿童之家，交纳一定数额的学钱后，可以去读书，所学多为《千字文》及四言杂学之类。父兄所求者，不过能识日用字，写柴米油盐帐而已，所谓"天地元黄叫一年”。蒙学所授，不过识字，能写能读，便于工商应用而已，略似今之初级小学，而蒙馆教师则多屡考不得秀才之人。等而上之，儿童有志应考，长乃读书习业，教师多延请秀才任之①。除了蒙馆之外，又有宾师之说②，宾师不同于蒙师，宾师之职责，比较广泛。延订宾师之书，曰关书，亦曰关聘，上载所任之事及酬报之数，好似今日之契约书。送关书时，必附以聘金。宾师的范围较蒙师为广，既有蒙师一类，也有幕宾一类，从事游幕的文士，官员也称之为西席，有时也称其席宾，情形比较复杂，不同时期的称谓也有所差异，特别是在古籍文献之中，对此的称谓互有差异，多混淆难辨。

下层文士，尤其是未仕士子，他们依靠做塾师或开帐授徒获得束脩以维持生计所需。如浙江秀水人邹国儒，明嘉靖四十四年(1565)进士，“以宿学授徒二十年，始获隽，教弟子甚严肃，终日讲席无倦容”③。清时秀水人沈雅，颇有文誉，“以诸生教授三十年，门下皆知名士”④。海盐人许球，雍正元年(1723)举人，“授徒于文庙后楹数十年，执经者不远千里而来，尤精研宋儒书所丹黄本，学者奉为准的”⑤。石门县人蔡应萁，恩贡生，“课徒自给，从之游庠者百有五人”⑥。江都人陈坚、陈堂二人就曾授徒长达数十年。陈坚，诸生，“授徒数十年，列门下者甚众”。陈堂，诸生，“授徒数十年，成就甚众”。晚年以岁贡就教职，署赣榆县学教谕。后应聘为怀仁书院讲席，训诲殷勤一如家居授徒时，越二年以疾归⑦。清代著名史学家钱大昕，出身贫寒诗书之家，其祖父、父亲都是穷秀才，都以课徒来维持生计，如《先大父赠奉政大夫府君家传》云其祖父钱玉炯，在33岁时，始补学官弟子，“家贫，以课徒自给”；其父钱桂发，字方壶，号小山，《先考小山君行述》云其少时读书，不屑记问章句，习举子业，但顾屡困童子试，年近40，始补学官弟子，“三上秋闱不遇，杜门课徒自给。初馆族父元礼斋，后馆族兄彦辉斋，

① 刘禺生：《世载堂杂忆·清代之科举》，中华书局，1960年，第2页。

② 徐珂编撰：《清稗类钞》第8册《师友类·延师关书》，中华书局，1984年，第3580页。

③ 光绪《嘉兴府志》卷53《列传四·秀水县·文苑》，《中国地方志集成·浙江府县志辑》第13册，上海书店，1993年影印本，第522页。

④ 光绪《嘉兴府志》卷53《列传四·秀水县·文苑》，第526页。

⑤ 光绪《嘉兴府志》卷57《列传八·海盐县·文苑》，第691页。

⑥ 光绪《嘉兴府志》卷60《列传十一·石门县·文苑》，第832页。

⑦ 民国《江都县续志》卷26下《列传第六下》，《中国地方志集成·江苏府县志辑》第67册，江苏古籍出版社，1991年影印本，第743—744页。

皆携不孝大昕自随，晨夕督课”。家道贫寒，而且科举受挫，不得已只好以授徒维持家计，但仍是不足，其母以纺织佐生计：

> 家故无负郭田，大父以授徒糊口，不足则脱大母奁中物付质库偿之。岁时伏腊，四顾壁立，恒相对愀然。洎府君弱冠后，亦出授徒，束脩所入，悉以奉菽水，而吾母沈恭人躬纺织佐之。[①]

寒士授徒所得的束脩微薄，难以维持家中之用度，生活比较节俭，清汪辉祖《佐治药言·范家》云：

> 寒食课徒者，数月之脩，少止数金，多亦不过十数金。家之人目击其艰，是以节啬相佐。[②]

促使文士授徒的因素有许多，有的是在科举受挫后，从事授徒，如明嘉靖、万历年间曾任河南汝州知州的胡邦彦，浙江余姚人，中举人后，会试不第，受聘做塾师："辛未，南宫不售。文定李公闻其名，延于家塾，命诸子师事之。师道方严，为文定公所器重。"后入太学："四方士慕公，操文求质者不可指屈。乃数奇，屡上不第，叹曰：'父老矣，吾终不以一第缓吾父养。'"[③]昆山人周汝砺，颇有文名，举南畿解元，久未第，"馆于湖周南浔董宗伯家，赋性朴茂，幼无二色。在塾稍久，辄告归"。董宗伯，即董其昌[④]。有的文士由于家贫不得不以授徒为生，如明代王锜的表兄滕文用，锡山旧族，"家业久坠，为人训蒙以糊口"[⑤]。清乾隆、道光时，江苏无锡人张元义，邑诸生，"家甚贫，以馆谷为生"[⑥]。清代浙江桐乡人徐照，工书，喜为诗。"家贫，授徒自给"。中年后，绝意进取，课读之暇，兀坐高吟，怡然自得。尝题联斋壁云："志不求荣，满架图书成小隐。身难近俗，一庭风月伴孤吟。"[⑦]清初著名理学名家张履祥，浙江桐乡人，出身寒门，时值明末清初乱

---

① ［清］钱大昕：《潜研堂文集》卷50，《四部丛刊初编》集部第302册，上海商务印书馆，民国十八年(1929)影印本。

② ［清］汪辉祖：《佐治药言·范家》，辽宁教育出版社，1998年，第4页。

③ ［明］焦竑：《澹园集》卷13《墓志铭·明故河南汝州知州竹阜胡公墓志铭》，中华书局，1999年，第1026—1027页。

④ ［明］沈德符：《万历野获编》补遗卷3《士人·周解元淳朴》，中华书局，1959年，第896页。

⑤ ［明］王锜：《寓圃杂记》卷8《鬼骂人》，中华书局，1984年，第68页。

⑥ ［清］钱泳：《履园丛话·丛话五·景贤·乡贤一》，中华书局，1979年，第120页。

⑦ ［清］陆以湉：《冷庐杂识》卷2《徐瘦生》，中华书局，1984年，第68页。

世之际，其父以授徒养家，在张履祥9岁时死于馆中，生活日益贫苦，赖其祖父开小肆、其母纺织以资生计。早年为诸生，屡试不第，明亡后，遂绝意进取，一以授徒著述为务。张履祥认为授徒不失为寒士治生之可行之道："今之贫士众矣，皆将不免饥寒，宜以教学为先务，盖亦士之恒业也。"[①]有的文士不乐仕进而从事授徒，如明代浙江慈溪人周升，为人介特，"隐居教授，不慕声利，居于市廛，一室如舟，所储书史外无他长物，因号书舫斋"[②]。清代松江人周桢，好与释家游，"后归里以训蒙终"[③]。有的文士在去官后，也从事授徒，如明李诩曾云钱福，以殿撰罢官家居，被江阴徐氏用重金聘为塾师："余邑梧塍徐氏以五百金为脯脡，延至家塾，徐二子亦中乡科。"[④]清代华亭人顾道，以明经补溧阳学博，课士有法，"归教授里中，缀文之士操铅椠就徽墨，得其传者后皆为名师"[⑤]。

文士从事授徒，在明清时期十分普遍，有的专以授徒为治生之门径，甚至出现了一些塾师世家，如下篇《明清时期徽州文士的治生状况》部分所提到的歙县项氏和婺源游氏。一部分文士通过授徒，获利颇丰，起家至千金者不乏其人。文士授徒是否能受人欢迎和聘请，其一是要敬业和课徒有法，如明代宁波、绍兴一带的文士很受松江人的欢迎：

> 前朝盛时，宁绍文学多馆于松，人亦乐延之。以其春至冬归，功课不辍故也。往往有登科第来游宦。[⑥]

更重要的还是其具有一定的声名，这样才能吸引许多弟子前来，如浙江余姚人王华，正德二年(1507)状元，仕至吏部尚书。未仕前，聪颖好学，"于是隐然名动，远迩争礼聘为子弟师。……时甫逾弱冠，宁亲至馆舍(祁阳宁良)，讲宾主之礼，请为其子师，延至祁阳时，郢湘之士，翕然来从者以数

---

① [清]张履祥：《杨园先生全集》附录《张杨园先生年谱》，中华书局，2002年，第1492页。

② 光绪《慈溪县志》(一)卷27《列传四》，《中国地方志集成·浙江府县志辑》第35册，上海书店，1993年影印本，第563页。

③ 《松江府志》卷56《古今人物传八·周桢》，嘉庆二十二年(1817)刊府学明伦堂藏版。

④ [明]李诩：《戒庵老人漫笔》卷5"钱鹤滩馆江阴遗诗"条，中华书局，1982年，第204页。

⑤ 《松江府志》卷60《古今人物传十二·顾道》。

⑥ [清]雷瑨辑：《清人说荟》初集《说梦二·睚眦必报》，王有立主编《中华文史丛书》之85第11辑，台湾华文书局股份有限公司，1969年，第69—70页。

十"[①]。但大多数从事授徒的文士，仅能藉此维持生存，甚至到了朝不保夕的地步，钱大昕的祖父、父亲虽都从事授徒，但家中仍然是一贫如洗。郑板桥对此深有感触：

> 教馆本来是下流，傍人门户度春秋。半饥半饱清闲客，无锁无枷自在囚。课少父兄嫌懒惰，功多子弟结冤仇。而今幸得青云步，遮却当年一半羞。[②]

可见教馆之治生手段的艰难。

明初中期，文士授徒还比较严谨，并非纯为束脩而来，颇有志节，也很受主人尊重，后来风气日坏，一些从事授徒的文士一意阿循主人，市欢于弟子，如明顾起元云：

> 数十年前，士人多能持师道以训弟子，如李翰峰、焦镜川、董侣渔、赵高峰、黄龙冈诸先生，皆方严端正，不为苟合。课艺勉德，彬彬有条，经书性鉴，岁必一周，优劣劝惩，肃如朝典。以故士游其门，文行皆有可观。主人尊敬之如神明，少不合辄拂衣去。其弟子亦敬而爱之，即既贵显老大，悛悛执礼惟谨，毋敢慢也。后或富实之家，才有延师之意，求托者已麇集其门，始进既不以正矣。既入馆，则一意阿徇主人之意，甘处亵渎而不辞。甚且市欢于弟子，恐其间我与父兄，一切课督视为戏具矣。又有一种黠者，诱其弟子，结纳显贵，买鬻声名，夤缘考试，以蛊其主人。呜呼！师法之不严至此极矣。[③]

到了晚清时，一些文士不愿为塾师，即为塾师，又不对主人和弟子负责，敷衍了事，如镇海人王荣商云：

> 吾乡高材生多不屑为童子师，间有屈意为之者，一切条教概从阔略，弟子肄习经年，裁足识名姓而已。其勤者稍从事于讲贯，大抵文言腐语，听者弗能通晓，以是人鲜知学者。[④]

---

① [明]雷礼：《国朝列卿记》卷27《南京吏部尚书行实·王华》，《元明史料丛编》第1辑，台湾文海出版社有限公司，1988年影印本。

② [清]郑燮：《郑板桥集·补遗·诗·教馆诗》，上海古籍出版社，1962年，第198页。

③ [明]顾起元：《客座赘语》卷9"师法"条，中华书局，1987年，第286页。

④ 王荣商：《容膝轩文集》卷7《先府君述》，王德毅主编《丛书集成续编》第162册《文学类·诗文别集》，台湾新文丰出版公司，1991年，第209页。

清王韬亦有感于此,他分析了促使文士从事授徒的因素,并抨击了一些文士虽学识浅薄,却借士之名而混迹于蒙师之列,士品日坏,师道不尊之流弊:

> 今之所谓士者,皆有士名而无士之实也。字义不明,句读未知,仅诵四子,即读八比,列名试籍,遂嚣然自称曰士。其实筋力脆弱,材智凡庸,既不能负贩,又不能操作,特借士之名以掩其所短,而得以置身教读,训诲童蒙,岁取束脯养其生。况自学额既广,其在胶庠者愈众。岁科两试,大县取至数十人,十年之间,所见无非士也。于是士日以贱,而士之品益坏,流弊之极,为师者日多而为弟者日少,师道亦因之不尊,其足以误子弟,敝风俗。人心世道之隐忧,未必不系乎是。[①]

应该可以说,处馆是许多下层文士的主要治生手段,也是最为普遍的一种治生途径,这种治生途径比较适合文士的职业特点,也体现出下层文士的生计之艰辛。坐馆所得,一般比较微薄,脩金之厚薄,主要看主家的经济能力和坐馆者的声望。

二、谋职于书院以获得薪金

书院之名,始于唐代,原为藏书兼校书之所,后来发展成学者聚徒讲学之地,成为与官学相辅的私学。书院发展到明代时,各省均设有书院,州县也多有书院,影响颇大,但亦经历三次较大的毁废:第一次毁废发生在嘉靖十六年(1537)、十七年(1538)间,招毁天下书院;第二次毁废发生在万历七年(1579)张居正当权时;第三次毁废则发生在天启五年(1625),魏忠贤矫旨尽毁天下书院。经过这三次毁废,书院由盛转衰。清廷定鼎后,大力提倡修建书院,历经康熙、雍正、乾隆、嘉庆等数朝的发展,书院日益繁兴。晚清时,江南地区,多经战乱,许多书院毁于战火,后经同治、光绪两朝多加葺建,书院又蓬勃发展起来,成为清代书院发展的鼎盛期,但大多成为科举考试的附庸,直至光绪二十七年(1901),朝廷下诏将全国的书院改为学堂,近千年的书院由此成为历史陈迹。

文士对谋职于书院或就读于书院是十分热衷的,而且各州县的书院为他们提供了一定的薪金或膏火银,不同的书院所提供的数额不等,官府也十分重视书院的建设,并拨出一定的款项或田产以作书院的经费,许多豪

---

① [清]王韬:《弢园文录外编》卷3《禁游民》,中华书局,1959年,第71—72页。

绅、富室也常有捐献，为书院的生存和发展提供了财力支持。江南许多文士就教或就读于书院，以获取薪金或膏火银，成为一种治生的有效手段，在下篇的六个部分中，已列出了不少文士就教于书院的典型事例。清代书院之兴盛堪称历代之最，虽沿袭宋元明旧制，但益增完备，其在省城者，有规模较大的书院俨若衙署，名闻遐迩，例归各省督抚或府尹主持，并出名具关书，延请硕学通儒任山长，而书院生员非高材生不得擅入。每年春季开课，又例由督抚或府尹会同司道府县官员，亲自到书院送学，如私塾中父兄送子弟开学，礼节至为隆重。如当时安徽的敬敷书院、江宁之钟山书院、杭州的诂经精舍等名闻遐迩。而府县书院，亦分归道、府、县主持课事，其分归司、道、府主持者，俨如后来的高中、初中学堂制度；其分归县者，俨如高小、初小学堂制度。就教于书院者多为未仕之名儒或退隐林下的官员，生徒多至上千人，为此清刘声木感慨道：

> 我朝崇尚儒术，书院遍天下，名儒辈出。退休林下及或未仕者，大半为书院掌教，以造育英才。若卢文弨、何绍基、张维屏、陈澧、朱仕琇、王元启、姚鼐、俞樾、张裕钊、吴汝纶诸公，皆夙负盛名，久拥皋皮。一院之中，生徒无虑千百人，从游者执经问难，师为之剖析疑义。①

其中晚清时大学者俞樾，浙江德清县人，被罢官后，辗转苏州、上海、浙江等地，主教于书院，长达数十年：

> 先生历主讲苏州紫阳、上海求志、德清清溪、归安龙湖等书院，而主杭州诂经精舍至三十一年，为历来所未有。其课诸生一禀阮文达公成法。

他晚年声名远播，海内外文士以执业于其门下为荣：

> 晚年足迹不出江浙，声名溢于海内，远及日本。文士有来执业门下，其不及者从海舶寄书质证赋诗相识，如蒙古贤王、京邸宗藩，或远来求书，或以楹帖寄赠以致倾慕。先生居林下四十余年。②

---

① ［清］刘声木：《苌楚斋随笔》卷9《书院掌教专撰一书》，《苌楚斋随笔续笔三笔四笔五笔》，中华书局，1998年，第199—200页。

② ［清］缪荃孙纂录：《续碑传集》卷75《儒学五·清诰授奉直大夫 诰授资政大夫重宴鹿鸣翰林院编修俞先生行状》，沈云龙主编《近代中国史料丛刊》第99辑，台湾文海出版社有限公司，1966年影印本；蔡冠洛《清代七百名人传》第4编《学术·朴学·俞樾》亦有类似记载（《近代中国史料丛刊》第63辑，台湾文海出版社有限公司，1971年影印本，第1654—1655页）。

又如清代全椒人薛时雨，以名进士出守杭州，复权粮储道。以制艺诗赋名，一时学者几乎仰之为泰山北斗。“罢官后，历主杭州崇文、南京尊经、惜阴等书院讲习，士论翕然。门下士于西湖、盋山两处，均代筑薛庐，以志景仰，亦一时盛事也”[①]。松江娄县人沈步垣，乾隆四十六年(1781)进士，仕至浙江道监察御史，后请终养，“历主大梁、钟山、敬敷、云间书院”[②]。

江浙一带的文士，无论是未仕的文士，还是去职后的官员，尤热衷到书院讲学，书院也常常将他们视为不可或缺的人才，多方招揽。如江苏无锡人潘望龄，乾隆三十年(1765)拔贡生，“会丁母忧，历主泰州、六合讲席，从学以百数，年逾八十，问业犹满户外”[③]。阳湖人孙星衍，字渊如，乾隆五十二年(1787)进士，丁母艰，后不复出，买屋金陵，筑五松园，将为终老计，“当道延为主讲，如扬州之安定、绍兴之蕺山、西湖之诂经精舍，造就后学，问字者千余人，一时推为学者”[④]。丹徒人王文治，乾隆三十五年(1770)进士，仕至云南临安知府，因事降级，乞病归。后当复官，厌吏事，遂不出，“往来吴越间，主讲杭州、镇江书院”[⑤]。常熟人王峻，雍正二年(1724)进士，后仕至御史。以母忧去官，遂不复出，“主讲安定、云龙、紫阳书院”。其学长于史，尤精地理[⑥]。浙江嘉兴人钱应溥，任京官多年，咸丰时，罢官归浙江海宁，“州人留主讲书院”[⑦]。绍兴人宗稷辰，道光元年(1821)举人，仕至御史、给事中，“罢官后，主余姚龙山书院、山阴蕺山书院”[⑧]。慈溪人杨泰亨，同治四年(1865)进士，仕宦多年，后以母老告归，“先后主郡孝廉堂月湖书院及余姚龙山书院讲席，赏奇析疑必与诸子共之”[⑨]。诸如此类事例，举不胜举。

书院的发展，对当时的教育事业起到了积极的推动作用，许多生员日

① [清]刘声木:《苌楚斋随笔》卷6《薛时雨家联额等字》,《苌楚斋随笔续笔三笔四笔五笔》,第116页。

② 《松江府志》卷60《古今人物传十二·沈步垣》。

③ 光绪《无锡金匮县志》卷22《文苑》,《中国地方志集成·江苏府县志辑》第24册,江苏古籍出版社,1991年影印本,第367页。

④ [清]钱泳:《履园丛话·丛话六·耆旧·渊如观察》,第159页。

⑤ 《清史稿》卷503《艺术二·王文治》,中华书局,1977年,第13889页。

⑥ 《清史稿》卷485《文苑二·王峻》,第13374页。

⑦ 《清史稿》卷439《钱应溥》,第12399页。

⑧ 《清史稿》卷423《宗稷辰》,第12199—12201页。

⑨ 王荣商:《容膝轩文集》卷6《翰林院检讨杨公理庵墓表》,王德毅主编《丛书集成续编》第162册《文学类·诗文别集》,第192页。

后也由此踏上科举仕途。在书院的发展过程中，也出现了一些不和谐的“音符”，如一些书院先生不负责任，不顾廉耻，与生员相蒙于市，重利忘义等陋习，清蒋士铨为此尖锐地抨击了这种不良习气：

> 近日书院先生，多因贫而馆，聊且相安。生徒什佰，或见或不见，不能识认，除课卷评点之外，一无训勉。师既无道学相关之心，弟务负揣摩自熟之见。闻先达之语，皆似已知已能；守共习之文，自矜百发百中。不知傲为凶德，满是损机。誉之则颂以公明，归之则谤为盲瞽。甚至投以脩脯，遂欣有德于冬烘；馈以豚蹄，便觉无惭于翘楚。先生存不好意思之心，弟子操不在文章之柄。相蒙相市，卑陋龌龊。与菜佣、牛侩持钱买物，反眼却不相识者，诚何以异？而且传递录旧，百计相诳，视会课如当差，重膏火如射利。反不肖之所长，皆子之所鄙，此天下书院之陋习也。[①]

无独有偶，清王韬也深刻地指出了书院所存在的一些不良现象，如有的为求山长之位而走门路，太看重束脩之厚薄，而且院风懒散，有才之士难得重用，而官员检查书院也是敷衍了事：

> 邑有书院，里有乡学，使膏火足以资其诵读，士气既养，廉隅自励。……今山长率以势位有力者援荐，视其升降为去留，甚至一邑而空糜脩脯者六七人，乡僻之士有毕生不至书院，不识山长面目者，是则空有其名也。凡为教官者，率以老惫疲癃充选，稍有才干者，以为闲员末秩，多不屑处。而为教官者亦徒拥虚名，从未一日与士相接，不过于岁科试获隽之士，龂龂然争其贽仪厚薄耳。学政观风动循故事，从未有勤访博采留意人才者。每至试期，刻日蒇事，匆遽迫促，务求速了，以便再莅他处，其所拔擢，安能惬望？[②]

更有衰迈之诸生厚颜留居书院以膏火养家者，如清代江苏兴化人赵圣传，廪贡生。后弃举子业，日夕穷经，因无延之课徒者，贫乏不能自存。光绪十年(1884)，听到江苏学政已建南菁书院，专课经史、古文词，虽身无长物，年已60余岁，书卷字出格外，仍橐笔渡江到江阴。后被署为书院斋长，

---

① [清]蒋士铨：《忠雅堂文集》卷12《杂著·杭州崇文书院训士七则》“教与学之陋习”条，《忠雅堂集校笺》，上海古籍出版社，1993年，第2449—2450页。

② [清]王韬：《弢园文录外编》卷12《重儒》，第374页。

“自是客江阴者八年。正月出门，岁暮乃归，经年不得家书，目眵齿衰，仰课卷以求活，不能专心撰著”[①]。张之洞在其《劝学篇》中一针见血地指出了中国书院所存在的积习，认为一些文士将书院作为其治生之地，本意已错，而且不认真负责，致使大雅扫地：

> 中国书院积习，误以为救济寒士之地，往往专为膏火奖赏而来。本意既差，动辄计较锱铢，忿争攻讦，颓废无志，紊乱学规，剽窃冒名，大雅扫地矣。[②]

由上可以看出，谋职于书院也是文士治生的一种有效手段，不过能被聘为书院掌教的，多是名士或致仕的官员，他们的薪金相对比较丰厚；而能被选入书院学习的文士多是下层文士，他们也会获得一定的“助学金”。随着书院的日益发展，也出现了一些唯利是图的文士，他们为了薪金或“助学金”，渐渐丧失了士人的品格，贻笑于人。

三、操选政

明清时期，宋明理学成为官方哲学，占据正统地位，科举取士以四书五经为主，文操八股，日益程式化。三年一试，中式者或虽未中式的名士的试卷，成为以后参加科举考试的士子想得到的范本，于是社会上的一些文士便将这类试卷归类，有的还加上评点，汇集印刷成册出售，类似于现在的高考或考研复习资料，这类人时称“时文选家”，从事这类事业被称为“操选政”，从事操选政的人多为布衣书生或较有名气的文士。制举之文之有选文，始于明万历二十年(1592)，至万历四十三年(1615)后，制义选本日益繁多而且盛行于世，一科之文为选本者多至数百部，清顺治以来，犹有数十部，乾隆时降至数部，选本的数量虽有下降，但选本之风则一直延续至清末。

制义选本，对士子们参加科举考试有一定的指导意义，为了具有时文的时效性，促使了选家多渠道地获得科举试卷，甚至也选入一些非科举试卷的文章，尽快评点并汇编成册出售，由于这些选家多为布衣诸生，整暇以待，而且具有一定的水平，出书较快，故而颇受世人的欢迎，甚至他们的舆

① [清]缪荃孙纂录：《续碑传集》卷75《儒学五·赵圣传传》，《近代中国史料丛刊》第99辑。

② [清]张之洞：《劝学篇》外篇《设学第三》，上海书店出版社，2002年，第42页。

论常常能左右考官的取向：

> 夫士从事于制举之文，每三年而一试，其获隽者，宜其文之无不工也；其不工者，宜其为主司者之所斥而不录也。然而撤棘之后，其墨卷次第入于选家之手，选家不一其人，辄无精慎以从事，丹铅甲乙，分别黑白，曰某也工，某也不工。其议论断断，足以补主司之所未及，是亦不可谓无关于文教。及刊本四出，而此之所非或为彼之所是，此之所取或为彼之所弃。嗟乎！彼亦一是非，此亦一是非，其论将安所定哉。且夫选家者，大抵多布衣诸生，日习为制举之文，非荒疏鲁莽以从事者之所可比，又其为时甚宽，优游整暇以卒业，非若场屋之中，刻日竣事，则宜其论之衷于一也，而是非去取亦卒无一定，而况在场屋之中，日不暇给，而且力有所不能尽遍者乎。①

书商垂涎于选本所能带来的可观利润，热衷于推行选政，他们到处搜购新中进士平时的文章，并将搜购来的文章交付选家抉择评点后，付之雕刻以行于世，获得了可观的收益。这类选本常被称为房书，它不一定是出自场屋之文，也未必出于中式者之手，选文常常与选家的好恶深有关联，但这类选本却被士子们视为经典，销路自然不错。有的选文还来自未参加科举的名士或科举不第的文士，有的书商和选家为此获得了比较丰厚的回报，如明中期，江阴人李诩七试场屋不第，性耽文史，潜心理学，直到晚年才放弃举业，但他在年轻时的文章常常被书商搜购，只是文价不高，而得中科举魁首的文章则常常成为坊间争相搜购的对象：

> 余少时学举子业，并无刊本窗稿。有书贾在利考，朋友家往来，钞得镫窗下课数十篇，每篇誊写二三十纸，到余家塾，拣其几篇，每篇酬钱或二文或三文。忆荆川中会元，其稿亦是无锡门人蔡瀛与一姻家同刻。方山中会魁，其三试卷，余为怂恿其常熟门人钱梦玉以东湖书院活字印行，未闻有坊间板。今满目皆坊刻矣，亦世风华实之一验也。②

明末上海浦东的王光承，博学能文，善书法，精于古文词，“坊家争请选文，遂有《易经乎尹》《墨卷乐胥》《名家雪崖》《考卷右梁》《白门易社》诸书行世，

① ［清］戴名世：《戴名世集》卷4《庚辰会试墨卷序》，中华书局，1986年，第97页。
② ［明］李诩：《戒庵老人漫笔》卷8“时艺坊刻”条，第334页。

贾人获利无算”[①]。浙江鄞县人王家勤，字卣一，好学，博览群书，和同乡一起编选了大量的时文，日夜不辍，并常常以之编选的时文教授弟子：

> 于书无所不窥，抄撮残荟，砻断而冶炼之，以酿于奇。然止以资于时文，与同邑华夏辈、骫精埶力，穷日夜为之。长者累数千言，小者至不能拚幅，蹇涩险棘，多不可得其字句，予初一见之武林，出其制艺一帙，饰之甚美而且多，归读之不尽数篇，已忽忽弃去，盖得其思与句之艰也。读者且然，作者之勤劳为可悯矣。后五六年，再见之慈溪，馆于冯，以海其子弟，至则又出其新艺，顾数倍于前，而犹谓不及箧中什四也。夫今之所谓时文者，不过求进身于利禄之具耳，岂得比于古之词赋？然且识者羞称之，以伦于俳优。况乎剽剥泛窃，一妄男子安坐而为之乎？[②]

明末清初时的时文选家，唯天盖楼本子风行海内，远而且久。常以发卖坊间，其价一兑至四千两之巨，声名不胫而走。但浙中名士如黄宗羲、万斯同等人，非常鄙视其所为，目为“纸尾之学”[③]。清代的选文之风不减前代，而且销路不错，吴敬梓《儒林外史》中的匡超人就是一个具有一定文名且颇受欢迎的浙江籍时文选家，如第20回《匡超人高兴长安道　牛布衣客死芜湖关》中匡超人言道：

> 我的文名也够了。自从那年到杭州，至今五六年，考卷、墨卷、房书、行书、名家的稿子，还有《四书讲书》《五经讲书》《古文选本》——家里有个账，共是九十五本。弟选的文章，每一回出，书店定要卖掉一万部，山东、山西、河南、陕西、北直的客人，都争着买，只愁买不到手。还有个拙稿是前年刻的，而今已经翻刻过三副板。

文中又提到匡超人的好友马纯上也是一位时文选家，只是其理法有余，才气不足，他的选本没有匡超人的选本流行而已[④]。

文士除了上述治生途径外，他们还利用社会上热衷于科举而大做文章，如替人考试、作弊以获得酬谢，充作“枪手”。晚明小说家、刻书家陆人

---

① 曾羽王：《乙酉笔记》，上海市文物保管委员会编《上海史料丛编》，1961年。

② [明]黄宗会：《缩斋文集·王卣一传》，上海古籍出版社，1983年影印本，第130—131页。

③ [清]王应奎：《柳南续笔》卷2《时文选家》，中华书局，1983年，第163页。

④ [清]吴敬梓：《儒林外史》，中华书局，1999年，第234—235页。

龙在其编纂的拟话本小说集《型世言》中就曾描写了明代浙江绍兴府山阴县的一个善作此类事项的秀才——钱流，曾为前道帮补，新道又是一等第六，文字功底不差，而且机巧过人。他在做秀才时，虽然不好钻营，但经常往来杭州为人代考或组织其他文士为富家子弟代考，并根据不同的科举考试层次收取不同的酬金：

> 包覆试三两一卷；只取一名，每篇五钱；若只要黑黑卷子，三钱一首。到府间价又高了。每考一番，来做生意一次。（此价遍闻天下矣）及至帮补了，他却本府专保冒籍，做活切头，他自与杭、嘉、湖富家子弟包倒。进学三百两，他自去寻有才有胆不怕事秀才，用这富家子弟名字进试，一百八十两归做文字的，一百二十两归他。覆试也还是这个人，到进学却是富家子弟出来，是一个字不做，已是一个秀才了。回时大张旗鼓，向亲邻道冒籍进学。又挨一两年，待宗师新旧交接时，改回原籍，怕不是个秀才？是一个大手段人。

后来钱流授馆于山阴县一致仕官宦家，为了诈取官宦家钱财，与人串谋设计，引诱其子弟调戏妇女，最后事败身死，臭名远扬①。

由上面所辑材料可知，操选政是明清江南文士常用的治生手段。操选政是伴随着明清时期科举制度以八股取士而兴起的，特别是自明中期以来，许多名士参与到操选政行业，一方面他们得以获得薪金维持生计，另一方面促进了时文选本和刻书业的发展。

第二节　文士与艺术市场

明清时期，江南的艺术市场十分发达，如书画、古玩、词曲、园林修建等，尤其是书画市场，十分活跃，一些文士便参与到艺术市场中，不乏有人藉此获利。这一部分将着重探析文士在艺术市场中的治生情况。

一、文士与书画

从明初到清代中期，书画中心在江南。明前期，画坛以崇尚宋代院体

① ［明］陆人龙：《型世言》第27回《贪花郎累及慈亲　利财奴祸贻至戚》，中华书局，1993年。

画的浙派占据统治地位，以职业画家为多，许多著名画家出自江南，如徐贲（原籍四川，后移籍吴中）、汪绂（江苏无锡人）、宋克（江苏苏州人）、夏昶（江苏昆山人）、陈録（浙江会稽人）、谢缙（江苏苏州人）、刘珏（江苏苏州人）、杜琼（江苏苏州人）、沈贞（江苏苏州人）、徐端本（江苏南京人）、姚绶（浙江嘉兴人）、戴进（浙江杭州人）、王履（江苏昆山人）、孙隆（江苏常州人）等等；书法则以“台阁体”为主流，注重帖学和刻帖，其中以“三宋二沈”为代表①，其中宋克（江苏苏州人）、宋璲（浙江浦江人）、沈度（松江华亭人）、沈粲（松江华亭人）等均来自江南。明中期以后，崇尚元代文士画的吴派兴起于苏州，吴派的书画家沈周、文徵明、唐寅和仇英号称“明四家”，他们独抒个性，使书画日益市民化，雅俗共赏，并将书画商品化，他们常常既工绘画，又精书法，甚至将二者合为一体，相互借鉴，出现了画学书法。浙派日渐衰落，而吴派则占据主导地位，一时号称“天下法书归吴”。明后期，吴门画派走向衰落，取而代之的是以董其昌为首的华亭派，包括赵左的苏松派、沈士充的云间派，以及莫是龙、宋昶、陈继儒等，以“南北宗”论为旗帜，专攻山水画；与华亭派同时或稍后，还有以李流芳、程嘉燧为代表的嘉定派和在杭州以蓝瑛为代表的武林派，嘉定派的风格与华亭派相类，而武林派多为职业画家，风格与浙派不同，画风趋于刚硬，蓝瑛号称“浙派殿军”。明后期的书坛，不同书法的风格纷争书坛，而且帖学书法得到了发展，以邢侗、张瑞图、董其昌、米万钟并称四大家，有“南董北米”之称，另有徐渭、詹景凤、张凤翼、陈洪绶、李流芳、赵光、娄坚、王思任等书法名家，多为江南人。

清初的画坛，以江南地区的各种画派占据主导地位，他们承继明后期的绘画艺术，并有一些变化，主要画派有娄东、虞山、新安、金陵、江西、武林以及嘉定的项圣谟、山西的傅山等各家，其中以“四王”和“四僧”最为著名。“四王”，即王时敏、王鉴、王原祁、王翚四人。他们承继董其昌的绘画理念，将理论与实践相结合，力图集古人绘画艺术之大成。“四僧”即八大山人（朱耷）、石涛（原名朱若极，字石涛）、髡残（俗姓刘）、弘仁（江韬）四人。他们的画作不囿于古法，有着强烈的思想情感，注重自然美的表现和意境的创造。新安画派的艺术风格多将移民心态体现于画作中，而且为了满足徽商的喜好，多师法倪瓒、黄山、齐云山等，画法受版画影响而多呈几何形状，

① “三宋二沈”是指宋克、宋璲、宋广（河南南阳人，一作汝阳人）及沈度、沈粲兄弟。

风格以宁静淡雅为主，其著名画家中尤以肖云从为突出。南京一地的绘画，以金陵八大家龚贤、樊圻、高岑、邹喆、吴宏、叶欣、胡慥、谢荪为代表，他们多为职业画家，师承北宋与吴派风格，写生南京实景。武林派主要是以蓝瑛的学生及其后代为代表，师承前贤。清代中期，绘画以北京和扬州为中心，北京画坛主要是以宫廷绘画文士化为趋向，部分融入西洋画法，而扬州画坛则以扬州八怪为代表，崇尚水墨写意画法，追求狂放怪异风格，尤工花鸟画。晚清时期，画坛以新兴的商业都市上海和广州最为活跃，画家注重吸取民间美术的成分，并融入西洋艺术。在上海地区形成了所谓的“海派”，以赵之谦、虚谷、任熊、任薰、任颐（任伯年）、吴昌硕等名家为代表，他们多来自江南。广州则形成了“岭南派”，著名画家有居巢、居廉、高剑父、高奇峰、陈树人等。清代书坛，在清代前中期（嘉道以前），主要以宗董、宗赵的帖学期，董其昌、赵孟頫的字体受到皇帝的大力推崇，上行下效，宗董、宗赵的风气大盛。嘉道以后，碑学兴起，帖学衰退；咸丰、同治时，注重北碑，临摹北碑的风气甚为盛行。最具盛名的书法家多出自北方，而出自江南的书法名家也有不少，如郑板桥（江苏兴化人）、金农（浙江杭州人）、邓石如（安徽怀宁人）、俞樾（浙江德清人）等。

江南书画艺术的发展和兴盛，与当时长江下游的经济文化发达和当地书画市场活跃密不可分，古人一直将书画作为有价值的艺术品，甚至有不惜以重资购求者，如明李日华《味水轩日记》中云：

〔万历四十一年（1613）正月〕十六日……自士大夫搜古以供嗜好，纨绔子弟翕然成风，不吝金帛悬购，而滑贾市丁任意穿凿，驾空凌虚，几于说梦。昔人所谓李斯狗枷，相如犊鼻，真可笑也。[①]

明代浙江秀水人项元汴（子京），以善治生致富，能鉴别古人金石书画文玩，在其居所天籁阁，“坐质库估价，海内珍异，十九多归之”。只是他有时啬色于财，在交易时，虽已谈好价钱，有时会反悔，甚至忧形于色，连饭也不吃了[②]。李日华《味水轩日记》亦云：

子京好古博雅，精于鉴赏，嗜古人法书如嗜饮食。每得奇书，不复

① ［明］李日华：《味水轩日记》卷5，上海远东出版社，1996年，第298页。

② ［明］朱彝尊：《曝书亭全集》卷53《书万岁通天帖旧事》，《四部备要》集部第530册，中华书局据原刻本校刊。

论价，故东南名迹多归之。

如他曾重金收购乌镇王氏所藏唐摩《兰亭》法书①。

徽州人更是对书画情有独钟，不惜重资以购，如明詹景凤《詹氏小辨》卷42云：

吾族世蓄古书画，往时吾新安所尚，画则宋马（远）、夏（圭）、孙、刘（松年）、郭熙、范宽，元颜秋月、赵子昂，国朝戴进、吴伟、吕纪、林良、边景昭、陶孟学、夏仲昭、汪肇、程达，每一轴价重至二十余金不吝也。而不言王叔明、倪元镇，间及沈启南，价亦不能满二三金。又尚册而不尚卷，尚成堂四轴，而不尚单轴。

明中期以来，书画界渐渐将书画商品化，将书画艺术推向市场，出现了许多职业书画家和兼职书画家，他们将其作品出售，如下篇所描述的六大特色地域出现了许多依靠出售书画作品治生的文士。在其他地域亦是如此，如明代著名画家高棅，"在翰院二十年，四方求诗画者争致金帛脩饩，岁常优于禄入"②。浙江诸暨人陈洪绶，累试不第，工书画，"十四岁，悬其画市中，立致金钱"。时人感佩其才行和高超的书画艺术，争相结纳以求其书画。久而陈洪绶心生厌倦，不肯轻易为人作书画，即使是官员或重金亦不复顾：

一时高其行又多其才，莫不争相结纳，而望景逐响者，则只重其书画。户外之求日满，洪绶亦未尝不应，而心滋不悦，既而纵酒狎妓自放，头面或经月不沐。为诸生，学使者索画辄勿得，客有求画者，虽罄折至恭，亦勿与之，酒间召妓，则自索笔墨，小夫稚子无勿应也。③

明亡后，不再为人作画。

清代，松江华亭人高士奇，"家甚贫窭，鬻字为活"，后被纳兰明珠赏识，被荐入内庭④。康熙年间，江苏武进人恽格，号南田，以其父忠于明朝而不

① ［明］李日华：《味水轩日记》卷2，第100页。

② ［明］焦竑：《玉堂丛语》卷7《巧艺》，中华书局，1981年，第256页。

③ 光绪《诸暨县志》卷29《列传三》，《中国地方志集成·浙江府县志辑》第41册，上海书店，1993年影印本，第496—497页。

④ ［清］昭梿：《啸亭杂录》卷8《高江村》，中华书局，1980年，第254页。

应举，擅诗名，"鬻画养父"，"家酷贫，风雨常闭门饿，以金币乞画者非其人不与"[①]。晚清时，浙江秀水人钱聚朝，字晓庭。少孤，工画。宗法董其昌，"晚年声价益高，今则吉光片羽，人争宝贵，且不可得矣"。举孝廉后，家稍裕，大挑得淳安教谕，未及满任，即弃官归，"归后，惟以书画自给，不问外事"。咸丰时，太平军进犯金华、衢州，陈其元应邀为善书之嘉兴太守题扇。太平军退兵后，陈其元在访友时遇见钱晓庭，并以出售书画事相嘲讽：

> 见晓庭拥长几，列巨砚六七，粉墨狼藉，作画犹未竟，因戏谓之曰："促为我画直幅八。"晓庭笑问："润笔若干？"余曰："若画果好，当书一扇奉酬。"晓庭大笑，向诸人曰："渠字乃欲易我画，亦太不自谅矣。"余乃曰："我之字，嘉兴一郡，除太守一扇外，更有何人能得寸缣尺幅？若渠之画，但须赠以润笔，便可捆载。此时皂隶驵侩之家，谁不高悬钱晓庭画者！以我之扇易彼之画，我犹怏怏耳。"众皆鼓掌，晓庭为之绝倒。[②]

清代碑刻盛行，一些碑刻书家颇受欢迎，求书者户满门外，如浙江会稽人周师濂，贡生。少有诗名，工书法，"求者踵门，碑版摩崖流传郡邑"[③]。

文士除了坐等客户上门求购外，还常常亲自上门贩卖书画，如明都穆曾云：

> 卖画孙生持示元季雪庵绢书唐人绝句诗四轴，其字大可数寸，似学颜鲁公，惜无神气。[④]

一些文士为了生计和养家糊口而出售书画，或以书画技能为谋生手段，如清吴德旋《初月楼闻见录》曾记载清代江苏宜兴人旅园主人，姓蒋氏，人不知其名，"家贫，卖画自给。好饮酒，得钱即输酒家，未尝有一夕储，然雅不欲负人一钱"[⑤]。江苏无锡人华淞工篆书，兼工铁笔，"一时名流竞购

---

① 《清史稿》卷504《艺术三・恽格》，第13906页。

② ［清］陈其元：《庸闲斋笔记》卷3《钱晓庭画》，中华书局，1989年，第71页。

③ 道光《会稽县志稿》卷19《人物・文苑》，《中国地方志集成・浙江府县志辑》第41册，上海书店，1993年影印本，第99页。

④ ［明］都穆：《寓意编》，文渊阁《四库全书》本。

⑤ ［清］吴德旋：《初月楼闻见录》卷8，《笔记小说大观》1编第2册，台湾新兴书局有限公司，1980年影印本，第804页。

之,淞故贫,藉以自给”[1]。宋起凤《稗说》卷3《萧尺木画学》曾记载萧尺木,家无田产,“时时借画以治生。每一幅出,则远近人争购去,得一二镮易薪米鲑菜归,即阁笔。寻高匮,纹理绘素如初”。清乾隆时曾仕至广东按察使佥事的江宁人秦大士,精篆隶行草,“未贵时,卖字以自给,求者踵至”。他以卖字为生,不愿受人恩惠,曾有人怜其贫而欲以重金请其字以济之,秦大士察知其好意后,退还其金[2]。浙江镇海人姚燮,字梅伯,自号复庄,通经史百家、释道典籍,工诗,道光时举人,“生平足迹遍于江南北,而寓鄞之日最久,作文写画藉以自给”[3]。嘉兴人薛廷文,寓吴兴径山最久,“善绘荷,以画自给”[4]。平湖人叶恒,工山水画,“不善治生,往来吴越间,卖画以自给,一水一石,人争宝之”[5]。海盐人俞玫,工书画,“寸缣尺幅,人争购之”[6]。一些善书法的文士通过为科举考试做誊录工作获得报酬,甚至连已有科名的文士也踊跃参加,为了牟取厚利,不惜冒险篡改试题,败坏了考试的风气,这在晚清时尤为严重,如清陆以湉《冷庐杂识》云:

> 浙江乡试,每以金贻誊录手之善书者,潜递关节,属其誊卷朱色鲜明,字画光整,易动阅者之目。亦有已获科名者,贪得厚利,冒应是役,甚至私携墨笔,点窜试文,中隽则可得重酬。此风始自绍兴人,沿及诸郡。道光丙午秋试,士子一万一千余人,其不购誊录者只三千余卷,仅得售三人。盖以字迹潦草,校文者以辨识为苦,辄屏弃不观也。[7]

一些文士不乐仕进,转以出售书画治生,如明代无锡人王问,明正德时进士,为孝养父亲,不复有仕进之志,退居湖上三年,足迹不至城市,屡荐不起。工人物、山水、花鸟画,“蹊径之外慕先生者争购其书画宝藏之,先生所成就多知名士”[8]。清咸丰时,浙江富阳人王銮,世代官宦,但他不乐仕进,

---

① 光绪《无锡金匮县志》卷26《艺术》,第433页。

② 《清代野史大观》卷10《秦大士未贵时之志节》,《笔记小说大观》33编第8册,第56页。

③ [清]缪荃孙纂录:《续碑传集》卷81《文学六·姚复庄先生墓表》,《近代中国史料丛刊》第99辑。

④ 光绪《嘉兴府志》卷51《列传二·嘉兴县·文苑》,第441页。

⑤ 光绪《嘉兴府志》卷59《列传十·平湖县·艺术》,第792页。

⑥ 光绪《嘉兴府志》卷57《列传八·海盐县·艺术》,第704页。

⑦ [清]陆以湉:《冷庐杂识》卷8《誊录》,第418页。

⑧ [清]姜绍书:《无声诗史》卷3《王问》,《四库全书存目丛书》子部第72册,齐鲁书社,1997年影印本,第728—729页。

少年时随祖、父宦游四方，遂善作画，尤工花鸟画，见者惊叹，名重一时，“因以画自给，笔墨外不妄受一钱，人皆敬之”[①]。有的是在科举仕途无缘或受挫后，以书画治生，如唐伯虎因早年科场案被黜而放荡不羁，倾力于书画，并以书画治生，此类事例不少。

一些去职的官员，也加入到出售书画的队伍中来，如清代江苏金坛人王澍，康熙五十一年(1712)进士，仕至吏部员外郎，遂因葬亲故不复出。通经学，工书法，尤称一代作手，尤精于鉴别古碑刻，“告归后，书益工，远近士夫家以金币请者无虚日，然不问家人生产，贫士丐其翰墨以举火者，亦应之不倦。金坛良常山馆最擅名，款署良常王澍，世称王良常云”[②]。

文士依靠书画获得厚利者不乏其人，如苏州吴派书画家沈周、文徵明、唐寅、仇英，扬州八怪等，藉书画治生，因其名气颇盛，书画作品十分抢手。晚清上海一带“海派”书画艺术的兴起，带动了上海地区书画市场的繁荣，名家书画更是时人争相购求的对象，如赵之谦、虚谷、任熊、任薰、任颐(任伯年)、吴昌硕等名家之画。清邹弢《三借庐笔谈》曾记著名画家任渭长之子任预(立凡)以出售画作获利甚厚，而且放荡不羁之事：

> 所居画室，银物随意堆置，故生客避嫌不敢入。所得画资岁及千金，已不能稽数。尝有友人相访，招立凡同去。立凡偶翻纸堆，得番饼数十枚，大喜。身无可藏，即以床头脱下秽袜，实番饼于中。挈身畔，随友醉倡家，一夕银尽挥去，明日问之，一笑而罢。[③]

清代许多文士出售书画，不再像前代那样遮遮掩掩，甚至出现了将书画作品明码标价，以现金为准的，以郑板桥首开先河。郑板桥之后，吴平斋、周存伯效法郑氏所定书画价码：

> 书画润笔，皆准板桥所定，即以此帖为仿单，不复增减。……余谓东坡字在当日只换羊肉而已，吾辈率尔落笔，便欲白银，亦大罪过。然年来以笔墨为人役，亦甚苦之。读板桥此帖，辄为诵古诗曰：“齐心同

---

① [清]陈其元：《庸闲斋笔记》卷12《富阳王高士》，第307页。

② 蔡冠洛：《清代七百名人传》第5编《艺术·文学·王澍》，《近代中国史料丛刊》第63辑，第1767页。

③ [清]邹弢：《三借庐笔谈》卷12《任画》，《笔记小说大观》28编第10册，第6075页。

所愿，含意俱未申。"退楼诸公闻知，当干笑也。[①]

退楼，即平斋自号；范湖居士，即周存伯。清末书法家侯云松，江宁人，善书画，求者麇集，于是他也仿效郑板桥，不讲情面，一意以书画价格为衡量是否作书的标准，曾作《金缕曲》二阕贴于门上以达此意：

对客频扮手，愿诸君收回绢素，那容分剖。书画词章三绝技，此语最难消受，况八十龙钟衰朽？终日涂鸦涂不了，惯直从辰巳交申酉，问所得，几曾有？尤多亲友之亲友，贴签条某翁某老，不知谁某。积压纵横放散失，寻觅几番搔首。愧爽约又将谁咎？要不食言原有术，或先将润笔从丰厚。问破钞，可能否？

润笔由来久，古之人一丝一缣，不嫌情厚。翰墨生涯论价值，不出板桥窠臼，于廉惠何伤之有？风雅钱仍风雅用，向荒园老屋添花柳。五簋约，燕良友。漫嗤自享千金帚，算老来只余拙笔，尚夸人口。便类碔砆同瓦砾，索报却须琼玖。书数目榜之门右，博得道涂闻者笑，谓是翁罔顾言之丑。掩两耳，掉头走！[②]

又如浙江嘉兴人张廷济，字叔未，精鉴赏，工篆隶，润例非常苛刻，不同内容的书法价钱不等，即使朋友求书也不例外：

求书者踵接，然润例甚苛。扇对每件须银若干，如署款须称"大人"者，必另加银若干。有友某富而吝，偶持对乞书，未加署款之润，张遂不署大人。[③]

作书画取资已成风尚，一些人虽学艺不久，技艺低劣，但也以之作为治生之路，常常不用重酬难以及时得其作，借故拖延，如清邹弢云：

近日市井儿，初学书画，尚未入门，便刻仿帖取润。偶有乞书乞画，或无赀，或有赀而不半者，往往推故延搁，终岁不应付。甚至貌为君子，口不言钱，而曲折稽迟，必邀厚酬而后已。此亦俗不足言矣。[④]

在依靠书画治生的文士群体中，也有一些并非愿意以其书画作品谋取

① [清]俞樾：《春在堂随笔》卷2，江苏人民出版社，1984年，第29页。

② 马宗霍辑：《书林纪事》卷2，《书林藻鉴　书林纪事》，文物出版社，1984年，第104页。

③ 《清代野史大观》卷10《张叔末》，《笔记小说大观》33编第8册，第44—45页。

④ [清]邹弢：《三借庐笔谈》卷8《书画格》，《笔记小说大观》28编第10册，第5969页。

厚利者，他们个性鲜明，尚存有文士不好钱之志节，如明代徐渭虽常以书画治生，但不轻易为人作，凡求书画者，须值其匮乏时，投以金帛，顷刻立就，若囊钱未空，虽以贿交，终不可得。清李鲟认为“以画为娱则事，以画为业则陋”①。清查士标只在无米下炊时卖画，并在其作《种书堂遗稿》中云：“画幅青山卖，看来是孽钱。”有的顾及老师的饭碗而不愿与其竞争，如清代浙江德清县人沈鹤龄，号银查子，曾师从画家陈苍霖学画，出师以后一直不敢卖画，人问其故，答曰：“奈何夺吾师衣食耶？”②诸如此类事例亦为数不少。

除了正规书画市场外，赝品市场在江南也十分盛行。书画作伪虽古已有之，但正如今人徐建融所云的那样，真正出于市场牟利的目的而大规模作伪书画则是从明代开始，尤其是明中后期，书画创作的商品化和书画收藏的商品化，带动了书画作伪的商品化③。在一些商业城市中，出现了专门的作坊，尤以苏州为著，号称“苏州片”，常常通过完全的作伪、仿造，或凭空臆造，部分作伪的割款、移款、添加款等方式制造前代或当代的名家书画赝品。清代，书画赝品市场更是兴盛，如“苏州片”“河南造”“湖南造”等都是以作伪明代书画之佼佼者，他们所产的书画作品，既有完全的造假，又有部分的造假，既有凭空臆造的作品，又有依据的臆造作品，作假方式复杂多样，花样翻新。一些文士也参与书画造假活动，如清乾隆时内府藏有一件万历坊间伪造南宋李嵩款的《海屋添筹图卷》，卷后有莫是龙所写的诗跋，以增画价；又如张泰阶专门组织仿制了一批古代名家的作品，刊《宝绘录》作为广告记载，以求善价。

名家书画作品的热销，助长了书画赝品的盛行，一些文士便模仿或冒名名家作品出售，以求得销路，得个好价钱，时人尤其是徽商，常受蒙骗。如明代嘉兴人朱殿，少从王叔明游，盘桓书画间，二人常常合作制售赝品：

> 盖雅宾出文衡山先生门，于鉴古颇具眼，每得断缣坏楮应移易补款者，辄令朱生为之。朱必闭室寂坐，揣摩成而后下笔，真令人有优孟之眩。顷自作赝物售人。歙贾之浮慕者，尤受其欺。

---

① ［清］李鲟：《花鸟十二条屏》末条自题，上海博物馆藏。

② ［清］俞樾：《荟蕞编》卷10《银查子》，《笔记小说大观》3编第4册，第3153页。

③ 徐建融：《明代书画鉴定与艺术市场·绪言》，上海书店出版社，1997年。

苏州人又常将赝本贩运至嘉兴以谋厚利，由于临摹本的质量较差，遇到像李日华这样的书画行家，常常会被识破，但李日华念其以之为衣食之路，不忍断其财路[①]。曾任婺源县丞的林海坛曾来李日华家，与其谈起其弟曾将拓本《淳化阁帖》以八百金卖与南京王敬美[②]。号称“明四家”的沈周、文徵明、唐寅和仇英及董其昌的书画赝品十分盛行，真假难辨。如石工章文看到浙江德清一地的墓碑之文，盛行采用文徵明的小楷书写，于是专以假托文徵明字体以谋衣食：

> 文衡山小楷精妙，德清间士大夫阡表墓铭，必乞其手书，镌石以行。而石工有章文者，因借衡老以售其技，至取润屋之赀，即章田、章藻之祖先也。[③]

因在南京一带，市面上所出售的书画作品多为赝品，真假难辨，购者常常受骗，南京的书画市场曾为之一度萧条：

> 贾(即夏贾——徐永斌按)从金陵来，云近日书画道断，卖者不卖，买者不买。盖由作伪者多，受绐者不少，相与吹齑，不复敢人头此中耳。[④]

更有甚者，因出售赝品而身罹祸者，如李日华云：“〔万历三十七年(1609)七月〕七日，有王生者，临摹《清明上河图》售八百金，御史不知，献于严嵩，王生致祸。”[⑤]又如由于著名书画家孙克弘(华亭人)所创作的书画作品为时人所看重，“远近干请无虚日”，于是便有许多人仿造其书画作品，使得市面上所售孙克弘的书画作品多为赝品：

> 人有伪貌其笔，以衣食者无数，当路悬购，十不得一真，率采声而已。[⑥]

号称天下第一手的江苏武进人恽格的书画，亦是争相仿制的对象，在江苏、杭州、徽州一带颇为盛行：

---

① [明]李日华：《味水轩日记》卷2，第85页。
② [明]李日华：《味水轩日记》卷1，第57—58页。
③ [明]李日华：《味水轩日记》卷8，第531页。
④ [明]李日华：《味水轩日记》卷4，第283页。
⑤ [明]李日华：《味水轩日记》卷1，第29—32页。
⑥ [清]姜绍书：《无声诗史》卷3《孙克弘》，《四库全书存目丛书》子部第72册，第739页。

> 方南田时，画每帧可直一金，书因画并称，不独重也。今写生家，大率皆冒南田，南田画，真者百不得一焉，得可直数十金矣。杭州金耐田，刻鸥香馆法帖，真赝错杂，然宝之者以为胜于董元宰。歙王学愚酷嗜南田书，藏其真迹甚多，遴之得尤精者数十纸，勒石焉。①

董其昌的书画更是人们争购的作品，市面上常有其赝品出现，更有甚者，有人专冒其人当面为人作书画，获得重酬，而且仿制水平很高，比其真人率以应酬之作的艺术水平还高，徽商常常为此上当受骗，如有一徽商想购董其昌之书画真迹，惧市面上流行的董氏之作多为赝品，遂通过他人用重金买得冒名顶替董其昌之人当面所画的作品，后来见到董其昌本人才知上当，董其昌感于此徽商之真诚，为其作画，但其所作书画反不如冒名顶替者之所作，如清叶廷琯《鸥陂渔话》卷1《董思翁论书示子帖》所引清康熙时萧张翀《淞南识小录》云：

> 新安一贾人欲得文敏书而惧其赝也，谋诸文敏之客。客令具厚币，介入谒。备宾主礼，命童磨墨，墨浓，文敏乃起挥毫授贾，贾大喜拜谢，持归悬堂中。过客见之，无不叹绝。明年，贾复至松江，偶过府署前，见肩舆而入者，人曰“董宗伯”。贾望其容，绝不类去年为己书者，俟其出，审视之，相异真远甚，不禁大声呼屈。文敏停舆问故，贾涕泣述始末。文敏笑曰：“君伟人所绐矣。怜君之诚，今可同往为汝书。”贾大喜再拜，始得真笔，归以夸人，而识者往往谓前书较工也。②

一些书画名家也常常请人代作，或为仿制其作品的人署上自己的题款。据文献记载，沈周之书画，为世人所宝重，他为人忠恕宽厚，有穷困画家绘摹他的作品并请他签名，或有买家购得他的赝品请他鉴定时，他都乐于成人之美。后来他自收真迹，连自己收得的赝本也难以分辨。文徵明曾让他的学生朱朗代笔、造假，唐寅有他的老师周臣代笔、朱纶造假，购者颇以为苦，常常不得已亲自登门至文徵明家，请其当面作书画，方以为真。据万历间孙鑛《书画跋跋》云，吴中诸名士如周臣、唐寅、陈淳、文徵明、仇英、陆治等的杂画小笔传世甚多，但多系伪笔③。清代扬州八怪之一的高凤

① ［清］吴德旋：《初月楼闻见录》卷1，《笔记小说大观》1编第2册，第681页。

② ［清］叶廷琯：《鸥陂渔话》卷1《董思翁论书示子帖》，辽宁教育出版社，1998年，第6—7页。

③ 徐建融：《明代书画鉴定与艺术市场·绪言》，1997年。

翰，曾多作名家赝品而受人诟病，如郑板桥《诗钞·绝句二十一首·高风翰》云：

> 西园左臂寿门书，海内朋友索向余；短札长笺都去尽，老夫赝作亦无余。

“寿门”，即金农。市面上郑板桥书画真迹渐少，赝品流行。

由上所述可知，文士以书画治生在江南比较普遍，特别是身怀书画技能的文士，他们通过出售自己的书画作品以获取脩金，厚薄不一，有的仅能维持生计所需，有的为此获得厚利。名家之书画，颇为世人所喜爱，尤其是徽商雄厚的财力和附庸风雅的世风，促进了江南书画市场的发育和繁荣，同时也衍生了书画赝品制作和出售蔚然而兴的现象。

个案研究·唐寅的治生

吴门画家唐寅出身于“屠酤”之家，从小就随父母从事治生，贫寒的家境、科举案的受累及明中后期吴门书画的商品化趋势促使他积极从事治生，他先后通过做门客、卖画维持生计，有时还请他的老师周臣代笔。唐寅不仅不讳言治生，还倡导治生，并身体力行，这是他在因科举舞弊案被罢黜后面临生计问题而采取的主要治生手段。对于治生的途径，唐寅则根据自己的实际情况，认为出售书画是一种可行的治生之道。

1.唐寅的治生起因。唐寅(1470—1523)，字伯虎，又字子畏，号六如居士，此外还有桃花庵主、鲁国唐生、逃禅仙吏、江南第一风流才子等别号，吴县(今属江苏苏州市)人。唐氏一族虽历代簪缨不绝，但到了唐寅祖父辈时，家族已日趋衰败，不仅生计日蹙，而且人丁不旺。唐伯虎的父亲唐广德和母亲邱氏只好以经营酒店维持生计。唐伯虎在少年时也只好帮父母做些零活，如他在《与文徵明书》中言：“计仆少年，居身屠酤，鼓刀涤血。”[①]唐伯虎的父亲虽居身“屠酤”之中，但他也像大多数人那样，希望自己的孩子能通过科举考试出人头地，光宗耀祖，于是让唐寅学习举业。唐寅虽然天资聪颖，少时就能作科举文，十几岁成为府学生员，但他生性狂放不检约，与同里狂生张灵等纵酒放荡，不屑于科举之路。父母谢世后，唐寅更是恣

① [明]唐寅：《唐伯虎全集》卷5，中国美术学院出版社，2002年，第220页。

情不羁，越发颠狂，但却生活日益窘迫："不行多故，哀乱相寻；父母妻子，蹑踵而没；丧车屡驾，黄口嗷嗷。加仆之跌宕无羁，不问生产；何有何无，付之谈笑。"①后来在其好友祝允明的规劝下，暂时收心准备科举，于明弘治十一年(1498)参加乡试，一举中式，得应天府第一名解元。座主梁储奇其文，于是向学士程敏政举荐唐寅，程敏政亦惊为奇才，遂招唐寅往还其门下。唐寅少年得意，加之才华横溢，受到许多朝廷官员的推重，于是声名鹊起。可是好景不长，次年因同赴京城参加会试的江阴生员徐经行贿主考官程敏政的家僮取得考题之事东窗事发，唐寅也因此被牵连而身陷囹圄，时人侧目。其后虽在文徵明等人的营救下，得以出狱，但唐寅却因此遭到罢黜，发往浙江为吏。虽在其好友吴宽的打点下，不致受苦，但唐寅生性恃才自负，狷介狂放，对此小吏不屑为之。于是愤而辞之，不赴，先是游历名山大川，胸襟为之一变。回家后，大病一场，病愈后，与故旧师友如沈周、周臣、文徵明、徐祯卿、祝允明、张灵等过从甚密，尤其与祝允明、张灵等人气味相投，常在一起纵情声色，饮酒赋诗，狎妓作画，或作乞儿鼓节唱"莲花落"状，颇多放浪形骸、颠狂肆慢之举。本来唐寅家境并不富裕，而今又失却仕进之途，生活遂无着落，不得不从事治生之路。

2.唐寅治生之道。唐寅从事治生，主要通过两种途径：初做门客，后以书画治生。唐寅不仅不讳言治生，而且还提倡贫士治生，这与他的曲折经历及长期生活在下层社会的境遇有关。

(1)门客之路。唐寅在因科举案被黜后，愤而归家，虽断绝仕进之念，与旧友放浪形骸，恣情酒色，但其声名日盛。时值宁王朱宸濠心怀不轨，觊觎皇位，在这期间，宁王招贤纳才，以培植自己的势力，像文徵明和唐寅这样的人才自然是其招揽的对象。正德甲戌(1514)，宁王派人携重礼到苏州征聘文徵明和唐寅为其效力，文徵明推病不往，而唐寅却应聘前往江西南昌的宁王府。唐寅到宁王府不久，便觉察到宁王有反叛企图。唐寅深感不安，知其事必败，深恐为其连累，遂佯狂颠疯，迷惑宁王，使其误以己无利用之价值而得以放归。《吴骏名贤图传赞》卷7云："宁藩慕公名，厚币聘往。公一见，度有反形，乃佯狂以归。"②五年之后，朱宸濠起兵反叛，不久便为

① [明]唐寅：《唐伯虎全集》卷5，第330页。

② [明]唐寅：《唐伯虎全集》卷5，第549页。

朝廷平息，唐寅遂得以幸免。唐寅从此绝意仕途，倾力书画，晚年沉迷佛学，一意颓放。唐寅与其后的《歧路灯》作者李绿园不同，后者的名字和思想虽出入佛教，但更多的是“儒佛互补、以佛济儒”的儒佛合一[①]。关于唐寅应聘宁王门客之事，明清笔记多有记载或演绎，如《艺苑卮言·附录》卷4：

> 宁庶人慕其书画名，以金币卑礼聘之。待诏谢弗往。伯虎往，而观庶人有反状矣，乃佯为清狂。宁使至，或纵酒箕踞谩骂，至露其秽。庶人曰：“果风耶?”放之归。归二年而庶人反，伯虎已卒矣。

《四友斋丛说》卷15：

> 宸濠甚慕唐六如，尝遣人持百金至苏聘之。既至，处以别馆，待之甚厚。六如居半年余，见所为多不法，知其后必反，遂佯狂以处。宸濠差人来馈物，则倮形箕踞，以手弄其人道，讥呵使者。使者返命，宸濠曰：“孰谓唐生贤？直一狂生耳。”遂遣之归。

另外，明蒋一葵《尧山堂外纪》卷91《国朝》“唐寅”条、明徐咸《西园杂记》上、清赵吉士《寄园寄所寄》卷1《智术》等诸多明清笔记均有类似记载，只是文字或细节略有差异而已，在此不再一一赘录。唐寅在宁王府具体负责的事务和详细活动如何，虽史言不详，但宁王给唐寅一定的薪俸当属无疑。

由此可以看出，唐寅虽经科举案打击，但在这件令他仕进之路受挫而不堪回首的事件发生后不久，仍对宦途抱有一定程度的迷恋，亦想藉此施展自己的才华，可惜天公不作美，令他差一点深陷危机，好在他及时发现宁王的反叛企图而施计得以抽身而退，但这段短暂的门客经历加上之前的科举案事件无疑会对他的思想产生巨大冲击，一方面对许多文士梦寐以求的仕进之路彻底失望，不再抱有任何的眷恋之情；另一方面，也对他藉门客施展才华和从事治生的思路产生了反向引导。门客之路险些令他身陷绝境，经过一段时间的沉寂后，他终于选择以自身的绘画才能作为自己的治生之路。

(2)书画治生。明代苏州是重要的书画产地和书画市场，尤其是在明

---

① 关于李绿园的“儒佛互补、以佛济儒”的儒佛合一的论述，请参见杜贵晨《李绿园〈歧路灯〉的佛缘与“谭(谈)”风——作者、书题与主人公名义考论》，《明清小说研究》2013年第1期。

中期以后，宫廷画院急剧式微，代之而起的吴门画派，逐渐取代了浙派和宫廷画派的主导地位。崇尚元代文士画的吴派兴起于苏州，吴派的书画家沈周、文徵明、唐寅和仇英号称“明四家”，他们独抒个性，使书画日益市民化，雅俗共赏，并将书画商品化，繁荣了苏州的书画市场。他们常常既工绘画，又精书法，甚至将二者合为一体，书画，相互借鉴，出现了画学书法。浙派日渐衰落，而吴派则占据主导地位，一时号称“天下法书归吴”。

唐寅的师友，如沈周、祝允明、文徵明等都曾有过以书画赚取润笔资的经历。唐寅其实在应聘宁王朱宸濠门客之前，就已开始以书画治生。先时因科举舞弊案被黜回家后不久，与续弦沈氏感情不和而分手，生活无着落，更加重了他的生活负累，如唐寅在《与文徵明书》中言：

> 反顾室中，甂瓯破缺；衣履之外，靡有长物。西风鸣枯，萧然羁客；嗟嗟咄咄，计无所出！将春掇桑椹，秋有橡实；余者不迨，则寄口浮屠，日愿一餐，盖不谋其夕也！

于是唐寅便在苏州城内的桃花坞筑造起一座“桃花庵”，并自命为“桃花庵主”，以卖文鬻画为生。

除了正规书画市场外，赝品市场在明后期的苏州地区也十分盛行。一些书画名家也常常请人代作，或为仿制其作品的人署上自己的题款。其中唐寅的师友，如沈周、祝允明、文徵明等人常让他们的师生代笔。唐寅尤擅长于仕女画，并从事过春宫画创作[①]，颇受世人的喜爱。在唐寅以画治生的过程中，相信也少不了春宫画的出售。正如祝允明所说的那样，盛名之下，自然四方求画者甚多，唐寅忙于应酬，随求随应，所作书画难以像以前那样严谨，至于对所作诗文书画的优劣与否，却不去管它：

> 既复为人请乞繁杂不休，遂亦不及精谛。且已四方慕之，无贵贱富贫，日请门征索文辞书画，子畏随应之，而不必尽所至。大率兴寄遐邈，不以一时毁誉重轻为取舍。[②]

---

① 唐寅所作的仕女画，传世的主要有《孟宫蜀妓图》《班姬团扇图》《嫦娥奔月图》等，唐寅作春宫画，常以他所眷恋的妓女、情妇为裸体模特儿，但其大幅绢本的秘戏图至今已不复见，只是在古籍中留下几首清人题唐寅春宫画的诗作，如“鸡头嫩如何？莲船仅盈握；鸳鸯不足羡，深闺乐正多”“清风明月无从觅，且探桃源洞底春”等。唐寅所作的小幅春宫画也很少传世，今藏于日本的《小姑窥春图》据说系唐寅所画。清代春宫画《隔墙有耳》系仿唐寅画意，观之亦可知唐画之梗概。

② ［明］祝允明：《祝氏集略》卷17，《唐伯虎全集》附录二《史传铭赞》，第539页。

因求其书画者太多,唐寅有时忙不过来,只好请他的老师周臣代笔。据万历间孙镰《书画跋跋》云,吴中诸名士如周臣、唐寅、陈淳、文徵明、仇英、陆治等的杂画小笔传世甚多,但多系伪笔[①]。

(3)唐寅的治生观。与其好友文徵明、祝允明不同,唐寅的治生观更为直接和深入。虽然三人都不乐仕进,厌倦仕途,但三人的家境和际遇不同:文、祝二人的家道比较丰裕,而且文徵明还出身于仕宦之家,而唐寅却出身于"屠酤"之家,父母早亡,家境贫苦,又因科举舞弊案声名丧尽,失去了仕进之路,面临着生计问题,这就使他更加体会到文士治生的重要性。

在中国明清科举时代,文士常常在未仕之前,多处于贫困之境,但可以通过科举或仕进改变这种窘境,平步青云,为此唐寅曾作《贫士吟》以自嘲:

贫士囊无使鬼钱,笔锋落处绕云烟;承明独对天人策,斗大黄金信手悬。

贫士家无负郭田,枕戈时着祖生鞭;中原一日澄清后,列土分封户八千。

贫士居无半亩廛,圯桥拾得老人编;英雄出处无原定,麟阁勋名勒鼎镌。

贫士舆无一束薪,腰间神剑躍平津;辕门一出将军令,万灶貔貅拥后尘。

贫士庾无陈蔡粮,撰成新疏凤鸣阳;明朝矫发常平粟,四海黔黎共太仓。

贫士衣无柳絮棉,胸中天适尽鱼鸢;宫袍着处君恩渥,遥上青云到木天。

贫士园无一食蔬,带经独自力耘锄;讲筵切奏民间苦,豳俗烹葵七月初。

贫士瓶无一斗醪,愁来拟合屈平骚;琼林醉倒英雄队,一展生平学钓鳌。

贫士灯无继晷油,常明欲把月轮收;九重忽诏谈经济,御彻金莲拥夜游。

① 徐建融:《明代书画鉴定与艺术市场·绪言》,1997年。

贫士门无车马交，仰天拍手自吟嘲；声名举借时人口，会见清时拔泰茅。①

贫士固然可以通过科举和走向仕途之路摆脱贫困，但并不是所有的贫士能如此，有的虽已科举中式或者走向仕途，但如果没有故人知己的荐拔，恐怕也难以摆脱困境，唐寅为此在《送陶太痴分教抚州序》中感叹道：

士为贫而仕，士又不能免乎贫，斯乌在其为仕也！士赖故人知己之推荐而后达，举之而又不达，斯乌在其有故人知己也！士不仕，仕又无故人知己者为之荐达，则其贫而老也固宜。②

可惜唐寅因科举舞弊案永无通过科举而走上仕途以改变命运的机会，而且唐寅也已断绝了此种念头。尽管如此，唐寅却面临着生计问题。他一生困顿颓废，如其七律诗《醉卧落叶中作》中云："困顿一身炊甑破，萧条万事酒樽空；青衫尘土苍驴雪，大与年来趣不同。"③正因为如此，唐寅在其诗中多次提到治生，如他在《赠徐昌国》诗中对文士的生活困境深有体会，并认为文士读书不如先治生：

书籍不如钱一囊，少年何苦擅文章？十年掩骭青衫敝，八口啼饥白稻荒。草阁续绖冰满砚，布衾栖梦月登床；三千好献东方牍，来伴山人赞法王。④

对于治生的途径，唐寅则根据自己的实际情况，认为出售书画是一种可行的治生之道，如其《风雨浃旬，厨烟不继，涤砚吮笔，萧条若僧，因题绝句八首，奉寄孙思和》诗中云：

十朝风雨苦昏迷，八口妻孥并告饥；信是老天真戏我，无人来买扇头诗。

书画诗文总不工，偶然生计寓其中；肯嫌斗粟囊钱少，也济先生一日穷。

抱膝腾腾一卷书，衣无重褚食无鱼；旁人笑我谋生拙，拙在谋生乐

① [明]唐寅：《唐伯虎全集》卷3，第113—114页。
② [明]唐寅：《唐伯虎全集》卷5，第230页。
③ [明]唐寅：《唐伯虎全集》补辑卷2，第380页。
④ [明]唐寅：《唐伯虎全集》卷2，第62页。

有余。

白板门扉红槿篱，比邻鹅鸭对妻儿；天然兴趣难摹写，三日无烟不觉饥。

领解皇都第一名，猖披归卧旧茅衡；立锥莫笑无余地，万里江山笔下生。

青衫白发老痴顽，笔砚生涯苦食艰；湖上水田人不要，谁来买我画中山？

荒村风雨杂鸣鸡，燎釜朝厨愧老妻；谋写一枝新竹卖，市中笋价贱如泥。

儒生作计太痴呆，业在毛锥与砚台；问字晋人皆载酒，写诗亦望买鱼来。①

正如明曹臣所云的那样，唐寅同文徵明不同，他不讳言卖画，且力行之：

唐六如，画精致，尤佞佛，有诗曰："闲来写幅青山卖，不使人间造孽钱。"吴鹿长指诗笑曰："问六如何处买来？"②

唐寅在《次唐子畏韵自道鄙怀》诗中也说：

钓水采山聊自给，吟诗作字为人忙；近来也有些儿懒，睡足日高才下床。③

唐寅生平自负，既不想以耕田、经商等手段治生，又不屑于藉以教门而行坑蒙拐骗之事，注重依靠自己的才能进行治生，不赚昧心钱，只希望通过出售书画维持生计，如他在七言绝句《题画》中言：

不炼金丹不坐禅，不为商贾不耕田；兴来只写江山卖，免受人间作业钱。④

唐伯虎点秋香的故事更是为世人所熟知。唐伯虎为了娶到秋香，扮作

① [明]唐寅：《唐伯虎全集》卷3，第109—110页。
② [明]曹臣：《舌华录》卷1《慧语第一》，黄山书社，1999年，第14页。
③ [明]唐寅：《唐伯虎全集》补辑卷5，第616页。
④ [明]唐寅：《唐伯虎全集》补辑卷4，第434页。

落魄状，佣书于一仕宦家[①]，在其后的笔记小说中多曾提及。虽然唐伯虎点秋香的故事系民间传说，非为历史真实（自明代以来，已经有人对此加以考证，认为此事非属唐寅，而是另有其人。民国年间，孟森先生亦有专文详细考证，在此不赘），但也从侧面反映出当时为人作书画是身怀书画艺术才能的文士从事治生的一种常见手段。

总而言之，唐寅在父母双亡后，因家境贫困和科举舞弊案以及厌倦仕途而不得不从事治生，以自己的书画艺术才能为人创作书画作品赚取润笔以维持生计和娱情所需，不仅不讳言治生，而且身体力行地从事治生活动。这是他在因科举舞弊案被罢黜后面临生计问题而采取的主要治生手段。另外，他也曾通过为人做门客来维持生计，只是事不遂其愿而已，成为他治生生涯的一个小插曲。

二、文士与时玩、词曲、弈棋、园林修筑

明清时期，一些文士还涉足古玩、词曲、园林建筑等文艺市场。他们凭借着一些文艺才能，将其产品化为商品，参与制作或贩卖活动，以达其治生之目的。时玩一直是古人青睐的艺术品，如上古之尊彝法物、北宋时的雕漆，明永乐时的剔红、宣德之铜、成化之窑及名家书画等，在江南士绅的推动和徽商财力的支持下，一度成为时人热衷购买和收藏的艺术品，带动了时玩市场的发育。如明沈德符云：

> 玩好之物，以古为贵，惟本朝则不然。永乐之剔红，宣德之铜，成化之窑，其价遂与古敌。盖北宋以雕漆擅名，今已不可多得。而三代尊彝法物，又日少一日。五代迄宋所谓柴汝官哥定诸窑，尤脆薄易损，故以近出者当之。始于一二雅人，赏识摩挲，滥觞于江南好事缙绅，波靡于新安耳食。诸大估曰千曰百，动辄倾囊相酬，真赝不可复辨。以至沈唐之画，上等荆关，文祝之书，进参苏米，其敝不知何极。[②]

① ［明］唐寅：《唐伯虎全集》附录三《轶事》引《蕉窗杂录》云："唐子畏被放后，于金阊见一画舫，珠翠盈座，内有一女郎，姣好姿媚，笑而顾己。乃易微服，买小艇尾之。抵吴兴，知为某仕宦家也。日过其门，作落魄状求佣书者。主人留为二子佣，事无不先意承旨，主甚爱之，二子文日益奇，父师不知出自子畏也。已而以娶求归，二子不从，曰：'室中婢惟汝所欲。'遍择之，得秋香者，即金阊所见也，二子白父母而妻之。"参见《唐伯虎全集》，第561页。

② ［明］沈德符：《万历野获编》卷26《玩具·时玩》，第653页。

向来骨董市场中赝品盛行，一些文士藉此获利，这在江南一带尤为突出，如明沈德符《万历野获编》云：

> 骨董自来多赝，而吴中尤甚，文士借以糊口。近日前辈，修洁莫如张伯起，然亦不免向此中生活，至王伯谷则全以此作计然策矣。[①]

张伯起，即张凤翼；王伯谷，即王稚登。

明清时期，戏曲小说甚为流行。特别是从万历年间始，戏曲小说可谓是到了它的“黄金时代”。明初虽然出现了《三国志通俗演义》《水浒传》等巨著，但在此后近二百年却陷入了低迷的状态，直至万历时期，小说戏曲才臻于繁荣，这时期创作的作品无论在种类上还是在数量上十分丰富，大大超过了以前，而且有许多文士参与了戏曲小说的创作和编选，如汤显祖、沈璟、叶宪祖、冯梦龙等。时人也多有记载，如齐慤曾云：“近世士大夫，去位而巷处，多好度曲。”[②]沈德符又云：“近年士大夫享太平之乐，以其聪明寄之剩技。吴中缙绅，则留意声律。”[③]伴随着思想界和文学界出现的反理学思潮和主情思想的兴起，人们的思想观念也发生了变化，开始对戏曲小说重新予以审视，一些文士如李贽、陈继儒、胡应麟、谢肇淛、王骥德、祁彪佳、吕天成、冯梦龙等，或为戏曲小说正名，或探讨戏曲小说的创作规律，或评点戏曲小说作品，戏曲小说等通俗文学形式也迎合了下层民众的口味，就连一些皇亲贵族和士大夫也对此开始垂青。

戏曲自唐代的“参军戏”、金元杂剧发展到明清的传奇，名家辈出。随着市民审美趋向的变化，尤其是自明中期以来，海盐、余姚、弋阳、昆山四大声腔盛极一时，明清传奇主要可分为宫廷传奇、民间传奇和文人传奇三大类，其中文人传奇在明清传奇中占据主导地位，许多文士参与创作传奇剧本，不仅数量最多，而且流传最广，影响深远。戏曲在江南一带风行，许多戏曲作品出自江南，出现了一些著名的戏曲作家，如明代的邵灿（江苏宜兴人）、郑若庸（江苏昆山人）、梁辰鱼（江苏昆山人）、屠隆（浙江鄞县人）、沈璟（江苏吴江人）、张凤翼（江苏苏州人）等，明末清初，有吴伟业（江苏太仓人）、尤侗（江苏苏州人）等，还出现了以李玉为代表的苏州派戏曲作家，如

---

① ［明］沈德符：《万历野获编》卷26《玩具·假骨董》，第655页。

② ［明］齐慤：《诗痴符序》，见陈与郊《樱桃梦》卷首，万历间海昌陈氏原刻本。

③ ［明］沈德符：《万历野获编》卷24《技艺》“缙绅余技”条。

朱素臣、朱佐朝、毕魏、叶时章、陈二白、邱园等，其他如清代洪昇（浙江杭州人）、李渔（浙江兰溪人）等都是红极一时的戏曲作家。

明初，朝廷对戏曲演出作了限制，只允许出演有助风化的内容；明中期，明初时的禁令渐同虚设，朝廷上下，风气日变，竞趋侈华，好戏之风蔓延，民间出现了许多营业性的戏班，堂会社戏风靡一时，而官员、文人士大夫、豪门巨室家中也常常蓄有戏班，或自家欣赏，或迎上接下时以招待客人之用，一些文人墨客所作的戏曲作品，常常大受欢迎，尤其是梁辰鱼创作的词曲红极一时，上至皇亲国戚，下至青楼歌女，无不争唱其词曲，甚至道士、僧人也不例外，如明张大复云：

> 所制唐令、宋余、元剧，乃至国朝之声，多飞入内价藩邸、戚畹贵游间。千里之外，玉帛狗马、名香珍玩，多集其庭。而击剑扛鼎、鸡鸣狗盗之徒，乃至骚人墨客、羽衣草衲、世出世间之士，争愿以公为归。①

> 艳歌清引，传播戚里间。白金文绮，异香名马，奇技淫巧之赠，络绎于道。每传柑、禊引、竞渡、穿针、落帽一切诸会，罗列丝竹，极其华整。歌儿舞女，不见伯龙，自以为不祥也。有轻千里来者，而曲房眉黛，亦足自雄快，一时佳丽人也。独时文不敌古人，骈赡而已。②

明王世贞亦有诗云："吴阊白面冶游儿，争唱梁郎雪艳词。"③

一些当地或外地文士凭借着词曲获利不菲，如张凤翼、蒋士铨、李渔等。张凤翼，字伯起，明苏州府长洲人，嘉靖四十三年（1564）举人。善书法，晚年不事干请，鬻书以自给。好度曲，有声于时，其戏曲作品《红拂记》曾轰动一时，达官贵人多重金聘请他作曲，如明沈德符云：

> 伯起少年作《红拂记》，演习之者遍国中。……暮年值播事奏功，大将楚人李应祥者求作传奇，以侈其勋，润笔稍溢，不免过于张大，似多此一段蛇足，其曲今亦不行。④

蒋士铨，字新余，一字苕生，清江西铅山人，乾隆二十二年（1757）进士，官翰

① ［明］梁辰鱼：《梁辰鱼集》附录《梁辰鱼》，吴书荫编集校点，上海古籍出版社，1998年，第601—602页。

② ［明］梁辰鱼：《梁辰鱼集》附录《诸家杂记·评论》，第633页。

③ ［明］梁辰鱼：《梁辰鱼集》附录《江东白苧跋》，第606页。

④ ［明］沈德符：《万历野获编》卷25《词曲·张伯起传奇》，第644页。

林院编修，工诗、古文词，好度曲，曾被马曰琯赏识而延于其馆中，度词填曲，传为一时佳话：

> 兼工南北曲，马曰琯延士铨于玲珑山馆，所填院本，朝缀笔翰，夕登毡毹，扬人盛传其风流文采云。[①]

浙江兰溪人李渔，除了游食江湖外，他在南京开张了一家名为“翼圣堂”的书铺，主要出售一些戏曲小说作品、名人尺牍等，他自己也创作、评点了许多戏曲小说作品，并予编辑、出版和发售，除此以外，他还曾亲自率领家中戏班到处演出赚钱[②]。清咸丰、同治时，苏州人李涌，戏演人物，惟妙惟肖，岁入艺金颇丰：

> 孝子幼贫，习伶顾通敏，雅尚善貌人物，所与游皆知名士。署按察司使朱公钧服其贤，欲礼致幕下，以他故辞。岁入所艺金千，悉奉父母，其妻从请月钱止五百。[③]

明清时期是小说、词话发达的时代，出现了许多名著，如《水浒传》《西游记》《金瓶梅》《三国演义》《红楼梦》等名著就产生于此时。既有长篇小说，又有短篇小说；既有词话、白话，又有文言小说；既有演义小说，又有艳情小说，题材和种类繁多，尤其是在江南一带，形成了通俗小说中心圈[④]。自明中期以来，小说渐为达官贵人、文人雅士、贩夫走卒等所喜爱，甚至《三国演义》流传至今蒙古国，并被翻译成蒙文[⑤]。一些文士便创作了大量的小说，流传于朝廷、民间，而且又出现了许多评点家，附有名家评点的小说，受到人们的垂青，如清昭梿《啸亭续录》云：

> 自金圣叹好批小说，以为其文法毕具，逼肖龙门，故世之续编者，

---

① 同治《续纂扬州府志》卷15《人物志七·流寓》，第839页。

② 今人研究李渔的治生状况，可参见汪超宏《谈李渔的人品及其商人气质》〔《华中理工大学学报（社会科学版）》1994年第3期〕、徐保卫《尘世之旅——李渔的“游荡江湖”和“打秋风”》（《艺术百家》1994年第3期）、徐保卫《“翼圣堂”主人——作为出版家的李渔》〔《南京理工大学学报（社会科学版）》1994年Z1期〕、钟明奇《李渔：一个有作为的书坊主与编辑家》〔《复旦学报（社会科学版）》1995年第4期〕、黄果泉《李渔：集文士与商贾于一身——试论李渔戏曲创作思想的商业化倾向》〔《河南师范大学学报（哲学社会科学版）》1995年第5期〕等论文。

③ 闵尔昌录：《碑传集补》卷54《孝友·李孝子碑文》，《近代中国史料丛刊》第100辑。

④ 关于明清江南通俗小说中心圈的论述，请参见冯保善《论明清江南通俗小说中心圈的形成》，《明清小说研究》2014年第4期。

⑤ 请参见聚宝《蒙古国所藏蒙古文〈四大奇书第一种〉研究》，《明清小说研究》2014年第4期。

汗牛充栋，牛鬼蛇神，至士大夫家几上，无不陈《水浒传》《金瓶梅》以为把玩。[①]

由于一些题材的小说在市场上十分热销，促进了书坊和文士创作群体的合流，如苏州的冯梦龙、湖州的凌濛初等。冯梦龙"三言"选自宋元话本中的脍炙人口的故事，由于其作品在当时大受欢迎，凌濛初在科举失利之时，应书坊主之请，根据冯氏之体例，在南京编选了"二拍"，如《二刻拍案惊奇·小引》云：

丁卯之秋，事附肤落毛，失诸正鹄，迟回白门。偶戏取古今所闻一二奇局可纪者，演而成说，聊舒胸中磊块。……为书贾所侦，因传请。遂为钞撮成编，得四十种。……贾人一试之而效，谋再试之。……意不能恝，聊复缀为四十则。[②]

艳情小说自明后期一度盛行，一些落魄文士便通过创作艳情小说出售给书坊以谋利，如号为白云道人等一些人不顾廉耻，应书坊之请专门炮制这类庸俗低下的作品，先后写了《赛花铃》《春灯闹》《桃花影》《春灯迷史》等艳情小说。有人为此痛陈其弊：

其弊在于凭空捏造，变幻淫艳，贾利争奇，而不知反为引导入邪之饵。[③]

艳情小说在明清时期比较流行，朝廷虽屡下禁书令，仍禁之不绝，原因虽多，但与"巨大商业利润的外力作用"和民众尤其是"文人士大夫们的偏好"分不开。艳情小说一如《三国》《水浒》《西游》《红楼梦》等名著，文士乐于为此评点，撰写序跋，虽在批语、序跋中，褒贬不一，但在一定程度上促进了艳情小说的创作和传播[④]。艳情小说在学界被归类于世情小说，这类小说在江南尤为盛行，而且数量众多，清代朝廷对艳情小说的四次规模最大的禁毁均发生在江南，今人冯保善先生认为："江南存在着众多世情小说读者，有一个业已形成的异常广阔的世情小说消费市场，应该是不争的事实。

---

① [清]昭梿：《啸亭续录》卷2《小说》，第427页。

② [明]凌濛初：《二刻拍案惊奇》，上海古籍出版社，1983年。

③ [明]霍市道人：《醒风流·序》，春风文艺出版社，1981年。

④ 具体论述请参见王军明《艳情小说流行现象透视与清代小说序跋》，《明清小说研究》2014年第1期。

这虽然不是唯一的原因，但确实是世情小说在江南一枝独秀的重要原因。”①

弈棋之风，在明代以前就已盛行，令人痴迷，素有“木野狐”之称，明清时期仍是盛行不衰，尤其在江南地区的文人士大夫之间更是如此，而且出现了不少名手，如徽州之方生、吕生、汪生，吴兴的范生、周生，永嘉的郑头陀，六合的王生等，有的文士凭着高超的技艺致富，并被达官贵人待为上客：

> 今上初年，有方子振者，以弈冠海内，因而致富，入赀为上舍，得广东宪幕而出。又有林符卿者，以少年继之，名与方并驰，诸贵人礼为上客，家亦起矣。惟黄白一事，智者多笑之，而高明士大夫家反笃信不怠。②

明中期以来，修筑园林之风盛行，一些富厚之家极尽豪华，文人雅士、豪门贵人热衷园林之设，尤其在江南一带的园林，称雄一时。一些精于园林建筑的文士便以之为业，如清代张涟，字南垣，松江华亭人，后徙浙江嘉兴，遂为嘉兴人。少习儒，善人物、山水画，又工于园林学，江南许多名园均出自他手：

> 南垣游于江南诸郡者五十余年，自华亭、嘉兴外，于江宁，于金山，于常熟，于太仓，所过必数月，其所为园，则李工部之横云、庐观察之预园、王奉常之乐郊、钱宗伯之拂水、吴吏部之竹亭为最著。经营粉本，高下浓淡，早有成法。初立土山，树木未添，岩壑已具，随皴随改，烟云渲染，补入无痕，即一花一竹，疏密欹斜，妙得俯仰。山未成，先思着屋，屋未就，又思其中之所施设，窗棂几榻，不事雕饰，雅合自然。为此技既久，土石草树咸能识其性情，每创手之日，乱石林立，或卧或倚，张踌躇四顾，正势斜峰，横支竖理，皆默识在心，借成众手。③

由于他的园林建筑技艺高超，名闻遐迩，达官贵人需修建园林时，多聘请他，甚至连京师的园林建设也借重于他，屡受朝廷赏赐：

---

① 冯保善：《论明清江南世情小说出版的小说史意义》，《明清小说研究》2015年第1期。

② ［明］沈德符：《万历野获编》卷24《技艺・宋时谚语》，第626页。

③ 徐珂编撰：《清稗类钞・园林类・张涟工垒石》第1册，第209—210页。

> 君治园林有巧思，一石一树，一亭一沼，经君指画，即成奇趣，虽在尘嚣中，如入岩谷。诸公贵人皆延翁为上客，东南名园大抵多翁所构也。……益都冯相国构万柳堂于京师，遣使迎翁至，为之经画，遂擅燕山之胜。自是诸王公园林，皆成翁手。会有修葺瀛台之役，召翁治之，屡加宠赉。请告归，欲终老南湖，南湖者，君所居地也。畅春苑之役，复召翁至，以年老，赐肩舆出入，人皆荣之。事竣，复告归。卒于家。①

明清时期，不仅修筑园林之风盛行，江南的许多文人雅士对园林、山水、风物等颇多喜爱，在一些小说中多有描绘，如清人吴敬梓在其《儒林外史》中，不仅“以其对世道人心的深刻关怀描写世相百态，也以这种关怀描写山水、田园和南京风物”②。

由上所述，明清时期，一些文士热衷雅好，涉足古玩、词曲、园林建筑等文艺市场，他们凭借着一些文艺才能，将其作品化为商品，参与其制作或贩卖活动，以达其治生之目的。这在一定程度上有力地推动了江南文艺市场的发育和繁荣，同时这些雅好市场的发育和繁荣又为江南文士治生提供了肥沃的土壤。

第三节 文士与作文受谢

文士作文受谢，在明代之前早已有之，如南宋洪迈云：“作文受谢，自晋宋以来有之，至唐始盛。”③发展到明清时期，尤其是明代中期以降，作文受谢已成为一种社会普遍现象。作文受谢又称“润笔”。“润笔”一词语出《隋书》④，其范畴较广，作文受谢只是其中的一种形式，类似于现代的“稿费”。

一、作文受谢的来源

文士作文受谢的来源有不少，如官场上的往来文牍、酬赠文字、诗文及

① ［清］戴名世：《戴名世集》卷7《张翁家传》，第198页。

② 参见陈文新《〈儒林外史〉中的山水、田园与南京风物》，《明清小说研究》2014年第1期。

③ ［宋］洪迈：《容斋随笔》续笔卷6“文字润笔”条。

④ 《隋书》卷38《郑译传》记载：隋文帝杨坚想任命郑译为刺史，命内史令李德林拟撰诏书，但李德林迟迟未动笔，丞相高颎在旁边戏言道：莫非内史令笔干？郑译接语云：“出为方岳，杖策言归，不得一钱，何以润笔？”

序跋、碑铭、匾额、对联等等。明清时期的官场，比较讲究文札往来，许多官员常常备有一些精于此道的文士作为其记室以代其劳，有的文士借此获得厚利，如清欧阳兆熊《水窗春呓》云：

> 往时官场承平之际，上下皆重文字，凡贺禀贺启，皆骈俪绝工，一记室，脩有千金者。即才学之士，得以遨游公卿，得高价。

一些精通官场文字游戏之笔而且书法功底不错的文士在官府中，分工负责，撰写或润色官府往来文牍，有的完成文牍的速度很快，大大减轻了官员的办差效率，所以这类文士在官场中大受欢迎：

> 其好声气者，则书札遍天下，幕客率数十人，各司一技。又蓄善书少年一二十辈，时尚楷书，所谓欧底赵面，皆华实挺秀，十数人如出一手。每有长函，则分手缮写，刻许已就，合而观之，不知为众所书也。即起草亦引红格，预扣字数，方易于分缮。其尤精者，虽奏折，可直书不用衬格，且可立书不必坐也。甚至马上有木架亦可缮折，此惟军中有之，稍缓辔写数行，驰而前复如之，如此数次，折已缮毕，中途早餐即可拜发，不需时刻也。①

送行、庆贺等酬赠文章，也是文士作文受谢的一个主要来源。如明永乐、正统时，江宁人张益，作文风格既不求险怪，又不涉浅陋，好似行云流水一般，而且作文速度很快，一日数篇，“凡京师之送行、庆贺，皆其所作，颇获润笔之资”。由于求文者太多，自己又一时忙不过来，常常将旧作改换一下名字拿来应酬，有一次竟闹出一个笑话：有人为庆贺刚升任郡守者，求文于张益；数月后，又有人请张益写一篇有关给一官员送行的文章，张益便将前人为庆贺刚升任郡守者之文拿来，稍易数言塞给他，疏忽了两位官员是在同一地方任职，后来两位官员相见，各出其文，得知乃出于同一篇文字，大发一笑②。

古代，诗文一直很受世人看重，名家或官员的诗文，常常是人们热衷求购的对象。也有一些生活贫困的文士通过出售自己的诗文获得一定的润笔资，如清王应奎《柳南随笔》曾记载，明代大文士宋濂在未仕前，在其所坐

---

① [清]欧阳兆熊、金安清：《水窗春呓》卷下《书契圣手》，中华书局，1984年，第44页。

② [明]王锜：《寓圃杂记》卷4《张学士》，第33页。

馆的江苏常熟富家中，遇到来卖诗文者，其一首诗要价二十金，文要价百金：

宋文宪公濂，尝馆吾邑富家。一日，有丈夫从二童子来谒，自称卖文，谈论出入经史，至兵机尤长。宋公不能答，请其诗，曰："吾一诗直二十金。"主人许之，诗成，甚俊拔。宋公以文请，曰："吾文非百金不可。"主人又与之，援笔立成，文不加点。宴毕，请观宋公书室，出前金赠曰："仆非受此，为先生地耳！"遂辞去。①

清朱梅叔《埋忧集》引《渔隐丛话》云，仇万顷未达时，曾经挈牌卖诗："每首三十文，停笔磨墨，罚钱十五。"莲花庄闵生，长于应制诗，科举失利后，落拓不拘，"常以卖诗自给，每首五十文。诗文皆顷刻成。然所得辄随手尽，以是每不免枵腹论文焉"。为此他感叹道："今闵生不必插标于市，而价又远增于仇，则因后生居上矣。"②一些文士出于各种原因，通过将自己的诗文作品化为商品以获得润笔资。有些文士常常通过为别人的诗文集撰写序跋而获得一定的酬谢，这部分人通常是比诗文集作者有名气的，或长者、官员，在许多明清文集中可以看到许多序跋之类的文章，大多会有不同数量的酬谢。又如清王应奎《柳南续笔》记载清代江苏山阳人任瑗为了获得丰厚的润笔，不顾病重之躯，慨然允请，由于自己已无能力完成，于是请人代笔以成：

东涧先生晚年贫甚，专以卖文为活。甲辰夏卧病，自知不起，而丧葬事未有所出，颇以为身后虑。适鹾使顾某求文三篇：一为其父云华墓志，一为云华诗序，一为《庄子注》序，润笔千金。先生喜甚，急倩予外曾祖陈公金如代为之。然文成而先生不善也，会余姚黄太冲来访，先生即以三文属之。太冲许诺，而请稍稽时日。先生不可，即导太冲入书室，反锁其门，自晨至二鼓，三文悉草就。先生使人以大字誊真，从枕上视之称善，乃叩首以谢，越数日而先生逝矣。③

为人撰写碑铭、匾额、对联、族谱等，是文士获得润笔的又一个重要来

① ［清］王应奎：《柳南随笔》卷6，中华书局，1983年，第121页。

② ［清］朱梅叔：《埋忧集》卷6《卖诗》，《笔记小说大观》1编第4册，台湾新兴书局有限公司，1900年影印本，第3070页。

③ ［清］王应奎：《柳南续笔》卷3《卖文》，第180页。

源。古人素有请有一定名气的文士或官员为自己的亲友撰写墓志铭的传统，一些重要的建筑物也常常请人撰写碑铭或匾额，在明清时期，一些文士像前人一样，通过为人撰写碑铭、匾额获取酬谢，这种风气在晚明时尤为盛行，王世贞、钱谦益为其佼佼者：

> 近世海内求文者，自弇州大泌后，则虞山宗伯也。宗伯文价既高，多与清流往来，好延引后进。凡中朝衣冠，不远千里，行縢脩贽，丐作隧石之词，寿幛之序，为其亲光荣者，络绎门下。[①]

清曹溶《绛云楼书目题词》云，钱谦益自中年寓居常熟，"四方从游之士，不远千里，行縢脩贽，乞其文刻系牲之石，为先世光荣者，几同朝市"。浙江山阴人徐渭曾应某官员之请，书关于镇海楼建成方面的文章，事成后，得到酬金220两之多，徐渭利用酬金和自己卖文物所得的一部分款项买地购房，为记此事将房堂之额名曰"酬字"[②]。清代，康熙、乾隆曾六次巡幸江南，不少文士豪绅争献诗文歌赋以期获宠，清丁柔克《柳弧》曾记载，有一次乾隆帝将巡行至金山，江苏官绅无不争先恐后地挂对上匾，欲御一览，则不胜荣幸。一名士通过给官员作一幅额联获得千金厚利：

> 一名士见一观察曰："君如能送我千金，我做一联，若不蒙御览，千金情愿奉璧，如蒙御览，君勿失信。"观察喜诺之，果蒙上赏，并首肯者再。[③]

江南，名门望族甚多，民间素有纂修族谱的传统，一些文士便以为人纂修族谱为治生之路，甚至做起赝谱生意，这在苏州尤为盛行，此事起于明人袁铉，一些买家出于虚荣心或炫耀，也乐而往从，如明李诩《戒庵老人漫笔》云：

> 今人家买得赝谱，便诧曰："我亦华胄也。"最是可笑。此事起于袁铉，铉以积学多藏书，贫不能自养，业此以謷愚贾利耳。[④]

袁铉为此获得了厚利，后来官府不得不出面干预，袁铉只好逃离苏州，但此

① [清]金埴：《不下带编》卷2，中华书局，1982年，第30页。
② [明]徐渭：《徐渭集》卷23《记·酬字堂记》，中华书局，1983年，第481页。
③ [清]丁柔克：《柳弧》卷4《一联千金》，中华书局，2002年，第254页。
④ [明]李诩《戒庵老人漫笔》卷7"赝谱"条，第294页。

风由此不衰。详见下篇《明清时期文士在苏州的治生状况》部分。

二、作文受谢的种类及润笔的主动索求

明清时期，文士作文受谢所得，与唐宋时相类，主要有银钱、实物和钱物并收三大类。对润笔的索取除了被动接受外，更引人注意的是，一些文士采取主动索取的形式。

在文士作文受谢的种类中，银钱是最受欢迎的润笔支付形式，而且渐渐成为主流。明初文士受谢所得银钱的数额不多，明正统之后，文价渐高，如在明正统、景泰、天顺、成化四朝任职长达30年之久的昆山人叶盛云：

> 三五年前，翰林名人送行文一首，润笔银二三钱可求，事变后文价顿高，非五钱一两不敢请，迄今犹然，此莫可晓也。[①]

可见明正统之前，文价很低，即使是翰林名人给人作文，也不过“二三钱可求”而已。前文所言的江宁人张益，起初为人作诗写字，几乎没有润笔之资，甚至未尝得人一杯茶。后来他也随波逐流，开始收取润笔资。又如明陆容《菽园杂记》曾记载：时任南京礼部侍郎的魏骥，“尝积求文银百余两，置书室中”，后来被一小吏偷去，等抓到偷其银者时，已被用去一部分，本当送官府治罪，魏骥怜其贫，不了追究[②]。实物，也是文士作文受谢的一种支付形式，如清代浙江嘉善人黄安涛，工诗，因求他题诗者很多，便效仿江苏太仓人王宸在任太守时，以画作支酒票例，规定凡索诗者，须以酒作为润笔，并作歌记之，曰：“彼以酒来我诗去，一纸公然作凭据。”[③]无独有偶，岭南书法名家陈恭尹，晚年好道，结愿放生，便有人投其所好，以笼中之禽换取其书法作品，陈恭尹则“视禽之多寡，则赢缩其书以应之，阁笔开笼，淋漓满志。其四方碑版之酬，亦遇物买放，赀尽乃已”[④]。有的文士为人作文采取银物并举的支付形式，如明李诩《戒庵老人漫笔》曾记载，祝枝山为人作文收取的润笔，不仅包括银钱，而且不介意别人以实物作为润笔：

> 马怀德言，曾为人求文字于祝枝山，问曰：“是见精神否？”（俗以取

① [明]叶盛：《水东日记》卷1《翰林文字润笔》，中华书局，1980年，第3页。

② [明]陆容：《菽园杂记》卷15，中华书局，1985年，第187页。

③ [清]陆以湉：《冷庐杂识》卷6《诗酒券》，第303页。

④ 《清朝野史大观》卷10《清朝艺苑·八分书》，河北人民出版社，1997年，第1102页。

> 人钱为精神。)曰:“然。”又曰:“吾不与他计较,清物也好。”问何清物,则曰:“青羊绒罢。”①

清代文士作文所得润笔数额不等,但总的来说,有一定名气的文士,其润笔资较高,如王世贞、钱谦益、徐渭、陈继儒等,而一般的文士所得的润笔资相对较低,如仇万顷、闵生等。

文士为了润笔,对应酬之类的文字,渐渐采取敷衍了事、套用一些俗腔烂调、率以为之的态度,如谢肇淛云:

> 近时文士墨客,有以浅近之情事而敷以深远之华,以寒暄之套习而饰以绮绘之语,甚者词藻胜而谆切之谊反微,刻画多而往复之意弥远。此在笔端游戏,偶一为之可也。而动成卷帙,其丽不亿,始读之若可喜,而十篇以上稍不耐观,百篇以上无呕哕矣,而啖名俗子,褒然千金享之,吾不知其解也。②

甚至出现了像张益给在同一地方任职的两位官员撰写的文字出自同一篇文章而闹出笑话之事来。由于一些名家的作品颇为流行,常为求购者重点猎取的对象,而名家没有精力和耐心去一一应付,常常让别人代笔,如清陆以湉《冷庐杂识》云:

> 程篁墩词章负盛名,求其文者,多门下士代笔,殁后刊集,大半赝入,瑕瑜互见。③

明中后期以来,一些文士对求文者的身份地位不再看重,只要对方肯出丰厚的润笔资,就应其请,而且为了多快好省,常常在身边备有关于这方面的诗文,甚至还印刷成册出售:

> 甚至江南铜臭之家,与朝绅素不相识,亦必夤缘所交,投贽求挽。受其贽者不问其人贤否,漫尔应之。铜臭者得此,不但裒册而已,或刻石墓亭,或刻板家塾。有利其贽而厌其求者,为活套诗若干首以备应付。及其印行,则彼此一律,此最可笑者也。④

---

① [明]李诩:《戒庵老人漫笔》卷1“文士润笔”条,第16页。

② [明]谢肇淛:《五杂组》卷14《事部二》,上海书店出版社,2001年,第285页。

③ [清]陆以湉:《冷庐杂识》卷6《著述当自定》,第317页。

④ [明]陆容:《菽园杂记》卷15,第189页。

有的文士对润笔并不十分在意，像徐渭虽年老贫困，以鬻书自给，但他对于求文者并不是来者不拒：

> 然人掺金请诗文书绘者，值其稍裕，即百方不得，遇窘时乃肯为之。所受物人人题识，必偿已乃以给费，不即馁饿，不妄用也。有书数千卷，后斥卖殆尽，帱莞破弊，不能再易，至藉藁寝。①

但自明中期以来，一些文士主动索求润笔的现象十分普遍，不再被动等候求文者主动送上润笔，甚至不再讲情面，完全走向商品化，如明李诩《戒庵老人漫笔》云：

> 嘉定沈练塘龄闲论文士无不重财者，常熟桑思玄曾有人求文，托以亲昵，无润笔。思玄谓曰："平生未尝白作文字，最败兴，你可暂将银一锭四五两置吾前，发兴后待作完，仍还汝可也。"唐子畏曾在孙思和家有一巨本，录记所作，簿面题二字曰"利市"。都南濠至不苟取，尝有疾，以帕裹头强起，人请其休息者，答曰："若不如此，则无人来求文字矣。"②

清代桐城派名家方苞，在未成名之前，曾亲自写信催要过润笔：

> 海盐吴修石刊《昭代名人尺牍手迹》，内有望溪侍郎与亦老道丈一书，中云："令亲处撰文润笔如已交，望为掷下，缘日来正觉拮据也。"云云。据此，则望溪侍郎当时为人作文，未尝不受谢。其不受谢者，大抵在德高文重之后。③

由上所述，作文受谢是江南文士普遍采用的一种治生手段，作文受谢的来源和种类是多方面的，从官府到民间普遍存在，既有诗文，又有碑铭，而且钱物并举。有的文士作文受谢不再遮遮掩掩，而是主动索求润笔资，形成了一种市场化的行为。名士的作文颇受欢迎，而且润笔资也较为丰厚。

第四节　文士从事刻书业

明清时期，一些江南文士涉足刻书业，并以之为治生的一种手段，这在

① [清]姜绍书：《无声诗史》卷3《徐渭》，《四库全书存目丛书》子部第72册，第730—731页。

② [明]李诩：《戒庵老人漫笔》卷1"文士润笔"条，第16页。

③ [清]刘声木：《苌楚斋二笔》卷3《方苞作文受谢》，《苌楚斋随笔续笔三笔四笔五笔》，第504页。

江南一带比较普遍，他们通过从事或参与江南的刻书业，获得利润，因之成为江南出版业的一道亮丽的风景线。

一、刻书中心的转移

明清时期的刻书业一如宋元，主要有官刻、家刻、坊刻三大类型[①]，其中家刻和坊刻都属私人刻书。明清时期的私人刻书业主要兴起于明中叶以后，在万历时期最为兴盛，宋时的全国三大刻书中心，即四川成都、浙江杭州和福建建阳，到此已发生了变化，如万历时的大学者胡应麟在考察了许多地域后，认为：

> 凡刻之地有三，吴也，越也，闽也。蜀本宋最称善，近世甚希。燕、粤、秦、楚今皆有刻，类自可观，而不若三方之盛。其精，吴为最；其多，闽为最，越皆次之。

他又言：

> 越中刻本亦希，而其地适东南之会、文献之衷，三吴、七闽典籍萃焉。[②]

宋时杭州刻书业的繁荣气象在此时已趋衰落，只因其历史和地理位置的关系，才不致衰落到像四川成都那样的地步；四川成都的刻书业已是一落千丈，由宋时的蜀本“最称善”到近世“甚希”；就连京城也无法与吴、越、闽等地相比。

随着越、蜀等传统刻书中心的衰落，一些新兴的刻书中心开始崭露头角，如胡应麟曾云：

> 余所见当今刻本，苏、常为上，金陵次之，杭又次之。近湖刻、歙刻

---

① 关于明代刻书业的分类，现代的一些研究者所论非一，但大致有两种论点：其一，以张树栋、庞多益、郑如斯等人为代表的一些学者，认为明代刻书类型主要有官刻、私刻和坊刻三大系统，参见《中华印刷通史》(印刷工业出版社，1999 年)；其二，以缪咏禾为代表的学者，认为明代刻书业主要有官刻、家刻和坊刻三大类型，其中家刻和坊刻又可合称为“私刻”或“民间刻书”，参见缪咏禾《明代出版史稿》(江苏人民出版社，2000 年)；个别学者还将“私刻”细分为家刻、坊刻和塾刻等类型，参见叶树声、余敏辉《明清江南私人刻书史略》之《绪论》(安徽大学出版社，2000 年)。本书所论明代刻书业的类型采用《明代出版史稿》的观点。

② [明]胡应麟：《少室山房笔丛》甲部卷 4《经籍会通四》，上海书店出版社，2001 年，第 42—43 页。

> 骤精，遂与苏、常争价。蜀本行世甚寡，闽本最下，诸方与宋世同。[①]

湖州、徽州等地的刻书业迅猛发展，甚至超过了杭州，如谢肇淛曾云：

> 今杭刻不足称矣，金陵（南京）、新安（徽州）、吴兴（湖州）三地，剞劂之精者不下宋板，楚、蜀之刻皆寻常耳。[②]

刻书质量直逼当时占据刻书业鳌头的苏、常等地，其中在湖州又以凌、闵两大家族的刻书最有成就，他们共刻印了130多种书籍。另外，湖州茅氏的刻书也比较著名。凌、闵两大家族为世亲，他们一起以称绝一时的套印技术创造了湖州刻书业的辉煌。

二、书坊的蔚然

江南其他刻书坊都很有名，书坊刻书多冠以“书坊”“书林”“书肆”“书斋”“山房”“堂”“楼”“亭”“阁”等名称，今人张秀民的《中国印刷术》，缪咏禾的《明代出版史稿》，叶树声、余敏辉《明清江南私人刻书史略》及《明代刻书》等著作对此做出了不同程度的稽考。据今人叶树声、余敏辉所辑，苏、常地区私人刻书著名者多达一百多家，如震泽王延喆的“恩褒四世之堂”，吴县袁褧的“嘉趣堂”（又名“石磐斋”），吴县沈辨之的“野竹斋”（又名“繁露堂”），吴县黄氏三兄弟鲁曾、省曾、贯曾以及省曾之子姬水的“文始堂”（又名“前山书屋”“南星精舍”“浮玉山房”），吴县顾春的“世德堂”，长洲徐时泰的“东雅堂”，东吴苏献可的“通津草堂”，东吴郭云鹏的“济美堂”（又名“宝善堂”），无锡顾氏两兄弟起经、起纶的“奇字斋”，昆山叶盛的“菉竹堂”，姑苏徐焴的“万竹山房”，常熟毛晋、毛扆父子的“汲古阁”（又名“绿君亭”），吴郡寒山赵宧光、赵均父子的“小宛堂”，无锡俞宪的“鸮名馆”，无锡王化醇的“尊生馆”，苏州金李的“泽远堂”，长洲顾元庆的“夷白堂”（又名“十友斋”“阳山顾氏山房”），吴郡顾凝远的“诗瘦阁”，吴县陈焕的“养吾堂”，苏州陈仁锡的“西西馆”，长洲文彭的“清白堂”，吴郡“章庸书坊”，吴郡袁宏道的“书种堂”，华亭何良俊的“清森阁”，苏州书林“众芳书斋”，苏州书林“夫容馆”，苏州书林陆元大、江阴朱存爵的“存余堂”，常熟的“万玉堂”，无锡书林

---

① ［明］胡应麟：《少室山房笔丛》甲部卷4《经籍会通四》，第41—44页。

② ［明］谢肇淛：《五杂组》卷13《事部一》，第266页。

谈恺、长洲许自昌、江阴澶渊晁瑮的“宝文堂”，武进书林蒋孝先、江阴书林涂祯、寓居于无锡的浙人倪炳的书坊，无锡书林曹荃、苏州席鉴的“扫叶山房”，苏州书林龚雷、吴郡郭邦藩的“常静斋”，吴郡书林席书和李承勋、寓居于昆山的浙人翁良瑜的“雨金堂”，松江马元调的“宝俭堂”，元和吴元恭的“太素馆”，太仓张溥、东吴书林叶昆池的“能远居”等等。

南京地区的私人刻书家很多，其书坊主要集中在三山街，其中以唐氏、周氏、陈氏等几家比较有名，如唐对溪的“富春堂”，唐绣谷的“世德堂”，唐鲤跃的“集贤堂”，唐鲤飞、唐少村的“兴贤堂”，唐振吾的“广庆堂”，唐晟的“世德堂”，周希旦的“大业堂”，周日校的“万卷楼”，周近泉的“大有堂”，王氏的“勤有堂”“王氏车书楼”“光启堂”，陈大来的“继志斋”，陈尊山经房，陈龙山经房，吴少溪的“锦绣堂”，傅昌辰的“版筑居”，叶贵的“近山书社”“新科书林”，郑思鸣的“奎壁堂”，徐自强的“南京印书铺”，其他不用姓氏而只用堂名者也有不少，如“一贯斋”“十竹斋”“人瑞堂”“九如堂”“三山书房”“三美堂”“三多斋”“大有堂”“大盛堂”“长春堂”“文枢堂”“文秀堂”“文会堂”“右石居”“种文堂”“积德堂”“汇锦堂”“光裕堂”“两衡堂”“宝圣堂”“荣寿堂”“荆山书林”“亲仁堂”“博古堂”“槐荫堂”“聚锦堂”等等。杭州地区也有许多著名的刻书坊，请参见下篇《明清时期文士在杭州的治生状况》部分。徽州地区的刻书坊、刻书家以歙县的为多，较为著名的主要有黄正位的“尊生馆”，黄裔我的“存诚堂”，黄德时的“还雅斋”，方于鲁、方嘉树父子的“美荫堂”，“新安三吴”之吴勉学的“师古斋”和吴琯的“西爽堂”，汪道昆的“大雅堂”，程百二的“忻赏斋”，吴桂宇的“文枢堂”，黄汝清歙县书林，黄正达徽州书林等。

清初，江南诸地所刻的书籍不如福建建阳所刻的书籍流行，但到清康熙时，南京、苏州、杭州等地的刻书由于质量上乘，颇受时人的欢迎，被后人所宝惜，号称“康版”，媲美于宋版：

> 六十年前白下、吴门、西泠三地之书尚未盛行，世所传者，独建阳本耳。其中讹错甚多，不可不知。
>
> 今闽版书本久绝矣，惟三地书行于世。然亦有优劣，吴门为上，西泠次之，白门为下。自康熙三四十年间颁行御本诸书以来，海内好书有力之家，不惜雕费，竞摹其本，谓之欧字。见刻宋字书，置不挂眼。

盖今欧字之精，超轶前后，后世宝惜，必称曰“康版”，更在宋版书之上矣。①

在清代，江南的南京、苏、常、杭州、湖州、徽州，一直是全国重要的刻书中心，晚清时，上海的刻书业兴起。从事刻书业的文士群体中，既有当代大儒，又有藏书家。在这些地区内，涌现出了许多著名的刻书坊，其中一部分是开源于明代晚期，其中尤为突出的如南京地区的李渔的“芥子园”，李光明的“何陋居”，郑元美的“奎壁斋”，胡正言的“十竹斋”，唐绣谷的“世德堂”；苏常一带主要有苏州席鉴、席世臣的“扫叶山房”，金阊“书业堂”，苏州书林的“三经堂”，苏州的“聚文堂”，吴中潘祖荫的“滂喜斋”，吴县黄丕烈的“士礼居”，顾春的“世德堂”，蒋凤藻的“心矩斋”，长洲顾嗣立的“秀野草堂”，汪士钟的“艺芸精舍”，金山书林钱氏的“守山阁”，昭文张海鹏的“从善堂”（又称“借月山房”），江阴缪荃孙的“艺风堂”，昆山徐乾学的“传是楼”，松江沈恕、沈慈的“古倪园”，金坛段玉裁的“经韵楼”等；杭州地区主要有钱塘卢文弨的“抱经堂”，丁丙的“嘉惠堂”，龚翔麟的“玉玲珑阁”“西泠印社”，寓居于杭州的歙县人汪启淑的“飞鸿堂”，萧山王龄的“养和堂”等；湖州地区主要有侨居于嘉兴的歙县人鲍廷博父子的“知不足斋”，秀水朱彝尊的“曝书亭”，南浔刘承干的“嘉业堂”，海宁吴骞的“拜经楼”，蒋光煦的“别下斋”，桐乡金坛的“文瑞楼”，归安姚觐元的“咫进斋”，乌程凌氏的“传经堂”等；徽州地区主要有歙县涨潮的“霞举堂”，程义的“悟雪斋”，休宁孙默的“留松阁”，新都黄晟的“亦政堂”（又名“东书堂”“槐荫草堂”），南陵徐乃昌的“积学斋”，泾县洪汝奎的“公善堂”（又名“晦本斋”），赵绳祖、绍祖的“古墨斋”，贵池刘世珩的“暖红室”等。晚清时的上海主要有席氏的“扫叶山房”，夏瑞芳、鲍咸思等人创办的“商务印书馆”，徐鸿甫、徐雨之等人开办的“同文书局”，俞夏、廉泉等人创办的“文明书局”，夏颂华开办的“文明书店”等。

三、刻印内容及缘起

明清时期刻印的书籍多集中在经书、前贤诗文方面，另外还刻印了一些戏曲、小说、佛经、医书、谱类等类型的书籍，或以一二类为主，或刊刻不

① ［清］金埴：《不下带编》卷4，第65页。

同类型的书籍，这与当时的文化、人们的思想观念的影响密切相关。在明清时期，程朱理学占据官方哲学的主导地位，并成为科举考试的准绳，广大士子汲汲于仕途，甚至有的士子为博得一第穷首皓经。伴随着这种状况，出现了出售专为考试举子编撰的考试参考书，在当时还颇为盛行。如明徐纮《重刊皇明名臣琬琰录・序》云明弘治时：

> 乃今日前数年业举者，束书不观，转相传习，唯记诵坊间套语以猎取科第及其施之政事，形之章疏，盖有难言者在矣。[①]

清徐官《古今印史》亦云：

> 比年以来，非程文类书，则士不读，而市不鬻。[②]

如凌濛初云其所撰刻的一些书籍是为了满足士子的需要，如其在《孔门两弟子言诗翼・凡例》中云：

> 诸家俱有成书流传，今所摘取者皆其为诗而阳秋者也。为举业发者，则他说书充栋，即不佞亦别有《诗逆》之辑，故一切诠释俱不录。[③]

在这种风气的影响下，出版界印刷传统的经、史、子、集等书籍就成为一大宗，当然也与中国古代社会重视经、史、子、集这些所谓的正统文化的传统有关系。在明清诸多刻书馆中，以刻印经、史、子、集等书籍所占的比例最大，如上面提到的书坊、书馆多以刻印这类书籍为主。

明清时期又是戏曲小说十分繁盛的时代，特别是从万历年间始，戏曲小说可谓是到了它的“黄金时代”，种类繁多，数量丰富，戏曲小说等通俗文学形式迎合了下层民众的口味，就连一些皇亲贵族和士大夫也对此开始垂青，同时也出现了许多刻印戏曲小说的书商和坊肆，如明代吴县冯梦龙的“墨憨斋”，南京唐对溪的“富春堂”，陈大来的“继志斋”(又成聚文堂)，唐绣谷的“世德堂”，周希旦的“大业堂”，杭州的“容与堂”，陆云龙、陆人龙两兄弟的“峥霄馆”。清代李渔的“芥子园”等以刻戏曲、传奇、小说著称，有的甚至自编、自选、自刻、自销，以文士兼书商，如湖州臧懋循、凌濛初、苏州冯梦龙等都是一时之佼佼者；另外，明清时期又是儒、释、道融合趋势加强的时

---

① [明]徐纮：《皇明名臣琬琰录》，《元明史料丛编》第3辑，第1503页。

② [清]徐官：《古今印史》，《笔记小说大观》第5编第4册，第2430页。

③ [明]凌濛初：《孔门两弟子言诗翼・凡例》，《四库全书存目丛书》经部第66册，第525页。

代，在当时的文士当中，儒、释、道合一的思想十分盛行，前人论述极多，在此笔者不再赘述。虽然儒家思想在许多文士身上占据主要地位，但释、道观念也在他们的身上留下了深深的烙印，这类书籍也是刻书家乐于刊刻的，如顾春的"世德堂"、湖州凌氏的"桂芝馆"、苏州书林的"三经堂"等。另外，医书、谱类等书籍也是刊刻的重要内容，如歙县吴学勉一家广刻医书，获利不菲；金陵胡正言的"十竹斋"，刻印了一些医书和谱类的书籍，如《十竹斋袖珍本医书》《订补简易备验方》《十竹斋书画谱》《十竹斋笺谱》《书法必稽》《石谱》《黎雪馆竹谱》等。晚清时，随着西方科技的传入，西方铅印、石印等技术开始兴盛起来，而中国传统的雕版印刷、活字印刷术渐渐失去了主导地位，上海成为重要的刻书中心，外国人也开始涉足上海及周边地区的刻书业，如英人美查在上海创办的"点石斋"和"图书集成局"、麦都思在上海创办的"墨海书馆"等，而中国人在上海创办的书局，除了刻印中国传统的书籍类别外，也开始刻印一些有关自然科学、外语、翻译外国文化等方面的书籍，其中夏瑞芳、鲍咸恩等人创办的"商务印书馆"就是其中之翘楚，其次上海的"鸿宝斋"也刻印了一些数学书籍，如《翠微山房数学》12种、《中西算学丛书初编》20种等，诸如此类甚多，刻印具有近代化类型的书籍成为一种风尚。

刻书谋利，也是诱使一些文士大量刻书的一个重要因素。自明代后期以来，全国各地尤其是在江南一带出现了许多书肆和从事刻印之家，许多书商为了谋取利润，刻印或贩运适应各个阶层所需的书籍种类。如在凌濛初的家乡湖州就有集贩运、销售于一体的书船，贩书商人将一船又一船的古籍送至常熟七里桥毛晋的家门口。清戴璐《吴兴诗话》等又记载，除了书船能到达的城镇外，金陵、北京都有湖州人开设的书铺。一些刻书商为了谋利，也以重金向一些创作畅销书的通俗作家购求书稿，对于冯梦龙、凌濛初这类作家所编辑或创作的通俗小说更是当时书商所争购的对象。可见这类小说在当时是很畅销的，刊刻和经销这类书会使商家获得很大的利润，这远非刻印和经销传统的诗文集所能比拟的。

在这种氛围的影响下，私家刻书之风盛行，所刻书籍的数量和出书速度都超过了前代，这一方面推动了当时文化的发展，另一方面也带来了一些负面影响，尤其是从明成化、弘治以来，许多刻本的质次远不如宋元刻本，且伪书甚多，妄改书名、随意删节、造伪、校勘不严及错漏等现象十分严重，尤以福建建安一带所刻印的书籍为甚，就连一向以刻书质次最佳的吴兴、金陵刻书中心，为了快速或谋取更多的利润，也渐渐地忽视刻书的质次。时人对此也颇有微词，如谢肇淛曾批评道：

> 国初用薄绵纸，若楚、滇所造者，用气色超元匹宋，成、弘以来，渐就苟简，至今日而丑恶极矣。……闽建安有书坊，出书最多，而板纸俱最滥恶，盖徒为射利计，非以传世也。大凡书刻，急于射利者必不能精，盖不能捐重价故耳。近来吴兴、金陵，骎骎蹈此病矣。[①]

凌濛初在后期所刻的一些书籍亦不免于此，如谢肇淛云：

> 吴兴凌氏诸刻，急于成书射利，又悭于倩人编摩，其间亥豕相望，何怪其然！

凌濛初在当时这种刻书能获利的鼓动下，也参与了编书、刻书或售书的行列。关于以凌濛初为代表的凌氏家族的刻书治生情况，请参见下文的《个案研究·凌氏家族的刻书业》。

综上所述，随着刻书中心的转移，明清时期的江南刻书业十分繁荣，书坊林立。一些文士从事或参与刻书业，一方面以之为治生手段，另一方面对明清时期的刻书业以及对中外文化的传播做出了自己的贡献，在中国出版史上占有重要的历史地位。

个案研究·凌濛初的刻书业

凌濛初不仅是晚明时期通俗文学创作的巨擘，而且还是刻书名家，他不仅与凌氏族人一起通过刻书治生，还与其他区域的刻书家一起对明代的出版事业做出了自己的贡献，他与其家族的刻书业在明代的出版史上占有重要的地位。

1.凌氏家族的刻书业。以凌濛初为代表的凌氏家族在明朝中晚期刻印了大量的书籍，推动了明朝出版事业的发展。关于凌濛初的刻书类型，有的学者将其划为坊刻一类，或将其归为家刻或私刻，又有学者按不同的

① [明]谢肇淛：《五杂组》卷13《事部一》，第266页。

时期将其区分为不同的类型①。尽管对其分类众说纷纭，但以凌濛初为代表的凌氏刻书继承了宋元时期家族刻书业的特色，总体上是以家族为主体从事刻书业的，虽然其一部分家族成员独自承担了一些刻书事务。凌氏家族中前后从事刻书的近 20 人，除了凌濛初外，凌约言、凌迪知、凌稚隆、凌瀛初、凌汝亨等也刻印了许多书籍。凌氏家族将其刻书处冠以“桂芝馆”，世称其所刻印的书籍为“凌版”，其刻印的书籍在数量、色次上都超过了湖州闵氏、茅氏。实际上，凌氏家族从事套版印刷始自凌濛初，凌濛初套印了许多书籍，据杜信孚统计，凌濛初用套印技术刻印的书籍存世的约有 24 种，除了《世说新语》8 卷是朱、墨、蓝三色套印本外，其余均为朱、墨二色套印本，其中刻于万历年间的占绝大多数②。

凌濛初不仅从事刻书，而且还应其他书贾所请，为他们提供稿件，获得了比较可观的收益，如凌濛初的“二拍”就是其中的一个典型例子。如凌濛初在《拍案惊奇·序》中云：

> 肆中人见其（《三言》）行世颇捷，意余当别有秘本，图出而衡之。

凌濛初在《二刻拍案惊奇小引》中亦云：

> 为贾所偵，因以梓传请。遂为钞撮成编，得四十种。支言俚说，不足供酱瓿；而翼飞胫走，较捻髭呕血、笔冢研穿者，售不售反霄壤隔也。

可见这类小说在当时是很畅销的，刊刻和经销这类书会使商家获得很大的利润，这远非刻印和经销传统的诗文集所能比拟的。于是《二刻拍案惊奇》在商家的鼓动下出炉了：

> 贾人一试之而效，谋再试之。余笑谓：“一之已甚。”顾逸事新语可佐谈资者，乃先是所罗而未及付之子墨，其为柏梁余材、武昌剩竹，颇亦不少。意不能恝，聊复缀为四十则。

为了及早销售以适应广大读者的企盼，有时商家不等征求创作者的同意，

① 肖东发主编的《中国编辑出版史》认为凌濛初的刻书属于私刻，参见此书的第七章第三节《明代的图书出版事业》（辽宁教育出版社，1996 年）；柳毅先生将凌濛初的刻书归为私刻中的家刻，参见其编著的《中国的印刷术》（科学普及出版社，1987 年，第 137 页）；缪咏禾先生则认为“出版史上一般都把他列入家刻，但凌濛初后期所刻的书，也有出售的，也可以算坊刻”，参见其《明代出版史稿》（第 62 页）。

② 杜信孚：《明代版刻综录》第 4 卷，线装本第 4 册，江苏广陵古籍刻印社，1983 年。

先行出售，如睡乡居士《二刻拍案惊奇序》云：

时剞劂告成，而主人薄游未返。肆中急欲行世，征言于余。

2.凌濛初的套印术。套印技术其实并不始自明代①，早在元代就已在书籍印刷中运用套印技术了，如目前保存在台湾的元末至正元年(1341)中兴路资福寺无闻和尚注解的《金刚经注》就是最早的套印本书籍。其中的版画、经文和注文均使用了朱墨两色套印。这种套印技术的使用，大大改变了以往的雕版印刷或活字印刷术的单色的白纸黑字，从此有了两色印本，以不同的颜色区别不同的内容，使读者一目了然，这是中国古代印刷术的一大变革，但在当时及其以后长达二百年内并未得到广泛的应用，直至明代后期才在湖州一带兴起，此后广泛流传开来，盛于清道咸以后。这与湖州凌氏、闵氏两大家族的巨大贡献分不开。据陶湘《明吴兴闵板书目》②统计，闵、凌两大家族在明末用套印技术刻书多达 117 部 145 种，台湾学者李清志的《古书版本鉴定研究》认为不下 300 种。

套印技术在元代主要是朱墨两色套印，而在明代后期除了大量使用朱墨两色套印外，还发展成三色、四色、五色等多色套印，如上面提及的凌濛初刻印的《世说新语》8 卷就是使用朱、墨、蓝三色套印而成的，吴兴凌氏族人凌弘宪也曾用朱、墨、蓝三色套印《大佛顶如来密因修证了义诸菩萨万行首楞严经》10 卷。除此以外，吴兴凌氏族人还有使用红、黄、蓝、绿、墨五色套印的，如凌瀛初刻印的《世说新语注》3 卷、凌云刻印的《文心雕龙》2 卷和凌启康刻印的《苏长公合作》8 卷补 2 卷，"苏长公"即苏轼。吴兴闵氏亦与凌氏一样，除了使用二色套印外，也曾使用过三色、五色套印术，如闵齐伋曾用二色套印的书籍有 31 种，三色套印的就有 4 种，即《楚辞》《春秋公羊

① 中国彩色套印术始于何时，学术界颇有争议，大多数学者认为元末至正元年(1341)中兴路资福寺无闻和尚注解的《金刚经注》就是最早的套印本书籍，但叶德辉却认为"颜色套印书始于明季，盛于清道咸以后"，参见其《书林清话》卷 8《颜色套印书始于明季盛于清道咸以后》(岳麓书社，1999 年，第 178 页)；王重民的《套版印刷法起源于徽州说》一文认为套印术起源于 1602—1606 年间的徽州，后由徽州传到湖州，又传到南京、苏州、杭州等地，并对学界普遍认为元末至正元年的《金刚经注》是采用套印术的说法提出质疑，该文收入阳海清主编的《版本学研究论文选集》(书目文献出版社，1995 年)；肖东发则认为"套印术发明于宋辽时期"，但他认为中国彩印技术最早并不是用来印书印画，而是施印于布帛，并用大量的文献和实物予以论证之，参见其《中国图书出版印刷史论》(北京大学出版社，2001 年，第 95—98 页)。尽管如此，但就目前所见最早用于印刷的套印书册是元末无闻和尚注解的《金刚经注》。

② 陶湘：《明吴兴闵板书目》，《青鹤》1937 年 5 月第 5 卷第 13 期。

传》《批点杜工部七言律》《东坡志林》;闵绳初刻印的《文心雕龙》就是使用五色套印完成的,而其他闵氏族人所刻印的书籍多为二色套印。闵氏所刻印的书籍也均在明万历、天启年间。

在明代所套印的书籍中,以不加界行,刊刻带有批注、评点的朱墨本为多,随着多色套印技术的运用,又在书籍印刷中配上精美的版画,这样将套印术与版画结合起来,形成彩色套版,如凌濛初刻印的《西厢记》配有插图20幅,点笔工致,为凌刻绘图本之冠,另外他刻的《释迦如来成道记》及所附《维摩诘十譬赞》《琵琶记》《幽闺记》《红拂传》等所配插图也十分精美,而且印刷质量较高。凌濛初对刻印所依据的底本也非常注重选用当时较好的本子,并选用一些名家批点本,而且尽量保持原始本色,如明刊杂剧《西厢记》有几十种之多,面对众多版本,凌濛初选用明周宪王本为底本,刻印《西厢记》[①],校勘精良,绘图极精,并把正文与衬字用大小不同的字体区分开来,十分醒目,为凌刻中之典范,比其他版本在明末清初得以更广泛的流传;凌濛初刻印《琵琶记》所采用的底本是旧藏臞仙本,而不用时本,且"毫发毕遵,有疑必阙"[②];《世说》类题材的刻印在当时也颇为流行,且版本极多,凌濛初也为此多方搜求,最后选用冯梦祯所藏的宋刘辰翁、刘应登的批注本刻印;刊于明天启元年(1621)的《东坡禅喜集》(现藏于南京大学图书馆)亦是如此,凌濛初选用徐长孺的底本,又与冯梦祯合评,并请陆继声、陈继儒写序;凌濛初所刻朱墨套印本《孟浩然集》(北京图书馆藏)亦是其选择的有名家评点的好底本,如书中所记凌濛初跋语云:

> 《襄阳诗集》,刘须溪先生批校本乃其全者,近更得友人潘景升家所梓行,则复有李空同先生所参评,间相攻驳,亦有删削。

"刘须溪"即刘辰翁,"潘景升"即潘之恒,"李空同"即李梦阳。现藏于辽宁大学图书馆的凌濛初朱墨套印本《选诗》及所附《诗人世次爵里》则采用明

① 凌濛初所刻《西厢记》所依据的底本是明周宪王本,并参考了当时流行较广的多种《西厢记》刊本,加以校勘、比较,考证参见蒋星煜先生《凌濛初刻本〈西厢记〉及其深远影响》一文〔《上海师范大学学报(社会科学版)》1999年第3期〕。

② [明]凌濛初:《琵琶记·凡例》。浙江大学图书馆藏凌刻臞仙本《琵琶记》,书前扉页中间云"蟫隐庐印行鲍鼎署瑞",书前有《重订慕容喈琵琶记序》,序下题"江阴徐充暖妹田笔",序后题"弘治戊午菊花新时白云散仙书于双桂堂";书中正文上方有批语,书后有跋,跋后题为"西吴三珠生跋"。

郭正域的批点本。另外还使用其他名家批点本、笺校本、选本或译本刻印，如《李长吉歌诗》《王右丞集》《孟东野诗集》《孟浩然诗集》采用宋刘辰翁评点本，《诗经》采用明钟惺批点本，《苏长公小品》采用明王纳谏评本，《陶靖节集》采用宋汤汉笺校本，《李诗选》采用明杨慎、张含选本，《维摩诘所说经》及所附《释迦如来成道记》则采用前秦鸠摩罗什的译本。有时凌濛初还自撰、自评、自刻，如刊刻于崇祯四年(1631)的《圣门传诗嫡冢》16卷附录1卷就是凌濛初集撰、刻于一身的刻本，另外还有刊印于万历时的《解澄》1卷亦是如此；《西厢记》5卷虽采用明周宪王本为底本，但评点者是凌濛初自己。正因为如此，凌濛初所刻为时人所看重，如上胡应麟所言的“近湖刻、歙刻骤精，遂与苏、常争价”和谢肇淛所云的“金陵、新安、吴兴三地，剞劂之精者不下宋板”就是最好的证明。

3.凌濛初与湖州及相邻地区刻书世家的联系与合作。明清时期，文士从事刻书业并不是孤立进行的，如凌濛初与其他凌氏、闵氏族人一起合作，使凌、闵两家在湖州占据刻书业的鳌头。如北京大学图书馆所藏明末原刻本《圣门传诗嫡冢》一书，上署“吴兴凌濛初辑”，凡例末署“吴兴凌濛初成父识，表弟潘湛朗士父、子凌琛献之父同订”；凌濛初又在《孔门两弟子言诗翼》书后的“校阅诸家姓氏”一栏中云凌氏族人如凌瀛初、凌义渠、凌琛、凌璪等亦参与校阅；凌瀛初曾以其弟凌濛初所刻《世说新语》8卷为底本，进行圈点、装饰，于明天启年间五色套印而成《世说新语注》3卷，作为凌濛初所刻《世说新语》8卷的补充本[①]。另外，凌濛初还与凌瀛初一起合刻过一些书籍，如朱墨套印本《吕氏春秋》《韩非子》《淮南子》，三色套印本有《古诗归》《唐诗归》；凌濛初所刻套印本《孟浩然集》2卷是凌濛初的侄子凌毓枏校勘的(见其跋后记)，据王重民先生和赵红娟女士考证，凌氏套版最初是由凌濛初、凌毓枏共同经营的[②]；又如凌刻《李于鳞唐诗广选》7卷初印本中

① 凌瀛初在其所刻套印本《世说新语》的识语中云：“余弱冠时，幸睹王次公批点《世说》一书，发明详备，可称钜观，以刻自豫章藩司中不能家传户诵为恨。壬午秋，尝命之梓，杀青无几，惜板忽星失。余惟实有志而未逮也。嗣后，家弟初成得冯闲之先生所秘辰翁、应登两家批注本，刻之为鼓吹。欣然曰：‘向年蠹简残编，已成煨尽。今获捃摭其全，良为快事。行之已久，独失载圈点，未免有遗珠之叹。予复合三先生手泽，耘庐缀以黄，须溪缀以蓝，敬美缀以朱，分次井然，庶览者便于别识云。’”今人王重民的《中国善本书提要》子部《小说类》(上海古籍出版社，1983年)、[清]郑元庆所辑的《湖录经籍考》卷5《历代人词曲》“凌瀛初朱批《世说》”条(王德毅主编《丛书集成续编》第6册)所载除了个别字句略有差异外，内容完全相同。

② 赵红娟：《凌濛初考论》，黄山书社，2001年，第115—116页。

有凌濛初作的序，是凌氏族人共同裒辑而成的；凌濛初所刻《陶靖节集》8卷《总论》1卷是由凌濛初堂侄凌南荣负责校勘的(见此书凌濛初跋后)。

凌氏与同里闵氏是世代姻亲，来往甚密，两家均以套版印刷而闻名于世，正如周越然《书谈·套印术》所言的那样，在刻书业上既竞争又合作：

> 两家当日，席丰履厚，其贤者伏居乡里，不问世事。诵诗读书之余，专以刻书相竞。[①]

凌濛初曾与闵氏合作刻印《盛唐四名家集》，即《王摩诘诗集》7卷、《孟浩然诗集》2卷、《孟东野诗集》10卷和《李长吉歌诗》4卷附《外诗集》1卷，它们均是由凌濛初刻、闵氏朱墨套印而成[②]。凌濛初与闵齐伋合作刊印的彩色套印书籍有朱墨套印本《楚辞》、三色套印本《古诗归》和五色套印本《文心雕龙》等书，他们用的纸质是洁白的绵纸和宣纸。另外，闵氏所刻的套印本有许多与凌濛初刻的相似或相同，如上述凌濛初所刻的朱、墨二色套印本《琵琶记》(闵氏亦刻有《琵琶记》，以下闵氏所刻简称为闵名，同名者不再加注)、《东坡先生书传》(闵名为《东坡书传》)、《王右丞集》(闵名为《王摩诘诗集》)、《西厢记》、《会真记》(闵名为《会真六幻西厢》)、《孟东野诗集》(闵名为《孟东野集》)、《周礼训笺》(闵氏刻有《礼记集说》)、《选诗》、《东坡先生禅喜集》(闵氏刻有《东坡易传》)等在闵氏中亦有刻本，只是名称详略不一，在题材上亦多类似，均集中在前贤诗文、戏曲、佛经等方面。闵氏还与凌氏族人合作编撰书籍，如凌迪知所辑的《左国腴词》就是由同里闵一鹤校订的；闵元衢曾与凌义渠合撰《湘烟录》16卷，是书由凌、闵两氏的同里及好友董斯张作序，董氏曾予以高度颂扬。董斯张亦与凌濛初有交往，《静啸斋存草》卷4《留篋稿之一》中曾载有《叹世曲为凌初成赋》。

以凌濛初为代表的凌氏虽在刻书的数量、色次上超过当时湖州诸氏，但在刻书质量上却较同里闵氏略显逊色，而优于他氏。虽然凌氏所刻大多校对精良，但也时有讹误或缺漏，如《四库全书总目》卷17经部《诗类存目一》云凌濛初《诗逆》：

> 卷首有《七月表》一篇，以其中独缺三月，乃摘春日载阳至公子同归、蚕月条桑至猗彼女桑诸事布于二月、四月之间，标为蚕月，殊属穿

---

① 周越然：《书谈·套印术》，《小说月报》1931年第22卷第7期。

② 沈津：《美国哈佛大学哈佛燕京图书馆中文善本书志》，上海辞书出版社，1999年。

凿。又《诗考》一篇,独载一御车图,尤为挂漏,其所诠释亦罕逢奥义。

《四库全书总目》卷193集部《总集类存目三》亦云凌濛初撰刻的《陶韦合集》所刊刻颇工,但亦存在诸多不足之处:

板用朱墨二色,刊刻颇工,而所评率无足取。《陶集》八卷,前有焦竑序,指为昭明太子之旧本,考是集自阳休之重定之后,昭明不传久矣。宋人不得见,而焦竑乃得见之耶?万历以后,士大夫务为诞伪,例皆如此,不足深怪。

明人谢肇淛对此曾提出过批评:

吴兴凌氏诸刻,急于成书射利,又空于倩人编摹,其亥豕相望,何怪其然!

由此看出,因急于求利而失于校勘和晚明造伪之风影响了凌濛初为代表的"凌刻"质次。但闵氏所刻在当时颇有盛誉,陈继儒曾在闵振业所刻《史记钞》的序言中高度评价之:

自冯道、毋昭裔为宰相,一变而为雕版,布衣毕升,再变而为活板,闵氏三变而为朱评。书日富,亦日精,宝藏者异锦名书,裹置高阁。

又云:

大本校于鹿门,而旁采诸家之品题者泰半,其中尤觉精微简洁,神明焕然,其亦有功于史学矣。

为此时人颇青睐之:

吴兴朱评书籍出,无问贫富好丑,垂涎购之。[①]

由于朱评本在明末比较畅销,在当时的刻书界多以刻印朱评本为尚,凌濛初虽亦曾刻印过朱评本,但无论在数量上还是在影响上都逊于闵氏,而且湖州最早采用套印术刻书的还是始自闵齐伋,他于万历四十四年(1616)刻印出湖州第一部朱墨套印本《春秋左传》15卷,随后套印术在湖州一带兴起。由于闵刻的套印术在湖州具有开创之功,且校勘精良,质量上乘,颇为时人所重,凌刻亦使用套印术从事刻印书籍,且两家为世代姻亲,来往密

① 王重民:《中国善本书提要·史部》,1983年。

切，所以世人曾将凌氏所刻亦称为“闵刻”或“闵版”，尽管两家主要是独立从事刻书业的。

除此以外，一些文士刻书家还与湖州或相邻地区的其他刻书家或辑家有过交往，如凌濛初在《孔门两弟子言诗翼》书后的“校阅诸家姓氏”一栏中云沈汝法“手授张司马贵竹本”，潘湛“手授李宗伯白下本”，“张司马”，即张鹤鸣（字元平）；“李宗伯”，即李维桢（字本宁）。因《子贡传》在明朝后期虽有几种版本，但多有遗漏或残缺，凌濛初在沈汝法和潘湛的帮助下，得到了张鹤鸣的贵竹本和李维桢的南京刻本，兼录无名氏在长安所得抄本，并集徐光启、陆化熙、魏浣初、沈守正、钟惺、唐汝谔六家之评编纂成《孔门两弟子言诗翼》，如凌濛初此书《凡例》云：

> 一　《子贡传》系秘阁石本，为黄文裕所得，郭相奎（名子章）中丞刻之蜀中，乃篆书，有附音。张元平司马重梓于贵竹，直用其附音，不存篆笔。李本宁宗伯复刻篆书，并附音于白下，而中有遗佚。今蜀本不可得，所据贵竹与白下二本耳。因篇次与序不同，乃分析以后序，恐学者无从知也。
>
> 二　……有无名氏乃在长安所得抄本，不知出何人笔，只有《国风》，失去《雅》《颂》，不忍埋没，亦采录之。①

当时在他的一些著述和刻印的书籍中有他们的评点或为其作的序，如现藏于天津图书馆、湖南省图书馆、台湾“中央”图书馆及美国国会图书馆、日本内阁文库的凌濛初于明万历年间所刻套印本《苏长公表启》5 卷中有吴兴人茅坤的评点，凌氏族人亦与之有来往，如凌稚隆（凌濛初之叔）在万历二年（1574）至万历四年（1576）刻印的《史记评林》130 卷前有万历四年（1576）茅坤的序。茅坤（1512—1601），字顺甫，号鹿门，吴兴（今湖州）人，嘉靖十七年（1538）进士，历任青阳、丹徒知县，累官至大名副使，明代著名的古文家、刻书家。家中藏书甚富，著有《茅鹿门先生文集》等。他曾编刻《唐宋八大家文钞》，称誉海内，又刻有明郭正域《解庄》12 卷、《墨子》6 卷等，与凌、闵两氏均有交往。该书系钱櫄所辑，钱櫄在其序言中曾云：

> 余故取文忠表启，凡五卷，校其讹舛，付之剞劂，用贻同志者览焉。

① ［明］凌濛初：《孔门两弟子言诗翼·凡例》，《四库全书存目丛书》经部第 66 册，第 525 页。

由上推知，钱椟将其所辑《苏长公表启》交与凌濛初刻印，二人定有来往。凌濛初又与茅坤之子茅维有交，茅维《十赉堂丙集》卷5有《甲子重九日集葛震甫、于乙先、王开美、周安期、谭友夏、程应止、张宝生、沈定之、沈不倾、凌初成、侄厚之、郝姬月娟，邸中限赋八韵，分得深字》诗，同书卷8又有《初冬访初成病榻留赠一律》，诗云：

> 荒楼寒雨一江村，过汝犹存旧席门。手检窗书松尘帖，日封药裹竹炉温。悠然静理丹铅趣，率尔欣留粗粝飧。修敬维桑谁束蛰，抵余载酒未为烦。

茅维，《明史》卷287有传附于其父茅坤后，光绪《归安县志》卷36《文苑》亦有载。凌濛初与同县人朱国桢亦有交往。朱国桢曾自著自刊《皇明史概》120卷、《涌幢小品》32卷，又刻李乐撰《见闻杂记》11卷。朱氏《缮部绎泉公行状》曾记载朱国桢与凌家密切交往事，郑龙采《别驾初成公墓志铭》中亦记载凌濛初与朱国桢交往事。

在凌刻臞仙本《琵琶记》书后"三珠生"所作的跋语中云及凌濛初曾与同郡人"三珠生"一起参订《琵琶记》，长达数年：

> 会同即空观主人度合《衫襟记》，更悉此道之详，旋复见考核《西厢记》，为北曲一洗尘魔。因请并致力于《琵琶》，以为双绝，遂相与参订，殚精几年许，始得竣业。此词坛快事，敢以急公同好，因录其概如此。

凌濛初亦与冯梦祯相交甚密。冯梦祯不仅著有《快雪堂集》64卷，而且刻书多种，所刻书称"绵眇阁"。《快雪堂集》卷28、59、60及《四库全书总目提要》卷174《集部·别集类存目一》均有冯、凌二人交往的记载，凌濛初还曾得到冯梦祯所秘藏的宋刘辰翁、刘应登两家的《世说新语》批注本而付之梓行，在凌濛初朱墨套印本《东坡禅喜集》后有冯梦祯的跋语，跋语云及凌、冯二人的交往及冯氏经常为凌濛初的著述和刻书作序写跋；凌濛初也在《东坡禅喜集》识语和跋语中谈到他们的交往。

4.**凌濛初与其他刻书中心的联系与合作**。凌濛初还与刻印技术比较发达的湖州、南京、苏州、徽州、福建等地区联系比较紧密。如在湖州开始使用套印技术从事刻印书籍时，南京书坊还很少运用套印技术从事刻印书籍，只有天启元年(1621)种文堂《苏长公密语》16卷为两色套印本，但于套版印刷在湖州崛起后不久，伴随着湖州、安徽歙县刻工及刻书家的移入南京，套印技术就传到了南京，并在南京出现了最为出色的彩色套印，如住在南京的艺术家安徽人胡正言于明末用五彩套印的《十竹斋画谱》《笺谱》就是其代表作，其中的花卉羽虫，色彩逼真，栩栩如生，成为学画的范本。凌濛初的同里闵齐伋曾在南京设立了刻书分所，凌濛初未仕期间多居于南京，至于凌濛初是否也在南京有刻书分所，尚无史料记载，但凌濛初与南京刻书界有联系应是确定无疑的。如凌家与曾任职于浙江、南京的江苏太仓人王世贞一家联系密切，两家"时议论校刻秦汉诸书，义例、纲领一经裁定，井井可观。于是凌氏书布天下，干麾所指，多及其庐"[①]。王世贞、凌濛初在其所刻朱墨套印本《陶韦合集》跋语曾言，凌濛初与何露有过交往并合刻《陶韦合集》。而且凌濛初所编选的拟话本小说集《拍案惊奇》《二刻拍案惊奇》及一些戏曲作品就是在南京完成的，并有书商求诸刊行，如在《二刻拍案惊奇·小引》中曾云书商"以梓传请"。另外，凌濛初于万历间所刻朱墨二色套印本《诗经》，即由钟惺批点并序，凌濛初比较喜用钟惺的评点本，曾两次采用钟惺评点的《诗经》并据以刻印[②]。

湖州在刻书方面与徽州联系紧密。因为当时有许多徽州刻工南下湖州，受雇于湖州地区的刻书坊肆和刻书世家，如凌氏、闵氏在刻书过程中曾雇佣一些徽州刻工。这些徽州刻工将徽州先进的版画、刻书工艺带到湖州，促进了湖州刻书业的发展，湖州刻书业之所以能在明代后期称誉一时，与徽州刻工的贡献是分不开的。有的学者甚至认为套印术起源于徽州[③]，徽州不仅是明代的刻书中心，而且还是江南乃至全国的版画中心，徽州的版画雕镌极为典丽、细巧、精密，徽州拥有许多刻技精湛的刻工，他们的刀刻细密，名工辈出，如世居歙县虬村的黄氏就是一时之能手，他们以之为业，除了承接本地刻书业务外，还经常出外受雇于人，从事刻书，足迹遍布苏、浙、闽，甚至远涉北京，另外徽州汪氏、刘氏等亦很著名。凌濛初的套印本《西厢记》5 卷中的 20 幅插图就是由新安黄一彬所刻成的，点笔工致，刀法精妙，为凌刻绘图本之冠。凌濛初除了聘请徽州刻工为其刻书外，还与

① [明]朱国桢：《缮部绎泉公行状》，参见郡字号嘉庆乙丑本卷 5《碑志》。

② 杜信孚《明代版刻综录》载凌濛初刻于万历间的朱墨二色套印本《诗经》不分卷，由钟惺批点并序；陶湘《明吴兴闵板书目》载有凌濛初序、凌杜若跋、钟惺评点的《诗经》四卷；据王重民《中国善本书提要》经部《诗类》，美国国会图书馆藏有凌氏朱墨二色本《诗经》四卷，卷端有钟惺天启元年(1620)的序，从序言中知钟惺曾先后两次批点《诗经》，并为凌濛初据之刻印。

③ 参见王重民的《套版印刷法起源于徽州说》一文。

徽州的刻书家有交,如他曾与歙县人潘之恒来往密切。又,凌濛初曾从潘之恒处得其秘藏的二刘批校本《孟浩然集》刻之。潘之恒常居南京,喜交游,好刻书,万历间自著、自刻《亘史》《鸾啸小品》,另刻有《尧山藏草》3卷、《雪山草》9卷、《皇帝内经素问》24卷、《灵枢》9卷。

湖州、苏州二地也有过联系。如目前北京大学图书馆藏有明代苏州所刻印的凌濛初编选的小说集,即明代苏州松鹤斋刻本《拍案惊奇》,共30卷。另外,早为人所熟知的是,凌濛初曾模仿苏州著名文学家、刻书家冯梦龙的《三言》编选成《拍案惊奇》《二刻拍案惊奇》,而且在《二拍》中的一些篇章就曾取材于冯梦龙的《智囊补》《情史》等著述①;冯梦龙亦曾取自凌濛初的《北红拂》和张凤翼的《红拂记》的故事情节改编成《女丈夫》一剧。冯梦龙《太霞新奏》卷6曾收录凌濛初套曲《惜别》,在该套曲后评云:

> 初成天资高朗,下笔便俊,词曲其一斑也。

冯梦龙对凌濛初的才华和创作的词曲予以高度评价;该书又曾转引凌濛初所辑的《南音三籁》的内容多达6次。另外,移居苏州的文学家、刻书家王稚登与凌濛初有交往。王稚登与凌家的交往始于凌迪知,朱国桢的《善部绎泉公行状》,王稚登《竹箭编》卷上《凌使君且适园》《答凌使君》、《谋野集》卷1《与凌使君》曾记之;王稚登《清茗集》卷下《凌玄渤、玄房、玄静携酒问病》是万历三十一年(1603)王稚登再游吴兴,凌濛初兄弟三人前去探望时所作的诗,诗中言及王稚登与凌氏三兄弟一起饮酒、对弈,并对凌氏三兄弟的才华多加赞赏。

湖州与福建也有联系。北大图书馆所藏濛初叔稚隆辑校的《史记评林》130卷就是明万历间福建建阳熊体忠、刘朝箴刻印的;郑龙采《别驾初成公墓志铭》曾记载凌濛初与福建漳浦人李瑞和交往事。福建建阳熊氏、刘氏都是明代称誉一时的刻家,且福建建阳的套印术主要来自湖州,凌氏的著述曾在建阳出版过,凌濛初还去过福建,答应为福建漳浦人李瑞和售其文,由此看来,凌濛初与福建的刻书业是有一定联系的。

综上所述,凌濛初通过刻书治生,并与晚明其他刻书家一起将套印术发扬光大,对明代刻书业和中国古代文化的传播做出了自己的贡献,在明

---

① 参见拙文《"二拍"与冯梦龙的〈情史〉、〈智囊〉、〈古今谭概〉》,《明清小说研究》2005年第2期。

代出版史上占有重要的历史地位。套印技术又直接推动了饾版和拱花技术在明末图书出版业中的使用，这是明代出版界的一大盛事，其意义不言自喻。

第五节　文士游食

文士游食江湖，自古有之，先秦时就有所谓的“游士”，至唐宋时，此风尤盛，降至明清，文士游食之风不减，或馆于势要之家，或客游于公卿之门，或行医问卜，或游幕等等，不一而足。这些游士，多为未仕的下层文士，他们怀有一定的技能，常常受到主家器重，但也有的文士纯为利往，表现较差，为人所鄙视。

一、文士游馆

早在先秦时，就有孟尝君门客三千之说。那时文士游食江湖之风很盛，国王及权要之家蓄养了许多文士或侠客。至唐宋时，此风不减，一些文士常常客游于势要、富室之门，专为衣食而来。在南宋以前，游士多奔往北方地区，游食于南方的文士数量相对较少。

明清时，江南一带的经济文化发展水平早已超过北方，名门望族林立，权要势家、豪门巨室多乐与文士交游，文士学士更是趋之若鹜，清孔尚任《郭匡山广陵赠言序》所云的士大夫必游之地有“天下五大都会”，除了京城北京外，其余四地如南京、扬州、苏州、杭州均在江浙一带，“故士大夫游其地，非但侈情观览，盖如缙绅之通籍焉。然亦有久著海内之名，而再至三至其地者”。晚清时，上海则一跃成为文士及其他阶层之乐土。许多文献记载了文士游食于江南四大都市和上海，请参见下编《文士治生的重要地域》。

文士身怀各种技艺，奔走于公卿豪门间，而当地势要豪门雄厚财力的支持也为文士游食创造了有利条件，如卢见曾任职扬州期间，文士麇集，文士投其所好，以诗干进，而在其未来扬州间，文士则以各种方式游食于势要豪门，清袁枚在其《小仓山房文集》卷17《与卢转运书》中感慨道：

> 枚尝过王侯之门，不见有士；过制府、中丞之门，不见有士。偶过公门，士喁喁然以万数。岂王侯、制府、中丞之爱士，皆不如公耶？抑

士之昵公、敬公、师公、仰望公，果胜于王侯、制府、中丞耶？静言思之，未尝不叹士之穷而财之能聚人为可悲也。

当明公未来时，其所未仕者，或以势干，或以事干，或以歌舞、卜筮、星巫、烧炼之杂技干，未闻有以诗干者。自公至，士争以诗进，而东南之善声韵者，六七年间亦颇得八九。盛矣哉！[①]

江南巨大的财力支持，使得各地的文士闻风而来，当地势要豪绅也不惜钱财而招揽文士，又如清代丹阳人鲍皋，善诗赋，“日客淮、扬间，时天下殷富，邗上诸大贾富逾王侯，皆延先生为上客，献以金帛，先生颔之而已”[②]。许多文士游食于势要豪门，是由于生计上的原因，如清代松江华亭人徐铁海，少聪颖向学，“后以饥驱，客游诸侯，足迹半天下”[③]。又如周南卿，幼以神童名，娴熟史事，“家贫客游，足迹半天下，所至名公卿争迎之”[④]。

文士游食之境遇不同，有的能藉此获得厚利，但也有一些游食的文士，难以找到理想之所，生活并不宽裕，甚至是入不敷出，借以他技以图生计，如明代嘉兴老儒闻人滋，游食于当地，主人家提供的饮食很清淡，常常是一些蔬豆而已。郡人求馆客者，多就谋之。又多蓄书，喜借人。自言作佐门客牙充书籍行，开豆腐羹店。清代浙江山阴人金埴，晚年曾到嘉兴谋馆，不能得，衣食无着落，更顾不上读书，旅况艰难，他有感于此，作绝句诗云：

谋馆多艰觅食疏，旅禾谁与借书娱？此乡自断闻君后，羹店牙行总绝无。

在当时，这种情形是比较普遍的：“独禾中也哉？恐是处皆然矣。”[⑤]为此，一些文士想尽各种办法以获得衣食之路，有的为了衣食不惜自损名节，如在明代中期，江南一些书生，不事经业，专以讼事为衣食之路，甚至充当势要豪门欺压良善的帮凶：

海开府吴中，人人以告讦为事。书生之无赖者，惰农之辨黠者，皆弃经籍、释耒耜，从事刀笔间。……间有豪民拥姝丽游宴，必邀一二庠

① [清]袁枚：《袁枚全集》，王英志主编，江苏古籍出版社，1993年，第289—290页。

② [清]昭梿：《啸亭杂录》卷9《鲍海门》，第294页。

③ [清]陆以湉：《冷庐杂识》卷2《徐铁海》，第64页。

④ [清]陆以湉：《冷庐杂识》卷4《周南卿诗》，第228页。

⑤ [清]金埴：《不下带编》卷5，第99页。

> 士置上座以防意外，至民间兴讼，各倩所知儒生，直之公庭，于是吴中相侮。遂有雇秀才打汝之语。[①]

有的游手好闲，或投靠豪家大族，成为豪家大族的“食客”或家臣，甚至沦落到不顾廉耻、热衷谋利、强颜取奉的地步，如明华阳散人《鸳鸯针》第1卷《打关节生死作冤家　做人情始终全佛法》云：

> 学内又有一个秀才，姓周，名德，绰号白日鬼。这人虽是秀才，全不事举子业。今日张家，明日李家，串些白酒肉吃。别人着棋，他在旁边算子斗彩；别人打牌，他插身加一的拈头。终日醉熏熏，吃不厌饱。家里那只锅灶儿，也是多支了的。到那有权势的人家，又会凑趣奉承。贩卖新闻，又专一栓通书童俊仆，打听事体，撺掇是非，赚那些没脊梁骨的银钱。是以秀才家，凡有大小事，俱丢不得他的。[②]

又有在主人家不务正业，诱导子弟私行妓院，后被人揭发，主人将其逐出家门者，如清代曾为进士的上虞人倪三兰，曾馆于上海一孝廉胡氏，胡氏之孙，名有则，曾受业于倪三兰：

> 当其受业三兰时，私行妓院，三兰辄与俱。至岁暮假馆，主人已订约仍旧矣。会有不悦三兰者发其事，主人大怒，明春来，掷其书簏于门外严拒之，三兰大窘。主人之弟颇贤，邀之至家，勉强终一岁而去，自此不到上海矣。

后来倪三兰发迹，任职学使，挟嫌报复，借故重责胡有则十五大板，只打得皮开肉绽方罢休，真是刻薄至极[③]。

二、文士游幕

早在先秦时，就已有幕府，战国时，曾将将帅所治谓“幕府”，如《史记·廉颇蔺相如列传》云：“李牧者，赵之北边良将也，常居代、雁门，备匈奴，以便宜置吏，市租皆输入莫府，为士卒费。”“莫府”，即幕府。关于中国的幕府

---

① [明]沈德符：《万历野获编》卷22《督抚·海忠介抚江南》，第556页。

② [明]华阳散人：《鸳鸯针》，春风文艺出版社，1985年，第8页。

③ [清]雷瑨辑：《清人说荟》初集《说梦二·睚眦必报》，王有立主编《中华文史丛书》之85第11辑，第69—70页。

制度，学者对此多有研究[①]。大体而言，中国的幕府制度，肇始于先秦，到秦汉时渐成制度，此后历有盛衰，常常在战乱或朝代更替之时，幕府兴盛，文士游幕现象十分普遍，如后汉至唐末五代，而在清代之前的政局稳定之时，幕府受到一定的抑制，幕府辟招虽不乏其例，但文士游幕现象还未形成潮流，如宋元明三代。

降及明末和清代，江南文士游幕现象十分普遍，如明末江苏常熟人张景良，"少为巡捕衙书佐，长而从人幕中为主文"[②]。清雍正初年，仿古之幕僚制度，朝廷明发上谕，要求节度观察皆征辟幕僚，可拜表荐引其功绩卓著者[③]；乾隆初年，兵部侍郎吴应宗疏请督抚设七品幕职二员，布按两司设八品记室二员，府州县设九品掾司一员。后皆未施行。乾隆四十一年(1776)，御史胡翘元奏称："各衙门延请幕友，定以五年更换，并不准延请本省人，及邻省五百里以内者。"得谕旨，通行各省。后因浙籍劣幕徐、叶二案，乾隆大怒，谓幕友果不通声气，虽年深，亦不至请托舞文，设不能远迹避嫌；即年浅，亦难保无徇私曲法。况且若有驯谨之幕，相随日久，尚可资其辅助，若已满年期，动易生手，诸事未能立即熟谙，而且新延之人，也未必都可信，于是幕客之限稍弛[④]。乾隆六十年(1795)，停止捐纳，外官府以下皆取自科举中式者，督抚司道则重用旗人，旗人外放者大都世家子弟，正途入官者多为书生，吏治蒸蒸日上。由于清代科举取士，以程朱理学为宗，而科举中式后，授以官职，在任上要面临处理繁冗的政务，与所学大为不同，而旗人更是不谙政务，于是他们多方聘请懂行的文士来辅助他们处理日常的政务，这也是朝廷明谕之意旨。清欧阳兆熊将幕府之文士归于三大类：

> 一老吏，二老幕，三老胥。一省必有一省之老吏，皆曾为府、州、县同通而解组者，熟悉一省之情形，刚方端直，虽督抚到任，亦必修式庐之敬，后辈更争礼之，诸事求教，自有入德之门。老幕则皆通才夙学，不利场屋，改而就幕，品学俱优，崖岸尤峻，主者尊之如师，不敢以非礼

---

① 对中国幕府制度的综合考察，参见李晚成《中国幕僚制度考论》〔《上海师范大学学报(哲学社会科学版)》1988年第1期〕、郭润涛《中国幕府制度的特征、形态和变迁》(《中国史研究》1997年第1期)；关于中国幕府制度的研究状况，参见尚小明《学人游幕与清代学术》(社会科学文献出版社，1999年，第2—9页)。国内外学者对清代幕府的研究尤为深入，成果颇丰。

② [清]王应奎：《柳南随笔》卷5，第94页。

③ 徐珂编撰：《清稗类钞》第3册《幕僚类·幕僚曾定品级》，第1380页。

④ 徐珂编撰：《清稗类钞》第3册《幕僚类·延请幕友有期限》，第1380页。

> 非义相加。礼貌偶疏，即拂衣而去，通省公论，便哗然矣。至于吏胥亦皆老成谨笃，办事不苟，义所不可，本官不能夺其志。故有此三老朝夕相处，蓬生蔴中，不扶自直。道光以后，此风渐微，三老者变而为老贪、老滑、老奸，无人敬礼，高才之士率唾弃之，而国家二百年纪纲法度皆失传矣。[①]

从欧阳兆熊的记载来看，这三类均为身怀才学之士，或为去官之文士，或为科举不成改而就幕的书生，在清初中期，这些游幕的文士立品中正，对幕府之事尽职尽责，主者对他们十分礼敬，不敢有所轻慢，否则这些文士会“拂衣而去”，舆论也会不利于官员，“通省公论，便哗然矣”。在清代，确有不少官员与其幕士相敬如宾，非其下级僚属所能比，故有“幕宾”“幕友”之称谓。有的幕士对其主官也是非常负责的，遇到主官处于困境时，尽力为其解脱，如浙江石门人赵宗藩，精钱谷之学，在某大令幕中数年。主官死后，遗孤尚幼，囊橐萧然，且在任内亏短甚多，后任者将以之奏报。赵宗藩设计弥补，并为之经营丧事，“由是人皆义之，名誉益起，当道争以厚礼延聘。性刚直而明敏，主人有过必而规之”[②]。而降及道光以后，幕风渐变，许多幕士成为“老贪、老滑、老奸”，把持政务，专横贪婪，自然也受到世人的非议。

清嘉庆、道光年间，各省督抚之权，大半操于幕僚之手，一省之事，多由其操办，督抚只是拱手受成而已。自洪、杨起事以来，八旗将帅昏庸无能，八旗军队一击即溃，清廷不得不重用汉人以镇压太平军，于是胡林翼、曾国藩、左宗棠、沈葆桢、骆秉章、李鸿章等崛起，“以能文名天下。公牍文字，驾乎幕僚之上，遇事均躬自裁定，决不假手幕僚，此风遂革”。然而对一些懒散昏庸之督抚，幕士仍是专权不断[③]。由于一些幕士人品低劣，表现很差，专为利禄而来，而且吏治日益腐败，清前中期的幕府风气为之大变，官员轻视幕士、幕士不知自重的现象在江南一带尤为突出，如冯桂芬云：

> 唐时幕职为进身之阶，名臣硕儒起家佐军从事致大官者居半。今此法废而幕途积轻，江南官吏尤娇贵，视如门下食客，官不知重幕，幕

---

① ［清］欧阳兆熊、金安清：《水窗春呓》卷下《三老一变》，第 61—62 页。

② ［清］陆以湉：《冷庐杂识》卷 4《赵屏山》，第 187 页。

③ ［清］刘声木：《苌楚斋三笔》卷 3《督抚权操于幕僚》，《苌楚斋随笔续笔三笔四笔五笔》，第 531 页。

亦不知自重，习为阿比奸私，而吏治受其弊久矣。

当然也有效法古风者：

近年以来，所见官不敢轻幕，而幕亦能自振者有之。[①]

清代文士游幕，以浙江绍兴一带最为盛行，“绍兴师爷”[②]名闻天下。他们常常是子承父业，兄传弟业，精于治幕，成为一种风气，甚至形成把持政务、主官难以置喙的“幕派”，如清刘声木《苌楚斋随笔》卷10《论幕派骄横》云：

湘乡罗镜堃明府信北撰有《公余拾唾》八卷，光绪廿年十一月家刊本，前有自序云：“天下刑名、钱谷幕友，盛称浙之山阴、会稽。父诏其子，兄勉其弟，几于人人诵法律之书，家家夸馆谷之富。余仕浙，谂知若曹积习至严且忌。凡是禀批札等事，如尼父制《春秋》，主人莫敢赞一辞。即甚不惬，必亲于婉商，求再酌。主人不能举笔，一举笔，则以为暴其短而襆被去矣。此所谓幕派也。”[③]

他们相互援引，相互提携，和其他地区的幕派形成既竞争又合作的关系，如周询《蜀海丛谈》卷2《幕友》云四川一带：

川省刑、钱幕友，十九皆为浙籍。浙籍中又分绍兴、湖州两帮。两帮中颇各树党援，互相汲引。大致督署及布、按两司之刑、钱，系何帮之人，则何帮人中得馆较易也。[④]

州县幕宾的职责，主要是佐官为治，具体又有刑名、钱谷、书记、挂号、征比等之分，其中以刑名、钱谷两类最为重要，脩金特厚，俗称司刑名、钱谷者为“大席”或“正席”，余者脩金较薄，俗称司书记、挂号、征比等为“小席”或“杂席”。通常幕脩较之授徒所得的束脩丰厚得多，多至数倍乃至十数

① ［清］闵尔昌录：《碑传集补》卷55《义行·陈君若木家传》，《近代中国史料丛刊》第100辑，第3056—3057页。

② 关于“绍兴师爷”，今人多有研究，如董坚志编辑《绍兴师爷》（上海新华书局，1921年）、郭建《绍兴师爷》（上海古籍出版社，1995年）、郭润涛《官府、幕友与书生——“绍兴师爷”研究》（中国社会科学出版社，1996年）、王振忠《绍兴师爷》（福建人民出版社，1994年），等等。

③ ［清］刘声木：《苌楚斋随笔》卷10《论幕派骄横》，《苌楚斋随笔续笔三笔四笔五笔》，第221页。

④ 转引自郭润涛《官府、幕友与书生——“绍兴师爷”研究》，第184页。

倍，如清汪辉祖《佐治药言》云：

为童子师，岁脩不过数十金，幕脩所入，或数倍焉，或十数倍焉，未有不给于用者。[①]

由于习幕一途与读书相近，故从事者多，但常常不固定，失馆亦属常有之事，而且一经入幕，便不能同时以他途治生，从事刑名、钱谷两类的幕职还好，因为其幕脩比较丰厚，对于那些精于治幕而且颇有名声的文士，官员乐于招揽他们，得馆比较容易；而其他各席，非得势要为之吹嘘，由刑名、钱谷两类幕宾引荐，方能入幕，否则得馆很难。以幕脩而计，刑名、钱谷一年所入，足抵书记、挂号、征比等者数年；刑名、钱谷即使失馆缺用，得馆之后，也可以弥补，但书记、挂号、征比等得馆已属拮据，失馆更是困苦，处幕馆者，除了平常的费用后，即使岁脩百金，到家也不过六七十金而已，八口之家，仅足敷衍。

除了薪酬有厚薄外，各地对幕士薪酬的付给方式也略有不同，其中江浙与广东就有不同之处，如徐珂《清稗类钞》云：

粤省幕友，束脩与火食并送，与江浙等省脩金之外别送火食者不同。[②]

有的文士通过游幕获利颇丰，如晚清时的周莲堂，本为诸生，后改为文幕，在两江总督百龄幕中司记室，负责处理文案，受到百龄的信任和倚重。由于他勤于幕事，而且效率极高，"两江案牍日数簏，动以千计，过目不忘，有问辄答，人皆惮之。致富十数万"[③]。许多文士通过游幕走上仕途，最著名的当属晚清时的李鸿章、左宗棠、林则徐等，他们均由辟幕起家，最后成为一代名臣。

清代江南文士入幕甚多[④]，促使他们入幕的因素不一，大体主要有以下几种：一是由于家贫或父母早亡，为了生计不得不以游幕为生的，如无锡

---

① ［清］汪辉祖：《佐治药言·自处宜洁》，第3页。

② 徐珂：《清稗类钞》第3册《幕僚类·粤省幕友》，第1381页。

③ ［清］欧阳兆熊、金安清：《水窗春呓》卷下《古人精干》，第45页。

④ 关于清代士人入幕的人员分布状况，今人尚小明根据碑传、年谱、诗文、方志、笔记等各种原始资料当中所记载的有关清代游幕的资料做了辑录，表中包含了江南大量文士入幕的概况，详见其《清代士人游幕表》（中华书局，2005年）。

人朱荫培，字熙芝，县学生，"家贫客游，为人掌书记垂三十年"①。浙江萧山人汪辉祖，父早亡，赖其母亲徐氏教导成人，早年"习法家言，佐州县幕，持正不阿，为时所称"②。归安人朱光第，"少孤贫，幕游江南，奉汪辉祖《佐治药言》为圭臬"③。二是因科举不成改为游幕的，如江苏阳湖人钱伯坰，字鲁斯，虽有学识，但他"每试辄踬，归里，橐笔幕游以养亲"④。元和人朱骏声，嘉庆时举人，七次会试不第，"郁郁不得志，在苏抚张中丞师诚幕掌笺奏"⑤。三是虽科举中式，但不乐仕进而游幕的，如江苏高邮人张澍霖，郡廪贡生。光绪十一年(1885)举人，工诗赋、文词，书法尤妙，工篆刻，"幕游于外，足迹历东南数省，书记翩翩，为一时所重"⑥。四是专以游幕为治生手段的，就像明代徽州婺源、歙县一带的塾师世家一样，不再以科举为唯一的进身之门径，如绍兴的许多"师爷"世家，父子相传，兄弟相递，专以治幕为业。五是应官员之请就幕的，如清嘉庆时，休宁人许芝，习刑名兵法，"铁尚书保闻其贤，聘为幕僚，后松相国筠总制两江，罗为门下"⑦。

综上所述，明清时期，文士游馆、游幕等游食之风很盛，这与前代一脉相承，文士把游食作为一种治生手段，不乏成功先例，或由此解决生计所需，或由此踏上仕途，不一而足。有的甚至抱团取暖，形成子承父业的趋势，这尤以绍兴师爷为突出，这也从侧面表明文士生态日趋恶化。

第六节　文士与医卜、农事及杂作

明清时期，一些文士还从事行医问卜、农事及其他杂作以治生，虽然治生的方式、境遇不同，但都有不同程度的收获，有的甚至获得了丰厚的回

① ［清］何家琪：《天根文钞》卷2《朱澹庵传》，王德毅主编《丛书集成续编》第61册《文学类》，第446页。

② 《清史稿》卷477《循吏二・汪辉祖》，第13029页。

③ 《清史稿》卷479《循吏四・朱光第》，第13087页。

④ ［清］包世臣：《齐民四术》卷6《礼三・钱鲁斯传》，中华书局，2001年，第207页。

⑤ ［清］闵尔昌录：《碑传集补》卷40《经学二・朱博士事略》，《近代中国史料丛刊》第100辑，第2210页。

⑥ 民国《三续高邮州志》卷4《人物志上・文苑》，《中国地方志集成・江苏府县志辑》第47册，江苏古籍出版社，1991年影印本，第409页。

⑦ 道光《徽州府志》(三)卷12之五《人物志・义行》，《中国地方志集成・安徽府县志辑》第50册，江苏古籍出版社，1998年影印本，第36页。

报，获利千金者不乏其人。这一部分将考察江南文士阶层通过行医问卜、农作及其他杂作等的治生途径及其治生状况。

一、行医问卜

早在西汉时，司马迁就认为文士不能在仕途上有所发展，可以隐于医卜之间，后世以行医问卜为业的文士很多，历朝历代皆不乏以之治生者。明清时期，尤其是明末以来，文士从事行医问卜的情形虽与前代相类，但更普遍。

早在明初，浙江人陆昂，字季高，原为会稽人，后迁于鄞县。初习举业，后习医术，“以医自给，声名大著”。永乐初年被征辟至京师，预修《兰台金匮》《元机素要书》等医学典籍[①]。明中期后，行医问卜者日多，如明成化时，天台人王奇，诸生，通天文、卜筮、星数之学，后以事被褫职，“乃以术游四方”，后到金陵，因为他预测准确，经常受到当地官员的延请，为其推算命数[②]；浙江余姚人王与准，善卜筮，为人筮，无不奇中。“远近辐辏”，县令亦遣人来邀请为其卜筮，“后益数数，日或二三至”。王与准十分厌烦，为了摆脱其烦扰，于是在县令派来的使者面前取其卜书焚之，并云：“王与准不能为术士，终日奔走公门，谈祸福。”县令为此心生怨恨[③]。浙江绍兴人沈霄鹤，精通易理，“隐居卖卜，终身无变志”[④]。

明清鼎革之际，文士弃儒隐于医卜者十分普遍。他们不愿与清统治者合作，绝意仕进，失去了基本的物质基础，面临着生计问题，一部分文士便选择医卜为治生途径。今略举几例，如《明语林》曾记载：“仲光既遭鼎革，益晦迹清狂，独居无妻子。家贫，卖药自资。”[⑤]《皇明遗民传》卷3记载浙江兰溪人范路，布衣。“晚开灵兰馆，卖药长水市门”[⑥]。张遂辰，工诗，国子生，明末隐于杭州，“为医自给。能探丸起人死，人争迎致之”[⑦]。浙江石门

---

① 道光《会稽县志稿》卷19《人物志·方伎·医》，《中国地方志集成·浙江府县志辑》第41册，上海书店，1993年影印本，第104页。

② ［明］顾起元：《客座赘语》卷7“王奇”条，第239页。

③ ［明］王守仁：《王阳明全集》卷38《世德纪·传·遁石先生传》，上海古籍出版社，1992年，第1381页。

④ 道光《会稽县志稿》卷19《人物志·方伎·卜筮》，第104页。

⑤ ［清］吴肃公：《明语林》卷7《栖逸》，黄山书社，1999年，第123页。

⑥ 谢正光、范金民编：《明遗民录汇辑》，南京大学出版社，1995年，第494页。

⑦ ［清］厉鹗：《东城杂记》卷上《张隐君卿事》，《笔记小说大观》1编第2册，第1015页。

人吕留良，少时颖异，时值明朝国势窳溃，内外交讧，慷慨有经世之志。明亡后，散万金之家以结客，往来湖山之间，“隐于医，尝提囊行市，远近争求之，乃叹曰：‘岂可令人更识韩伯休也？’顾身益隐，名益高”。却浙省之吏之荐，不应宏博之举。倡导华夷之辨，死后因曾静之案被清廷戮尸①。安徽祁门人章佐圣，工诗文，善词曲，籍泰州，诸生。明亡后归里，“卖卜于市，后授生徒”②。有的因父早逝，缺乏治生之人，生计无着落，遂弃儒就医，如浙江鄞县人李景濂，工诗，父早死，20岁后，“即弃儒业治医，里中人皆称孝子良医也”，“卖药以奉甘旨”，心中常怀故国③。汤修业《马先生负图传》记载：江苏武进人马负图，明诸生，其父生前因不善经营家业而负债累累，幸亏马负图的叔父马士元家本饶裕，而且善于治生，替他打理家业偿还债务。明亡后，弃儒行医，“入城行医以养母。先生素精是业，手到病除，故病剧者争欲延先生诊视”④。

入清后，清廷的统治渐趋稳固，各地的反清运动渐被镇压下去，清廷为了笼络汉人，消磨他们的反清意志，在康乾时期除了正常的科举考试外，又开设博学鸿词科、博学鸿儒科，撰修《四库全书》《明史》等大型图书，广招天下才士，使许多文士有了仕进之路。但仍有相当一部分文士难以在科举仕途上有所成就，或者生性淡泊名利，不愿仕进，这一部分文士除了选择其他的治生手段外，有的则以行医问卜为业，如范培园，浙江鄞县人，国子生。精于岐黄之学，仗义好古，早年父母双亡，孤苦伶仃，家无余储，遂弃儒从医，因其艺术高明，时人多乐延之，他医德高尚，尤好怜治贫乏，不以医资多少为尚：

> 而以贫故隐于医，其治病巧发奇中，自当路及荐绅士大夫以至贫户，无不延之，终日肩舆行道中，不得少憩，犹苦未遍。然培园宁先下

---

① 蔡冠洛：《清代七百名人传》第4编《学术·理学·吕留良》，《近代中国史料丛刊》第63辑，第1525页。

② 同治《祁门县志》卷28《人物志·隐逸·章佐圣》，《中国地方志集成·安徽府县志辑》第55册，江苏古籍出版社，1998年影印本，第328页。

③ ［清］全祖望：《鲒埼亭集》卷21《碑铭十六·端孝李先生窆石铭》，《全祖望集汇校集注》，朱铸禹汇校集注，上海古籍出版社，2000年，第392—393页。

④ 蔡冠洛：《清代七百名人传》卷127《理学上》，《近代中国史料丛刊》第63辑，第6007—6008页。

> 户而谢高门，或终日无所得，弗以为恨，以是虽负盛名，而其家一贫如洗。[①]

华亭人冯习卿，工吟咏，精医学。“求治者辄效，人以蔬果酬之，馈以钱则药不验也”[②]。浙江桐乡人张梦庐，博学，精于医理，“求者盈门，所得金尽亦赒亲朋”，在他去世时，家无余资，只有积书数千卷而已[③]。隐于医而不乐仕进者，如江苏长洲薛一瓢，“工吟咏而隐于医”[④]。江苏武进人邹澍，“家贫绩学，隐于医”。道光初，不应荐[⑤]。

晚清时，江浙一带行医之风很盛，而且已成规模，清欧阳兆熊曾云，江浙地区有一种医派，讲求用药皆为平淡之品，分两亦轻，连病者也认为稳妥为好，他不以为然，于同治五年(1866)由扬州返回老家湖南湘潭，集资设立医药局，聘医生10人，自辰至申，每人诊以30人为度，给以药饵。一月之后，考其功过：十全为上，脩资外另予褒赏，否则议罚；药不对症，即辞之出局。又设医馆，刊刻黄坤载《伤寒悬解》《金匮悬解》《长沙药解》《伤寒说意》《四圣心源》《四圣悬枢》《素灵微蕴》《玉楸药解》八种，及购《素问》《灵枢》《难经》诸书置局中，有来学者，给予纸笔酒食，令其诵习，不熟此书者不准行医。又令人学习祝由科及针灸之法，一时医风为之丕变[⑥]。清刘鹗在其小说《老残游记》中所塑造的主人公——铁英，江南人士，虽习举子业，但因不擅八股文章，无缘仕途，年已三十多岁，教书没人要他，学生又嫌岁数大。其父虽是个三四品的官员，比较廉洁，致仕后家无余资。铁英既无祖业可守，又无行当可做，饥寒难耐，后来机缘巧合，拜一道士为师，习得一身好医术，专以行医为生，奔走江湖近20年[⑦]。

以卜筮治生者，如浙江海宁人徐楚畹，学博善迁，中举后，屡困于会试，家徒壁立，只好以卜筮治生：

---

① [清]全祖望：《鲒埼亭集外编》卷7《碑铭四·范培园墓志铭》，《全祖望集汇校集注》，第881页。

② 《松江府志》卷61《艺术传·冯习卿》。

③ [清]陆以湉：《冷庐杂识》卷4《菱塘棹歌》，第181页。

④ [清]何日愈：《退庵诗话》卷7，广东高等教育出版社，1996年，第148页。

⑤ 《清史稿》卷502《艺术一·邹澍》，第13882页。

⑥ [清]欧阳兆熊、金安清：《水窗春呓》卷上《江浙医生》，第21页。

⑦ [清]刘鹗：《老残游记》第1回《土不制水历年成患 风能鼓浪到处可危》，上海古籍出版社，2000年，第1页。

> 以星命之学游历江湖三十余年。尝寓吾里北宫，每为人论一命，无贵贱皆取百钱，题一诗简端云："若肯妄为些子事，何须更泛孝廉船？儿童莫向先生笑，强似人间造孽钱。"[①]

又如余杭县人刘欣，廪生，屡试败绩，郁闷以致目瞽，"晚年卖卜以终"[②]。薛起凤，少孤，倚于其舅家，"既退扬州法云寺，居吴门隐于卜，得钱资家"[③]。

民间行医问卜者，多处于下层社会，一些文士所获酬金常常仅能维持糊口，有的甚至到了快要断炊的地步，如江苏溧水人刘邦本，字雪�，少习医学，虽医术高明，但所获仅够维持生计，后不幸客死异乡：

> 雪筠既不能大显其技，所居仅河上一廛，上漏下湿，风雨不蔽，所卖药仅足糊口，或数窘不能出门户。……居予邑既不获沾润自适，及依附贵人多持金购刘公药者，又不幸客死。[④]

但也有一些文士通过行医问卜获利颇丰者，如清代医家张麟详，字玉书，有声于时，"求治者踵相接，日得金数十，家顿裕"。其供馔之盛，可拟贵官，凡遇时鲜异味，必以先尝为快[⑤]。晚清时，江苏武进诸生马文植，其祖以医名，幼即习其家学。壮年后，为人治病，详慎精审，名气渐起。后因治愈慈禧太后之病，"宠遇越众"，因厌倦太监索贿，又无求仕之心，假病辞归故里，慈禧太后"仍赐额以旌其庐，年七十余卒。文植以医起家，致巨富。和厚恺悌，好济人困难"[⑥]。文士以行医问卜治生，本无可厚非，但有的医家学艺未精就开始行医，纯为利往，为此清王韬批评道：

> 今则不然，稍知字义者，偶阅方书，即居然自命为能医。悬壶市上，其门如市。而问以脉理之浮沉迟速，不知也；问以病症之虚实死生，不知也；问以药性之寒凉温热，不知也。徒以指下杀人，草菅人命

---

① [清]陆以湉：《冷庐杂识》卷1《徐楚畹》，第22页。

② 嘉庆《余杭县志》卷27《文艺传》，《中国地方志集成·浙江府县志辑》第5册，上海书店，1993年影印本，第972页。

③ [清]闵尔昌录：《碑传集补》卷37《逸民三·薛家三述》，《近代中国史料丛刊》第100辑，第2034—2036页。

④ [清]陈名夏：《石云居文集》卷5《刘雪筠传》，《四库全书存目丛书补编》第55册，齐鲁书社，1998年影印本，第195页。

⑤ [清]毛祥麟：《墨余录》卷2《河豚毒人》，上海古籍出版社，1985年，第90页。

⑥ 费行简：《近代名人小传·艺术·马文植》，《近代中国史料丛刊》第8辑，第414—415页。

> 而已。此则名为医而实则藉医以自活，徒足以害人而已。[①]

由上所述，行医问卜是自古以来文士采用的一种治生手段，明清时期的江南，从事行医问卜的文士为数不少，既包括科举未仕的文士，也包括易代之际的隐士；行医问卜所得，也是厚薄不一，有的文士为了获得束金，甚至不惜自毁名节，这无疑会带来一些负面影响。

二、从事农作和杂业

在中国封建社会，历来重视农业，以之为本。明清时期，特别是明中期以来，虽然兴起经商热潮，但主流仍以农业为主，许多文士也以耕读并重，并有《农书》《补农书》等专门论述农业的著作问世，一些文士出于不同的原因走上以业农为治生途径的道路。

有的是因为家贫或家中无治生之人而以业农养家糊口，如明代南京上元人吴承谦，字涵卿，别号怀泉，明嘉靖、万历时人。父亲早逝，"家秉握之两世父，君率诸从日以耕读相黾勉"。后因食指日繁，不得已而分家，田园任由兄弟选择，而自取瘠者。后以徭赋繁兴，家业中落，于是"聚族而谋，纤啬力作，垂二十年，稍稍还其旧观"，里人多叹服。他认为："治生当以末起家，以本守之。"由是"买田数顷，岁课僮，力耕以给。公上而食其余，所入数倍蓰常农"[②]。清代溧阳人宋世奇，乾隆时人，"家贫好学，衣食不给，偕弟力耕以养亲"[③]。浙江余姚人劳史，字麟书，世代为农。他少时读书，"及长，躬耕养父母，夜则披卷庄诵"[④]。

有的官员去职后，多转以业农治生，故有"归田"之说，如明弘治六年(1493)进士、曾仕至礼部右侍郎的松江华亭人顾清，在明世宗嗣位后，为御史李献所劾，罢归。嘉靖六年(1527)，起复为南京礼部右侍郎，后引疾致仕。《明史》卷184《顾清》有传。他在致仕归乡后，专以农事为务：

> 东江致仕还家，即筑一傍秋亭在西园中，乃次子伯庸新造宅，尚未

---

① [清]王韬：《弢园文录外编》卷3《禁游民》，第72页。

② [明]焦竑：《澹园集》卷14《墓志铭·怀泉许隐君墓志铭》，第1061页。

③ 光绪《溧阳县续志》卷10《人物志·忠节》，《中国地方志集成·江苏府县志辑》第32册，江苏古籍出版社，1991年影印本，第495页。

④ [清]李元度：《国朝先正事略》卷30《名儒·劳麟书先生事略》，《四部备要》史部第301—303册。

徙居，中多隙地，可以莳蔬也。东江日处其中，课僮仆锄灌。尝见《农桑辑要》一书，涂抹删改，细书于行间及额上皆满。余妹婿引至其书房中，见其以药瓢贮各色菜子悬之梁栋间，无下数十种。夫以侍郎家居，绝足不与外事，闭门闲适，学为老圃，若将终身焉，终始不倦。①

溧阳人马一龙，嘉靖时进士，中进士时已40余岁，选翰林为庶吉士，后乞归养母，但无以为养。幸亏其亲戚史际（任吏部郎官）借贷给他百金，在家乡久无人耕的荒区，"一龙用金买牛十头，庸耕作，一岁尽垦，大熟"。他曾作《农书》云："农为治本，食乃民天，天畀所生，人食其力，力不失时，则食不用时，不先终岁，仆仆故知时为。"②明常州江阴县人徐颐，官至中书舍人，直文华殿，不久得疾告归。"家旧多赀，君益勤俭，治生业，增产拓地，殆无虚岁。乃以其羡赈凶贷乏，而薄其息入以为常"③。

有的不乐仕进而改为业农的，如浙江黄岩人陶宗仪，元时举进士不中，即弃去，明初，征聘不就，以农事为业，晚益闭门著书：

艺圃一区，果蔬薯蓣，度给宾祭，余悉种菊，栽接溉壅，身自为之，间遇胜日，引觞独酌，歌所白为诗，抚掌大噱，人莫测也。④

浙江慈溪人郑渭，通经易，抗言佛老，以性简伉不能为世俗屈，"躬耕养亲，绝意科举"。农暇之时，通经读史，凡天文地利、兵法、古今政治得失成败之故，罔不洞悉⑤。

明末清初时，大批文士弃巾逃禅，而隐于农者也大有人在。现代学者范金民、谢正光《明遗民录汇辑》一书中多有辑录，如文秉（长洲人）、文点（长洲人）、王光承（华亭人）、包捷（吴江人）、朱茂晥（嘉兴人）、何弘仁（山阴人）、余增远（会稽人）、吴光（武进人）、沈兆昌（海宁人）、林云凤（长洲人）、徐白（嘉兴人）、徐之瑞（临安人）、常延龄（江宁人）、张若义（华亭人）、屠廷

① ［明］何良俊：《四友斋丛说》卷17《史十三》，中华书局，1959年，第146页。

② ［明］何乔远：《名山藏·货殖记》，《四库禁毁书丛刊》史部第48册，北京出版社，1997年影印本，第190页。

③ ［明］徐弘祖：《徐霞客游记》之《明故中书舍人徐君墓铭》，上海古籍出版社，1980年，第1226页。

④ ［明］何乔远：《名山藏》（二）《高道记·陶宗仪》，第142页。

⑤ 光绪《慈溪县志》（一）卷27《列传四》，《中国地方志集成·浙江府县志辑》第35册，上海书店，1993年影印本，第558页。

楫(嘉兴人)、黄子锡(嘉兴人),等等[①]。

除了平常的农事外,一些文士还从事农副业以治生,如明中期以后,长江下游的一些文士常常利用自家的园林,种植经济作物,或饲养鹅、鸭、鱼等农水产,将之投放市场去交易,赚取钱财,如上海潘允端的豫园、祁彪佳的豳园就是如此。据王春瑜《明清史散论》所辑[②],潘允端曾在其稿本《玉华堂日记》中记载他的豫园就曾种植西瓜、枣、桃、柿、樱桃、桔、栗子、梅子、香橼等,还在园中的水池内饲养了很多鱼,并将部分产品拿到市场上去出售。明祁彪佳《祁彪佳集》卷7云:

> 让鸥池之南,有余地焉。……以五之三种桑,其二种梨、橘、桃、李、杏、栗之属……于树下栽紫茄、白豆、甘瓜、罂粟。又从海外得红薯异种,每一本可植二三亩,每亩可收得薯一二本,以代粒,足果百人腹。

祁彪佳自云他的丰庄:

> 庄与园,似丽之而非也。既园矣,何以庄为?余筑之为治生处也。

明张岱《琅嬛文集·记·快园记》记载晚明绍兴的快园:

> 园在龙山后麓……开门见山,开牖见水,前有园,地皆沃壤高畦,多植果木。公旦在日,笋橘梅杏,梨楂菘蓏,闭门成市,池广十亩,豢鱼鱼肥。有桑百株,桃李数十树,收其直,日可得耘老一叉钱。春时煮萚龙以解馋,培木奴以佐绢,相时度地,井井有条。

清王应奎《柳南续笔》卷1记载明末瞿式耜的东皋园"中有池数亩,畜鱼万头",至清初,瞿式耜抗清失败而殉国后,家道中落,"遂大集渔人,为竭泽之举,所获鱼不下千石,吴中鱼价为之顿减"。明何良俊《何翰林集》卷3记载嘉靖时何良俊在城郊购地5亩:

> 以一亩凿方池,畜鱼数百头为循行地;以二亩稍劣,列莳诸蔬。池上植枸杞数十本,每晨起,乘露气手摘枸杞苗与园蔬做供。

明末清初时,嘉兴诸生黄子锡,清顺治二年(1645)以登恩贡士第二人,当事荐其才,将授以要职,未及赴任而明亡。遂与家人一起隐于湖州杼山,

---

① 详见谢正光、范金民编《明遗民录汇辑》,1995年。

② 王春瑜:《明清史散论》,东方出版中心,1996年。

以种瓜为业，余暇作画：

> 岁壬寅（清康熙元年，1662），君益气尽，怏怏不自聊，乃挈家人入杼山，课子沆及童仆垦地种瓜。瓜实大如斗，又味甘，遂以为业，而人因名之曰“丽农瓜”。君更以余暇作画，常闲行阡陌，荫长松，下临清溪，兴至辄写以自娱。久渐名于远近，远近人争购之，宝而藏焉。然君意所弗善，既不可得。①

又如清初江苏武进老儒吴氏，贫无隔宿之储，于是利用其住室前的一小块空地，种瓜数本，每日以盥面之水浇灌。顺治九年（1652），东南大旱，饿殍抱金钱珠玉以死，而老儒独以瓜熟累累，活其家七八人。清代理学名家戴名世有感于此，又看到文士治生之路日艰，遂提出种树不失为文士的一种可行的治生佳径。他认为种树虽然年久勤苦，但对文士尤为适合，因为在读书的余暇就可以做，不会耽误学业，假以时日，定会获利良多。对于种树，戴名世又提出要因地制宜，根据土地的具体情况选择适合种植的树木种类，如其《种杉说序》云：

> 余惟读书之士，至今日而治生之道绝矣。田则尽归于富人，无可耕也；牵车服贾则无其资，且有亏折之患；至于居皋比为童子师，则师道在今日贱甚，而束脩之入仍不足以供俯仰。若夫修身以取必于天，而天道之爽，百求之而无一应也，将欲求之于人而一引手援之，非可望于浇淳散仆之世也。天与人皆不可恃，而求之辄应且不我欺者，惟地力而已矣。地利之获利者多，惟树而已矣。……夫种瓜之效且如此，而况于树木乎。夫树木之勤苦，计一月间从事于栽植培养浇灌者不过数日，而得以其暇从事于学问之事，积十年而已得利焉，积之愈久则获也愈多。故读书之士所以治生者，舍树木无他策焉。而人顾舍是而徒求于不可恃之天与人，则亦终穷且没而已矣。……然则树木以治其生，岂独读书宜然哉。是故居沃土市廛，则宜种花果，居川泽则宜种桑柳，居郊野则宜种竹，居岩壑山谷间，则宜种松杉。山之利虽稍迟，而百倍于他木。②

---

① ［清］魏禧：《魏叔子文集》外篇卷18《墓表·贡士黄君墓志铭》，中华书局，2003年，第892—893页。

② ［清］戴名世：《戴名世集》卷3，第83—84页。

一些文士，除了以上所列举的治生之途径外，还会选择一些杂业作为他们治生的途径：有的文士以卖香为业，如清代江苏溧阳人潘天成，字铁庐，13 岁时与父母失散，就塾读书，未卒业即出而寻亲，一边读书一边卖香：

> 既归，无以为养，乃市香为业。往来荆溪、濑水间，暇则读书，歌吟之声达于道路，人皆笑以为狂。已而市笔为业，常携笔囊行村落中，叩乡塾求售，每闻其塾师讲解经书，辄侧耳听之。①

有的文士以佣书为治生途径，如清袁枚《随园诗话》卷 2 云：

> 佣书事属吾侪，权混迹藩篱学卖呆。任纡青拖紫，名齐北斗；论黄数白，富比长淮。与我无干，事皆前定，何苦攒眉不放开？与君约，在醉乡深处，不饮休来。②

有的文士从事卖书，甚至登门求售，如袁枚在少年读书的私塾中就曾遇到张自南来兜售书籍：

> 余幼时家贫，除《四书》《五经》外，不知诗为何物，一日业师外出，其友张自南先生携书一册到馆求售，留札致师云："适有急需，奉上《古诗选》四本，求押银二星，实荷再生，感非言罄。"余舅氏章升扶见之，语先慈曰："张先生以二星之故，而辞哀如此，急宜与之，留其诗可，不留其诗亦可。"余年九岁，偶阅之，如获珍宝，始《古诗十九首》，终于盛唐，俟业师他出，及岁终解馆时，便吟咏而摹仿之。③

有的官员在致仕后，以樵牧为治生途径，如明代嘉靖十一年(1532)进士、曾仕至四川按察司副使的孙校，平湖人，致仕后，不受馈遗，以樵牧为生，生活甚为清苦：

> 既抵家，病愈，绝尘远嚣，混迹樵牧，颐神葆性，会意黄轩，敝庐数楹，薄田数亩，衣食菲陋，仅足朝夕而已。④

① 徐珂编撰：《清稗类钞·农商类·溧阳潘铁庐卖香笔》第 3 册，第 2322 页。

② [清]袁枚：《袁枚全集》，第 61 页。

③ [清]袁枚：《袁枚全集》附录《随园先生年谱》，第 2 页。

④ [明]郑晓：《端简郑公文集》卷 6《中顺大夫四川按察司副使致仕孙君墓志铭》，北京图书馆古籍出版编辑组编《北京图书馆古籍珍本丛刊》集部[明别集类]第 109 册，书目文献出版社，1998 年影印本，第 475 页。

有的文士在未仕前，经营家计，如清代浙江余杭人章钧，廪贡生，曾任海盐训导，“慷慨善理财，年十八，承祖命董家事，经营数十年，遂致富”①。有的官员十分廉洁，为了生计，在任上以劳作自给，如明代万历二十三年(1595)进士、曾仕至吉安知府的利津人顾四明，在任松江府教授时，“从苍头二人力作以自给，士以挚见者悉却之”②。有的文士因家贫采荞食栗以自给，如吴应奎，孝丰学生。涉猎广博，“家素贫……遇岁歉采荞食栗以自给”③。有的文士以卖草鞋为生，如明代江阴人沈翰，字子羽，廪生。“家邑市中，贫独甚，传闻鬻草屦为养”④。

由上所述，业农如同处馆、作文受谢一样，是江南文士采用的一种具有普遍性的治生手段，尤其是在重本轻末的中国古代社会，业农之文士不仅不会受到歧视，反而会有文士对之加以提倡，并身体力行。另外有少数文士还从事杂业以治生，这在一定程度上反映了文士治生生态的日趋恶化。

第七节 文士经商

明清时期，特别是自明中期以来，文士经商十分普遍，尤其在江南，更是如此，涉及的领域十分广泛，如盐业、木业、茶业、典业、放贷业等，从商的方式主要有佐人经商和独立经商两大类。

在下篇《文士治生的重要地域》中，我们可以看到许多这样的事例，特别是在扬州、苏州、徽州一带，文士经商热潮一直绵延不断，到了晚清时，随着西方列强在军事、经济上的入侵，上海成为文士寻觅治生之乐土，许多文士投身于实业，更有商战救国之论，出现了许多著名的民族实业家。

明清时期，如火如荼的文士从商现象在许多文献资料中都有记载，如明代江苏吴江人吴宗吉，字天佑，世业农，在他3岁时，父母双亡，赖庶母浦氏抚育成人。在做塾师的同时，置田雇人佣耕，将余粮放贷，他喜欢救济人，不以取息为重：

---

① 嘉庆《余杭县志·人物列传》，第1168页。

② 《松江府志》卷42《名宦传·顾四明》。

③ 同治《湖州府志》卷76《人物传·文学三·吴应奎》，《中国地方志丛书·华中地方》第54号，台湾成文出版社有限公司，1960年影印本，第1453页。

④ [明]王兆云辑：《皇明词林人物考》卷7《沈子羽》，《四库全书存目丛书》史部《传记类》第111册，第86页。

既而叹曰："学固为士也，然吾家故业农，舍之不可。"则置田使僮奴，耕以养生。久之，囷有余粟，贫者称贷，不肯过取其息，于是贷者益多，或负其粟不偿，他日贷之如故。人谓其长者。[①]

有的文士因厌倦科举而弃儒出外经商，获利颇丰，并好济人于穷难，如清陈名夏《卫封侍御公暨太孺人墓表》记载：

封侍御公弃儒家章句，不为独身，远贾江淮间，以为乘便，斗捷用计然三策娄致千金易耳，然公意不在是，遇人之厄，义形于色，解囊与之，毫无所吝。过修武，客遗金数十斤，公慨然归其人。[②]

有的因家贫或父老、父早死而弃儒经商以养家，如清代浙江慈溪人董华镗，少业儒，不屑于章句之学，"家贫弃儒服贾，历荆襄，溯巴峡，舟车数千里"。他好尊长善弱，故而与之交往者莫不信服。他生活俭朴，但侍奉二亲之馔却很丰腆[③]。余杭人俞晋锡，幼孤，读书有神悟，"以家贫母老，遂弃儒书，习计然之策"，而以读书绩学勉其子[④]。嘉定人钱民，13 岁时父亡，"家奇贫，不得已，废书学贾"[⑤]。

有的文士因科举不成功而改为从商的，如明代余杭人姚松，字玉湖，"少习举子业，弗就，为商贾以治生，有大度，重然诺"[⑥]。清代汪孟翊，字楷亭，一字慵园，世居安徽歙县，五世祖时迁居扬州。屡试不第，"遂乃察数之几终，转势之折阅……家中列肆，佯鬻货以承欢；堂上征歌，率闲宾而上寿。门以内忻忻如也"[⑦]。

有的文士在游幕的同时，在当地开设典业，如清代金安清在两江总督幕府时，总督曾问他关于幕友开典业的情况：

（两江总督——徐永斌按）又问：其幕友杨姓在此开典业，要皆舞文积资，信乎？余对曰："杨姓开典，乃其母舅范姓运票盐致富所贻，不

① ［明］吴宽：《匏翁家藏集》卷 65《封文林郎江西道监察御史王公墓志铭》，《四部丛刊》本。

② ［清］陈名夏：《石云居文集》卷 7，《四库全书存目丛书补编》第 55 册，第 209 页。

③ 光绪《慈溪县志》（一）卷 32《列传九》，《中国地方志集成·浙江府县志辑》第 35 册，第 660 页。

④ 嘉庆《余杭县志》卷 27《文艺传》，第 973 页。

⑤ ［清］钱泳：《履园丛话·丛话五·景贤·乡贤二》，第 124 页。

⑥ 嘉庆《余杭县志》卷 28《义行传》，第 975 页。

⑦ ［清］袁枚：《袁枚全集·小仓山房外集》卷 6《汪君楷亭墓志铭》，第 106 页。

尽由于研食。但以河督幕友即在本地开典，不知避嫌，谤由自取。”[①]

更有一些官员也加入经商谋利的行列，他们为了避嫌，常常不躬行力为，而是交由别人或家仆经营，如明沈铁《劾贪婪抚臣疏》云：明万历时，时任巡抚湖广、都察院右副都御史的秦耀，“家资田园四五十万，家奴开设典当在无锡、苏、常各处者十余铺，每铺不啻二三万金”[②]。明周晖《续金陵琐事》卷上《飞龙在天》曾记载某官员利用职务之便，私下弄出十多船私盐，委托盐商代销以牟利，仅代销的盐商就“得利千金”。顾宪成《小心斋杂记》卷14记载，明万历时，官员耿定向挑选家僮4人，每人给银200两，让他们做生意，其中一人曾向泰州学派的后起之秀思想家何心隐请教经商的诀窍：

心隐授以六字诀曰：买一分，卖一分。又有四字诀：顿买零卖。其人遵用之，起家至数万。[③]

明清小说中也不乏此等事例，如明凌濛初《拍案惊奇》卷1《转运汉遇巧洞庭红　波斯胡指破鼍龙壳》曾写到许多书生“看见别人经商图利的，时常获利几倍，便也思量做些生意”。《生绡剪》第14回《曹十三草鼠金章　李十万恩山义海》针对文士的穷窘之状，呼吁这些穷书生先以治生为要：

若是秀才，儿子又读书，美名是接续书香，其实是世家穷鬼。除非速速知机，另显手段，即不想做发达路头，终久三头五分，暂且活活小肠。……若今日诗云，明日子曰，指望天下脱落富贵米，不怕你九个饿死十个哩！

他笔下所描写的曹复古就是弃儒经商的一个典型事例：曹复古先是去苏州城内卖假药，后又改从事盐业，几年后就成了巨富，并由此轻而易举地踏上了仕途[④]。

到了康熙年间，官员经商更是成了潮流：

文武各官，或兼事商贾，质库连肆，估舶连江。[⑤]

① [清]欧阳兆熊、金安清：《水窗春呓》卷下《尚书爱才》，第36页。
② 康熙《衡州府志》卷9《艺文志》，书目文献出版社，1998年影印本。
③ 转引自王春瑜《明清史散论》，第136页。
④ [明]钝庵：《生绡剪》，春风文艺出版社，1987年。
⑤ [清]李元度：《国朝先正事略》卷5《施清惠公事例略》，《四部备要》史部第302册。

清康熙二十八年(1689)十月,有大臣疏劾徐乾学将本银交与盐商、布商、门生等诸人代为料理,每年结算本利等违法经商、贪墨等事:

> 一、乾学发本银十万两,交盐商项景元于扬州贸易,每月三分起利。本年七月间着伊孙婿史姓家人李(湘)[相]押同景元于八月二十四日到京算帐,只结算本利[一]十六万两。又布商(程)[陈]天石新领乾学本银十万两,在大蒋家胡同开张当铺,其余银号钱桌发本放债,违禁取利,怨声满道。一、乾学以门生李国亮为江苏按察(司)[使]代为料理,国亮差(到)[刘]管家送银一万两交乾学管家吴子彦、吴子章收,过节送银四百两,小礼四十两,生日送银一千两。①

有的官员在去职后,没有了朝廷法度的约束,便开始从商,如清代四川达州人唐甄(1630—1704),原名大陶,字铸万,后更名甄,号圃亭,清顺治十四年(1657)举人,仕至山西长子县知县。刚任职十月,以逃人诖误去官。后定居苏州府城,生计日益困难,"乃卖田经商,又遭破产,穷困潦倒,艰难度日"②。曾任昆山教谕的张其炜,有气节,遇事经常与县令争,为此与上官经常发生冲突,遂乞病归。"旋携其妇流寓青浦,鬻缸缶为业,日持筹,夜运甓"③。

明清时期,文士、官员经商的现象十分普遍,而且愈演愈烈,为此有人深有不满,认为这败坏了学风、世风,如明宣德年间,苏州昆山人龚诩上书云:

> 学校师生不遵法令。……奈何居师位者,惟知趋附势利,不思尽职。或因祭祀而增价直以卖猪羊,或托兴作而侵邻地以栽菽麦,或纵放畜产以践食田禾,或生放私债以倍取计息,或出入州县嘱托公事,或箝制官吏恣肆己威,积习成风其来久矣。以致生徒无所畏惧,放肆靡所不为:或戏侮于大成殿之前,或谑笑于明伦堂之上,至有亵服夜游于街里,薄行明播于乡闾。问其诗书,漫不可否;质其疑难,莫知如何。其视卧碑谆恳之训置之壁下,同于顽石,良由师教不严无足取法

① [清]蒋良骐:《东华录》卷15"康熙二十八年十月",中华书局,1980年,第245—246页。
② [清]佚名:《清史列传》卷70《文苑传一·唐甄》,中华书局,1987年。
③ 徐珂编撰:《清稗类钞》第3册《农商类·张其炜鬻缸缶于青浦》,第2321页。

故也。[①]

晚清时,文士经商更是成为一种时尚,甚至得到朝廷的默许或鼓励,这些文士投身于近代工商业、矿业、运输业等,并出现了买办、通事等新职业,今人对此多有研究[②]。晚清文士经商最著名者当属盛宣怀、张謇。盛宣怀,字杏荪,江苏武进人。以诸生纳赀为主事,改官直隶州知州,累至道员。“尝赞置轮船招商局,开采湖北煤铁矿,李鸿章颇信任之”。盛宣怀可谓是官商一体的典型代表,他协助李鸿章兴办洋务,电报、银行、铁路、矿业、轮船制造业、纺织等诸大政均参与擘画和管理,1911 年还入阁出任邮船部尚书,后被夺职。盛宣怀有智略,而且尤善治赈。“唯起家实业,善蓄藏,称富,亦往往冒利,被口语云”[③]。张謇,原名育才,字季直,号啬庵,人尊称之“啬公”,江苏南通人。光绪二十年(1894)状元,时值国事日非,他遂退而致力于发展地方教育,创办实业,胡适曾称之为近代中国史上一个失败的伟大英雄,南通自实行新政后,先后创设垦牧公司、盐业公司、大生纱厂、大达轮船公司、淮海实业银行、各级中小学校及高等商业、农业、医学、师范、女子师范、土木、测绘、蚕业、刺绣、朦哑、纺织各校,并创办养老院、残废院、育婴堂、博物馆、图书馆等;在上海设商船学校,南京设河海工程学校[④]。到 1911 年为止,他直接创办和参加投资的企业多达 27 个,资本额累计 45544000 元,形成了以大生纱厂为中心的庞大近代企业集团,影响深远。民国初,出任农商部总长,致力于发展农商业。其他如江苏吴县状元陆润庠曾在苏州创建苏纶纱厂和苏经丝厂;广东香山人郑观应,在咸丰时为英商买办,后成为独立经营的实业家,光绪初,历任上海机器织布局、轮船招商局、上海电报局、粤汉铁路总办,主张振兴民族工商业,富国强兵。诸如此类事例举不胜举。

由上所述,文士经商是明清时期江南一带普遍的现象,江南发达的商

---

① [明]龚诩:《野古集》附录《上周文襄公书》,文渊阁《四库全书》本。

② 关于晚清文士经商的研究文章,可参见今人胡平《浅论晚清文人经商》(《嘉兴高等专科学校学报》2000 年第 3 期),李晓英《试论晚清士人阶层的经商潮流》〔《甘肃联合大学学报(社会科学版)》2004 年第 4 期〕,毕颖达、刘春英《晚清士人商战观念的兴起》(《长春师范学院学报》2005 年第 1 期)等。

③ 《清史稿》卷 471《盛宣怀》,第 12809—12812 页。

④ 邵镜人:《同光风云录》下篇,李春光纂《清代名人轶事辑览》,中国社会科学出版社,2004 年,第 2121—2123 页。

品经济为文士经商创造了有利条件,好货食利世风的影响,也是文士经商之风兴盛的一个重要因素。有的文士通过经商获利不菲,成为当地之巨室。晚清时文士经商呈现出近代化特点,并在一定程度上受到朝廷的默许或鼓励。

第八节　两种或多种治生手段交互运用

明清时期,文士从事治生,除了使用一种主要的治生途径外,还常常将两种或多种治生交互运用以达到适合自己的治生目的,下篇所述的六大重要区域如此,江南其他地域亦是如此。他们所使用的治生手段多种多样,或以一种治生途径为主,兼及其他治生手段,或在不同时段运用不同的治生手段,或在同一时段多种治生手段同时并举,治生的表现形式有所不同。

以一种治生途径为主,兼及其他治生手段者,如明代无锡人华珵,以贡生授大官署丞,称疾归。以治生产为业,兼及刻书:

> 事生殖,致窖粟万钟,辟地千顷。为德于乡,受其泽者每元朔叩谢满户庭,珵无德色。……生又多聚书,所制活板甚精密,每得秘书,不数日而印本出。[①]

又如清代江苏上元县人刘德泽,以经营生计为主,兼及行医:

> 经营家计,日暮不暇,后弃举子业,兼治岐黄,活人无算,遇贫乏者不取酬,乡里德之。[②]

有的文士根据形势或条件的变化,在不同时段采用不同的治生途径,这类所占比例最大。如明代吴县人金元复,由少年时学习经商未成转而为富人做书记,不久又弃而以授徒治生,直至40岁时才补博士弟子员:

> 君年十四,学贾,逐什一息。贾不成,返闾左,为富人掌记。已又弃去,为童子师。不十年,三徙其业,为养父计也。中表有仕楚者,邀君与俱。君之楚,拥皋比,抗颜为人师。汉阳书生,鼓箧来游。君指目

① 康熙《常州府志》卷24《人物·华珵》,《中国地方志集成·江苏府县志辑》第36册,江苏古籍出版社,1991年影印本,第563页。

② 道光《上元县志》卷19《义行》,《中国地方志集成·江苏府县志辑》第3册,江苏古籍出版社,1991年影印本,第353页。

> 萧生良友、秦生聚奎："是二子皆速飞，萧具六翮矣。"越数年，万历庚辰，萧举南宫第一，楚人叹君知文，弟子日益进，所得束脩羊益丰，则遣使迎养其父。[①]

桐乡县人赵桓，少好学，能诗文，因家贫尊父命为县吏，后在其父死后改为以行医治生：

> 家贫，父令为县吏，桓耻之，不得已而就。父殁，弃去。以医自给，文士慕之，争相延誉。[②]

江苏常熟人徐道南，先为童子师，后因谪戍被州将延为幕客：

> 为蒙师，以诖误谪戍，州将重之，延为幕客，相从兵戈间，不废翰墨。[③]

浙江诸暨人骆子孝，因家贫授徒四方，后为权要延至幕下：

> 初为儒学生，贫不得志，因教授于四方。始客溧阳史少卿家，叔骥，年友也，遇之甚厚，每馈遗，辄辞多而受小，不如意即辞归，归不数日，迎者在门，复去，遇之如初。……尝为大将军致幕下，多赞画而口不言利。[④]

浙江秀水人徐石麟，家甚贫，且久困诸生，后因代试武闱事败，亡命江浙，"卖卜自给。……久之，佣书青浦"。后补诸生，万历时成进士，仕至刑部尚书[⑤]。又如陈继，字君嗣，其先世为吴兴长兴人，徙南康之都昌，再徙吴城。幼年父早亡，好学，因家贫边读书边业农以养亲，年老力衰时，遂改为以授徒治生：

> 生八月而父殁，母吴躬纺织以训育之。既长，奋志于学，而家贫甚，躬事农圃以养亲自喜。不求闻达，或读书，或援琴高歌，因以耕乐自号。及筋力少衰，乃开门授徒，学者谓其善教，多从之。尤以为文简

① [清]钱谦益：《牧斋有学集》卷37《传·金文学小传》，上海古籍出版社，1996年，第1280页。

② 光绪《嘉兴府志》卷61《列传十二·桐乡县·文苑》，第873页。

③ 康熙《常熟县志》卷21《耆硕》，《中国地方志集成·江苏府县志辑》第21册，江苏古籍出版社，1991年影印本，第513页。

④ 光绪《诸暨县志》卷29《列传三》，第491页。

⑤ [清]谈迁：《谈迁诗文集》卷3《文·传·冢宰徐忠襄公传》，辽宁教育出版社，1998年，第153页。

健有法，求者相属，由是道益尊，名益重，郡邑交章荐之，屡以生母老辞不就。[①]

华亭人何涧，原名汝闾，明诸生，工诗文，先为记室，后归乡弃儒授徒治生：

曾为张肯堂记室……及归，弃举业，改今名，授徒养母。[②]

清朝时，浙江山阴人徐廷槐，雍正八年(1730)会试以排律雷同削籍归，先以授徒治生，后被聘为书院山长：

杜门授徒，足不入城市。长洲周范莲守绍兴，延主蕺山书院凡三载，得其指授者咸自名。[③]

清乾隆时，著名史学家章学诚，字实斋，浙江会稽人。在其父罢官后，家甚贫，所居门无扉，张芦箔一片，严冬睡醒，身没雪中。日惟麦饼两枚解饥，而攻苦日锐。乾隆二十五年(1760)，始应顺天乡试，不成功，肄业成均，"暇则代人编纂馆阁诸书，大兴朱学士见而异之，邀馆其邸，及视学安徽，复延诸幕中"[④]。初随父客湖北天门，适改修县志，为撰《修志十议》。后亦尝就南北方志之聘，修和州、亳州、永清诸志，更创州县立志科。乾隆四十三年(1778)成进士，以拙于书，朝考不入选，归班待铨。后官国子监典籍，绝意进取，至开选时将有任命时，仍舍去。"苦家贫不能著书，叠主近畿及河南、山东诸书院讲席，馆谷所入，藉佐探讨，独恃才睥睨，所持论务高远，恒与俗迕，知之者寡"[⑤]。少患鼻痈，中年两耳复聩，老苦头风，右目偏盲，以背疡发作而死。晚景贫病交加，极文士之不幸。又如上海才士刘汲，工诗文，清嘉庆十三年(1808)举副贡，先游幕山西十余年，后回上海以授徒为生：

旋赴山西使幕佐校；历十余年方归。……归后移家沪城，教授生徒。[⑥]

---

① [明]徐象梅：《两浙名贤录》(二)卷41《翰林院检讨陈君嗣继》，《四库全书存目丛书》史部《传记类》第114册，第341页。

② 《松江府志》卷56《古今人物传八·何涧》。

③ 嘉庆《山阴县志》卷15《乡贤三》，《中国地方志集成·浙江府县志辑》第37册，上海书店，1993年影印本，第732页。

④ 道光《会稽县志稿》卷17《人物·儒林》，《中国地方志集成·浙江府县志辑》第41册，上海书店，1993年影印本，第62页。

⑤ 蔡冠洛：《清代七百名人传》第4编《学术·朴学·章学诚》，《近代中国史料丛刊》第63辑，第1623页。

⑥ [清]叶廷琯：《鸥陂渔话》卷5《刘书樵晋游诗选》，黄永年校点，第96页。

浙江慈溪人冯恺炯，素负气豪放，不治生产，读书略观大意，不肯习举止应试，先是在年轻时弃儒经商，后改为行医，再改为游幕：

> 弱冠废书习贾，游淮、亳间，习医贸药，贫病者多受其施济。已北游理刑名之学，入州县幕主文，历解梁、禄丰、同安、赞皇诸邑。禄丰令丁宗闵在官多善政，行取为给事，尤心折之。恺炯谙律例，洞人情，治狱尤好生，以文无害称。晚尤嗜学，益攻岐黄，常集秘方治药赠人，服者多效。①

长洲人陈树珏，9岁时父死，通六经，补学官弟子，究心程朱理学，生平严公私义利之辨，“先是贫无以养，业服贾，旋悔曰：‘计利而害义。’遂弃去。授徒奉母”，屡以五经应举而不售②。湖州人施国祁，工诗、古文、词，年逾40，遂弃举子业，专力以著书，先以授徒治生，后佐人经商：

> 家极贫，少尝授经于外，中年忽乐事，隐寓于浔北，为人经理生业，设吉贝肆市，中有一楼，颜曰吉贝居，所著书多成于其中。嘉庆己巳，不戒于火，著述尽付一炬。③

江苏阳湖人李兆洛，清嘉庆十年(1805)成进士，后仕至安徽凤台县知县。以父忧去官，起服不赴选，无意仕途，先是幕游数年，后因倦游改为主暨阳书院讲席：

> 惟一佐孙让修《怀远志》未竟，巡抚康绍镛固聘，始往。适康调广东，偕之行，嗣复随康处扬州。作四方游者数岁，节脩脯所入，刻乡先哲遗书十余种，并纂《骈体文钞》三十一卷。……士俗利病，既倦游，主江阴暨阳书院讲席，自是遂不复出。所藏书逾五万卷，弟子日众，分治天文舆地二业。④

晚清时，浙江秀水人高均儒，廪贡生，先是幕游两淮间，后主教杭州东城讲

① 光绪《慈溪县志》(一)卷32《列传九》，《中国地方志集成·浙江府县志辑》第35册，第653页。

② 乾隆《长洲县志》卷25《人物四·陈树珏》，《中国地方志集成·江苏府县志辑》第13册，江苏古籍出版社，1991年影印本，第322页。

③ [清]闵尔昌录：《碑传集补》卷47《文学四·施国祁传》(湖州府志)，《近代中国史料丛刊》第100辑，第2580—2581页。

④ 蔡冠洛：《清代七百名人传》第4编《学术·朴学·李兆洛》，《近代中国史料丛刊》第63辑，第1654页。

舍，生活十分清苦，甚至穷得死无余钱入殓：

> 咸丰间，客游两淮河帅杨以增，漕帅吴棠争币聘属勘书籍，请碑铭墓志者屦恒满户外。同治时，掌教杭州东城讲舍，耻骛讲学虚名，在塾疾终，贫不能敛，郡守陈鲁率肄业诸生经纪其丧焉。[①]

有的文士在同一时段内多种治生手段同时并举以取得最佳治生效果，如明代华亭人李世迈，喜读书，明末妻死，自居一室，一边“授徒自给”，一边“以医目治生，一钱不妄取”[②]。清代浙江海盐人陈明赐，善铁笔、篆籀、隶古，因家贫处馆，同时利用其书法技能治生：

> 布衣赤贫，无立锥地，常主闻川计菉家。善铁笔、篆籀、隶古，力追秦汉，或临摹金农、陈鸿寿一派，无不神似。性疏懒，求其墨者必俟其窘，斯援笔立就，得润资不隔宿，罄囊乃止。衣敝履穿，勿顾也。[③]

浙江石门人施启人，监生，以业农和堪舆术同时治生：

> 躬耕且好读书，精易理……善堪舆家术，贫者类不受谢云。[④]

江苏六合县人厉柏，诸生，善诗工琴，足迹不入城市者10年，“平日以卖字、卖药为生”[⑤]。浙江乌程县人程庆余，又名可大，因文违格，数试被摈，年逾40不得为诸生，精天文、地理、乐律、进士，“作句读师或卖文以给”[⑥]。

综上所述，明清时期的江南文士，他们采取的治生手段有时不仅仅限于单一的行业，常常会采取两种或两种以上的治生手段以达到更好的治生效果。他们所采取的复合治生手段，常常根据自身的具体条件或技能而选择适合自己的治生途径，并取得良好的成效。

个案研究·张履祥的治生

明末清初理学家张履祥，一生勤于治学，而且学识渊博，是清初朱子学

① 光绪《嘉兴府志》(二)卷52《列传三·秀水县》，第505页。

② 《松江府志》卷55《古今人物传七·李世迈》。

③ 光绪《嘉兴府志》(二)卷57《列传八·海盐县·艺术》，第705页。

④ 光绪《嘉兴府志》卷60《列传十一·石门县·文苑》，第833页。

⑤ 光绪《六合县志》卷5《人物志·文苑》，《中国地方志集成·江苏府县志辑》第6册，江苏古籍出版社，1991年影印本，第164页。

⑥ [清]缪荃孙纂录，《续碑传集》卷79《文学四·先师程君墓版文》，《近代中国史料丛刊》第99辑。

的倡导者。除了治学和倡导理学外,张履祥还勤于治生,如教授生徒、从事和研究农事等,以获得生计所需,并形成了自己的治生观,其中他的"治生以稼穑为先"的治生观对后世影响很大。

1.张履祥的治生活动。张履祥(1611—1674),字念夫,一字考夫,世居浙江桐乡县清风乡炉镇(今炉头乡)杨园村,故号杨园,学者称之为杨园先生。明诸生。崇祯十七年(1644),师事刘宗周。明亡后,绝意仕进,返回家乡,以授徒著述而终老。他的治学最初出入于陆王之学,晚年专意程朱理学。一生著述颇丰,如《言行见闻录》《愿学记》《近古录》《经正录》《备忘录》《读易笔记》《读史偶记》等多种,后人汇成《杨园先生全集》。值得一提的是,他还对农学有很深入的研究,并身体力行,在总结前人农学经验的基础上,结合自身的实践,著成传扬后世的农学专著《补农书》。

张履祥生活于明万历中后期至清康熙初年,出生于望族之家,祖父名晦,心地宅厚,与人为善,虽少未习举子业,却酷好学问,于经史传记、医卜杂家,无不通晓。父名明俊,字九芝,明万历邑增广生,生性纯孝,因母病不赴科举,而且好行善举。但因祖父不善理家,家道开始衰落,而且张履祥又不幸早年丧父,更是雪上加霜,只好与祖父晦、母沈氏、兄履祯相依为命。祖父在炉镇开小肆以资薪水,母亲勤俭持家,延师教授张履祥兄弟二人,纺织供束脩。虽然度日艰难,但在其祖父、母亲的教导和勉励下,张履祥勤力向学。明天启元年(1621),张履祥到钱店渡外祖沈氏家就读,师从馆师陆时雍。次年,从陆时雍学《易经》。天启五年(1625),拜桐乡人诸董威为师,攻经史,治制举业;次年,读书于桐乡陋巷村。崇祯二年(1629),回家读书。此后两年内,祖父、母沈氏相继去世,只好与兄相亲相助,艰难度日。张履祥虽然少时聪颖好学,品行兼优,15 岁应童子试,补县学弟子员,但此后科举之路蹭蹬不前,曾于崇祯十二年、十五年两赴杭州应乡试,皆落第。崇祯十七年(1644),师从刘宗周。明亡后,避乱吴兴。初欲联络同道,反清复明,后见大事已无可为,遂弃诸生,绝意科举,隐居乡间。

在亲人的相继离世、科举不第及因故国之痛而断绝科举之念的沉重打击下,张履祥失去了生计来源,面临着生计困境。他在《答陆孝垂》中曾云及其窘境:

> 舍下田苗淹尽,供赋惧有不足,数口终年之望,殊是无从措手。五月以来,承云士见恤,屡以担石惠及。目下举火尚未为难,然何可长

也？犹忆辛卯八月，从兄假得二金，小价暮归，未及买米，次早邻人三四人转贷，不得不分其半以慰之，恐将来景色更有不同也。家之岁入既虚，食指则倍于昔，非义既不可为，里族责望每甚，贫士可为而不可为？念此，坐叹而已。①

在这种情形下，他不得不为生计而奔波。崇祯六年（1633），张履祥24岁时，开始了他的治生之路。据清苏惇元《张杨园先生年谱》②云，崇祯六年至七年，张履祥馆于同里颜士凤家。张履祥在被颜家聘为塾师之前，就曾与颜士凤交情深厚，而且张履祥以兄事之，但由于先前父母俱已离世，生计无着，只好以授徒所得束脩作为生计之需。崇祯八年至十二年，张履祥馆于甑山钱飞雪家。钱飞雪与张履祥的父亲曾是好友，早就对张履祥的才学十分赏识，所以就聘为家塾，张履祥一边授徒，一边自学，学业大进。崇祯十二年（1639）秋，张履祥应浙江乡试，惜未中式，只好继续他的塾师之路。崇祯十三年至十四年，馆于归安菱湖富室丁友声家。崇祯十五年（1642），馆于归安苕溪吴子琦家。同年秋，张履祥赴杭州应乡试，又再次遭挫而落第。崇祯十六年至十七年，复馆于甑山钱氏家。明亡后，因身怀故国之痛而断绝科举之路。又因时局动荡，战乱不休，他于顺治二年（1645）夏，携家避乱吴兴。为了解决生计问题，他只好再次开始其治生之路。于顺治三年（1646），馆于炉镇族兄张彬家。顺治四年（1647），应颜士凤的父亲颜世杰之聘，复馆于颜氏家，教授其孙。此后直至顺治七年（1650），张履祥一直馆于颜氏家。顺治八年至十一年，居炉镇教授生徒。顺治十二年（1655），馆于甑山钱一士家。顺治十三年（1656），馆于浙江海盐澉浦吴裒仲家。顺治十四年（1657），馆于炉镇徐忠可家。顺治十五年（1658）正月，张履祥返回久违的故乡杨园故居，与家兄同居，但仍出外教授生徒，馆于炉镇徐忠可家。顺治十六年（1659），张履祥家居嫁女。顺治十七年至康熙七年（1668），一直在半逻坐馆。康熙八年（1669），在主人的再三邀请下，馆于语水。一直到康熙九年（1670），在其好友何商隐与主人的协商下，主人怜其年老，免去其课诵之劳，让张履祥往来语水、半逻之间，相与讲论，往来任便，主人各具束脩供其家用，直至张履祥去世。

① ［清］张履祥：《杨园先生全集》卷6，第159页。

② ［清］张履祥：《杨园先生全集》附录。

张履祥虽然辗转四方,授徒数十年,却是家计贫乏,授徒所得束脩除了勉强维持自身的用度外,家庭的开支却是捉襟见肘,甚至连给孩子读书的费用及女儿的嫁资也无从措置,如他在《与屠子高(三 庚戌)》中云:

弟终年旅食,家间种种不遑复顾,内外大小不能不度外置之。加以周敝亲之决裂,向后茫然不知所以为计。然亦只随见在挨延,无从料理整顿也。……小儿自离函丈,指授无师,益复不得长进。今年蚕桑之望竟失,所差不过十余金,贫家已自十分狼狈。秋冬践更将及,小女非赘婿于家,即继有嫁遣之事,向后力不能支,则读书能否,正未可知。旦晚忧怀,独是为切,无如蒙雉蚩蠢,全懵弗觉也。①

明末清初,由于连年的自然灾害和战乱的破坏,生产力受到极大的破坏,物价急剧上涨,而张履祥的亲人又相继过世,张履祥本人又受到疾病的煎熬,生活日益困乏,虽有朋友之助,但这只是杯水车薪,甚至连馆事也时有耽搁,如他在《与张岩贞(七 辛亥)》中云:

不谓连岁灾侵,加以亲戚死葬,疾病衰眊,一身支此百艰。又不敢有违义理,以忝所生,虽屡承朋友之见哀,在己惟以"自古有死"之意,夙夜自励而已。肆中缓急,深抱不安,容黾勉图之也。②

对于出外处馆,张履祥时常感叹其艰难,并对己身生活之困苦、生计之困境有其切肤之痛,这也是张履祥体会颇深之处,如他在《答陆孝垂(十)》中言:

处馆一事,最为不易,弟今衰暮,计此几及四十年,越见其难也。然不为此,实无事可作。盖人各有恒业,此犹士业之可恒者。……且弟之一身贫矣,多病矣,去死度已不远。上有"四穷民有其三"之兄,内有老无子之病妇,下有饥饱寒燠不识之稚子,而又负数十金之夙负。以十余亩躬不能耕之薄产,养数口坐待衣食之老小,其势不能不糊其口于他家。节序暂归,已同客舍,安得余力以及旁人?即欲效区区于亲友间,要惟忠告而已。今千虑之愚既无所用,则有束手坐叹耳。③

① [清]张履祥:《杨园先生全集》卷6,第166—167页。
② [清]张履祥:《杨园先生全集》卷8,第220页。
③ [清]张履祥:《杨园先[清]张履祥:生全集》卷6,第154—155页。

而且出外就馆，抛家舍业，张履祥为了维持生计，不得已而长期为之，实则他对处馆并不热心，甚至可以说对此非常厌倦，如他在《与薛楚玉》中云："一馆之系，真如匏瓜，亲友间至有数年不相见者。自顾齿发如许，犹以课诵糊口，辄为悲叹。"[①]为此他曾专作《处馆说》一文，对处馆表明了自己的看法。他认为处馆虽是贫寒书生治生的一条途径，但自己对此并不热衷，只是不得已而为之。他认为训蒙尚可为，但对教授时文颇有抵触情绪，甚至可以说是非常反感：

> 世之读书而贫者，为人教子弟，资其直以给衣食，约有二种：一曰经学，则治科举之业者也；一曰训蒙，则教蒙童记诵者也。不知始自何代，流极于今，至不忍言。……束脩者，子弟执之以见于师，委质而退。非如今人计较多寡，及关书等于券契之类也。其曰孝弟忠信，则必教者本于虞之五典、周之六行，以迪蒙士。而非如今之专改其浮文，以求富贵利达为事也。二者相较，则训蒙犹若可为，而科举之业害义甚大。……予也为此，盖二十有余年，几为羞之恶之，思欲去之，则已童而习之，唯此一技，犹能守其师之传。辗转去就之际，终不得不岁从事于馆谷。孟子所谓"弓人耻为弓，矢人耻为矢"，予之谓已。[②]

他在《与孙商声（三 癸丑）》中曾力劝请他帮忙推荐馆席的震泽文士孙商声不要出外处馆，认为在家务农胜于出外就馆：

> 目下艰难之中，凡支吾薪米，料理田赋，颇可自验学力所得也。比于语水与诸相知晤对，独念兄不置耳。因复窃维濒湖之产，素称土膏，兄半百亩之入已足，无求于世，凶灾偶然有作，但费一番经理耳，与其出门课士，何如在家课农之可自得乎？[③]

明清易代之际，战乱不休，民不聊生，这更使张履祥本来就很窘迫的生活雪上加霜，本来家中尚有十余亩薄田勉强维持生计，可是适逢战乱，只好携家出外避乱，又逢水患，家中田产尽皆淹没，生计无着，只好以借贷为生：

> 先生又历甲申以来，流离播迁，艰难困厄数事。……如去年产尽

① ［清］张履祥：《杨园先生全集》卷 9，第 267 页。
② ［清］张履祥：《杨园先生全集》卷 18《说》，第 545 页。
③ ［清］张履祥：《杨园先生全集》卷 8，第 244 页。

淹没，即于何、吕两家贷金买米，寄友人为御凶之计。[①]

战乱的破坏，天灾人祸不断，生活的窘境迫使张履祥出外谋生，以授徒所得束脩和家中的农业收成来偿还旧债，可是旧债刚还，又添新债，甚至连家中亲人的葬殓、吃饭问题都只好以借贷来应付，已处于朝不保夕的悲惨境地。如他在《答吴仲木(十六 甲午八月)》中曾云及其悲惨境况，令人读后不禁潸然泪下，为其生活窘境而叹息：

> 弟先人遗田，变废之余，尚存一十四亩，妻子馇粥足以自给。但自祸乱以来，十余年间迁徙者五矣，每当迁徙辄有称贷。因无嗣息，买婢则又贷去。冬病作，则又贷。积渐而至，已不下数十金。目下以先叔王父之葬，则又贷，亡妹之葬，则又贷，复不下三四十金。每于秋成，辄通以自古有死之义，罄箱偿之，不足则复佐以馆谷。次年米渐贵，则力益拙，加质举息，其数仍不减于旧时。……即以葬事而论，及弟之身不为坏土之封，则三丧沟壑矣。……弟自授室以来，非祭祀，非亲戚朋友至，未尝食鱼肉；衣冠不敝尽不更为。故所云贫，不舆俭期而俭至，然以云妄用至于狼狈，则未之敢也。前岁往山阴，贷于朋友得金四两，雇一仆稍为出门计，则所携资斧三金而已。在古小学多留一二日，比返，阻雨钱塘，则奚囊匮矣。不得已以兄所寄抄录遗书之资假用少许，归来，季心过我……弟闻之，殊愧于心。

张履祥对于出外授徒，只是不得已而为之，所得束脩微薄，深感家用有所不足，于是晚年开始学作农事，但农业收成之丰歉，常与天时攸关，遇到干旱雨捞之时，难免会影响收成，也未能对生计有较大的改观：

> 即如今馆谷一事，为之则有所不为，有所不欲之事也。欲不为此，则又不能，辗转于心，殊不能已。年来学于稼穑，盖志在徙业也。天时连旱，为力益艰，去岁之病，半亦由此。耕事又将废矣，不耕而食，何以不至饥渴害心？舍箪食豆羹，何以不至为陈仲子？以今之世，志古之人，诚不知所以处此也。[②]

张履祥对农事的兴趣，其实与他早年深受刘宗周的老师吴康斋的影响

---

① [清]张履祥：《杨园先生全集》卷53《训门人语二》，第1465页。

② [清]张履祥：《杨园先生全集》卷3，第66—67页。

有关，张履祥曾于崇祯末年师事刘宗周，而刘宗周的老师吴康斋隐居乡间，设帐授徒，并亲率众弟子从事农作，张履祥对此欣然神往，如陈克鉴在《补农书引》中曾云：

> 昔吴康斋先生讲濂、洛、关、闽之学，而隐于农，率弟子以躬耕。先生慕而效之。读书馆课之余，凡田家纤悉之务，无不习其事而能言其理。①

明亡后，张履祥在出外授徒之余，亲自从事农作，岁耕田地十余亩。每至农忙季节，必暂停馆事返回故里，率领家人收种，或箬笠草履，送饭下田；或亲率家人，下地劳作。他常与当地农民交谈，故而熟谙于农事，并不断对农事进行研究，于艺谷、栽桑、育蚕、畜牧、种菜、莳药诸行，无不精通。顺治四年(1647)，他有幸得到了湖州人撰写的《沈氏农书》。对于《沈氏农书》的到来，张履祥如获珍宝，他不仅亲自抄录，而且还与家人共同研读，奉之为种桑治田的最高准则。后来在不断实践农事的过程中，张履祥不断验证和发现了《沈氏农书》的精华和不足之处，为此他便开始了对《沈氏农书》的补充和修订工作，于顺治十五年(1658)，他所撰的农学著作——《补农书》得以面世。此书内容翔实，田里树畜之法悉备，后经刊行后流传于东南各省，且为附近各府县方志所摘引，深受世人的重视。

张履祥不仅自己从事治生，他还怜惜贫士，为人荐馆，如他在《与徐重威》中数次恳请徐氏帮忙，为文士孙商声寻找坐馆之所：

> 孙商声兄，湖滨之秀杰也，素馆浔溪，有令望矣，今以凶灾异常，吴江人家罕复有延师者，故欲于吾郡觅一馆席，以支赋税。前者曾为足下言之，而未及以此意商之施先生及尊公，故特再及之。

> 所商孙兄馆席，有可为之地否？念之念之。孙商兄与王寅旭先生，皆以震泽水灾甚于吾郡，故相知胥为之谋，或授经书，或课举业，无不优为，得使自食其力，而无赋税累其胸中，则亦友朋之责也。今语溪已得一席，可以处一人矣，若于郡中更得一席，东西分教，非特两贤俱有即次之安，我等亦免伊人水涘之慕也。②

① ［清］张履祥：《杨园先生全集》卷49，第1389页。
② ［清］张履祥：《杨园先生全集》卷14，第413—414页。

由此可知，张履祥的治生主要是通过授徒和农作来实现的，这不仅是由于自身的家庭背景，而且还与当时的时势有关。张履祥早年父母见背，其后祖父谢世，兄弟二人相依为命，但家计日乏，而且科举屡次不式，只好出外谋生。明朝末年，局势混乱，内乱纷起，清兵屡次南下侵扰，而朝廷上下处于危卵之下，不仅不思救国之法，反而日益腐败，朋党之争日盛，百姓处于朝不保夕的苦难深渊。张履祥为此颇为忧虑，如在《与李石友(一 壬午)》中云：

> 今日寇盗遍天下，朋党亦遍天下，名士遍天下，饥民亦遍天下，贪官遍天下，狐狸亦遍天下。秀才夸妄，动谓饥溺己任，睹此岂能全不动念？甚者乃益之重势乎？①

明王朝覆亡后，作为深受儒家正统思想影响的张履祥，心怀故国，不愿与清廷合作，绝意科举仕途，生活无着，只好出外治生，这也是时势使然。

2.张履祥的治生观念。自南宋浙东事功学派兴起以来，随着江南经济的发展，一些文士开始重视治生问题，如元代理学家、鲁斋学派的创始人许衡，发展了南宋的义利思想，提出“学者以治生最为先务”的著名论断。他认为治生应是学者首先要解决的问题，治生是治学的物质基础，只有解决了治生问题，才会不妨碍治学和自身的品行修为：“为学者治生最为先务，苟生理不足，则于为学之道有所妨。”②许衡的这种治生思想对后世学者影响很大。

张履祥对于治生的重要性深有体会，他的治生观念也深受许衡治生思想的影响。自古以来，许多文士主张耕读兼顾，而江南一带的赋税很重③，许多未仕的贫寒文士不得不耕读兼顾。处馆和农作是许多文士治生的主要途径，张履祥也不例外，他的治生观念主要集中在以下几个方面：

(1)对传统的“四民”说的质疑。中国古代社会，统治者将臣民划分为四个阶层，即士、农、工、商，社会地位依次递减。士的社会地位最高，也最受尊崇。古代向有“崇本抑末”的思想，历代统治者也执行重农抑商的政

---

① [清]张履祥：《杨园先生全集》卷9《书八》，第249页。

② [元]苏天爵辑：《国朝名臣事略》卷八《左丞许文正公》，文渊阁《四库全书》本。

③ 关于江南重赋问题，学界论述颇多，论述比较深入的学术成果主要有范金民《江南重赋原因的探讨》(《中国农史》1995年第3期)、范金民《明清江南重赋问题述论》(《中国经济史研究》1996年第3期)、赵维平《晚明清初世情小说对农商赋役课税的观照》(《明清小说研究》2013年第4期)等。

策。但到了后来，一些有识之士开始重视工商，提出“农商并重”“工商皆本”的观点，如南宋浙东事功学派的代表人物叶适、陈亮等人；到了明清时期，以黄宗羲、龚自珍等人为代表的民本主义兴起，他们反对专制，主张民权，主张“工商皆本”，对传统的重农抑商的政策产生了巨大的冲击，起到了解放思想的重要作用。

对于“四民”的作用和地位，就是身为封建士大夫的心学大家王守仁也曾提出与正统思想不同的“四民异业而同道”的观点：

> 古者四民异业而同道，其尽心焉，一也。士以修治，农以具养，工以利器，商以通货，各就其资之所近，力之所及者而出焉，以求尽其心。其归要在于有益于利器通货者，而修治具养，犹其工与商也。故曰：四民异业而同道。[①]

生活在明末清初的张履祥，身处进步思潮兴起的浙江，而且身处乱世，在这人心不古的时代，他也受到很大的影响，如他在《书里士子》中对传统的“四民”说提出质疑，他反对传统的重士而轻农、工、商的流习，他认为那些道德高尚的士人值得尊崇，而那些败坏名教、奸诈油滑、骄奢淫逸、品行败坏的士人则远不如那些从事农事、工商而不失大义者，也比不上那些勤勉农事、因失恒业而不得不出家修行者，虽然出家修行一向为世人所不齿为，但他们的行为并不失体面，反而那些品行败坏的士人则令人羞与为伍：

> 又近代以来，惟知科名为荣路，四民中，尊士而贱农、工、商贸。夫士也，果其称先生，为仁义，得志与民由之，不得志独行其道，以是为尊焉，宜也。若乃工浮文以干进取，得则骄淫恣黠，靡所不为，不得则诡滥荏滑，亦靡所不为，廉隅不饬，名教败裂，其不如服田畴，挟技艺，牵牛服贾，身不失义者远矣。吾不知今之为士果如何哉！乃诡诡自尊，人亦群尊之也，羞已！且夫一人终岁衣食之资，所须几何？以农夫准之，自上食九人，至下食五人，苟日出勤勤，不自惰弃，虽凶年不能杀也。胡乃耻其所耻，以脱衣就功为鄙俗，而不事事。既寡恒产，又失常业，计穷意索，则自宽譬，以为出家修行，犹未失体面也。[②]

---

① [明]王守仁：《王阳明全集》卷25外集七，第940—941页。

② [清]张履祥：《杨园先生全集》卷23《杂著》，第659页。

明清时期是小说繁荣并不断走向市场化的时代，尤其是在江南地区更是如此，许多文士如冯梦龙、凌濛初、李渔等都参与了小说创作和市场化进程，体现出江南地区的文化特点[①]，但张履祥却不同于冯梦龙、凌濛初、李渔等通俗文学作家，他具有正统文士"重本轻末"思想。张履祥在治生行业上是有所选择的。他重视农事甚于其他行业，尤其反对从事倡优、衙役、出家修行等行业。当时江南地区是商品经济最为发达的地区之一，商贸活动频繁，手工业发达，但张履祥也不赞同文士从事经商、手工业，即使是医卜，也被张履祥列入不支持从事的治生行业。张履祥在文中曾多次强调这一点，如他在《子孙固守农士家风》中言：

> 子孙只守农士家风，求为可继，惟此而已。切不可流入倡优下贱，及市井罡棍、衙役里胥一路。人须有恒业，无恒业之人，始于丧其本心，终于丧其身。然择术不可不慎，除耕读二事，无一可为者。商贾近利，易坏心术；工技役于人，近贱；医卜之类，又下工商一等；下此益贱，更无可言者矣。[②]

张履祥虽反对从事医卜行业，但他认为行医是方技中不可少的，还值得世人与之交往，对于方士之流，张履祥是深恶痛绝的，斥之为祸害家国的邪术，如他在《远邪慝(凡八条)》中言：

> 方技之中，惟医为不可少，要须平日择其术精而心良者，与之往还。若星命风水之徒，诞妄妖惑，空乱人意，甚者搆成祸害，不可近也。子孙虽使饥寒，不可流为方技，败坏心术，卑贱人品。[③]

(2)"治生以稼穑为先"的治生观。在中国古代社会，自然经济占据主导地位，对于下层文士来说，在处馆外，从事农事不失为治生的一条重要途径。张履祥身处乱世，对于游离于统治者之外的落魄文士来说，治生无疑是摆在面前急需解决的问题，如他在《与许大辛(一 乙巳初夏)》中曾言：

> 诚以学者处乱世，绝仕禄，苟衣食之需不能无资于外，虽抱高志亦将无以自全耳。[④]

---

① 详论请参见冯保善《明清江南小说文化论》，《明清小说研究》2013 年第 4 期。

② [清]张履祥：《杨园先生全集》卷 47《训子语上》，第 1351 页。

③ [清]张履祥：《杨园先生全集》卷 36《训子语下》，第 1374 页。

④ [清]张履祥：《杨园先生全集》卷 6《书五》，第 172 页。

张履祥的治生思想受到许衡治生思想的影响，他提出了“治生以稼穑为先”的主张：

> 许鲁斋有言：“学者以治生为急。”愚谓治生以稼穑为先，舍稼穑无可为治生者。

张履祥的这种治生观，虽然偏颇，如他认为除了农事再无其他治生的可行之路，但这是他根据长期出外治生的经验和教训所得出的结论，他深刻认识到农事的重要性，并把它上升到一个有关国家兴亡的高度：

> 稼穑之艰，学者尤不可不知。食者，生民之原，天下治乱，国家兴废、存亡之本也。

他认为农事能使人保持人的良好品性，并有利于世道人心，如其《初学备忘上》中云：

> 夫能稼穑则可无求于人，可无求于人则能立廉耻。知稼穑之艰则不妄求于人，不妄求于人则能兴礼让。廉耻立，礼让兴，而人心可正，世道可隆矣。①

这与管子所云“仓廪实则知礼节，衣食足则知荣辱”②的观点颇为相似。他又在《备忘一》中言：

> 贫士无田，不仕无禄，复欲讳言治生，以为谋道是必蚓而后充其操者也。否则必以和尚之托钵为义，坐关为修道也。亦可谓踵末俗之敝风，习而不察者矣。……能治生则能无求于人，无求于人则廉耻可立，礼义可行。③

他推崇前人那种为学、为政而不忘农事的品德，对当世的一些不重视农事而游手好闲的倾向及文人士大夫的一些劣习进行了抨击，他认为这些劣习都是因为不重视农事引起的：

> 今世极多游民，是以风俗日恶，民生日蹙。虽其业在四民者，莫不中几分惰游之习。而士益甚，饱食终日，无所用心而已；群居终日，言

① ［清］张履祥：《杨园先生全集》卷36《初学备忘上》，第994页。
② 《管子》卷1《牧民第一》，《四部丛刊》本。
③ ［清］张履祥：《杨园先生全集》卷39《备忘一》，第1043页。

不及义而已。究其为害,更甚于游民也。

今之卿大夫,贪墨无厌,寡廉鲜耻。士庶人诈伪百端,食嗟来之食,甘嘑蹴之加。只坐不能无求,故至于不畏不义,孰若俭而以义律己。吴康斋先生讲濂、洛之学,率弟子以躬耕;刘忠宣公教子读书,兼力农;何粹夫官归,辟后圃种菜,俱可为百世之师也。[①]

张履祥长年出外处馆,深感农耕的重要性。他的治生观念由出外处馆开始向重视农耕的方向转变。他在给朋友的信函中流露出这种趋向和情绪,如《别楮》中云:

弟少不习耕,年来颇知旅食为耻,思从事于稼穑,以渐为门户之计。[②]

他又在《答吴汝典(八)》中强调这一点,认为出外处馆不仅对治生帮助不大,而且会妨碍自己的志向,而农耕则是最妥当的治生之法:

馆谷无益于治生,亦足丧志,不止妨功。不佞今日有如触藩之羊、系厩之马,深悔少壮不能力田,以至于此。足下有意为之,较之医业可谓犹贤乎尔,终非敢望也。治生一节,立身攸系,亦孝慈所关。吾人今日商此,正如救荒之无奇策,反求诸己,七年之病,三年之艾,耕桑而外无余事也。不佞若得五亩、三亩之圃,率妻孥终老其间,斯亦小鸟之抢榆,人徒之无怀葛天矣。视茫茫而颠星星,何心复携三尺稚子,旅食数十里之外哉?顷归收获,酒熟芋肥,不及与乡里故人作半饷情话,皇皇而东,顾影自叹而已。[③]

张履祥晚年时,一边出外处馆,一边身体力行,从事农事,如他在《与许大辛(一 乙巳初夏)》中曾言:

往岁山楼之会,弟不敢一言及于学问之事,惟聒聒于种果树桑,课耕育蚕之细,此日或不无见鄙于在坐诸君子。[④]

张履祥根据自己的农业实践,并不断吸取别人的经验,著成了对后世影响

① [清]张履祥:《杨园先生全集》卷36《初学备忘上》,第993—994页。

② [清]张履祥:《杨园先生全集》卷8《书七》,第217页。

③ [清]张履祥:《杨园先生全集》卷14《书十三》,第401页。

④ [清]张履祥:《杨园先生全集》卷6《书五》,第172页。

很大的农学巨著《补农书》。

张履祥在长期的生产活动中，积累了许多宝贵的生产经验，如择人用人之法、耕佃之法、家政之法等。如在治生用人方面，张履祥认为用人要以"孝弟忠信"为先："御仆人之道，严其名分而宽其衣食，警其惰游而恤其劳苦。要以孝弟忠信为先。"而在选择役使之人时要注意"勤""谨"二字：

> 贫家役使之人，第一是勤；贵家役使之人，第一是谨，要之不欺为本。有才智者，害多利少，且于义未当也。总不宜多畜，乃轻于进退。[①]

对于雇佃之类，张履祥主张主人对之不能太苛刻，要以情义和恩惠感动之，这样才能使之为主人尽心尽力，如他在《与徐敬可（十）》中为其好友徐敬可传授耕佃之法，委婉地劝其好友要慎重考虑处置奸猾之佃户，并给其出主意：

> 君子尽其心，小人尽其力，然天下未有不得其心而能尽其力者也。愚度此地不得不为屋几间，募人居之，而受之佃治矣。若屋未得遽为，则招旧庄人明谕之云："有愿赁此田者，本家给以资本，成熟取偿而不起息。"则穷户之称贷而无从者，当有应者矣。自此多费心力以抚御之，使其感惠而不忍耕他人之土，则永久无患矣。……自古农人，惟有劝之一道。大田诸诗可三复也。今使佃户之于主人，如曾孙，如田畯，有亲爱而无怨惧可已。

张履祥认为处理好主人和佃户的关系对治生和自己家庭及后代子孙非常重要，要善于从佃户的角度来思考问题，要礼待佃户，与之结成休戚相关的和睦关系，这样才能驾驭好佃户：

> 况此田亩毋论多寡，公私之仰赖恒于斯，子孙之兴替恒于斯，胡可忽也。至于佃户，祁寒暑雨，深耕易耨，则彼实任之，而我乃得优游栋宇，起居自适。念及于此，则仁兄日者所体怵惕恻隐之心，应于是乎加切，而不能不与之休戚痛痒之相关者矣。

对于耕佃之流弊，张履祥认为主人要善于和佃户打成一片，还要善于择人：

> 又有虑者，旧家世族纪纲之使，类有积弊而不可破，总缘主人、佃

① ［清］张履祥：《杨园先生全集》卷12《与孙尔大（癸卯前）》，第346页。

户不相亲习，彼因得以阴阳操纵以行其私。一旦欲革此弊，盖已甚难。计惟有择人以任之，而择人又甚难。未得其人，则惟有躬履田亩，日与佃户相见。佃户与主人日亲，则欺蔽之弊可以少免矣。古者天子尚犹巡行疆野，省耕省敛，问民疾苦，以通上下之情。而衣冠之族，乃遂深居燕处，终年不出，使耕田之人未尝得睹其面，岂理所应然乎？①

在择人方面，张履祥特别强调要谨慎，他认为农人最好，其次是手工业者，如他在《重世业》中云：

家有余屋赁人居住，犹之家有余田佃人种植，理也，亦势也。但择人以授，不可不慎。莫善于农人，其次工艺之人，其次商贾之良者。若倡优市侩之属一入其间，目前即不无小利，终为后患。且使子孙少长习见，保无流入，又隐患之莫大也。②

在农耕方面，张履祥深有体会，虽然他的家乡土地比较肥沃，比较适宜养殖蚕桑和种植谷物，而且不用担心旱涝，只要勤力而为，自己的吃用及赋税的缴纳都不成问题，但也存在着土隘人稠，无山泽之利，家乡人也有重视商贸、手工业而轻视农耕的趋向，加之周边地处港湾水汉的水乡，盗贼时作，这无疑会制约当地人从事农耕的积极性。针对这种情形，张履祥认为在离家乡不远处选择一块够一家之衣食的土地耕种比较适宜，但不可多置，如他在《重世业》中云：

附近田地，须量一家衣食所需，足以耕治可矣。虽有力余，不可多置。多置则宗族邻里即有受其兼并，无土可耕者矣。惟先世遗业不可不守耳。若患人稠地狭，则散处他郡邑，古人多有。

他还对这种设想进行了预期规划，认为农耕和副业可兼而为之，足以供一家之衣食及子孙读书，他反对将亭台楼榭建于其中，认为这在乱世是不适宜的：

隙地为圃，种瓜蔬，植果木，以供宾祭，给日用。搆屋数椽，子孙读书，灌溉其中，则不可少。或于舍旁，或于墓近，或于田际，规度为之。

① ［清］张履祥：《杨园先生全集》卷8《书七・与徐敬可（十）》，第226—227页。
② ［清］张履祥：《杨园先生全集》卷48《训子语下・重世业》，第1376—1378页。

然不宜广，广则恐妨谷地，不免无益害有益耳。若夫累石为山，掘土为沼，亭台卉木以供游玩，乱世之风，败亡之辙，当以为戒。

(3)**提倡耕读并重，二者不可偏废。**在耕读关系上，张履祥认为耕作是治学的物质基础，耕作与治学不能偏废，二者都要尽心尽力，如他在《子孙固守农士家风》中言：

> 然耕与读又不可偏废。读而废耕，饥寒交至；耕而废读，礼义遂亡。又不可虚有其名而无其实，耕焉而田畴就芜，读焉而诗书义塞。故家子弟坐此通病，以至丧亡随之。古人耕必曰力耕，学必曰力学。天之生人，俱有心思智虑，俱有耳目手足，苟能尽力从事，何患恒心或失而世业弗永乎？[①]

张履祥又在《补农书》中驳斥了耕读不能相兼的论调，充分论述了耕读相兼的可行性：

> 人言耕读不能相兼，非也。人只坐无所事事，闲荡过日，及妄求非分，营营朝夕，看得读书是人事外事。又为文字章句之家，穷年累岁而不得休息，故以畊为俗末，劳苦不可堪之事，患其分心。若专勤农桑以供赋役，给衣食，而绝妄为，以其余闲读书修身，尽优游也。农功有时，多则半年，谚云："农夫半年闲。"况半年之中，一月未尝无几日之暇，一日未尝无几刻之息，以是开卷诵习，讲求义理，不已多乎？窃谓心逸日休，诚莫过此。[②]

由上可以看出，张履祥提倡耕读并重，认为二者是有机的统一体，虽然他十分重视农事，曾提出"治生以稼穑为先"的观点，但同样也非常重视治学，如他又在《与严颖生(二 丁未)》中对严颖生之子勤习农耕之事表示理解，但他认为在从事农耕时要兼顾治学，不能因之废学：

> 但箕裘之任，终以诗书为主，前哲如吴康斋、刘忠宣之风，可为师法也。若一意重农，恐遂至于废读。带经之日日疏，俚鄙之情日长，一传再传，将忧礼义之弗克世其家也。知交子弟有去为商贾者，有流于医药卜筮者，较之耕桑，自是绝远。区区之望，实欲如古之孝弟力田，

① ［清］张履祥：《杨园先生全集》卷47《训子语上》，第1352页。

② ［清］张履祥：《杨园先生全集》卷50《补农书下》，第1427页。

躬耕养志，不求闻达之英贤耳。[①]

(4)主张治生和义理相结合。中国古代传统的义利观，向来主张重义轻利，及至南宋，浙东事功学派主张“义利双行”“农商并重”，打破了传统义利观的藩篱，对后世影响极大。作为落魄的浙江文士，张履祥不仅重视治生，还主张治生活动应在不违背义理的前提下进行，不能因利害义。这与南宋浙东事功学派“义利双行”的观点颇有相通之处。张履祥曾在《与沈德孚(四)》中劝其友沈德孚之小儿子边耕边读，不要被利欲诱坏了心志，并提出了自己对治生要注重义理的观点：

> 闻季子资性非能习贾者，窃意莫若专守耕桑，暇则读书，渐求义理之明。今日子弟忠信者绝少，童年之日，恐不宜坏以利诱。……世上非无善作家治生之人，吾人所重应不止此。[②]

张履祥又在《备忘二》中，对儒家的“君子忧道不忧贫”的义利观做了进一步的阐解，他认为不能只沉迷于治生而不顾修身：

> 君子忧道不忧贫，“治生”二字，何可使其胶扰心胸？但本分内事不可不尽耳。修其在己者，何怨于天？何尤于人？方正学诗曰：“道德在《诗》《书》，为生视田畴。”日三复斯言。[③]

张履祥还在《答叶静远(三)》中反对只为利益而不顾道义的治生方式，他虽对出外处馆深有抵触情绪，但仍以为这是贫士的“恒业”，可以“屈意为之”，万不可为了衣食而流于缁流，失去道义之心：

> 课授子弟，亦足以养。此贫士恒业，屈意为之，当自不难。……吾儒唯有守义安命。若果义命当寒饿死，死亦何憾？……若夫托命于缁流，衣食于奔走，今世之士多有为之者，以视夫翱游大人以求生，挟持左道以惑世者，相去几何？终非义命所安也。[④]

张履祥认为只有时刻将义理贯穿于治生活动之中，才能无往而不利：“学者

① [清]张履祥：《杨园先生全集》卷4《书三》，第94页。
② [清]张履祥：《杨园先生全集》卷4《书三》，第88页。
③ [清]张履祥：《杨园先生全集》卷40《备忘二》，第1117—1118页。
④ [清]张履祥：《杨园先生全集》卷2《书一》，第40页。

日用之间，见得仁义之用无往而不然，方能熟。"[①]如张履祥又云：

吾人日用，惟读书穷理，躬行实践，为必有事之功。自古未有不读书，忽践履，但悬空想像一种杜撰道理，而能不悖于圣贤者。[②]

虽然祖业和读书被张履祥视为"世业"而不能丢弃，但他认为在二者发生冲突时，应首重书籍，而不是祖业：

坟墓、祖居、田产、书籍四者，子孙守之，效死勿去，斯为贤矣。必不得已，田产犹可量弃，书籍必不可无。无产止于饥寒，无书人不知义理，与禽兽何异？[③]

张履祥对财富的多少，看法也与众不同。他认为家境达到温饱或小康即可，不必追求特别富足，当然也最好不要家境太贫寒，这对于修身养性是大有益处的，如他在《承式微之运，当如祁寒之木，坚凝葆固，以候春阳之回。处荣盛之后，当如既华之树，益加栽培，无令本实先拨》中云：

凡家不可太贫，太贫则难立；亦不可太富，太富则易淫。产业须量口之多寡，用度须称家之有无，要使贫不至于困，富不足以骄，可以养生送死，守家法，长子孙已。

他甚至认为"富贵败坏人，有甚于贫贱者"，只有注意自立和修身，才能避免贫贱和富贵所带来的害处："总之，人当思自立之道，求其内不失己，外不失人，则处贫贱可，处富贵亦可。"为此张履祥又分别对身处贫贱和富贵之境该如何处置进行了剖析，他认为处贫贱时，不能只依靠亲族和朋友，只有勤力经营本业才能免于饥寒；身处富贵之时，不能奢侈淫靡，损耗家产以致败家。处贫贱和富贵之时，都要重廉耻，守义理：

处贫贱之日，不可轻于累人，累人则失义。处富贵之日，则当以及人为念。……处贫困，惟有内外勤劳，刻苦以营本业，自足免于饥寒。……当以穷乃益坚自励自勉，勿萌妄想，勿作妄求。妄想坏心术，妄求丧廉耻。贫穷命也，奚足为忧？所忧者，不克自立，辱其身以及其

---

① [清]张履祥：《杨园先生全集》卷42《备忘四》，第1193页。

② [清]张履祥：《杨园先生全集》卷40《备忘二》，第1109页。

③ [清]张履祥：《杨园先生全集》卷48《重世业》，第1375页。

亲耳。人于贫穷患难之日，在族党固有救恤之义，在己越当奋厉忍苦支撑，不可因而失足，及怨尤于人。此际站立得住，便有来复之机。若一日失足，后难挽救。每见人当困厄，辄以鹿死不择音为解，不当为者不惜为之，它日悔耻已无可及，甚使子孙永受其害，可戒也。至于怨尤，非徒无益，益取困穷。人之祸难，至死而极，果其不为不义，死不亦光乎？人当富足，若于屋舍求其高大，器物求其精好，饮食求其珍异，衣服求其鲜华，身没而后，即不免于饥寒失所，常也。然多有不足没身者，盖奢侈难贻后，盈虚消息又天道之常。果其力之有余，便当推以予人。①

张履祥虽然积极从事治生数十年，但他特别反对抛弃道德观念而孜孜于牟利的思想和行为，认为这是“最粗极陋者”：

既以学者自命，而孳孳治生为急，此又不受命而货殖之，最粗极陋者也。心劳日拙，能无愧耻？②

张履祥对于治生获利的多少并不强求，他认为只要治生不违背伦理道德，自己尽了心力即可，如他在与孙尔大的书信中曾言：

治生一节，学者固不当置之度外。然有无丰啬，自有定分，在己所得为，所当为者，勤力节用而已，其外只宜听之。③

另外，张履祥非常注重家政的作用，他引用孟子的话说：“无政事则财用不足”，不过他尤其反对妇女主家政，这与《金瓶梅》中涉及的女子改嫁财产继承问题是大不相同的④，如他在《正伦理(凡二十七条)》中言：

古人有言：“牝鸡司晨，惟家之索。”夫人专家政，鲜不骨肉乖离，六亲疏弃。是以主权不可旁挠，内命不得擅出。木有蠹则枝瘁，心失职则体乱。始于微，成于著，往昔覆辙，足为鉴戒也。⑤

---

① [清]张履祥：《杨园先生全集》卷48《训子语下》，第1379—1380页。

② [清]张履祥：《杨园先生全集》卷40《备忘二》，第1109页。

③ [清]张履祥：《杨园先生全集》卷12《与孙尔大(癸卯前)》，第346页。

④ 关于晚明时期财产与女子婚嫁问题及女子与家政问题的探讨，请参见祝庆科、张进德《〈金瓶梅〉女子改嫁财产继承问题初探——以孟玉楼、李瓶儿为例》(《明清小说研究》2013年第3期)一文的相关章节。

⑤ [清]张履祥：《杨园先生全集》卷48《训子语下》，第1368页。

张履祥重视家政的做法是正确的，但是他反对妇人主家政无疑是其封建伦理道德中的男尊女卑思想所致，这也是古代社会常见的现象，在此不应过分苛责张履祥。

(5)“务本而节用”的治生之道。早在战国时，荀子就曾提出“务本节用财无极”的论点[①]，这句话的意思就是只有以农为根本，并注意开源节流，财富才会不断丰富。张履祥继承了古人的这种观点，并将之用于治生和治家之中。如他《备忘二》中言：“治生无它道，只‘务本而节用’一语尽之。”[②]张履祥非常重视农耕，为此他提出“治生以稼穑为先”的命题。他认为农耕是治生的根本，是最值得选择的治生之路，远胜于出外处馆。他认为治生尤其应注意开源节流，要有计划性的消费。

张履祥从事治生数十年，历尽艰辛，所以他非常重视开源节流，并对开源节流进行了阐释，但他所言的“源”，与经济学中“源”的概念不同，他认为这个“源”是治生的原则，要正本清源，即看治生是否符合义理。他进一步强调“源”一定要清，不能因孳孳于治生而违背义理；在厘清了“源”后，下一步就要“节流”，要善于量入为出，根据轻重、缓急、先后等具体情况来合理使用自己的财富，否则就会给自己造成不便，甚至还会造成严重的后果，这也是君子和小人的不同之处。如张履祥在《训子语上》中云：

> 人生饥渴不能无饮食，寒暑不能无衣裳，以及冠昏丧祭、岁时伏腊、馈问庆吊，俱不能无资于货财。然其源不可不清，其流不可不治。源则问其所自来义乎？不义乎？流则问其所自在称乎？抑过与不及乎？果其取之天地，成之筋力，如君子之劳心禄入是也，小人之劳力稼穑、桑麻、畜牧是也。下此，则百工执艺之类，又下，则商贾负担之类，皆义外，是非义也。果其量入为出，权轻重，审缓急、先后，宜丰不俭，斯为称。否则非当用而不用，即不当用而用矣。世人不治其流，求其源清固不可得；其源不清，欲其流治亦不可得也。以是二患成其百恶。明有视听，幽有鬼神，君子赢得为义，不言利而利存；小人赢得为利，利未得而害伏，愚哉！[③]

---

① 《荀子》卷18《成相篇第二十五》，文渊阁《四库全书》本。

② ［清］张履祥：《杨园先生全集》卷40《备忘二》，第1109页。

③ ［清］张履祥：《杨园先生全集》卷47《训子语上》，第1360—1361页。

张履祥还认为对于财富的积累和消费要符合义理，不能为欲念所干扰：

> 人于货财，岂能不用？但出纳之际，当一揆之天理，不可稍动于欲。古人谓："饮食，属厌而已"，推之他事，无不尽然。"属厌"二字，最可体味，理、欲在此分际。[①]

从上文可以看出，张履祥将农耕、畜牧视为符合义理的行业来加以推崇，而将通过从事商贸、手工业来治生的事视之为"非义"，这显示出其作为古代文士的历史局限性，但他注重治生不能违背道德良知、使用财富要量入为出的观点至今还有积极作用。

由上可见，张履祥身处家境衰败、科举不式、明清易代之际，不得已从事治生数十年，主要以出外处馆和从事农事为治生手段，但仅能维持生计而已。虽然在其之前，早就有"归田"之说，也有许多文士以业农为治生手段，但真正首先提出"治生以稼穑为先"治生理念的却始自张履祥，他第一次系统阐释了这个论点，把它提升到一个崭新的高度，并对此提出了一系列措施。张履祥的治生观念主要集中在以下四个方面：（一）对传统的"四民"说的质疑；（二）"治生以稼穑为先"的治生观；（三）提倡耕读并重，二者不可偏废；（四）主张治生和义理相结合；（五）"务本而节用"的治生之道。尤其是其"治生以稼穑为先"的治生观对后世影响很大。张履祥的治生观念虽受到传统儒家思想的影响，也有其历史局限性，但其中一些观点和看法有其独到的见解，闪耀着时代的光芒，至今还有一定的积极意义。

① ［清］张履祥：《杨园先生全集》卷40《备忘二》，第1109页。

第二章　文士的治生用途

明清时期，文士从事治生，其用途各有不同，或用于赡养父母，维持自身或家中生活用度，或用于交游，或用于收购书画、古玩等艺术品，或修治园亭，或用于奢侈挥霍，或用于社会慈善、公益事业，等等，不一而足。其中用于社会慈善、公益事业治生用途的最值得令人关注。

第一节　家庭生计所需

江南文士治生所得，多是用于赡养父母、维持自身或家庭生活用度，在这一方面的开支比较巨大，也最为普遍。中国古代重视孝道，素有“百行孝为先”之说，孝养父母是文士的责任。中国古代社会，养家糊口多是由男儿负责，女子很少外出治生。这对家境困乏的下层文士来说，无疑是一种沉重的经济负担，为此他们不得不从事治生，以担负起豢养父母妻儿的责任。

江南从事治生的文士，有许多将其治生所得用于赡养父母，今略举数例。明代江苏江都人潘起龙，“幼贫，佣书以养亲”。后为臬掾，刚正不阿[①]。嘉善人孙世选，诸生，“家贫授徒，束脩必奉父”。嘉善人金全璧，诸生，“授徒以养亲”。嘉善人王涛，“授徒养母”[②]。会稽人胡纯，家贫力学，自弱冠即为塾师，“赖其资以养亲。终其身”[③]。清代浙江萧山人王廷枢，其父早逝，母亲教之严，“笔耕以养得其欢”[④]。江苏长洲人朱履正，15岁时父死，“常徒步远游佣书以养母，备极艰苦，家渐裕，稍置田庐，悉归伯兄主

① 乾隆《江都县志》卷20《人物·尚义》，《中国地方志集成·江苏府县志辑》第66册，江苏古籍出版社，1991年影印本，第289页。

② 光绪《嘉兴府志》(二)卷55《列传六·嘉善县·孝义》，第581—597页。

③ 道光《会稽县志稿》卷17《人物·儒林》，《中国地方志集成·浙江府县志辑》第41册，上海书店，1993年影印本，第57页。

④ 乾隆《绍兴府志》(二)卷59《人物志十九·孝行下》，《中国地方志集成·浙江府县志辑》第40册，上海书店，1993年影印本，第391页。

之”[①]。康熙九年(1670)进士、曾仕至户部尚书的江苏常州人赵申乔,在中进士时,“家贫,资授徒以养,得金未尝启封,辄以奉父母”[②]。

除了赡养父母外,还常常用于家中用度,如清代江苏上元人吴绅,其先世为徽州歙县人,7 岁父死,遂依外舅家。外舅不久亦去世,留有遗腹子。吴绅“闻母子茕茕朝夕不继,乃弃书学贾,家稍稍裕。为弟及表弟冠婚入胄监,无纤毫自有其财也”[③]。平湖人陆本,号天全。他虽出身于江南望族陆氏之门,但他屡困场屋,蹭蹬难酬己志,其父又卧病在床,当时他年方弱冠,弟只有 15 岁,妹才 9 岁,上有高堂,下有年幼弟妹,仰事俯育:

> 公以一身肩之,零丁孤苦,备尝艰阻,乃公惟酷守砚田,以馆谷供色养。每令节遄归,晨昏甘旨,必备必虏,堂上为之解颐。至为弟妹谋婚嫁,勉力拮据,出孺人奁具以佐之,各得成立。嗣后邑遭兵燹,庐于墓所,未几又寄居外氏,转徙仳离。[④]

由上所述,赡养父母、维持自身或家庭生活用度是江南文士治生开支的一大宗,尤其是家境困乏的未仕文士,有的甚至为此放弃科举入仕的梦想,不得不从事治生。

第二节 交游所需

中国古代的文士,素有交游问道之雅好。交游问道,需要一定的财力支撑,对于家境富裕的文士来说不是什么问题,可是对于许多家境困乏的下层文士来说,却是一笔不小的开支,他们需要为之筹措不少时日,这就促使了这些下层文士从事治生,并将一部分治生所得用于此项开支。

明清时期,文士治生所得还常常用于结交文人雅士,这在清中期时尤为突出,如扬州的马曰琯、马曰璐两兄弟,江春、江昉两兄弟,郑超宗、程晋芳,杭州的赵公千、吴尺凫、鄂敏之等,莫不喜与文士名士相交,在当时成为

---

① 乾隆《长洲县志》卷 26《孝义 · 朱履正》,第 333 页。

② [清]王炳燮辑:《国朝名臣言行录》卷 9《赵申乔 恭毅公》,《近代中国史料丛刊》第 48 辑,第 499 页。

③ 道光《上元县志》卷 19《义行》,《中国地方志集成 · 江苏府县志辑》第 3 册,第 350 页。

④ [清]金之俊:《金文通公集》卷 14《墓志铭 · 封文林郎陕西道试监察御史天全公墓志铭》,《四库全书存目丛书补编》第 56 册,第 265 页。

一种时尚，著名文学家袁枚曾云：

生平日久，海内殷富，商人士大夫慕古人顾阿瑛、徐良夫之风，蓄积书史，广开坛坫。扬州有马氏秋玉之玲珑山馆，天津有查氏心榖之水西庄，杭州有赵氏公千之小山堂，吴氏尺凫之瓶花斋：名流宴咏，殆无虚日。许佩璜刺史赠查云："庇人孙北海，置驿郑南阳。"其豪可想。此外，公卿当事，则有唐公英之在九江，鄂公敏之在西湖，皆以宏奖为己任。不四十年，风流顿尽。唐公号蜗寄老人，司九江关，悬纸墨笔砚于琵琶亭，客过有题诗者，命官吏开列姓名以进。公读其诗，分高下，以酬赠之。①

江南一地喜好风雅，尤以扬州最突出，这与扬州发达的经济、文化水平有着密不可分的关系。扬州地处南北交汇之要地，更是盐业之重地，豪富巨贾丛集，有着雄厚的经济基础，而且当地官员重视文化氛围，也推动了文坛兴盛之气象，直至晚清改盐纲，海运替代漕运占据主导地位，加之战乱之影响，才渐渐衰败下来，如清何家琪《城南感旧图记》云：

扬州为古江山胜地，南北要区，盐筴之利甲于天下，隋唐尝称盛焉。国朝之兴迄于乾嘉，官是土者，大抵提倡风雅，其间人士与四方游客之才者翕然咸集，流连觞咏无虚日；巨商大贾，轻财好客，不惜金钱，致酒食歌舞；居民家有园亭池馆，女子、方外亦皆弄翰墨以为名，好尚所趋，朝夕踵华，风俗人心不无稍侈焉。道光以来，盐纲革，漕改道，游手无所得食，粤寇乘之，其地遂为官军盗贼出没，战争之门户。当是时，城屡陷，人民之脱于难者，盖千百之什一也。虽曩昔之胜迹类依稀于荒烟灌莽之中，无复有徘徊叹赏者矣。②

由上所述，交游作为中国古代文士的雅好而盛行于世，一些官员和富商也乐于与之往来。明清时期的江南文士一如前代，奔走于士人、官商之间。江南发达的经济文化，为文士交游创造了有利的条件，文士或依附于官商，或与之酬酢，并取得了一定的经济利益，也在客观上促进了江南文学艺术的繁荣。

① [清]袁枚：《随园诗话》卷3，《袁枚全集》，第88—89页。
② [清]何家琪：《天根文钞》卷4，王德毅主编《丛书集成续编》第61册《文学类》，第483—484页。

第三节 收藏、筑园或奢侈用度等所需

明清时期,随着江南经济文化的繁荣,收藏、筑园等奢靡之风渐盛,一些文士也将自己的治生所得用于这些事项的开支,有的甚至为之不惜耗费巨资,江南一带的这种现象较之其他地区尤为盛行。

明清时期,一些文士好藏书,尤以江浙一带最为突出,涌现出许多著名的藏书家,如宁波"天一阁"主人范钦、华亭何良俊、昆山叶盛、太仓王世贞、兰溪胡应麟、常熟毛晋、晋江黄居中、常熟钱谦益、嘉兴鲍廷博、金陵黄虞稷、秀水朱彝尊、鄞县全祖望、阳湖孙星衍、仁和杭世骏、长洲黄丕烈、归安陆心源、常熟瞿镛、钱塘丁丙、江阴缪荃孙、上海郁松年等多达数百人。

一些文士将治生所得用于搜购书籍,在上面所提到的一些著名的藏书家之外,又如清代长兴人蒋典学,邑廪生。省试屡蹶,以授徒为生,"晚年笔耕所入,悉以购书,邑中称藏书家"①。安徽婺源人江永,字慎修,"为诸生数十年,楗户授徒,束脩所入尽以购书"②。

一些文士还将治生所得用于修治园亭和收购古玩等。江南地区,园亭林立,出现了许多名园,如扬州马曰琯的小玲珑山馆、程梦星筑莜园及漪南别业、郑超宗的影园、员氏之员园和汪玉枢之玉玲珑山馆、上海潘允端的豫园、华亭顾正谊的濯锦园、顾正心的熙园、祁彪佳的豳园、绍兴的快园等都是极一时之盛。

江南一带,许多文士士大夫在有一定的经济基础后,常常喜以之修筑亭园,自明中期以来,此风渐长,如明吴履云《五茸志逸》云:

> 近世士大夫解组之后,精神大半费于宅第园林,穷工极丽,不遗余力。然未有能享长久者,非他人入室,则鞠为茂草耳。③

清雷琈《记松江园亭之兴废》亦云:

---

① 同治《长兴县志》卷23下《人物》,《中国地方志集成·浙江府县志辑》第28册,上海书店,1993年影印本,第507页。

② [清]李元度:《国朝先正事略》卷34《经学·江慎修先生事略》,《四部备要》史部第301—303册。

③ 转引自王春瑜《明清史散论》,第166页。

吴中士大夫，宦成而膴，辄构园居，以余所见多矣。如邹愚谷之锡山、范长倩之天平山，皆依山点缀，饶有韵致。若以人力取胜，备极壮丽者，如吾郡顾氏两园。[①]

古玩书画，也是文士喜欢收购的对象，明沈德符曾云：

嘉靖末年，海内宴安，士大夫富厚者，以治园亭。教歌舞之隙，间及古玩。[②]

明弘治以来，游宴成风，有文士士大夫风流好酒，放荡不羁，甚至有名士以妓鞋行酒者，器具用度极尽奢华，明何乔远曾云：

今士大夫宾飨逾百物，金玉美器，舞姬骏儿喧杂丝管矣，其子弟亦贵骄，视父兄篾如也。[③]

如明代乌程人吕学，工人物、佛像、鸵鸟画，颇有画名，“性豪华，所得润笔多置艳姬娈童，饮馔丰洁，器具精妍”[④]。

清代，尤其是康乾盛世之时，扬州一带的文士以盐业致富者甚多，他们中的一些人对于衣食用具非常讲究，力求华美，如徐谦芳《扬州风土小记》云：

士大夫起家盐荚，尤操赢余。华盛之族，席丰履厚，器物相尚，力求精美，以故艺能日进。片长薄技，新巧相尚，争自揣摩，求其尽善。[⑤]

由上所述，明清时期，江南一带收藏、筑园等奢靡之风渐盛，一些文士也参与其中，使之附上一定的文化色彩。这些文士参与收藏、筑园等活动，在一定程度上为江南古籍文化的留存和保护以及江南别具一格的园林艺术做出了贡献，奢靡之风在文士阶层的盛行，也在一定程度上对江南淫靡之风起到了推波助澜的负面作用。

---

① [清]雷瑨辑：《清人说荟》初集《说梦二》，王有立主编《中华文史丛书》之85第11辑，第78页。

② [明]沈德符：《万历野获编》卷26《玩具·好事家》，第654页。

③ [明]何乔远：《名山藏·货殖记·马一龙》，第191页。

④ 同治《湖州府志》卷80《人物传·艺术·吕学》，第1548页。

⑤ 转引自王振中《明清徽商与淮扬社会变迁》，生活·读书·新知三联书店，1996年，第128—129页。

第四节　社会慈善、公益活动所需

在文士治生用途上，值得我们注意的是，明清时期江南的许多文士将其治生所得用于社会慈善、公益捐献上，体现了他们高尚的人格和修养。

这些文士参与社会慈善、公益活动，主要体现在为地方建桥修路、安定地方治安、发展地方教育、济贫赡乏等诸多方面。如明代昆山诸生孙天骐，博闻强记，喜吟咏情词。晚年家不给，乃习医以济生。他博览医籍，临症施治，就诊者门常如市，"平生好施与，计一岁所入济贫赈匮而自谋则不顾，终身俭约。殁之日，身无以殓，感恩之族相观涕泣"①。明朝末年，徽州婺源人汪光翰，入川南道景陵胡恒幕。后来张献忠农民军攻陷印州城，胡恒及其子均战死，其儿媳朱氏及幼孙幸免于难，幸赖汪光翰多方保全。光翰或以经教授，为童子师；或操奇赢，坐市肆中，"得钱以供朱氏母子饘粥，二十余年不倦"②。清乾隆时，徽州祁门人马曰琯，弃儒经商成了扬州巨富后，以济人利物为本，还以设诚致行为实务，民国《江都县续志》云其赈灾济乏，修桥造船，资建书院，爱才惜士：

> 为粥以食江都之饥人，出粟以振镇江之昏垫，开扬城之沟渠而重膇不病，筑渔亭之孔道而担负称便，葺祠宇以收族，建书院以育才，设义渡以通往来，造救生船以拯覆溺，冬棉夏帐椟死医羸，仁义所施，各当其厄。若夫倾接文儒，善交久敬意所未达，辄逆探以施其欲。钱塘范镇、长洲楼锜，年长未婚，择配以完家室；钱塘厉征君六十无子，割宅以蓄华妍；句甬全吉士被染恶疾，悬多金以励医师；天门唐太史客死淮扬，厚赙以归其丧；句吴陆某病既亟，买舟疾趋以就。君曰："是能殡我石交零谢，岁时周恤其孥者，指不胜屈也。"③

江苏高淳县人陈辅，邑增生，以授徒糊口近四十年，生平好行善举：

---

① 光绪《昆新两县续修合志》(一)卷33《艺术》，《中国地方志集成・江苏府县志辑》第16册，江苏古籍出版社，1991年影印本，第579页。

② [清]吴德旋：《初月楼闻见录》卷1，《笔记小说大观》1编第2册，第691页。

③ 民国《江都县续志》卷14《艺文考・附录》，第575—576页。

预办救生保婴各局务，亦复矢公矢慎，克底于成。[①]

高淳县人孔铎，郡庠生，嗜书，治生之暇，未尝释卷。将其治生所得多用于赈贫济乏、修葺桥路：

生平抑强扶弱，公直持大体，又好施，每岁暮，视族中贫者馈之粟肉，有假贷者弗稍吝，或折券焉。如漆桥圮，捐资修葺；岁歉，量力赈给，人咸推长者云。[②]

江宁庠生朱养烈，以授徒为业，"脩脯所入，半以之恤孤寡，有不能偿逋者，检券还之"，以致有偷窃其财物者，识其物而归之[③]。江苏句容县人杨启葆，少孤，弃举子业到扬州兴化县经商。咸丰六年(1856)，避乱徙家兴化，业渐裕。除了修葺宗祠、续修族谱外，尤热心于社会慈善和公益事业，如赈济贫乏、立书院、恤嫠育婴、兴办义田、义塾、会馆等义举多行之：

凡里党之脱难来就者，必经纪而资遣之。寇平，邑中贷牛种、立书院、修文庙，暨恤嫠、育婴、义田、义塾、给衣施槥诸义举，咸竭力资助；宗祠毁，庀材重建，不推诿族人；家乘续修，又赞成之。又邮金缮构京师、江宁郡馆，以待公车之士闽江宁。公所于沪上以厝客死旅榇其积而能施如此。居恒课子弟严有法，延师必以厚币，购书不吝重值。[④]

浙江姚惟鹤，太学贡生。其祖先自山阴经商至浙江萧山县，因家于此地。姚惟鹤亦学其祖先弃书学贾，家益富裕。性好施与，急义举，如救济贫乏、捐金筑塘、资助教育事业、助办团练保卫乡民等：

亲族中有贫乏者，周之不倦，扰之亦不厌。道光间，岁洊饥，北海塘圮，筑塘筹赈皆捐金资助。邑素无试馆，癸巳甲午间，邑宰郑锦声谋创建，募资及惟鹤，承诺无他诿。辛丑岁，镇海告警，邑人震悚，土寇蠢蠢欲动，诸绅议练团卫乡里，惟鹤亟助之饷。南沙饥，筹赈若前辙。宗

① 民国《高淳县志》卷18《列传·文学》，《中国地方志集成·江苏府县志辑》第34册，江苏古籍出版社，1991年影印本，第278页。

② 民国《高淳县志》卷19《列传·笃行》，第284页。

③ 同治《上江两县志》卷24中《耆旧》，《中国地方志集成·江苏府县志辑》第4册，江苏古籍出版社，1991年影印本，第599页。

④ 光绪《续纂句容县志》卷8下《人物·孝友》，《中国地方志集成·江苏府县志辑》第35册，江苏古籍出版社，1991年影印本，第169页。

祠在山阴县富民坊，岁久将圮，惟鹤倡资独修，阖族景从。[①]

浙江永康人张文集，岁贡生，家赀仅给饘粥，而于里中设馆义务训蒙十余年，常对人言其授徒的用意不在治生，而是发展教育："吾平生无可以济人者，聊藉此教人识字耳。"[②]诸如此类事例举不胜举，在方志、文集等史籍中多有记载。

由上所述，明清时期的一些江南文士，还将他们的治生所得用于社会慈善和公益事业上，他们忧世人之忧，急世人所急，体现出高尚的品格，为倡导世人参与社会慈善和公益事业做出了表率，受到世人的崇敬和赞颂。

① 民国《萧山县志稿》卷18《人物·列传五·姚惟鹤》，《中国地方志集成·浙江府县志辑》第11册，上海书店，1993年影印本，第624页。

② 光绪《永康县志》卷7《人物·忠节》，《中国地方志集成·浙江府县志辑》第47册，上海书店，1993年影印本，第668页。

第三章　文士的治生原因

明清时期，江南文士从事治生，其原因是多方面的，主要有家贫、父母早亡或年老而家中缺少治生之人、破家或家道中落、继承父业、身体状况、战乱、为父母治病、科举未售、绝意仕途、“纳监”政策和赋税制度的影响、思想观念的变化等诸多因素。其中一些官员从事治生的原因也是多方面的，如好利、穷困、丁内艰等。

第一节　家庭原因

明清时期，文士从事治生，常常出于家庭因素的影响，如因家贫、父母早亡，或年老而家中缺少治生之人，或因破家或家道中落、继承父业，或为父母治病，等等。许多缺少生活来源的文士，面临着生计问题和奉养父母妻儿的现实，只好从事治生。

（一）因家贫而治生。许多文士因家境贫寒不得不从事治生以完成学业或养家糊口，这种情形在文士治生群体中屡见不鲜，十分普遍，在史籍中记载颇多。如明弘治三年(1490)进士，曾仕至寿府长史的杨文，江苏无锡人，少嗜学，“家贫躬耕自给”①。江阴人夏树芳，“少食贫，以诸生教授里中，所造就多名硕”。明万历时中举人，养母之余，惟耽著述，隐居数十年②。浙江嘉兴人巢祖羲，以诸生授徒，成就者众。“家贫，以束脯奉菽水，必诚必敬”③。秀水人陈球，诸生。“家贫，以卖画自给”④。清代镇江人陈英略，诸生。家贫力学，令诸弟躬耕养母，“自所得生徒脩脯悉奉母以给诸弟，囊不留一钱”，屡试不售，郁郁以病终⑤。浙江嘉善人吕三锡，科举中副

① 光绪《无锡金匮县志》卷19《宦望》，第304页。

② 康熙《常州府志》卷27《隐逸·夏树芳》，第617页。

③ 光绪《嘉兴府志》卷51《列传二·嘉兴县·孝义》，第418页。

④ 光绪《嘉兴府志》卷53《列传四·秀水县·艺术》，第540页。

⑤ 乾隆《镇江府志》(二)卷37《孝义·陈英略》，《中国地方志集成·江苏府县志辑》第27册，江苏古籍出版社，1991年影印本，第166页。

榜,“家贫授徒以给”,后授永嘉教谕①。海盐人徐养惠,贡生,“家贫训徒自给,游其门者辄获隽以去”②。平湖县人周保极,工指头画,善山水花鸟画,尤擅画蟹;刘琴梓,善画鸡,“晚境皆贫,藉画直自给”③。江苏上元人罗秉倓,“家贫,佣书供甘旨”。上元人张士秀,“家贫,舌耕养亲。让遗产与诸弟,又自置屋挈弟同居”④。江苏兴化人高恒,“以贫故弃儒就贾,刻自俭约”⑤。浙江乌程南浔镇人张鉴,拔贡生,工诗、古文和考据之学,“家贫,卖画自给。所居一楼,不下楼者十许年。子某亦诸生,授徒楼下”⑥。江苏江都人伍荣春,岁贡生。候选训导,少负文名,“以家贫常客授于外,弟子从游者甚众”⑦。江都人杜长椿,“以家贫不能竟读,乃改业商”。性诚朴,言动不苟,因所设之肆亏损放弃经商,重游泮水,是年卒⑧。徽州绩溪人胡澍,字荄甫,一字甘伯,号石生,“家贫,虑无以供甘旨,乃弃儒就贾,往来江浙间数十年,遂致饶裕”⑨。晚清时,江苏句容人孔继凝,通经史,“旋以家贫故,游幕江右,阅六年归”⑩。

有的因早年父死,导致家贫不得不治生,这类情形也十分普遍。如明天启四年(1624)举人、曾任清平知县的孙振先,江苏丹徒人。少时父早亡,因家贫以授徒治生:“振先孤贫,自奋于学,开馆于元妙观,生徒每百余人。”⑪清代浙江秀水人朱德滋,诸生,“少孤力学,舌耕自给,泊然与世寡营”。秀水人汪师曾,岁贡生,余姚训导,少孤力学,“家贫授徒为食”,屡试未售⑫。余姚人孙德浩,“少孤家贫,教授生徒”⑬。徐应纮,永康县庠生,

---

① 光绪《嘉兴府志》卷55《列传六・嘉善县・孝义》,第584页。

② 光绪《嘉兴府志》卷57《列传八・海盐县・文苑》,第695页。

③ 光绪《嘉兴府志》卷59《列传十・平湖县・艺术》,第792页。

④ 道光《上元县志》卷18《孝友》,《中国地方志集成・江苏府县志辑》第3册,第338页。

⑤ 民国《续修兴化县志》卷13《人物志・义行》,《中国地方志集成・江苏府县志辑》第48册,江苏古籍出版社,1991年影印本,第631页。

⑥ [清]缪荃孙纂录:《续碑传集》卷73《儒学三・张鉴传》,《近代中国史料丛刊》第99辑。

⑦ 民国《江都县续志》卷26下《列传第六下・伍荣春》,第744页。

⑧ 民国《江都县新志》卷11《人物传第六・杜长椿》,《中国地方志集成・江苏府县志辑》第67册,江苏古籍出版社,1991年影印本,第892—893页。

⑨ [清]缪荃孙纂录:《续碑传集》卷79《文学四・户部郎中胡君荄甫事状》,《近代中国史料丛刊》第99辑。

⑩ 光绪《续纂句容县志》卷10《人物・义行》,第221—222页。

⑪ 乾隆《镇江府志》(二)卷37《儒林・孙振先》,第143页。

⑫ 光绪《嘉兴府志》卷53《列传四・秀水县・文苑》,第528—530页。

⑬ 乾隆《绍兴府志》(二)卷59《人物志十九・孝行补遗》,第405页。

早失怙，母病，“家贫舌耕，馆于所居之楼，闻楼下吁声，辄投其业而走。所课授纷纶，志常在母，如是者数年，竟以劳瘁得疾卒”①。江苏上元人林岳，失父早，极孝母，“岳以舌耕为业，因馆课严肃，获羸疾，终身不娶”。上元县人张岍然，父早亡，赖母纺织抚养成人，但“家贫，纺绩难以自给。岍然辄弃儒业懋迁，委婉承志，晨昏视膳者六十年”。上元县人林筠，幼孤，事母尽孝，“家贫，弃书业岐黄，游楚供母饘粥”②。江苏高淳人杨蔚然，廪生，力学能文，少孤，事母益谨，“家贫乏，藉授徒以供甘旨”③。江苏句容人秦雨霖，工诗，幼孤家贫，6 岁时入泰州某寺为僧，师甚爱之，使其就外傅，后归乡，返儒服应童子试，补诸生，“贫益甚，为句读师自给。性冷峻，非其义一介不取”④。

（二）因父亲年老、多病或家中缺少治生之人而不得不弃儒治生。在中国古代社会，一个家庭中的男子是主要的经济维持者，素有男主外、女主内的传统，一般不会让女子抛头露面去赚钱养家的，所以家中一旦父辈因年老、生病无法从事治生，而家中又缺少同辈人治生者，治生之责任自然会落到一些书生身上，这些书生就不得不从事治生以养家。如明代曾任江西抚州训导的周桐，浙江永康人，“闻母病，即日辞官归五峰书院，自应石门典后，桐继主讲席者多年，学者称岘峰先生”⑤。清代浙江秀水人陆起凤，母亲早逝，其父因怀才落魄而游历京城、关外十余年，起凤只好以授徒所得赡养祖父母：

> 起凤事祖孝，尝聚徒于乡，距祖父母居七里，无间寒暑，每五更奔往问安，执爨浣衣衾，涤厕片，前事毕，复之馆教读，夜攻医书，馆谷所入悉养祖父母。⑥

江苏江阴人金谔，字一士，县学生，“训导公晚得末疾，先生经营菽水，遍走江皖、浙闽，所至与其伟人长者游，礼聘者趾相错”。嘉庆己卯举顺天乡试，

① 光绪《永康县志》卷 7《人物·孝友》，第 658 页。

② 道光《上元县志》卷 18《孝友》，《中国地方志集成·江苏府县志辑》第 3 册，第 340—343 页。

③ 民国《高淳县志》卷 18《列传·孝子》，第 256 页。

④ 光绪《续纂句容县志》卷 9 中一《人物·文学》，第 188 页。

⑤ 光绪《永康县志》卷 7《人物·儒林》，第 648 页。

⑥ 光绪《嘉兴府志》卷 53《列传四·秀水县·孝义》，第 516 页。

后仕至蒙城县训导[①]。无锡人潘本郊，潘望龄之子，乾隆时举于乡，“以父老不仕，授徒自给，讲求实学”[②]。

(三)因为父母治病而治生。中国传统注重孝道，素有“百行孝为先”之语。明清时期，一些文士因为家中父母治病不得不治生，这些人多由此走上以行医治生之路，如明代浙江人贺岳，字汝瞻，因为治疗母亲的疾病而弃儒就医：

> 少业儒，因母病求医弗效，乃尽购岐黄书读之，四方国手悉访从游，遂精医术。母获寿康，乡党凡有疕厉，争迎岳视之，圭勺一至，随手奏功。[③]

清代江苏甘泉人吴涣，工诗，母病，困顿床箦，转侧需人，遂边读书边卖卜，得资以买药为母治病：

> 少暇，则垂帘卖卜以谋药饵需，又少暇，则手一编坐母榻前，二十年不稍懈。母以久病卒，家益贫。[④]

有的文士从事治生起因未能治愈父母之疾病而改为行医的，如清代淮阴人吴塘：

> 年甫弱冠，以父病年余而卒，遂弃举子业，读《灵素》书，凡十载而成《温病条辨》一书……缘塘十九岁时，父病年余，至于不起，塘愧恨难名，哀痛欲绝，以为父病不知医，尚复何颜立天地间，遂购方书，伏读于苫块之余，至张长沙处逐荣势，内忘身命之论，因慨然弃举子业，专事方术。[⑤]

(四)因破家或家道中落而不得不从事治生。明清时期，长江下游的文士常常因其家中发生变故，破家或家道中落，不得不从事治生。如明代江

---

① [清]金谔:《笃慎堂烬余诗稿·家传·金一士先生家传》，王德毅主编《丛书集成续编》第161册。

② 光绪《无锡金匮县志》卷22《文苑》，第367页。

③ [明]徐象梅:《两浙名贤录》(二)卷49《贺汝瞻岳》，《四库全书存目丛书》史部《传记类》第114册，第568页。

④ 光绪《增修甘泉县志》(一)卷13《孝友》，《中国地方志集成·江苏府县志辑》第43册，江苏古籍出版社，1991年影印本，第571页。

⑤ 蔡冠洛:《清代七百名人传》第四编《学术·艺事·吴塘》，《近代中国史料丛刊》第63辑，第1719页。

苏常熟人钱永达，出身于富贵之家，后因家道中落不得不弃儒外出经商：

> 家本贵胄，父衡门中落，永达弃举子业治产，又去而为商，家大起。性好施与，赈饥恤孤，施槥掩骼……少从衡门公寄居江阴之曹庄，壮而归耕凤、志二山之间，兼不足于食贸迁化居，往来江淮间。[①]

清代常熟人马元驭，少聪敏，好读书，尤长于画。虽有些田产，但因困于徭役之重，只好贱价以售，家道由此中落，遂四处以卖画自给：

> 有田数十亩，在尚湖之滨，困于徭役，率不计值售以去，家由是日落，而画益工。……时名大著，渡钱塘，历甬东，北至江都，四方走书币造请者踵交错，寸缣尺纸流播远近。京师贵人慕其名，争出兼金访求其画，至不可得。[②]

无锡人雷汝器，国子生。9 岁时，其父因经商不善而负债累累，不得已离家出走。汝器年长后，闻父历楚、豫间，遂往寻访。找到父亲后，见父不肯归，汝器许诺以后替父还债。为此汝器在 26 岁时开始治生，将其父所欠债务全部偿还，而且家境日裕，其父方得归乡[③]。高邮人汪芬，因其父年老好施，家道中落，"芬游庠后，乃经营米业，不数年，家道稍裕，以商务授其仲弟，复下帷攻举业"[④]。浙江嘉善人孙琮，诸生，"兄因累毁家，琮授徒养亲"[⑤]。嘉善人蒋廷栋，"家中落，藉馆谷以给，非道义一介不取"[⑥]。徽州人傅源，侨居太仓，为人磊落奇伟，散千金结客，"家中落，以笔耕自给，纸窗竹屋，吟啸自如"[⑦]。

(五)因继承父业或遵父母之命不得已而从事治生。明清时期，长江下游的一些文士因上辈经商继承父业而弃儒经商，或出于遵从父母之命而从事治生，如清代浙江萧山人王述贤，其父出外经商，父年老后，出于孝心继承父业弃儒经商：

---

① 康熙《常熟县志》卷 19《孝友》，第 467 页。

② ［清］李果：《在亭丛稿》卷 6《马处士传》，《四库全书存目丛书补编》第 9 册，第 222 页。

③ 光绪《无锡金匮县志》卷 24《孝友》，第 401—402 页。

④ 民国《三续高邮州志》卷 4《人物志上・独行》，第 414 页。

⑤ 光绪《嘉兴府志》(二)卷 55《列传六・嘉善县・文苑》，第 605 页。

⑥ 光绪《嘉兴府志》(二)卷 55《列传六・嘉善县・孝义》，第 587 页。

⑦ 民国《太仓州镇洋县志》卷 22《人物六》，《中国地方志集成・江苏府县志辑》第 18 册，江苏古籍出版社，1991 年影印本，第 369 页。

父尔康业行商，往来吴楚间。述贤年十五，悯父衰劳，即弃儒踵其业。其为商也，得老氏术，善处人后，不与人争利，诸商爱而乐与亲。年三十许，自设木肆于新林。[①]

江苏吴江人王元文，后迁震泽，“家贫无以自食，父令习懋迁之业，先生昼为之，夜则篝火诵读，或作文”，后专习儒业，补学官弟子[②]。浙江嘉善人程绪祖，诸生，因家道中落，在其父再三劝说后，弃儒经商：

家中落，父命投笔觅衣食，依依不忍去。时其子钟彦已长，父慰谕再四，乃行服贾尽孝义。[③]

综上所述，家庭因素是促使江南文士治生的一个重要因素。对于家境不富裕的下层文士来说，他们需要承担孝养父母和抚育妻儿的家庭重担。在中国古代社会，年迈的父母和娇妻幼儿多不是治生的主要群体，家庭的生计所需是一大宗，这个责任就不可避免地落到了这些文士身上。有的家境尚可，但因遇到一些变故，如父母早亡、长期患病、破家或家道中落等，面临着生计无措的窘境，这些下层文士就不能不考虑如何解决家庭的生计问题，这也就促使了他们不得不从事治生；另有一些文士为了继承父业，不得不弃儒治生或经商。

第二节 自身原因

明清时期的一些文士，常常因为自身的原因，如因身体状况不得已而弃儒或弃官治生，因科举未售而治生，等等。这些文士从事治生，通常并非不愿从事科举或出仕，而是因自己的身体状况或屡败科场后，面临生活压力不得不屈身于此。

（一）因身体状况不得已而弃儒或弃官治生。在文士治生群体中，有一部分文士由于自身的健康状况欠佳，难以承受艰苦的举业，只好弃儒治生，如明代浙江乌程人卢明诠，“幼为举业，以劳致疾，因习医”。凡所攻治，鲜

① 民国《萧山县志稿》卷18《人物・列传五・王述贤》，第625页。

② ［清］钱仪吉编：《碑传集》卷141《文学下之下・王元文传》，《近代中国史料丛刊》第93辑，台湾文海出版社有限公司，1973年影印本，第6634页。

③ 光绪《嘉兴府志》（二）卷55《列传六・嘉善县・孝义》，第594页。

不奇中。性淳笃，好施与：

> 施药不资报，治病早夜不休。尝出橐中金买地，近水次购天医院，旁设局设药济众。天启、崇祯间，当事咸器重之。[①]

江苏无锡金匮县人堵景濂，明崇祯十五年（1642）举人，巡抚祁彪佳延至幕府，以目疾辞归，不久双目失明，"家居教授生徒，日使人诵书于前，因为剖析其义，先后从学者盖八百余人"[②]。昆山人李棠，"少业儒，因病辍业，习医术"，虽家贫，好施与，多储药以活贫者。昆山人归有祯，补诸生后，"秋闱每以疾归，遂弃儒习医，日久精其术，治多神效"[③]。清代浙江桐乡人冯浩，博通经史，清乾隆十三年（1748）进士，仕至御史，以忧归。后在赴京补职途中，疾作而归，遂不复出。家居40年，侨寓郡城，"先后主常州龙城、浙东西崇文、蕺山、鸳湖诸讲席，雅意作养人才，不沾沾讲求文艺"[④]。

（二）因科举未售而治生。明清时期，科举制度日益完善，录用名额虽较前代大为增加，但相对日益增长的人口来说，所占比例仍是比较低，绝大多数士子即使穷首皓经，也难以搏得一第。这就使得这些落榜士子面临着生计问题，如何治生以养家便摆在面前，所以因科举未售而治生的士子在文士治生群体中，所占的比例比较大，也是十分普遍的现象。如明万历时，句容人高敕，志存匡世之念，不为温饱计，"竟屈场屋，再试失利，乃以诵读余阴，稍权生计，不十年，遂累家数千金"[⑤]。

有的因科举未售改而以行医治生，如明代浙江秀水人郁从周，明嘉靖二十八年（1549）举人，会试不第即弃去，"乃还武林，卖药市中，人无识者"[⑥]。姚能，字懋良，晚号玉冠道人，好吟咏，喜谈论，"少习举业，屡不售，弃去改医"[⑦]。江苏镇江人蔡永烈，字君扬，"幼习儒不得志，遂弃去，习岐

① 同治《湖州府志》卷80《人物传·艺术·卢明诠》，第1546页。

② 光绪《无锡金匮县志》卷21《儒林》，第346页。

③ 光绪《昆新两县续修合志》(一)卷32《耆硕》，第548—549页。

④ [清]闵尔昌录：《碑传集补》卷10《科道·冯浩传》，《近代中国史料丛刊》第100辑，第605页。

⑤ 光绪《续纂句容县志》卷20《拾补》，第562页。

⑥ 光绪《嘉兴府志》卷53《列传四·秀水县·隐逸》，第536页。

⑦ [明]徐象梅：《两浙名贤录》(一)卷49《方伎·姚懋良能》，《四库全书存目丛书》史部《传记类》第113册，第565页。

黄学”[①]。丽水人聂莹，“少习举业不就，去而习轩岐家言……不以钱帛介意，人称神医，至今门人多有得其术者，与凌氏(湖州名医凌汉章)并行海内云”[②]。清代江苏金山人顾观光，上舍生，“三试不售，遂无志科举，承世业为医”[③]。浙江嘉兴人沈又彭，少习举子业，“以国子生三踬乡闱，遂习医。治辄效，不计利”[④]。桐乡人张达龄，年幼习儒，“不售，究心医学，活疾多奇效，尝悬壶虎林，寓邻沈氏妇”。药金所入，辄散以济穷困[⑤]。

有的文士因科举未售以书画治生，如鄞县诸生徐兰，字芳远，“累举不第，弃去，遂潜心书法。尤精六书，远近求者无虚日。兰清高矜负，间有挟位势使舆隶致之者，辄白眼叱去，曰：‘吾岂只役者邪？’人以是益重之”[⑥]。

有的文士因科举未售以授徒治生，这种情形比较普遍，如浙江会稽人高金成，嘉庆十七年(1812)贡生，候选训导。然屡试不售，人皆为之惜。遂“聚徒授学凡五十余年，口讲指画，根柢六经，出其门者多负盛名掇高第，群争延之以为师”[⑦]。句容人陈銮坡，增广生。每试必与，屡困场屋，终其身，“课徒自给，郁郁不得志以殁”[⑧]。晚清时，江苏甘泉人朱凤仪，诸生，同治六年(1867)举于乡，“三应礼部试不售，遂绝意进取，凡教授弟子数十，成就甚众”[⑨]。江都人陈景富，诸生，咸丰二年(1852)举于乡，三应礼部试不售，“遂绝意进取，凡授徒五十余年，门下著籍者三百人。于孤寒子弟培植尤厚，江淮间称为大师”[⑩]。顾之楷，世为昆山望族。道光二十四年(1844)举人，会试不第，归而母卒，遂不复出，“授徒四十年，得其指授先后皆成名。

---

① 乾隆《镇江府志》(二)卷40《方伎·蔡永烈》，第211页。

② [明]徐象梅：《两浙名贤录》(二)卷49《聂莹》，《四库全书存目丛书》史部《传记类》第114册，第568页。

③ [清]闵尔昌录：《碑传集补》卷42《畴人一·顾观光传》，《近代中国史料丛刊》第100辑，第2323—2324页。

④ 光绪《嘉兴府志》卷55《列传六·嘉善县·艺术》，第617页。

⑤ 光绪《嘉兴府志》卷61《列传十二·桐乡县·艺术》，第882页。

⑥ [明]徐象梅：《两浙名贤录》(二)卷49《徐芳远兰》，《四库全书存目丛书》史部《传记类》第114册，第560页。

⑦ 道光《会稽县志稿》卷17《人物·儒林》，《中国地方志集成·浙江府县志辑》第41册，上海书店，1993年影印本，第62页。

⑧ 光绪《续纂句容县志》卷10《人物·义行》，第226页。

⑨ 民国《甘泉县续志》卷24上《列传第六上》，《中国地方志集成·江苏府县志辑》第44册，江苏古籍出版社，1991年影印本，第544页。

⑩ 民国《江都县续志》卷24上《列传第六上·陈景富》，第740页。

邑中诸善举每力任之”[1]。昆山人支达，工山水画，尤喜医家言，“屡困春官，遂绝仕进取，家居授徒，一时名流多出其门”。后中光绪十五年(1889)进士[2]。

有的文士因科举未售以授徒和行医治生，如晚清时高邮人吴云章，举人，年轻时适逢洪杨之乱，投笔从戎，乱平后，仍归习举子业，屡荐不售，“授徒本邑及天、盱两县，从游极众。兼通医术，尤精眼科，得其治而复明者甚多”[3]。

有的文士在科举未售后到书院就职以获取薪金，如清代江苏句容人王驹，乾隆三十年(1765)举人，7次会试不第，遂屏迹家居，沉酣群籍，“一时大吏争相钦仰，走书币延主讲席无虚日，四方执经问字者，不远数百里而至”。后入都谒选，以知县用，逾年卒[4]。宗稷臣，字涤甫，其先自淮迁浙江会稽。道光元年(1821)举人，“连上春宫不第，主虎溪、濂溪讲席以佐尸饔”。后仕至胡光道监察御史，赏加盐运使衔[5]。

有的文士因科举不售而以佣书治生，如清代仪征县生员毕贵生，字成之，一字孝伯。依于舅家汪中家，舅氏死后，其他亲族对其不好，乡试又屡次被黜，受其亲戚嘲弄，只好以佣书自给：“君故多隐忧，昼夜佣书给衣食，尝曰做正书二万字而不得废酬酢，以是君益羸。”[6]

有的因科举不售而以游幕治生，如晚清时，阳湖人赵烈文，字惠甫，又字能静。三应省试不中第，即弃去。太平军起事后，曾国藩聘其入幕，后由此踏上仕途：

> (曾国藩)督师江右，以币聘之往，俄归居，母忧，常州陷，避之沪上，值朝廷命曾公举人才，公以先生六人应，有诏令咨送曾公大军录用，遂居幕府。及忠襄公围金陵，文正公奏以先生参军事，江南平，以

① 光绪《昆新两县续修合志》(一)卷29《孝友》，第501页。

② 民国《昆新两县续补合志》卷14《好义附传》，《中国地方志集成·江苏府县志辑》第17册，江苏古籍出版社，1991年影印本，第464页。

③ 民国《三续高邮州志》卷4《人物志上·文苑》，第410页。

④ 光绪《续纂句容县志》卷9中一《人物·文学》，第181页。

⑤ [清]闵尔昌录：《碑传集补》卷17《监司一·甫宗先生墓志铭》，《近代中国史料丛刊》第100辑，第1000页。

⑥ [清]闵尔昌录：《碑传集补》卷48《文学五·毕成之墓志》，《近代中国史料丛刊》第100辑，第2636页。

功保直隶州知州。[①]

（三）因绝意进取而治生。明清时期，有一些文士无意于科举仕途，他们或以耕读为乐，或以其他方式治生，如明末清初时，浙江山阴人王野，工诗善画。家贫，肆力经史，“绝意仕进，筑室卧龙山南，教授自给”[②]。清代江苏高淳县人张自善，“读书不求进取，晚年教授生徒，列胶庠者几及百人”[③]。江苏宜兴人杨天荣，“遭鼎革，遂淡于进取。家贫，笔耕为业，然周急济困，终无倦色”[④]。昆山庠生李荪，“授徒糊口，不为科举业”。好搜罗明季轶事，晚年一意向佛。在昆山馆张浦许氏最久，后卒于吴郡[⑤]。昆山人朱以宁，曾习诸生业，以事放弃，“高隐淞滨，砚耕以食，殚心著述，至老不辍”。昆山人庄雅，后流寓嘉兴，“卖卜自给，好吟咏，野服黄冠，时与山野畸人相唱和”[⑥]。

值得注意的是，明遗民或出于对时局动荡的失望，或出于不愿与清朝统治者合作，而弃儒服隐于释道，或隐于山林，除了一部分文士家境富裕外，许多文士面临着生计问题，便从事治生，这在明末清初十分普遍，下篇《文士治生的重要地域》中列举的一些事例也可以看出这一点。如浙江嘉兴人潘廷璋，庠生，“鼎革后，弃诸生，隐居教授，不与诸大老通”[⑦]。会稽人余增远，崇祯十六年(1643)进士，明亡，其兄殉节，他便归隐于农，不与官府中人交往：

> 遂隐迹稽山门外，躬负耒耜，种蔬自给，所居败屋数楹，编荻蔽景。所戴皁巾，广尺五寸，冬夏蒙其首，衣皆重绽，食惟脱粟，设绳床，拥敝絮而寝，所与游者率田野中人，绝长吏不交。[⑧]

---

① [清]闵尔昌录：《碑传集补》卷26《守令六·清故奉政大夫易州直隶州知州赵府君能静先生墓志铭》，《近代中国史料丛刊》第100辑，第1465—1466页。

② 乾隆《绍兴府志》(二)卷62《人物志二十二·隐逸》，第460页。

③ 民国《高淳县志》卷18《列传·文学》，第273页。

④ 嘉庆《增修宜兴县旧志》卷8《行谊》，《中国地方志集成·江苏府县志辑》第39册，江苏古籍出版社，1991年影印本，第333页。

⑤ 光绪《昆新两县续修合志》(一)卷32《隐逸》，第547页。

⑥ 民国《昆新两县续补合志》卷13《隐逸补遗》，第456页。

⑦ 光绪《嘉兴府志》卷51《列传二·嘉兴县·文苑》，第434页。

⑧ 道光《会稽县志稿》卷17《人物·乡贤》，《中国地方志集成·浙江府县志辑》第41册，上海书店，1993年影印本，第52页。

安徽休宁人汪佑，在崇祯末年隐居事亲，后在朋友相邀下到书院讲学：

友人杨景陶邀赴还古书院会讲，先生所讲多杂陆王之说。①

浙江平湖乍浦人李天植，崇祯六年（1633）举人。屡次会试不第，儿子又先逝，遂绝意仕进，隐居山林，治生养家：

三上公车，癸未其子诸生观卒，自以为有隐慝，痛自刻责，遂绝意仕进，改名确，字潜夫……径如陈山，自是足不至城市，训山中童子以自给，其自署曰学究老头陀。居山十年，陈山之僧开堂，先生避喧始返蜃园，复与妻居，卖文取食，不足则与其妻为梭鞋竹筥以佐之。②

综上所述，科举制度造成许多江南文士为之皓首穷经，但中试者寥若晨星，大多数文士无缘于此，这些落榜的文士，除了家境富裕者，大多面临着生计问题；另有一些因身体状况无法继续科考，或绝意于科举仕途的文士，同样也面临着生计问题。这些文士为了生存不得不从事治生。

第三节　思想观念变化的影响

早在春秋时，孔子曾云："君子爱财，取之有道，用之有度。"其后一直被世人奉为准则。南宋时，随着理学和永嘉事功学派的兴起，在文士之中产生了义利之辩。以陈亮、叶适为代表的永嘉事功学派，强调和提倡"功利并举""农商并重"，与道学家朱熹等所主张的"义利"观点迥然不同，被朱熹等人目为"功利之学"而大加鞭伐。及至元代，理学家许衡明确提出"学者以治生为急"的观点，深深地影响了后世学者。

明中期以来，传统的义利观念发生了转变，注重治生和经商的思想开始发端，如王守仁在《节庵方公墓表（乙酉）》中记载了苏州昆山人方麟，起初习举子业，后弃儒从商，他面对朋友的发问，提出儒、商一体的观点：

其友曰："子乃去士而从商乎？"翁笑曰："子乌知士之不为商，而商之不为士乎？"其妻家劝之从事，遂为郡从事。其友曰："子又去士而从

① ［清］李元度：《国朝先正事略》卷29《名儒·汪星溪先生事略》，《四部备要》史部第302册。

② ［清］钱仪吉编：《碑传集》卷134《逸民上之下·蜃园先生神道表》（郑婴垣附）（黄宗羲撰），《近代中国史料丛刊》第93辑，第5838页。

事乎?”翁笑曰:“子又乌知士之不为从事,而从事之不为士乎?”居久之,叹曰:“吾愤世之碌碌者,刀锥利禄,而屑为此以矫俗振颓,乃今果不能为益也。”又复弃去。

王守仁为此提出士农工商“四民异业而同道”的观点:

古者四民异业而同道,其尽心焉,一也。士以修治,农以具养,工以利器,商以通货,各就其资之所近、力之所及者而出焉,以求尽其心。其归要在于有益于利器通货者,而修治具养,犹其工与商也。故曰:四民异业而同道。①

在其后,李贽认为物质基础是最重要的:

穿衣吃饭,即是人伦物理;除却穿衣吃饭,无伦物矣。世间种种皆衣与饭类耳,故举衣与饭而世间种种自然在其中,非衣饭之外更有所谓种种绝与百姓不相同者也。②

他不再像其他传统士大夫那样轻视商贾,大声为商贾受歧视鸣不平,并抨击那些趋炎附势的所谓“山人”:

且商贾亦何可鄙之有?挟数万之赀,经风涛之险,受辱于关吏,忍垢于市易,辛勤万状,所挟者重,所得者末。然必交结于卿大夫之门,然后可以收其利而远其害,安能傲然而坐于公卿大夫之上哉!今山人者,名之为商贾,则其实不持一文;称之为山人,则非公卿之门不履,故可贱耳。③

沈德符对好货食利的文士士大夫表示理解:

士大夫黩货无厌者,固云龌龊下流,然为子孙计,或是一理。④

徽州一带,人们的思想观念更具典型性,他们认为儒、商应相辅相成,根据不同的实际情况有所偏重:

新都三儒一贾,要之文献国也。夫贾为厚利,儒为名高。夫人毕

① [明]王守仁:《王阳明全集》卷25外集七,第940—941页。

② [明]李贽:《焚书》卷1[书答]《答邓石阳》,《李贽文集》,北京燕山出版社,1998年,第19页。

③ [明]李贽:《焚书》卷2[书答]《又与焦若侯》,第70页。

④ [明]沈德符:《万历野获编》卷8《内阁上·宰相黩货》,第210页。

事儒不效，则弛儒而张贾；既侧身飨其利矣，及为子孙计，宁弛贾而张儒。一弛一张，迭相为用，不万钟则千驷，犹之转毂相巡，岂其单厚计然乎哉？择术审矣。[①]

明末清初时，黄宗羲提出工商皆本的思想，他反对轻视工商：

世儒不察，以工商为末，妄议抑之；夫工固圣王之所欲来，商又使其愿出于途者，盖皆本也。[②]

元代许衡"学者以治生为急"的思想对明清学者影响颇大，如明清之际具有进步倾向的思想家陈确在其《学者以治生为本论》一文中，认为文士从事治生也是一种本事，和那些庸俗利虫不同：

凡父母兄弟妻子之事，皆身以内事，仰事俯育，决不可责之他人，则勤俭治生洵是学人本事。而或者疑其言之有弊，不知学者治生绝非世俗营营苟苟之谓。

对于读书、治生二者的关系，陈确认为两者都是"学人之本事，而治生尤切于读书"。他引用许衡的话来强调治生的重要性，认为读书、治生都是真正学者所应具备的素质：

故不能读书、不能治生者，必不可谓之学；而但能读书、但能治生者，亦必不可谓之学。唯真志于学者，则必能读书，必能治生。天下岂有白丁圣贤、败子圣贤哉！岂有学为圣贤之人而父母妻子之弗能养，而待养于人者哉！鲁斋此言，专为学者而发，故知其言之无弊，而体其言者或不能无弊耳。

在读书、治生的本体论上，陈确认为："治生以学为本。"[③]

清代中期，学者陆以湉认为许衡的这种治生观念是很正确的，他还认为商贾若不失"义理"，也是一种"可为者"，讲究治生应准乎义理：

许鲁斋尝言，学者以治生为急，士之患贫者，往往藉口斯言妄求封殖，是特误会其旨耳。今观其言，曰："为学者，治生最为先务。苟生理

---

① [明]汪道昆：《太函集》卷52《海阳处士金仲翁配戴氏合葬墓志铭》，明万历刻本。

② [明]黄宗羲：《明夷待访录·财计三》，《黄宗羲全集》第1册，浙江古籍出版社，1985年。

③ [明]陈确：《陈确集·文集》卷5《论》，中华书局，1979年，第158—159页。

不足，则于为学之道有所妨。彼旁求妄进及作官嗜利者，殆亦窘于生理之所致也。士君子常以务农为生，商贾虽为逐末，亦有可为者。果处不失义理，或以姑济一时，亦无不可。若以教学与作官规图生计，恐非古人之意也。”审乎此，则知所为治生者，必准乎义之所宜，岂导人趋利哉？①

出身于家道中落之世儒之家的全祖望，深深体会到治生对学者的重要性，他曾引述他父亲的话，非常赞同许衡的治生观点，认为学者也应该治生，只是不要孳孳为利：

吾父尝述鲁斋之言，谓为学亦当治生，所云治生者，非孳孳为利之谓，盖量入为出之谓也。②

晚清时，随着西方列强的侵入和掠夺，朝廷上下倡导洋务运动，一些有识之士主张“商战”以救国，如曾国藩、薛福成、郑观应、何启、胡礼垣等，他们认为只有振兴民族经济，增强国家的经济实力，才能救亡图存③。朝廷也对官员、文士经商持默认或赞同的态度，官商一体的趋势日益明显。

明清时期，重视治生思潮的兴起，对于世风和士风的影响是很大的，如浙东、浙西的风俗不同，浙西好货食利，尚奢华，浙东则比较敦朴，重气节：

两浙东西以江为界而风俗因之。浙西俗繁华，人性纤巧，雅文物，喜饰鞶帨，多巨室大豪，若家僮千百者，鲜衣怒马，非市井小民之利。浙东俗敦朴，人性俭啬椎鲁，尚古淳风，重节概，鲜富商大贾。而其俗又自分为三：宁、绍盛科名逢掖，其戚里善借为外营，又佣书舞文，竞贾贩锥刀之利，人大半食于外；金、衢武健负气善讼，六军材官所自出；台、温、处山海之民，猎山渔海，耕农自食，贾不出门，以视浙西迥乎上国矣。④

苏州一带的风俗就以重利货殖为尚：

---

① ［清］陆以湉：《冷庐杂识》卷3《治生》，第120页。

② ［清］全祖望：《鲒埼亭集外编》卷8《先仲父博士府君权厝志》，《全祖望集汇校集注》，第901页。

③ 关于晚清士人“商战”的论述，详参毕颖达、刘春英《晚清士人商战观念的兴起》一文（《长春师范学院学报》2005年第1期）。

④ ［明］王士性：《广志绎》卷4《江南诸省》，中华书局，1981年，第67页。

吴中习尚以风流啸达为高，远色安贫，且以为固为陋而争调之。[①]

徽州更是重视治生，经商风气非常浓厚：

徽人嗜利，自士大夫至乡民，靡不染其习。[②]

清代著名理学家戴名世亦云：

徽人善为生，多能货殖致素封，其家子弟皆习纤啬，鲜能读书亲师友。而吴中之俗侈糜，士习于儇薄，多以虚声相炫耀。[③]

清嘉、道之际，乌程人沈尧云对社会上文士汲汲于治生获利现象予以深刻揭示，认为当时已四民不分，商人的地位得到大大提升：

仕者既与小民争利，未仕者又必先有农桑之业方得给朝夕，以专事进取，于是货殖之事益急，商贾之事益重。非父兄先营事业于前，子弟既无由读书以致身通显。是故古者四民分，后世四民不分；古者士之子恒为士，后世商之子方能为士。[④]

社会上崇尚富贵利达，上辈对下辈的期待也以势利为急，如清魏禧《黄太夫人八十寿序》云：

自圣贤之教衰而功利盛，富贵利达之习中于士大夫之膏肓而不可除。父兄所以望其子弟，日夜孜孜唯势利是急。苟得称封君，食肉衣锦，赫奕乡里，则其子弟虽使贪婪暴戾，不孝不友，亲加于其身，而其心已畅然不复有所嗛。[⑤]

晚清时，在中外经商的影响下，一些士人的观念发生了巨变，重商思潮兴起：

咸、同以前，搢绅之家蔑视商贾，至光绪朝，士大夫习闻泰西之重商，官、商始有往来，与为戚友，若在彼时，即遭物议。[⑥]

① [明]文震孟：《姑苏名贤小纪》卷上《参议尤公》，《四库全书存目丛书》史部《传记类》第115册，第744页。

② [清]刘体智：《异辞录》卷1《花鼓会吴老铭》，中华书局，1988年，第13页。

③ [清]戴名世：《戴名世集》卷7《邵生家传》，第204页。

④ [清]沈尧：《落帆楼文集》卷24《费席山先生七十双寿序》，嘉业堂刻本。

⑤ [清]魏禧：《魏叔子文集》外篇卷11，第566页。

⑥ 徐珂编撰：《清稗类钞·婚姻类·赵国麟与刘藩长联姻》第5册，第2051页。

文士从事治生本无可厚非，但也出现了一些为人不齿的个别现象，如明代著名道学家何颜为了钱财杀人越货，甚至奸淫良家妇女：

> 何心隐在万历间，屡变姓名，诡迹江湖间，所胁金帛不赀。尝游吴兴，诱其豪为不轨；又与一富室子善，偕之数百里外，忽曰："天下惟汝能杀我，我且先杀汝。"绁之湖中，取其家数百金……与奸良家妇为心隐所殴事，尤丑。山农，即心隐讲学师也。道学狼籍至此，可叹可叹！[①]

清昭梿《啸亭续录》卷3《王西庄之贪》曾记载：王西庄未第时，尝馆于一富室家，每入宅必双手作搂物状。人问之何故，言道："欲将其财旺气搂入己怀也。"及仕宦后，为了攫取钱财，对当事人实行严刑峻法，多籍没其财产。别人责问他："先生学问富有，而乃贪吝不已，不畏后世之名节乎！"他竟大言不惭地道："贪鄙不过一时之嘲，学问乃千古之业。余自信文名可以传世，至百年后，口碑已没而著作长存，吾之道德文章犹自在也。"故而在其著书中，多慷慨激昂语，自掩其贪鄙事[②]。又如清丁柔克《柳弧》记载：有一个笔帖式，家甚贫，日夜思富，并想大富，他考虑到大富后必谙勾稽算法，因取算盘日夜演习。凡归除因乘，甚至勾股、笔算、筹算及一切飞归戏算，无不细心体认。终日算子声叮叮当当响个不停，为此家人不断受到骚扰，厌苦之，但这个笔帖式对此毫不收敛。又在屏幛、几席以及茅厕各处，无一不贴上"发财"二字。别人都嘲笑他，以为他这样做不过是黄粱美梦，难以成真，然而他却怡然自得。如是者二十余年，寒暑不辍。因不治生产，贫困愈甚，至不能举火。忽然有一天，机遇来临，某王公奉旨敬修各帝王陵寝。此王公也善算，欲聘一善算者司会计，连召数人，皆以为不精，没有录用。有人向王公推荐这个笔帖式，王公召之而试其算技。王公看到他的算技十分高超，远胜于他人，十分高兴，携之同行，命其总司会计事，厚其脩饩。从事数年，笔帖式得到的财富多达数万金，捆载而归。于是洗去各处"发财"二字，在家享福，从此不再操习算术[③]。

时人对文士过分追求物质财富的取向表示不满和忧虑，如王士性《汲古堂集·序》对所谓的隐士藉名取利的现象予以批评：

---

① [清]王士祯：《池北偶谈》卷10《谈献六·何颜伪道学》，中华书局，1982年，第233—234页。

② [清]昭梿：《啸亭杂录》，第442页。

③ [清]丁柔克：《柳弧》卷4《算术致富》，第246页。

乃挽近世所称山人之什，余得而言其概矣。初未能以子大夫取显融而无以游扬于公卿间，则山人溺三寸管为羔雉而阴取偿其直，阳浮慕为名高也。则山人甚吝，以揣摩捭阖之术糊其口，而无以自试，不托迹于章缝则不售也。则亦山人故挽近所称山人者，多大贾之余也。语称大隐则朝市，小隐则山林，今山人不山居，而借朝市以藉口焉，朝嵬冠而博绅，暮习咿吾以备顾问，取人已吐之核，而饬以为己能，此何为者也。[①]

清王应奎对一些文士为了追求物质财富而将道德抛诸脑后的现象颇为忧虑：

然今日之秀才，偷懦惮事，无廉耻而嗜饮食，大半皆子游氏之贱儒也，谓之能措大事可乎？[②]

戴名世对社会上出现的文士钻营利禄之途，偏离正道的倾向予以抨击：

今之所谓才士者，吾知之矣，习剽窃之文，工侧媚之貌，奔走形势之途，周旋仆隶之际，以低首柔声乞哀于公卿之门，而世之论才士者必归焉。今之所谓好士者，吾知之矣，雷同也而喜其合时，便佞也而喜其适己，狼戾阴贼也而以为有用。士有不出于是者，为傲，为迂，为诞妄，为倨侮，而不可复近。盖今之士与士大夫之好士者相得如此，呜呼！亦一异矣。[③]

由上所述，我们不难看出元代许衡的治生理念深刻影响了明清文士，一些明清文士开始理解和重视治生，这种治生观念的变化，无疑给诸多面临生计问题的文士从事治生提供了理论基础；明清江南好货食利的世风也深深影响了文士传统观念的改变，不再轻视治生，而是将治生作为安身立命的物质基础。这些文士常常将儒家伦理和治生有机结合在一起，在不违背义理的前提下，从事治生，不过亦有一部分文士为了物质利益不惜自毁名节，遭到世人的不耻和鞭挞。

---

① ［明］何白：《汲古堂集》，《四库禁毁书丛刊》集部第177册。

② ［清］王应奎：《柳南随笔》卷2，第24页。

③ ［清］戴名世：《戴名世集》卷5《送蒋玉度还昆陵序》，第135—136页。

第四节　时局的影响

明清时期，一些文士从事治生活动，在一定程度上还与当时的时局有关，如战乱、朝廷政策的变化等都会直接或间接地影响到文士从事治生。这些不以文士意愿为转移的客观因素，打破了一些文士的思想布局，从而使他们加入到治生队伍之中。

（一）因战乱而治生。在战乱年代，一些文士为避乱不得已从事治生活动，如元末明初，江苏无锡人李琛，“元季避兵……事平，自蓉湖徙居南市桥，授徒养亲”，不就征聘，举孝廉亦不就[①]。清康熙时，徽州人方良孺，字稚子，随父客游豫章，侨寓饶州。方良孺志在以文章学问见著于世，博览群书，无奈因战乱只得从事治生：

> 康熙甲寅，新安遭兵燹，鹿村翁（良孺父）善会计，家中落者渐以恢复。至稚子复兼治生，经营淮扬、江楚间，也益大。稚子既深于嗜古，通古今事而有明敏才，遇事果决凿凿得失，虽老成人皆以为不及也。[②]

浙江嘉兴人戴铉，诸生，“避乱徙新丰里，杜门教授”[③]。嘉兴人周篔，初名筠，起初业儒，因战乱而弃儒经商：

> 少时喜读书，自遭兵乱，即弃举子业，就市廛卖米。有括故家遗书连船载以鬻者，篔买得一船积楼下，每日中交易，箕筥斗斛，权衡满肆，拨乱书糠粃中吟诵不辍。[④]

晚清时，太平军起事以来，江南多受战火蹂躏，一些文士只好避乱治生，如江苏句容人葛懋恒，附贡生，避战乱佐人经营盐业，乱平后，又继续其举业：

> 避乱渡江，隐负贩以供甘旨，为运商操盐策，家稍稍裕，色养备至。治乱平（同治时），理旧业，始博一衿。[⑤]

高邮人杨际春，学业优异，兼工词赋，值太平军声势日盛之时，江南停开科

---

① 康熙《常州府志》卷27《隐逸·李琛》，第616页。

② [清]李果：《在亭丛稿》卷7《方稚子传》，《四库全书存目丛书补编》第9册，第222页。

③ 光绪《嘉兴府志》卷51《列传二·嘉兴县·孝义》，第420页。

④ 光绪《嘉兴府志》卷51《列传二·嘉兴县·文苑》，第435页。

⑤ 光绪《续纂句容县志》卷10《人物·义行》，第220页。

举，他只好先治生养母：

> 值粤寇方炽，本省停考，际春藉佣书、训蒙以养母。尝在馆见东道奉馔丰腆，作《酸心词》自责曰："今日鱼佐餐，明日肉佐餐，鱼肉味美心中酸，高堂有母一饭难。餐餐尔肉尔鱼，读者哀焉。"

后于同治七年(1868)成进士，授检讨，在京任职10年，后值母年高，乃乞回籍终养，应时任两江总督的左宗棠之聘，主讲板浦、敦善两书院，馆谷外不妄取一钱[①]。甘泉人查懋馨，岁贡生，敦品力学，授徒近50年，成就甚众，"方洪杨之乱，避地通州石港场，分司某延主文正书院讲席"[②]。甘泉人郑心凤，"值洪杨之乱，不克竟读，改业贾，因移家郡城"[③]。

(二)"纳监"政策和赋税制度的影响。从明景泰时，为解决国家财政上的困难，实行"纳监"政策，即只要向朝廷交纳一定数额的钱粮，秀才就可获得进国子监读书的资格，出学后可以得到一定的官职，后来将"纳监"的范围扩大，不再只限定于秀才，这种"纳监"政策一直延续到清代灭亡，如康熙年间，为了笼络士子之心，曾实行"纳监"政策和开设博学鸿儒、博学鸿词科：

> 康熙丁巳、戊午间，入赀得官者甚众。继复荐举博学鸿儒，于是隐逸之士亦争趋辇毂，惟恐不与。[④]

晚清时，政府财政困难，面对内忧外困、战乱频繁的局势，"纳监"政策更是较前代为盛。如咸丰时，太平军声势浩大，江南大部均为其攻占，清廷财政困难，便在苏地大规模的实行"纳监"政策：

> 咸丰三年，粤寇陷江宁，吴中有力之家闻警率避他处，士倚课徒为生者皆无所得食。书院复停课，膏火不继……时洪杨匪势已蔓延四处，苏地开办筹饷捐，定例：凡捐资若干者，得广学额一名；又捐资若干者，准永广学额一名。[⑤]

"纳监"政策虽一时能缓解朝廷的财政困难，却带来了很大的影响：

---

① 民国《三续高邮州志》卷4《人物志上·列传》，第390—391页。

② 民国《甘泉县续志》卷24下《列传第六下》，第545页。

③ 民国《甘泉县续志》卷25《列传第七》，第552页。

④ [清]王应奎：《柳南随笔》卷4，第68页。

⑤ 民国《昆新两县续补合志》卷14《好义》，第462页。

使天下以货为贤，士风日陋。

或遇岁荒，或因边警，或大兴土木，率援往例行之，讫不能止。①

一些士子为了得到科举和仕途上的发展，多以货殖为事，因为从科举正途中获得一第，难度很大，“纳监”政策的实行，给一些士子提供了走捷径的便利，如晚清时，浙江萧山人朱凤梯，先世自新安迁至萧山，遂家于此。他从科举正途难以成功，便先弃儒经商，利用朝廷的“纳监”政策，得以踏上仕途：

凤梯少读书不成，弃而服贾，年三十复治儒学，诣京师纳粟为太学生，将应京兆试，不果，援例纳粟为从九品，分发山西，补授托克托城巡检，调署绥远城仓库大使，后于同治戊辰摄上海令。②

实行“纳监”政策所带来的负面影响也是很严重的，这直接败坏了士风、吏治，如明成化年间，礼部官员曾上书皇帝云：

为士子者知财利可以进身，则无所往而不谋利，或买卖，或举放，或取之官府，或取之乡里，视经书如土苴，而苞苴是求；弃仁义如敝屣，而货财是殖，士心一蠹，则士气士节由此而丧，他日致用，何望其能兴治有补于国家哉！③

清光绪年间曾任监察御史的杨福臻曾上疏云：

以入仕之途为致富之券，揣缺分之肥瘠，计入款之盈虚，起初挟商贾之心以趋仕宦之路，继握仕宦之柄以济商贾之贪，终拥仕宦之资归谋商贾之业，始起于捐纳之员，继染及读书之辈，利欲熏心，公言无忌，此贪婪之习也。④

赋役制度对江南地区的影响也是很大的。明清时期，江南地区一直是朝廷最重要的赋税区，赋税额较其他地区尤重，时人多有记载，如明谢肇淛《五杂组》云：

三吴赋税之重甲于天下，一县可敌江北一大郡，破家亡身者往往

① 《明史》卷69，中华书局，1974年。

② 民国《萧山县志稿》卷19《人物·列传六·朱凤梯》，第629页。

③ ［明］余继登：《典故纪闻》卷14，中华书局，1981年，第256页。

④ 民国《三续高邮州志》卷4《人物志上·列传》，第391页。

有之，而闾阎不困者何也？盖其山海之利所入不赀，而人之射利无微不析，真所谓弥天之网，竟野之罘，兽尽于山，鱼穷于泽者矣。其人亦生而辩晢，即穷巷下佣，无不能言语进退者，亦其风气使然也。①

名臣丘濬云：

韩愈谓赋出天下而江南居十九，以今观之，浙东西又居江南十九，而苏、松、常、嘉、湖五郡，又居两浙十九也。②

嘉靖时，礼部尚书顾鼎臣云：

苏、松、常、镇、嘉、湖、杭七府，财赋甲天下。③

清金之俊《金文通公集》云：

维古松陵，太湖之滨。潴田莱污，半长蒿蘋。赋繁役重，十室九贫。道值子午，供亿维艰。历数长吏，被劾以去。地方累官，不遑宁处。④

不仅赋役繁重，而且对士子的要求也比较严苛，如规定年 20 而不得与诸生之列，要服徭役。明末，朝廷又规定：廪生，官给每岁膏火银 120 两。若三科不中，罚为吏；五等生员，亦罚为吏。五年期满，抚按考选，分别等次，以八九品末入流铨补，仍准乡试。岁考等次，临时发落，前后不先出案。又贫生无力完粮，奏销豁免。诸生中不安分者，每月朔望赴县恳准辞十纸，名曰乞恩。又揽富户钱粮，立于自名下隐吞。故生员有坐一百走三百之谣⑤。

许多文士士大夫为此充吏役者不乏其人，如明万历时，朝廷在江南一带实行均田法，本意是抑官宦之家之滥免赋役，以苏民困，“而奉行者过于苛急，竟将缙绅编入里役，凡役色之重者，悉士大夫充之。有一士夫绝黠，不敛分毫之耗。……民间谣语：太平新政说姑苏，粮长收头尽士夫”⑥。

---

① ［明］谢肇淛：《五杂组》卷 3《地部一》，第 50 页。

② ［明］丘濬：《大学衍义补》卷 24《治国平天下之要·经制之义下》，文渊阁《四库全书》本。

③ 《明世宗实录》卷 204，台湾“中央研究院”历史语言研究院校印本（据国立北平图书馆红格抄本显微胶卷放大影印），第 4269 页。

④ ［清］金之俊：《金文通公集》卷 16《奉直大夫前吴江邑侯奠万刘公墓志铭》，《四库全书存目丛书补编》第 56 册，第 297 页。

⑤ ［清］顾公燮：《丹午笔记·明季生员》，《丹午笔记·吴城日记·五石脂》，江苏古籍出版社，1985 年，第 68 页。

⑥ ［明］李日华：《味水轩日记》卷 4，第 214 页。

有的文士为了躲避赋役之烦，或隐于释道，或隐于医，或从事其他治生方式，如清吴伟业云：

> 余每见世之士大夫困于更徭赋役之烦，在杜门学佛者为尤甚，即其亲党故人，义相收恤者，不能黾勉资助，而营斋利生，恒诎于力之所弗及。若其弃家室，毁容貌，虽或大人长德，其徒相与叙统系，争坛墠以屈辱之。庸儿俗媪，见其疏经诠教，规重矩叠，苦难知而避之若浼，不得于一知半解者同其利养，是儒者穷，儒而禅者尤穷。医独出入儒与禅之间，其地位可以权巧，其交游可以牵劝，故急难死生，捐金援手，伽蓝塔庙，鸠财庀工，在今日唯医之力饶为之，顾独难乎其人。①

又如清方苞云：

> 自科举之法行，年二十而不得与于诸生之列，则里正得而役之，乡里之吏鞭笞行焉。又非贵游素封之家，则所以养父母蓄妻子者，常取足于佣书授经，窘若囚拘，终身而不息，尚何暇学古人之学而冀其成耶。②

清乾隆年间，浙江有许多士子窜身于经商和里役行列，如庄书、圩长、埠头、牙行等等，朝廷为此只好下令禁止生监充当杂役③。

由上所述，战乱、朝廷政策的变化等也是促使江南文士从事治生的一个重要的外在因素。明清时期，尤其是易代之际，战乱的影响让许多文士毁家流离，他们在避乱之际，为了生存不得不从事治生；明清“纳监”政策和赋税制度对未仕文士的影响尤为深刻，一部分未仕文士为了踏上仕途，捐资纳监或捐官，赋税制度的规定又是影响江南文士治生的一个不可忽视的重要因素，为此这些未仕文士不得不从事治生，从而壮大了文士治生的队伍。

第五节　官员从事治生的原因

明清时期，一些官员出于不同的原因加入到治生的行列，包括在职或

---

① [清]吴伟业：《吴梅村全集》卷50《文集二十八·保御郑三山墓表》，上海古籍出版社，1990年，第1030—1031页。

② [清]戴名世：《戴名世集》附录《版本序跋·南山集偶钞序跋·方苞序》，第451页。

③ 《清朝文献通考》卷24《职役四》，商务印书馆，1936年，第5062页。

去职后的官员。这些官员从事治生的原因是多方面的，如好利、穷困、丁内艰等。

一部分官员利用在位权利的便利，为了获得厚利，直接或间接地从事治生或经商活动，这种现象早在明清之前就已盛行，这直接破坏了社会风气，是导致吏治腐败的一大要因。为此，明清之前的王朝曾经采取一系列措施禁止官员谋利和经商，如西周时就有“命士以上，不入于市”的规定，唐朝则有五品以上官员不得入市的规定①。明清时期，官员从事治生或经商已成为一种潮流，甚至明代的一些皇室拥有皇庄，清代前中期，虽然朝廷采取了一系列禁止官员治生或经商的措施，但许多官员私下里仍从事这类活动，如和绅、徐乾学等，晚清时，官商一体的现象更是前代所未及，朝廷甚至鼓励官员从事经商活动，思想界更有商战之思潮产生，这一直延续到清朝灭亡。

一些官员从事治生是由于好利思想所致，如徐阶、和绅、徐乾学等；一部分官员从事治生则是由于生活贫困。一些廉洁的官员常常处于生活窘困状态，甚至连寒士也不如，如清昭梿《啸亭续录》记载，曾出入将相50余年的明亮，在去职后，贫困之极，连皇帝也为之动容：

> 出入将相五十余年。性豪迈，不积余财，又屡遭籍没，故晚年贫窭尤甚，债如山积。居文庙小巷中，破屋数椽，仅庇风雨，应门惟一老妪，虽寒士所不逮。二子又复相继丧之，益加憔悴，故请致仕表有“儋石无储，二子先逝”之语。今上为之动容，乃命全俸养疾。②

尤其在官员被罢官、去职后，失去了丰厚的俸禄，面临着生存问题，不得不自食其力，如浙江上虞人孔潘府，明成化二十三年(1487)进士，仕至太仆太常少卿。致仕后，授徒为生：

> 卜居南山逾二十年，辟南山书院，聚徒讲学，远迩向慕，布衣蔬食，

① 关于明代以前官员经商，今人多有论述，如倪丽华《春秋战国时期官僚经商致富的原因》(《历史教学》1995年第10期)，郭莹《中国古代的官吏经商》(《史学月刊》1999年第4期)，洪学秋《唐代打击官吏经商谋利的法律规定》〔《安徽大学学报(哲学社会科学版)》1998年第4期〕，武原《唐代的官僚经商与朝廷对策》(《新西部》1997年第6期)，储著斌、张忠国《唐代禁止官吏经商谋利的法律规定及启示》〔《郑州轻工业学院学报(社会科学版)》2002年第3期〕，陈秀宏《唐宋时期的“士人经商”现象》〔《齐齐哈尔大学学报(哲学社会科学版)》2000年第6期〕等。

② [清]昭梿：《啸亭续录》卷4《明文襄》，中华书局，1980年，第498页。

足不入城市。[①]

浙江海盐人许珣，明正统时举人，“训导安溪未期，以老乞归养，教授于家”[②]。江苏无锡金匮县人邹子进，嘉靖十三年（1534）举人，以剿匪功升同知，“归田后。务农自给”[③]。浙江归安人沈应登，明嘉靖时历官有年，“忤上官，坐调，径归，课读养母”[④]。秀水人吕穆，明嘉靖三十二年（1553）进士，仕至工部员外郎，罢官后以授徒为业：

后罢归，授徒讲业，意所自得，指画旁若无人，时人为之语曰：经生岳岳，吕公折角。[⑤]

江苏溧阳人陶人群，明万历三十二年（1604）进士，仕至邵武知府，廉洁自持，“卒官日，家无余赀，人群教授无锡，后遂徙家常州”[⑥]。

清代，官员在被罢官和去职后从事治生的现象也是非常普遍的，如康熙时，浙江萧山人赵镐，仕至广东广州府经历，为官清廉自守，“晚年贫甚，至课童子句读以自给”[⑦]。德清人徐倬，康熙十二年（1673）进士，后仕至翰林院侍读学士，致仕后以书画治生：

寻致仕，归时年七十，学老文巨，碑板之文，照耀四方，求请者踵相接。[⑧]

归安人孙人龙，雍正八年（1730）进士，仕至广东学政，乾隆二十二年（1757）解组归，“主蕺山书院讲席，培植后进，恩谊备至”，6 年后卒，贫不能归葬，当地士人出资归葬并抚恤其家[⑨]。江苏长洲人蒋元益，乾隆十年（1745）进

① [明]刘鳞长辑：《浙学宗传·明孔修先生潘府》，《四库全书存目丛书》史部《传记类》第 111 册，第 74—75 页。

② 光绪《嘉兴府志》卷 56《列传七·海盐县》，第 632 页。

③ 光绪《无锡金匮县志》卷 19《宦望》，第 308 页。

④ 同治《湖州府志》卷 72《人物传·政绩二·沈应登》，第 1367 页。

⑤ 康熙《秀水县志》卷 5《儒林·吕穆》，《中国地方志集成·浙江府县志辑》第 31 册，上海书店，1993 年影印本，第 903 页。

⑥ 嘉庆《溧阳县志》卷 11《人物志·宦绩》，《中国地方志集成·江苏府县志辑》第 32 册，江苏古籍出版社，1991 年影印本，第 266 页。

⑦ 民国《萧山县志稿》卷 17《人物·列传四·赵镐》，第 608 页。

⑧ 同治《湖州府志》卷 70《人物传·列传七·徐倬》，第 1313 页。

⑨ 道光《会稽县志稿》卷 17《人物·寓贤》，第 48 页。

士，仕至兵部右侍郎，“致仕后，主讲娄东书院，遂家太仓”[①]。浙江秀水人郑虎文，乾隆七年(1742)进士，仕至左赞善，“归主徽杭书院数十年”。秀水人何振权，乾隆二十七年(1762)举人，仕至凤翔通判，以疾乞归，“宦橐萧然，因素精医术，藉赡余年”[②]。清钱泳《履园丛话》引《金陵琐事》载，许多官员在罢职或去官后，生活贫困，有的便从事治生活动：

> 《金陵琐事》载，南坦刘公罢嘉兴太守，训蒙自给。远庵李公罢江西副使，殊无生计，授徒于高淳。又顾横泾先生罢河南副使归家，环堵萧然，客来，从邻家乞火煮茗，当时传为佳话。近日长洲蔡少司马元益历官主试学政，致仕家居，惟以砚田糊口，典质度日。吾乡邹晓屏相国归田，时年已七十又四，一裘三十年仅存其鞟，赖门生赠遗以为薪水。其子光骏官徽州司马署府篆，有巨商某尝捐郎中，在刑部行走，其家出丧，以三千金为寿，乞太守一至为荣，往返三终不应。笑曰：“岂能以阿堵物污吾家风耶！”其廉如此。[③]

又如江苏阳湖人李兆洛，嘉庆十年(1805)进士，改翰林院庶吉士，散馆后授安徽凤台县知县，后去官不出。因其在仕宦期间有亏空，以俸脯补亏缺，官事竣，遂旋里。归乡后，受聘到书院讲学：

> 江阴延主暨阳书院，居之二十年而卒。
>
> 及主讲暨阳，江阴人士颇能信受，毗陵之隽，亦从而假馆四方，舣舟问字者无虚日。君乃得各就性情所近分途讲授，就染既久，多有能得其一体者。[④]

江苏宜兴人周济，进士，以知县用，在被罢官后，到书院讲学：

> 罢职归，主讲娄东书院，其教士善诱不倦，士乐就之，然非其志也。寻又主讲山左曹州。[⑤]

晚清时，江苏甘泉人江璧，少负文名，困于诸生者长达30年。同治四

---

① 民国《太仓州镇洋县志》卷22《人物六》，第369页。

② 光绪《嘉兴府志》卷52《列传三·秀水县》，第496—501页。

③ [清]钱泳：《履园丛话》[丛话二十四]《杂记下·贫官》，第639页。

④ [清]缪荃孙纂录：《续碑传集》卷73《儒学三·李凤台传》，《近代中国史料丛刊》第99辑。

⑤ [清]缪荃孙纂录：《续碑传集》卷77《文学二·书周进士济》，《近代中国史料丛刊》第99辑。

年(1865)成进士,以知县分发江西,历知万载进贤县事用,“后告归,主淮安丽正书院、江宁钟山书院讲席”①。江阴人何栻,少工词章。官知府,以事降黜,在罢官后,出外经商,经营盐业、布业,不久成为江南巨富:

乃走淮扬行鹾,而以松沪之布,货之江北诸郡。时洪杨初平,民渐复业,所至利市三倍,不数年,致巨富。乱久,淮上田土弗治,半为草莱,方将以资尽收而垦之,遽殁。

栻初至十二圩,仅有资四万。时海吕各场,存盐山积,无人过问,盖湘楚方仰食川粤也。乃以至贱之值得之,未几,江宁告捷,渐复原销。所获倍蓰,藉是贸迁,投无不中。然性阔大,好延纳,座客常满,置酒放歌,若不知有尘俗事者,藏书尤富。②

有一些官员因在官场不得志或厌倦官场,弃官而治生,如明代浙江兰溪人文懋,成化二年(1466)进士,仕至礼部尚书,由于在仕宦期间不得尽行其志,乞休归,力耕自给:

既归,闭门却扫,不入城府,力耕以自给。四方执业者云从。③

明天顺、嘉靖时,海阳人吴顺,在任职海阳县丞期间,因与郡太守不合,愤而辞归,从事治生:

君藉遗资又力勤,善治生,生理日饶。更无质俭,蔬食布衣,至收族赈贫,出囊庾所有无吝色,人皆谓海阳君。④

浙江秀水人吕程,嘉靖二十二年(1543)进士,授怀庆府推官,“不乐亲簿书,弃官归,授徒以老,时称南川先生”⑤。陈芹,南京卫籍,以举人屡次会试不第,授宁乡令,后弃官力耕为事:

三月即归耕于新林,取古之高士各赋诗四韵名高士吟,其自为引

---

① 民国《甘泉县续志》卷24上《列传第六上》,第543页。

② 费行简:《近代名人小传·货殖·何栻》,《近代中国史料丛刊》第8辑,第435—436页。

③ [明]徐纮:《皇明名臣琬琰录》续集卷2《文懿章公》,第1529页。

④ [明]郑晓:《端简郑公文集》卷6《海阳县丞吴君墓志铭》,北京图书馆古籍出版编辑组编《北京图书馆古籍珍本丛刊》集部《明别集类》第109册,第476—477页。

⑤ 光绪《嘉兴府志》卷52《列传三·秀水县》,第471页。

云野人，故贫士也。……故每耕作之暇，游涉山泽，辄为之诗，吟咏往来。①

清代浙江乌程人费之奎，康熙十五年（1676）进士，二十四年（1685），廷试词臣，在对品改调之列，遂弃官以农耕为乐：

归里杜门却轨，课耕为乐，芒鞋竹杖行阡陌间，不知为荐绅先生也。林下三十余年，于当道不轻投一刺，自题其座曰："香山娱老唯开社，彭泽辞官只种田，好行任恤抚孤贫。"②

江苏高邮人董对廷，同治四年（1865）进士，注重经世致用之学，因言不见听，遂告养回籍，以主讲于书院和修纂方志治生：

资馆谷以奉亲，往来淮扬、吴门间，主讲钟吾、敦善各书院，分校淮南、苏郡各书局，苏、扬两郡志书皆与修纂。③

有的官员在父母治丧期间从事治生。按照中国古代礼法制度，父母之丧，无论官员平民，当在家守孝三年，有些官员便利用离职在家守孝这段时间从事治生活动。如清乾隆时，江苏阳湖人孙星衍，字渊如，以诗名，通经史，钱大昕主钟山书院时，与之讲学，又及相重。后随陕西巡抚毕沅入关，入其幕府。乾隆五十二年（1787）以一甲第二赐进士及第，授翰林院编修，充三通馆校理，仕至山东兖沂草济道。在其服母丧期间，受聘到书院讲学：

未几母忧，归，侨居金陵六年。浙抚阮公元辟诂经精舍于西湖，聘先生及王侍郎昶迭主讲席，以经史疑义课士，旁及小学、天部、地理、算法、词章，各听搜讨书传，条对以观其器识，请业者盈门。未十年，舍中士掇巍科、入馆阁及撰述成一家言者，不可胜数。

他淡于宦情，服阕后，游吴越数年，终以河工偿项故不得已再出，有旨仍发山东以道员用。嘉庆十六年（1811），引疾归，寻客扬州运署校刊《全唐文》，

① [明]王兆云辑：《皇明词林人物考》卷11《陈子野》，《四库全书存目丛书》史部《传记类》第112册，第178页。

② 同治《湖州府志》卷76《人物传·文学三·费之奎》，第1440页。

③ 光绪《再续高邮州志》卷4《人物志·列传》，《中国地方志集成·江苏府县志辑》第47册，江苏古籍出版社，1991年影印本，第101页。

累主钟山书院[1]。浙江秀水人沈照，清道光时，授平阳教谕，“丁艰归家，无宿储，馆于海宁蒋氏，仍鬻文以自给”[2]。江苏六合县人秦淳熙，道光十五年(1835)进士，散馆改知县，“丁母忧，主讲旌德之凫山书院，奖进士类，多所成就”[3]。

综上所述，在从事治生的群体中，官员从事治生的现象也比较突出。这些从事治生的官员，既包括在职的官员，也有去职的官员。虽朝廷一再严令禁止官员经商或治生，但官员治生现象屡禁不止，有的官员甚至为之受到朝廷的申斥和处罚。这些从事治生的官员，他们有的是委托家人或仆人治生牟利，有的是去职后参与治生，或维持生计所需，或为牟利之念所动。官员从事治生的原因可以说是多方面的，如好利、穷困、丁内艰等。

① [清]李元度:《国朝先正事略》卷35《经学·孙渊如先生事略》,《四部备要》史部第303册。
② 光绪《嘉兴府志》(二)卷52《列传三·秀水县》,第504页。
③ 光绪《六合县志》卷5《人物志·儒林》,第159页。

小　结

本篇主要对明清江南文士的治生途径、用途和原因进行了探讨，从中不难看出江南文士治生途径呈现出多样化，其治生用途和原因也是如此。另外，文士治生在明清不同时期也有所侧重，乡村文士和城镇文士的治生途径亦有不同之处。

明清江南文士治生的途径主要集中在参与教育市场、艺术市场、刻书业、作文受谢、游食、医卜、业农、经商等几个方面，这也是江南文士比较擅长的治生领域，比较符合他们的自身条件和身份地位；也有少数文士从事杂业以治生，这种情形虽不占主流，却反映了明清时期江南文士治生生态的日趋恶化，这也值得我们去关注。

从治生群体来看，既有本地文士，也有外来文士；既有乡村文士，也有城镇文士。他们从事治生的途径也有所侧重，如扬州盐商，许多出自徽州的未第文士；而驰骋于江南书画市场的主体则是吴门画派、扬州八怪、海派画派，吴门画派的代表人物多是来自苏州本地，扬州八怪和海派画派的代表人物多是来自江浙一带。乡村文士多以处馆、卖文、涉足刻书业、业农为治生手段，如徽州歙县、婺源两地的塾师世家，浙江湖州安吉县的凌、闵刻书世家，浙江桐乡县的张履祥在周围乡镇处馆、在家乡业农，等等。这些出身乡村的文士，有的不限于在本地治生，还常常到周边的大都市寻找治生良机，如凌濛初长期寄居南京，应书商之请，创作拟话本小说集“二拍”；晚清著名报人王韬，从家乡苏州长洲县甫里村奔波于上海和海外，以帮助外国人翻译书籍、办报、出任书院掌教等方式以治生。乡村文士因地处经济文化远不如都市发达的乡村，他们在本地治生的收入多不丰厚，他们所能从事的治生职业有一定的局限性；而都市所能提供的治生路数和机会就比乡村要多得多，它们会给文士提供到书院谋食、游幕、游食、经商等多种治生机会。

江南文士治生的情形在明清不同时期也有所差异。虽然在明初也有不少文士从事治生，但当时江南文士的治生范围和力度远不如明中叶以后，这与明中叶以后，朝廷对江南管制的放松及江南发达的经济文化有着比较密切的关系；另外治生观念的巨大变化也是一个重要原因，世人开始理解和支持文士治生，只不过要求文士治生须在不违背义理的情况下进行，这与孔子的“君子取财有道”理念一脉相承。明中叶以后，文士治生不再遮遮掩掩，甚至不再被动而为，有的文士主动上门推销或索要报酬。清中期郑燮更是将明中后期吴门画派的市场化行为向前推进了一步，他将自己的书画作品完全市场化，为此专门制定了《板桥润格》。晚清时的吴平斋、周存伯、侯云松等书画家效法郑氏，明码标价，促进了江南书画市场的发育。另外，明清易代之际，一些江南文士因不愿与清廷合作而放弃科举出仕，开始治生；在战乱之际，一些江南文士为避乱而离家外出治生的情形也大有存在。清代陶澍改盐纲之前，徽商驰骋于江南，一些徽州文士弃儒经商，获利颇丰，有的甚至受到朝廷的素封。晚清时，因受到西方列强的侵略和压迫以及洪杨起事的影响，江浙一带的文士治生活动一度受到影响，许多文士将治生重心转移到上海，并开始尝试涉足一些近代化的职业。

明清江南文士治生的用途，虽具体到每个文士会有所不同，但大体而言，主要集中于赡养父母、维持自身或家中生活用度、交游、收藏、筑园、奢侈挥霍以及社会慈善、公益事业等几个方面。对于下层文士来说，赡养父母、维持自身或家中生活用度是他们治生所得的主要开支；而家境较为富裕或治生所得丰厚的文士，他们常常将治生所得用于交游、收藏、筑园、奢侈挥霍以及社会慈善、公益事业等事项，这体现出不同阶层文士的治生用途的差异性。关于明清文士的治生原因，也正如上文所述：因家贫、父母早亡或年老而家中缺少治生之人、因破家或家道中落、为父母治病等原因而从事治生的文士，常常多是下层寒士；为继承父业而治生的文士，虽不得不弃儒经商，但他们常常不忘儒业，身体力行，以儒家伦理作为行为之先导；因绝意仕途而从事治生的文士，常常以易代之际的文士和对科举制度已极度失望的文士居多；因身体状况、战乱、科举未售、赋税制度影响而不得不治生的，常常是一些文士出于无奈的选择；朝廷的“纳监”政策给了那些难以通过科举考试踏入仕途的文士一丝“光明”，通过捐资来实现自己入仕的理想；治生思想观念的变化，给一些文士注入了治生的动力，文士从事治生不再受到鄙视，而更多的是受到正统文士的理解和尊重。

总而言之，明清时期的江南文士所从事的治生活动，呈现出治生途径的多样化，治生用途和治生原因的广泛性和复杂性；在不同时段，江南文士治生的侧重点也有一定的差异性，不同阶层的文士治生情形也有所不同，具体情形因时因人而异。

下　篇
文士治生的重要地域

明清时期，江南是经济、文化最为发达的地区，吸引了许多文人雅士慕名而来，如清孔尚任《郭匡山广陵赠言序》云："天下有五大都会，为士大夫必游地：曰燕台，曰金陵，曰维扬，曰吴门，曰武林。其地之名山大川、人物遗迹，各甲于天下；而士大夫之过其地者，登临凭吊，交其人士，莫不有抒写赠答之言。凡其言为其地之所传颂者，即为天下之所传颂。故士大夫游其地，非但侈情观览，盖如缙绅之通籍焉。然亦有久著海内之名，而再至三至其地者。"[①]孔尚任文中所言的"天下五大都会"除了京城北京外，其余四地如南京、扬州、苏州、杭州均在江浙一带，而这五大都会除了南京是毗邻运河城市扬州、常州等以外，其他四大都市均地处运河沿岸，由此可以看出运河对明清文士的巨大吸附力以及运河与明清江南文士治生的关系是多么的密切。到了晚清时期，江浙地区多受战乱的破坏，而上海则较少受到波及，成为文士及其他阶层之乐土，渐渐后来者居上，成为驰名中外的大都市；而徽州地区自明中期以来，徽商驰誉天下，有"无徽不成镇"之说，而徽州文士治生也十分普遍，尤其是徽州文士经商的数量和涉及的行业，较之其他地域尤为巨大和广泛，几乎和其他徽商并驾齐驱，而上海和徽州也毗邻运河沿岸城市，随着近代局势的发展，许多运河沿岸和毗邻运河地区的文士不断涌入上海，而明清时期的徽州文士则奔赴运河沿岸城市或毗邻运河的江南地区以从事治生活动。因此下篇着重叙述江南的南京、扬州、苏州、杭州、上海五大都市及徽州地区文士治生的状况。

① [清]孔尚任：《孔尚任诗文集》卷6《文·郭匡山广陵赠言序》，中华书局，1962年，第459页。

第四章　明清时期文士在南京的治生状况

明初，朱元璋定都南京，明成祖即位后，虽迁都北京，也仍将南京作为留都。清朝建立后，南京虽失去了明代留都之重要地位，但仍是两江总督和布政使司的治所。明清时期的南京及其所在的江南是重要的财赋之区，南京又是久负盛名的文化重镇。

由于南京所处的重要地位，许多达官贵人、文士墨客、豪富大贾争相来此，如同治《上江两县志》云：

> 金陵为吴中一大都会，土著编氓号为循谨，而达官贵仕爱其繁富，常寄寓于斯，权势足以凌闾里；又地处通衢，舟车四集，巨滑奸商往往而在官斯土，治斯民亦戛戛乎其难之哉！①

南京又是文士热衷的游宴之地，文人士大夫常常流连忘返：

> 士夫游宴之所，以秦淮之画舫、妓院之河房为最。番菜馆则有贡院前之金陵春与金陵邨、利涉桥之海国春、中正街之悦宾楼，戏园则有大东桥之升平、府东街之庆升，歌舞楼台，金尊檀板，洵足乐也。迩来下关新开商埠，鼓楼甫设公园，日斜风定，裙屐少年携三五妖姬驾言出游，绿杨阴里，宝马香车，尝络绎不绝。美景良辰，赏心行乐，前代所不及也。②

在南京的文士并非个个生活无忧，腰缠万贯，亦非专为游乐做官而来，他们中的一部分人出于各种因素在此从事治生，从事的职业呈现出多样化，涉及许多领域。

第一节　坐馆以治生

通过教授生徒或做馆客以获得束脩，是一些文士治生的重要途径，尤

---

① 同治《上江两县志》卷21《名宦》，《中国地方志集成·江苏府县志辑》第4册，第492页。

② ［清］蘋梗：《秦淮感旧集》上，《笔记小说大观》第4编第9册，第5756页。

其是下层士子的主要生活来源，但常常仅能维持生计。另外，有的官员在去职后，也加入了这一行列。

授徒者，有的是鉴于父母年老，出于孝道而选择教授生徒的，如溧水人周仪风，少孤贫，诸生，充拔贡，“不忍离母，遂课徒以供甘旨，不图仕进焉。著有《灯火宵勤文集》”[①]。有的文士在未出仕前以授徒补贴家用，有的甚至用微薄的束脩救济孤寡，如江宁人陈士全，居金陵卫。诸生，“其师死，士全摄馆事三年，所入脩脯悉以供其孀孤。家故赤贫，弗恤也”。道光十七年(1837)举于乡，以大挑知县分发北河，署直隶雄县知县[②]。有的因家贫而以教授生徒为生的，如句容人刘长森，县学生，“晚年贫甚，为童子师以自给”[③]。有的官员在去职后，以授徒作为生计之源，如明嘉靖年间，薛君采、陈鲁南、蒋子云诸公为顾英玉所作的《寒松斋词翰卷赞》中云：

> 先生自河南副使中谗归秦淮，居旧庐之东偏，沿街小楼广不逾丈，坐卧其中，训蒙童数人以糊口。客至，从邻家乞火煮茶。有相好者，沽酒对酌，缾罄辄罢去。尝绝粮，东桥公馈斗粟，不肯受。以寒松名其斋，乞人为诗文，而自叙之曰：“寒松斋者，自励之名也。生平鲠介，颇能自信。年逾四十，沟壑见逼，恐不能自坚，流为小人之归，故自砺曰：今日寒矣，天地冻塞，汝当为寒松之荣，毋为靡草之死。”晚年穷益甚，好痛饮，以病酒死。[④]

顾英玉因在官场不顺而罢归，虽以授徒糊口，但生计窘迫，竟以穷困而死。由于下层文士以教授生徒糊口的人很多，这种职业对于一些书生也是难以为继，有的书生为了找到这样一份工作，不得不请他人代为推荐，如清代著名文学家袁枚就曾遇到书生求其帮助寻找工作的事，袁枚《与帅璞山刺史》云，某年三月间，有潘生者来，请其代求童蒙，希望束脩一脡。潘生为德州一穷秀才，虽与袁枚素无来往，但听闻袁枚当时挈家隐于戢影山庐，遂前去请其帮助寻找塾师这种工作，“骇者，骇南都之为师者，在谷满谷，在坑满坑，无可推毂也；喜者，喜明公之刺其州，其雅望渊鉴，足以有造于生也”。

---

① 同治《续纂江宁府志》卷14之五《人物·孝友》，第252页。
② 同治《续纂江宁府志》卷14之六《人物·仕迹》，第261页。
③ 同治《续纂江宁府志》卷14之九上《人物·义行》，第283页。
④ [清]钱谦益：《牧斋有学集》卷42《赞》，第1429页。

袁枚只好请其好友帅璞山刺史帮忙[①]。

做馆客者，常常依附于豪门大吏，成为他们的帮手或食客，常常以未及仕的士子为多，如明代上元人杨朝宗，“尝馆于徐氏，有友易某贫无以自存，将之汴”，朝宗力劝之[②]。清代吴县人姜本仔，14 岁补县学生，同辈人相继显达，“而君屡蹶场屋，处之泊如也”。葬亲后，“乃出游，馆于秣陵，尝吟眺山水间，见东南白云逢逢起，则悲呲”[③]。

第二节　书院治生

明清时期，南京比较著名的书院主要有钟山书院、尊经书院、惜阴书院和文正书院，尤以钟山书院影响最大。钟山书院，始建于清雍正二年(1724)，系总督查弼纳于南京城内钱厂旧址上创建，檄选通省士子肄业其中，延师教训，月给廪俸；雍正十年(1732)，奉旨省会建立书院，赐帑金1000 两葺治书院，以帑金置田，兼支存公银两，为士子膏火，资使朝夕讲诵，以期成德达材。雍正时，掌教的馆俸银每年 300 两，另外还有节仪银 6两，每月供膳银 10 两，以主讲经史为主[④]。据柳诒征《江苏书院志初稿》[⑤]所辑史料记载，钟山书院的膏火银发放有一定的制度，如《白下琐言》《钟山书院志》云，月课奖赏，按照名次将膏火银封固，写明某生姓名，江宁府前一日晓喻诸生：届期面给，不假手胥役，每月初二日给薪水亦然。许多文士受聘于书院做山长，较为著名的有杨绳武、夏之蓉、钱大昕、卢文弨、姚鼐、朱琦、程恩泽、胡培翚、任泰、梁鼎芬、缪荃孙等人。其中钱大昕曾因家贫在家授徒，后于清乾隆四十三年(1778)被聘为钟山书院院长，前后凡 4 年。他学识渊博，教士以通经读史为先，经其指授而成名者甚众，其史学名著《廿二史考异》即成于此。卢文绍，则于钱大昕前后在钟山书院任教长达十数

① [清]袁枚：《小仓山房尺牍》卷 1，《袁枚全集》，第 8 页。

② 嘉庆《新修江宁府志》卷 36《人物志·敦行》，《中国地方志集成·江苏府县志辑》第 1 册，江苏古籍出版社，1991 年影印本，第 373 页。

③ [清]沈廷芳：《隐拙斋集》卷 41《传·姜文学传》，《四库全书存目丛书补编》第 10 册，第522 页。

④ [清]汤椿年：《钟山书院志》卷 7《延师》，赵所生、薛正兴主编《中国历代书院志》第 7 册，江苏教育出版社，1995 年，第 541—543 页。

⑤ 赵所生、薛正兴主编《中国历代书院志》第 1 册。

年，精校勘，其《钟山札记》亦成于此。桐城派领袖姚鼐，于乾隆五十五年(1790)60岁时，主讲钟山书院，历时最久，以古文义法教授门下弟子，成就者甚众，后卒于钟山书院。道光间，唐鉴致仕南归，主讲金陵书院。曾国藩克复太平天国占据的南京后，首延李联琇主讲钟山书院，前后长达14年，深为曾国藩和士林所推崇。

尊经书院，始建于清嘉庆十年(1805)，系布政使康基田于尊经阁旧址捐资设立；道光年间，增设惜阴书院，后又增设文正书院以记曾国藩之功。当时一些文士受聘于这些书院，如同治八年(1869)，名士薛时雨应两江总督马新贻之聘，主讲尊经书院①，并与联琇主课惜阴书院。惜阴书院虽晚建，但主讲者多为名师，如在道光年间主讲者有俞正燮、胡培翚、冯桂芬等。夏寅官《俞正燮传》曾记载：安徽黟县人俞正燮，家甚贫，性情耿介，为生计其后奔走40年，所获不足赡妻儿，年逾60犹不能有一日安居，直至"寿阳祁文端(祈隽藻)督学江苏，留先生学署，为校写《三古六朝文》目录。陶文毅(陶澍)督两江，聘先生主江宁惜阴书院……脩脯所入亦较优赡以为足"。一年后死于惜阴书院②。主讲文正书院的名士主要有黄体芳、张謇等，学术风尚与尊经书院不同。光绪末年，各书院均改为学堂。

第三节　以游幕、业农、经商或其他杂业为生

游幕，历来是下层文士所选择的治生职业。明清时期，南京是重要的经济、军事重地，一些文士常常到南京的官府衙门作幕宾，有的不乏以之走上自己无法通过科举之路得到的仕途，这在清代尤为普遍，两江总督衙门更是文士游幕的理想之所。有的在未仕前以游幕为业，如清代乾嘉两朝重臣王杰，陕西韩城人。以拔贡铨蓝田教谕，未任，遭父丧，"贫甚，为书记以养母。历佐两江总督尹继善、江苏巡抚陈宏谋幕，皆重之"③。清嘉、道年

① 费行简《近代名人小传》云薛时雨，字慰农，全椒人，以科甲官知县，擢至道员，乞休归。"曾国藩聘主尊经、惜阴诸讲席，一时吴下文士多其弟子。时雨和厚，旷达不持仪节，士皆亲之"；而《江苏书院志初稿》引顾云《薛桑根先生行状》则言"同治八年，马端敏公总督两江，聘主江宁尊经书院兼惜阴书院"(《中国历代书院志》第1册，第48页)。

② [清]闵尔昌录：《碑传集补》卷49《文学六·俞正燮传》，《近代中国史料丛刊》第100辑。

③ 《清史稿》卷340《王杰传》，第11085页。

间，湖北江夏人陈銮在未仕前，“百文敏总督两江时，延入幕中，掌章奏”①。上元县人戴衍祜，亦曾受两江总督百龄之聘，到其官衙做幕宾②；道光间名臣李星沅，湖南湘阴人，“未第时，客陶澍幕中，为掌章奏。又历官江南，习于盐、漕、河诸利弊”。后中道光十二年(1832)进士，仕至陕甘总督、江苏巡抚、云贵总督③。有的通过游幕而获得选官的机会，如晚清时，广东大埔人林达泉，咸丰十一年(1861)举人，“江苏巡抚丁日昌辟佐幕府。留心经济，每论古今舆图、武备及海外各国形势，历历如指掌，日昌雅重之”。同治三年(1864)，以知县选用，后仕至直隶州知州④。又如上海人陆瀛龄，通经史，工诗古文及书法。雍正元年(1723)以选贡入京，辞疾归，“游两江制府幕，数陈郡县利病，行之，民皆称便”。后选石埭县(今属安徽省)教谕，后乞休归，闭户著书⑤。多数文士比较珍惜幕宾这个席位，但有的文士则为了钱财而做出为人耻笑之事，如两江总督刘坤一曾被其幕宾连文冲诈去金30000两⑥。

从事农作，也是一部分文士选择的治生之道，其中有的是因家贫不得不为之，如清乾嘉时人邢阶，高淳人，“少孤贫，躬耕以养”。后在其外祖劝告下，勤力读书，通经史，以岁贡终其身⑦。又如清代著名小说家吴敬梓，安徽全椒人，虽出身于科宦之家，但由于早年好交游，性耽挥霍，家产尽没。后移家南京，生活贫困不堪，有时卖书换米，有时“闭门种菜，偕佣保杂作”(顾云《钵山志》卷4)。他常常于严冬之夜，邀集朋友，绕城步行几十里，以此取暖，谓之“暖足”。晚年，客死于扬州。

文士在南京经商的人数远不如徽州、扬州、苏州等地，但亦不乏其人，如徽州婺源人洪大诗、金照、俞盛等人曾到南京经营木业。洪大诗，贡生。早年父死，到南京经营木业：“初游江右至邑，后营金陵木业，囊渐充裕，因居于白下。”清代曾挂中书衔的婺源人金照，“业木金陵”；俞盛，国学生，“业

① 同治《续纂江宁府志》卷14之一《人物》，第177页。

② 同治《续纂江宁府志》卷14之三《人物·先正二》，第205—206页。

③ 《清史稿》卷393《李星沅传》，第11751—11752页。

④ 《清史稿》卷479《循吏四·林达泉传》，第13081页。

⑤ 同治《上海县志》卷21《人物四·陆瀛龄》，同治十年(1971)刊本。

⑥ 裘毓麐：《清代轶闻》卷2《名人轶事下·刘忠诚与连文冲轶事》，王有立主编《中华文史丛书》之00第11辑，第130—180页。

⑦ 同治《续纂江宁府志》卷14之三《人物·先正二》，第204页。

木金陵，值水灾，挥金平粜，活人无数”[①]。

为人作序文或碑铭以获得润笔资，是成名文士常见的一种治生手段，如明末清初著名文学家钱谦益就是此类名手，金埴《不下带编》曾记其以润笔资资助他人之事：

> 有故人子远来求援，公命少俟，曰：“润毫至，丰啬尽以贶子，可归矣。”适一帅具百金请序，公尽与之。其人失金于途，去复来，乃获三百金，则其盛何减于古人。[②]

有的文士工书善画，便以此作为治生的途径，从事此类职业的多为下层文士。如清代江宁人高泽瀛，“家贫，佣书将母”[③]。又如明代曾任内阁中书舍人的六合人孙国敉[④]，精于书画鉴赏，深受世人的垂青，获利不菲：

> 又鉴赏最精，四方碑版法书贾京师者，必先投国敉订之。居金陵小馆近庙市，时董公其昌为大宗伯，每过市，必至国敉寓中，翻阅竟日。一时勋戚之贤者，如恭顺吴公维英、新乐刘公文炳、都尉冉公兴让、巩公鸿图皆礼贤下士，笃嗜词翰，咸以牛耳推国敉，月供膏火费，所著书不下百余种，凡天文、地理、乐律、兵法，莫不有书。[⑤]

明清时的南京，是著名的刻书中心，书肆林立，一些文士或从事刻书，或应书商之请撰写时文、小说，获得稿酬；或是到书局中从事校勘工作，以获得薪金。如晚明颇有影响的选评家、出版家何伟然，浙江杭州人，落第诸生，家境贫寒，曾在南京设梨云馆，刊刻书籍，目前所见他刊刻的书籍主要有《梨云馆类定袁中郎全集》40 卷，《梨云馆广清纪》4 卷，《尺牍青莲》12 卷，《快书》50 种（闵景闲同辑），《广快书》50 种，《四六霞肆》，《梨云馆集》12 卷，《别论》2 卷等。他还参与选评《翠娱阁评选皇明十六家小品》《翠娱阁评选明文归初集》等书。凌濛初的同乡闵齐伋也曾在南京设立刻书分所，而凌濛初所编选的《拍案惊奇》《二刻拍案惊奇》及一些戏曲作品就是在南

---

① 光绪《婺源县志》卷 34、卷 35《人物 · 义行》，转引自张海鹏、王廷元主编《明清徽商资料选编》，黄山书社，1985 年，第 189 页。

② [清]金埴：《不下带编》卷 2《余国柱传》，第 30—31 页。

③ 同治《续纂江宁府志》卷 14 之五《人物 · 孝友》，第 251 页。

④ 孙国敉，原名国光，字伯观，《明史 · 艺文志》作孙国庄。

⑤ 光绪《六合县志》卷 5《人物志 · 儒林》，第 156 页。

京完成的,并有书商求诸刊行,如在《二刻拍案惊奇·小引》中曾云书商"以梓传请"。晚清时,南京开书局,张星鉴《戴子高传》云浙江德清人戴望,好读先秦古书,在其秋试后,放弃举业,到南京的书局中从事校勘工作:

> 兵燹后,当事开书局于金陵,延君校勘所刊,《穀梁》《毛诗》《后汉书》皆出君手。①

有的文士专以校勘为生,如清代长洲人陈奂,嘉庆二十二年(1817)入都就养于王念孙府邸,父母死后,再入都见王念孙,咸丰年间,受聘于两江总督府中校刊书籍:

> 日校管、荀书成,命先生审正。未几,客浙,汪舍人远孙聘主其家,出所著《国语发正》共定。远孙殁,其弟适孙复请定其兄遗书,又为先生刊《诗疏》以行,凡主汪氏者二十余年。咸丰初,诏举孝廉方正,乡人士以先生应,故入沔阳。陆公总督两江,延先生往校刊群籍,逾年归。会东南乱,比岁不得息,先生自是不复出游。②

行医问卜是文士治生的一个重要途径,在南京的文士也常常以之谋生,如明代杭州人刘均美,其家以医名,读书通大义,洪武间以闾右迁徙至京师,仍以医行善:

> 药售不二价,又喜施,故四方持重价走均美,市药者日无算,而贫无钱走丐药者亦无算,均美旦起视丐者先之,而后及市者。郡人许昉游国学,无以自给,均美延之家。昉死,为之殡殓,归其棺。期年,术益精,活人益多,誉益远。③

有的在去官后以卖药自给,如明初昆山人史谨,好吟咏,工画。洪武中曾官湘阴县丞,后被罢官,侨居金陵,"构独醉亭,卖药自给,以诗画终其身"④。有的文士在明亡后也以之为业,如明末清初,桐城人方文,少孤,诸生,未及出仕而明亡,入清后,以游食、卖卜、行医为活,一生穷困。朱紫麓《方嵞山

---

① ［清］缪荃孙纂录:《续碑传集》卷75《儒学五·戴子高传》,《近代中国史料丛刊》第99辑。

② ［清］缪荃孙纂录:《续碑传集》卷74《儒学四·孝廉方正陈先生行状》,《近代中国史料丛刊》第99辑。

③ 民国《杭州府志》卷141《人物七·义行一》,《中国地方志集成·浙江府县志辑》第3册,上海书店,1993年影印本,第308页。

④ 嘉庆《新修江宁府志》卷42《人物九·流寓》,第428页。

先生传》云其曾南入杭州，纵游西湖，后“还居金陵，以医卜自活”①。有的文士在出仕前，因家贫以之佐生计，如清代江宁人宁楷，少孤贫，“卖卜于市，而力学不倦”。后于乾隆十九年（1754）登榜进士，选授泾县教谕②。堪舆之学，历来为古人所重视，便催生了从事这种行业的地理大师，如清人钱裕，国学生，幼习诗书，专攻地理，“远近延请，名闻金陵”③。

综上所述，在南京的文士所从事的治生途径，主要有通过授徒或做馆客获得束脩，就职于书院，医卜、游幕、出售书画、校勘、刻书、撰稿、业农、经商等。除了任职书院的文士外，他们多为下层文士，生活比较困苦，有的官员去职后也加入了治生的行列，甚至有被朝廷惩治的官员，如清顺、康年间，湖广大冶人余国柱，因贪私被于成龙弹劾，罢官后，到南京继续经营生计：“既出都，于江宁治第宅，营生计，复为给事中何金兰所劾，命逐之回籍。卒于家。”④

---

① ［清］方文：《嵞山集》，上海古籍出版社，1979年影印本，第1186页。

② 同治《续纂江宁府志》卷14之三《人物·先正二》，第212页。

③ 民国《高淳县志》卷20《列传·艺术》，第315页。

④ 《清史稿》卷269《余国柱传》，第9994—9995页。

第五章　明清时期文士在扬州的治生状况

明清时期，扬州之地，文士荟萃，其中有许多文士治生或经商于此，他们从事治生的方式多种多样，而且一些外地和本地的文士在扬州或佐人经商，或亲自参与到经商的大潮中，呈现出自己的特色，与一些在扬州的商人亦多有往来，成就了扬州一时之人文胜景。

第一节　扬州的区位优势

明清时期，扬州已成江南经济巨镇，又是南北方的大都会，故而四方商贾辐辏，文士荟萃，成为时人治生或经商首选地之一，如清代安徽休宁人孙无言曾不无感慨地对涂子山道：

> 广陵为南北大都会，四方商贾辐辏，仕宦游侠买田长子孙者十余万家，舟车过其地，僦廛而食者，先后踵相接不绝。广陵故利薮，豪俊非常之人失志无聊，恒就利以自养，而天下之欲因是以愿见其人者，又往往寄迹于此。故广陵非独商贾仕宦之都会，亦天下豪俊非常之人之都会也。[①]

当时的扬州亦为全国的文化中心之一，吸引了大量的文士墨客来此：

> 广陵据南北之胜，文士寄迹，半于海内。[②]

寄迹于扬州的文士，有许多是由于“失志无聊，恒就利以自养”从事于治生。世风亦促成嗜食好利的风气蔓延，文士除了仕宦一途外，多汲汲于谋利，郑板桥曾在《范县署中寄舍弟第四书》中对文士的这种汲汲于仕途和谋利的行径大加鞭挞，将历来倍受尊崇的“士”置于四民之末：

> 我辈读书人，入则孝，出则弟，守先待后，得志泽加于民，不得志修

---

① ［清］魏禧：《魏叔子文集》卷10《序·送孙无言归黄山叙》，第498页。

② ［清］孔尚任：《孔尚任诗文集》卷6《广陵听雨诗序》，第439页。

身见于世，所以又高于农夫一等。今则不然，一捧书本，便想中举、中进士、作官，如何攫取金钱，造大房屋，置多田产。起手便错走了路头，后来越做越坏，总没有个好结果。其不能发达者，乡里作恶，小头锐面，更不可当。夫束脩自好者，岂无其人？经济自期，抗怀千古者，亦所在多有。而好人为坏人所累，遂令我辈开不得口；一开口，人便笑曰：汝辈书生，总是会说，他日居官，便不如此说了。所以忍气吞声，只得捱人笑骂。工人制器利用，贾人搬有运无，皆有便民之处。而士独于民大不便，无怪乎居四民之末也！[①]

这些文士的治生途径呈现出不同的表现形式，或依靠自身的一技之长取利自养，或寄迹、依托于豪门富室，不一而足。他们或仅能维持生计，或藉此达到己身之目的。

第二节　依靠自身的一技之长治生自养

文士向来文弱清高，多以文士自身的特点，或通过授徒取得束脩，或以为人作书绘画等文化技能谋取衣食。另有部分文士通过其他手段从事治生，甚至从事一些被传统文士认为是低贱的行业。

作为经济和文化巨镇的扬州，向来有重视文化的传统，无论豪门富室，还是平民百姓，重视文化教育，十分尊重文士墨客，在扬州的文士，常常是通过做塾师获得束脩或为书院讲习获得膏火银。如吴兴人姚世钰，“以贫困授徒江都”[②]；成都人费密，来到扬州后，“授徒卖文以自活”[③]；江都人宗元豫，在其父死后，不求仕进，隐于兴化之师古潭，以诵读诗书为乐，生计遇到了困难，只好从事治生：“以贫返江都，授徒自食。”晚年多病，后死于京口[④]。又如高凌云，初家瓜洲，后迁入扬州，少补诸生，“甚贫，假馆授徒。越日，归省其家，必从篱外听声息然后入，恐妻子之饥且毙也。后穷益甚，处之泊如”。后经刻苦攻读，登顺治十五年(1658)进士，授严州府推官。江

---

① [清]郑燮：《郑板桥集》，第12页。

② [清]李斗：《扬州画舫录》卷4《新城北录上》，中华书局，1960年，第94页。

③ [清]李斗：《扬州画舫录》卷10《虹桥录上》，第227页。

④ 嘉庆《重修扬州府志》卷53《人物志八・隐逸》，《中国地方志集成・江苏府县志辑》第42册，江苏古籍出版社，1991年影印本，第225页。

都人黄湄，诸生，幼工制义，通经史，“家贫，岁得馆谷供孀母甘旨，更以资昆弟子侄衣食之乏”[①]。江都人陈新楷，以文行称，少时应试，屡冠其曹，其试艺流传四方，被奉为矩式，“构屋授徒，从游者甚盛，年逾七十膺岁贡”[②]。江都人李文绶，因科举不第，开始以授徒为生。他的境况相对较好，还资助生活困难的弟子：“应试不偶，文绶居里闬教授生徒，孜孜不倦，发名成业者极众。有贫不能读者，助其膏火，如梅植之李肇墉及族子延瑞，后以文章政事为世所重，皆文绶所振拔者。”江都人叶铸，晚清时人，诸生，幼时父亡，“家贫，以授徒自给”。他家虽贫，但“平时遇有灾赈及恤嫠惜字诸善举，靡不竭力襄劝”[③]。江都人杭之淇，岁贡生，候选训导，“家贫，以课徒自给”[④]。晏端书，仪征籍，世居扬州城，道光十八年（1838）进士，仕至杭嘉湖道、护盐运使，调补福建汀漳龙道。晏端书未达时，“少孤寒，艰苦力学，收徒糊口，屡困有司，几不自存，年逾四十始登第，十余年间位至开府，以荣名终，晚而优游林下者二十年”[⑤]。

有的文士在其去职后，亦以授徒为生，如江都人韦佩金，乾隆四十三年（1778）进士，历任广西苍梧、怀庆、马平、凌云四县知县。嘉庆四年（1799）坐事谪戍，嘉庆八年（1803）释归，“闭门养母，教授生徒，泊如也”[⑥]。有的塾师在教授生徒时，除了传授制艺外，还注意传授一些治生所需的知识和技能，如杨昺，晚清时人，原籍江苏高邮，后移居扬州，性耿介，精医学，工草书，能诗，尝谓制艺可以猎取科名但不足致实用，于是致全力于经史有本之学。三十后移家郡城，“为童子师，其教人也以浚发智慧、因时变化为主，时距学校之兴尚远，而教授之法衡以世之名家无不合。弟子有清贫难竟所学者则授以医术及尺牍文字，俾挟一技以糊口，故授徒四十年，游其门者裁成甚众云”[⑦]。可见设馆授徒主要出于生计所逼，尤其在得功名之前，士子为了解决衣食之忧不得已而为之，即使如此，他们通过做塾师所取得的束脩，

① 嘉庆《重修扬州府志》卷51《人物志六・儒林 文苑》，第179页。

② 乾隆《江都县志》卷23《人物・文学》，第297—301页。

③ 光绪《江都县志・江都续志》卷26《列传第六》，《中国地方志集成・江苏府县志辑》第67册，江苏古籍出版社，1991年影印本，第299—302页。

④ 民国《江都县续志》卷24上《列传第六上》，第738页。

⑤ 民国《江都县续志》卷27《寓贤列传第九》，第779页。

⑥ 嘉庆《重修扬州府志》卷48《人物志三・隐逸》，第114页。

⑦ 民国《江都县新志》卷11《人物传第六》，第893—894页。

大多仅仅能维持一家的生计而已，甚至还会出现像高凌云那样，每次回家时，因担心其夫人和孩子会不会因饥饿而死，先在篱外听听有无声息才敢进门的悲惨情形，当然也有少数士子因自己的才学取得功名后，境况得到改善，如上文提到的陈新楷、李文绶。

扬州创立了许多书院，最著名的当属创立于明嘉靖年间的梅花书院（原名甘泉山书馆）。在乾隆年间梅花书院曾明确地给出讲席和在院诸生膏火银的定数：

> 延师校课，亦匝月一举，谓之院课；主讲席者，谓之掌院；延府县学教谕训导一人，点名收卷，支发膏火，谓之监院。在院诸生分正课、附课、随课，正课岁给膏火银三十六两，附课岁给膏火银十二两，随课无膏火。

后随着书院的发展，膏火银的定数又在不断的变化。文士、书生除了梅花书院外，另有资政书院、维扬书院、安定书院、虹桥书院等可供选择栖息，不过到后来，仅剩安定、梅花两书院校课士子。

扬州自立书院以来，监院互用府县学，学师皆知名有道之士，如金兆燕、顾惇童、夏宾、李保泰、范鉴等。安定、梅花两书院，四方来肄业者甚多，故能文通艺之士荟萃，多达数十人，如裴之仙、杨开鼎、梁国治、何溶、段玉裁、王念孙、洪亮吉、孙星衍等[①]。一些有才学的士子、官员常常应聘到书院作掌院或讲习，其中多为辞官或罢官的文士，而他们常常是书院争聘的主要对象。通过应聘书院之职，他们能获得不菲的膏火银，从而使生活境况得到改善。如浙江杭州人杭世骏，雍正间举人，乾隆间举博学鸿词，授翰林院编修，工史学，能诗文，《敏求轩述记》卷2曾云其：

> 家故不丰，以授徒自给，主扬州安定书院者几十年，以实学课士子，暇即闭门著述，不预外事。[②]

仪征人汪端光，乾隆三十六年（1771）举人，历任广西百色同知，署柳州、平乐、庆远、镇安府知府，去职后到书院讲学：

> 寻解组归，两淮盐政延校《钦定全唐文》，历主安定、乐仪书院讲

① [清]李斗：《扬州画舫录》卷三《新城北录上》，第60—72页。
② 李春光纂：《清代名人轶事辑览》，第1856页。

习，素工诗、古文、词，为时流所推服。[①]

扬州甘泉人徐玉举，嘉庆十八年(1813)举人，官刑曹凡十七年，“因足疾乞归，主讲广陵书院”[②]。郭均，其先世自关中来扬州，入商籍，改归甘泉，曾任户部主事，到官七日，念生母年老在籍，辞官告归，“家甚贫，主广陵书院讲习”[③]。著名文学家蒋士铨，江西铅山人，乾隆二十一年(1756)进士，官翰林院编修，以诗、古文、词负海内盛名，兼工南北曲，“主讲安定书院，成就后学甚众”。歙县人吴玨，字并山，乾隆二十八年(1763)进士，其闱墨脍炙一时，少时擅长顺时之文，曾馆于扬州之延陵，遂不谒选，“寻主安定书院，又移梅花，先后几十数年”[④]。贵州石阡人徐培深，官御史，后乞病客居扬州，主讲于书院：

> 叠主书院讲习，而主梅花最久，尝自号梅花主人。平日讲学，不立门户大旨，敦品力学为宗。扬州，南北一大都会，四方人士游学于此，咸倾心引纳之，以故户外之屦常满。[⑤]

杭州人吴锡麟，乾隆四十年(1775)进士，迁侍读，累官国子监祭酒，去职后，到书院讲学，盛名远播海内外，其诗文甚至受到邻国的重金收购：

> 乞养归，主安定、爱山、云间诸书院；再入都，补原官。寻告归，主扬州安定书院，校刊《全唐文》，称善本。……诗文集风行海内外，高丽、琉球使臣争以重金购归其国。

其子吴清鹏，嘉庆二十二年(1817)一甲三名进士，授翰林院编修，入谏垣，擢顺天府丞，以清素著闻，“归寓扬州，继祭酒，后主安定书院”[⑥]。清嘉庆、道光间，江都人史致俨家甚贫，为诸生时，“学政谢墉器其才，给膏火，居尊经阁读书”，后于嘉庆四年(1799)中进士，仕至礼部尚书[⑦]。

有的文士为了得到讲席之职，百计钻营，达到目的后，为了安食讲席之

---

① 同治《续纂扬州府志》卷9《人物志一》，第743页。

② 同治《续纂扬州府志》卷9《人物志一》，第761页。

③ 光绪《增修甘泉县志》卷13《孝友》，第571页。

④ 光绪《增修甘泉县志》卷15《寓贤》，第623页。

⑤ 同治《续纂扬州府志》卷15《人物志七·流寓》，第839—840页。

⑥ 民国《杭州府志》卷146《人物八·文苑三》，第485页。

⑦ 《清史稿》卷375，第11562—11563页。

资，弄虚作假，不择手段，如《苌楚斋三笔》云：

扬州城内义学极多，向有盐运使署领给官款，脩脯所入甚丰。寒士每费尽心力，以营求此席，得后可终身坐食其馆谷。每月朔望，例有人来查，则预买十余童子，读书半日，以遮掩他人耳目，可谓技巧心毒矣。①

明清时期，扬州是著名的书画市场，大量的书画文士挟其技来扬，以此作为治生和交游的途径，著名的扬州八怪即属此类。如在雍、乾间，有诗、书、画三绝之誉的华岩曾到扬州卖画 20 年，以布衣终老。据《明清尺牍画苑》云，华岩曾在给友人的信函中言及托其寻觅买其画作事：

美人幅，因汪学兄抱疾，尚未与人看。今取回奉上，意中倘有赏音者，或得高价与之。此种笔墨弟以后不能作矣，非敢自矜也。②

金农，杭州人，少时未能中举，及长游食四方，生平好砚信佛。他在《上学使帅公念祖书》中云：

徒以早岁贫辛，衣膳奔走，两载尧都，三年王屋，儃佪阙里，留滞周南，汉阳则耽玩晴川，扬子则相亲佛火，渐臻五十之期，将抱无闻之耻。③

他游食于外长达 40 年，历经大江南北：

冬心先生出游四十年，老且倦矣。四十年中，渡扬子，过淮阴，历齐鲁燕赵而观帝京，自帝京趋嵩洛，之晋之秦之粤之闽，达彭蠡，遵鄂渚，汎衡阳、漓江间，车之轮，舟之楫，有时晏坐一室，泊如也。傔人从者，或三四人，或六七人，各治其人，泓颖取资，抑何多焉。即炀灶折薪，抱瓮汲水，久而忘其服劳之苦也。④

年逾六十始学画，颇有成就。晚年寓住扬州，卖书画自给：

冬心先生客广陵五阅月，衣上尘满把矣，臣朔九朝三食之厄未免

① [清]刘声木：《苌楚斋随笔续笔三笔四笔五笔》卷 3《教义学者绝后》，第 540 页。

② 转引自李向民《中国艺术经济史》，第 618 页。

③ [清]金农：《冬心集拾遗》，《扬州八怪诗文集》(三)，张郁明等编，江苏美术出版社，1996 年，第 145 页。

④ [清]金农：《冬心先生画竹、梅、马、佛、自写真题记》，《扬州八怪诗文集》(三)，第 155—156 页。

也。日画墨竹，欲鬻以自给，终不得，有损鲁公之困而实莱芜之甑，为可叹也。[①]

金农寄寓在扬州时，有喜欢其画作的顾客常来求画，因而藉此获利不菲：

吴兴闵长啸，辄爱余画，时出囊中金相赠，此册亦为其所作，经月乃报，殊愧荒率。[②]

郑板桥在扬州卖书画更是人所共知，他曾专门为此制定了书画的价格和规矩，如其《板桥润格》云：

大幅六两，中幅四两，小幅二两，条副对联一两，扇子斗方五钱。凡送礼物食物，总不如白银为妙；公之所送，未必弟之所好也。送现银则中心喜乐，书画皆佳。礼属既属纠缠，赊欠尤为赖账。年老体倦，亦不能陪诸君子作无益语言也。画竹多于买竹钱，纸高六尺价三千。任渠话旧论交接，只当秋风过耳边。乾隆己卯，拙公和尚属书谢客。板桥郑燮。[③]

郑板桥的《板桥润格》将书画完全市场化，只以现银作为交易的硬通货币，将其他物件排除在交易之外。叶调生以俏侃的语气云：

此老风趣可掬，视彼卖技假名士，偶逢旧友，貌为口不言钱，而实故靳以要厚酬者，其雅俗真伪何如乎？[④]

扬州的书画市场多以名家作品为贵，否则，即使是书画俱佳，亦难入时人法眼。金农曾云：

健笔摩空颠且狂，穷年文价太荒唐。一钱不值遭乡摈，真个鞭笞鸾凤慌。[⑤]

又据清宣鼎《夜雨秋灯录》记载：

（郑板桥）为秀才时，三至邗江，售书卖画，无识者，落拓可怜。复

① [清]金农：《冬心先生画竹、梅、马、佛、自写真题记》，第164页。
② [清]金农：《冬心先生杂画题记》，《扬州八怪诗文集》（三），第194页。
③ [清]郑燮：《郑板桥文集》，巴蜀书社，1997年，第159页。
④ [清]叶廷琯：《鸥陂渔话》卷六《郑板桥笔榜》，《笔记小说大观》29编第6册，第3767页。
⑤ [清]金农：《冬心先生续集》，《扬州八怪诗文集》（三），第119页。

> 举于乡，旋登甲榜，声名大震。再至邗江，则争索先生墨妙者，户外屦常满。先生固寒士，至是益盛自宝重，非重价不与索。[①]

后寓扬州以书画称，缙绅争为延誉，名重一时。民间盛传郑板桥嗜食狗肉，便有扬州商人设计诱其作书画事：

> （郑板桥）性奇怪，嗜食狗肉，谓其味特美。贩夫牧竖，有烹狗肉以进者，辄作小幅报之。富商大贾，虽饵以千金不顾也。

当时有一扬州盐商，求板桥书不得，虽辗转购得几幅，终以无上款为憾，于是让一老人以狗肉诱得郑板桥之署款乃已[②]。无独有偶，金农《冬心先生画竹、梅、马、佛、自写真题记》曾记载扬州人千方百计地想弄到郑板桥的题词或书画：

> 广陵故多明童，巧且黠，俟板桥所欲，每逢酒天花地间，各齿研笺、纨扇，求其笑写一杆，板桥不敢不应其索也。若少不称陈蛮子、田顺郎意，则更画，醉墨渍污上襟袖不惜也。[③]

据徐珂《清稗类钞·艺术类·罗两峰画鬼趣图》载，扬州重宁寺是乾隆帝南巡的驻跸之所，其壁有画，为罗聘受盐商所聘而绘，“盖两淮鹾商出数百金延其所作者也”[④]。罗聘，扬州人，自号花之寺僧，为金农弟子，以诸生擅画名于京师者数十年，尤工鬼神画。他在其《偶作》中亦云其在扬州卖画事：“卖画钱为买酒钱，去年欢笑复今年。”[⑤]罗聘还常常冒其师金农之名售画得资：

> 昔钱塘金寿门树帜骚坛，声称藉甚，客居维扬，两峰（罗聘，号两峰）师事之惟谨。每作画，乞其题咏，署名其上，时人遂争购之。其实寿门固未尝有片楮寸缣之作，而张浦山《画征录》，得诸侍闻之误也。[⑥]

扬州八怪通过出售自己的书画作品获利不菲，如《板桥偶记》云：

---

① ［清］宣鼎：《夜雨秋灯录》卷一《雅赚》，《笔记小说大观》29编第7册，第3802页。

② 李春光纂：《清代名人轶事辑览》，第2907—2909页。

③ ［清］金农：《冬心先生画竹、梅、马、佛、自写真题记》，《扬州八怪诗文集》（三），第159页。

④ 徐珂编撰：《清稗类钞》，第4096页。

⑤ ［清］罗聘：《香叶草堂诗存》，《扬州八怪诗文集》（三），第292页。

⑥ ［清］俞蛟：《梦厂杂著》卷7《读书闲评·罗两峰传》，北京古籍出版社，2001年，第141页。

玉箸林澍，金寿门农，李复堂鱓，黄松石树谷，后名山，郑板桥燮，高西唐翔，高凤翰西园，皆以笔租墨税，岁获千金，少亦数百金，以此知吾扬之重士也。[①]

除了扬州八怪以书画治生获利外，其他文士也纷纷进入书画市场，将其书画作品作为商品出售，成为其治生的一种主要途径。如山阴人施胖子善画美人，居扬州小秦淮客寓，“凡求其画美人者，长则丈许，小至半寸，皆酬以三十金，谓之施美人”。同时人杨良工画驴，“一驴换牛肉一斤，谓之杨驴子”[②]。安徽天长县人林道源落魄不堪，冬无裘衣，有人怜其贫，赠以数十金，但林道源慷慨好义，“故旧巡役以饥故向林乞，林慨然以金市纸，穷日夜画兰百余幅，且画且题，散给令易钱”[③]。江都人潘起龙，“幼贫傭书以养亲”[④]。浙江鄞县人陈撰，工诗画，尤精鉴别，善五指书，虽无师法，画绝摹仿，“每一落纸，人间珍若拱璧”[⑤]。清代安徽歙县人程京萼，居江宁，能诗工书，家贫，常书屏幅易薪米，“尝客扬州，大书门曰‘白下书生偶来卖字’，时人获其只字珍逾拱璧”[⑥]。清代曾任湖州知府的江都人吴绮，“既罢归，贫无田宅，购废园以居，有求诗文者以花木为润笔，因名其圃曰种子林”[⑦]。

文士把出售书画作为治生的手段，部分文士曾获利不菲，其他仅藉此维持生计，个中辛苦自不待言，甚至为此多作赝品。书画市场对名人书画作品的大力追捧，也是扬州书画赝作盛行的一个重要因素。《郑板桥集》多有记载，如其《诗钞·和学使者于殿元枉赠之作》中自云：

十载扬州作画师，长将赭墨代胭脂。写来竹柏无颜色，卖与东风不合时。潦倒山东七品官，几年不听夜江湍。昨来话到瓜洲渡，梦绕金山晓日寒。[⑧]

① [清]郑燮：《郑板桥集》，第140页。

② [清]李斗：《扬州画舫录》卷2《草河录下》，第49页。

③ [清]李斗：《扬州画舫录》卷12《桥东录》，第277页。

④ 嘉庆《重修扬州府志》卷52《人物志七·笃行》，第203页。

⑤ 嘉庆《江都县续志》卷6《人物》，《中国地方志集成·江苏府县志辑》第66册，江苏古籍出版社，1991年影印本，第567页。

⑥ 民国《歙县志》卷10《人物志·方技》，《中国地方志集成·安徽府县志辑》第51册，江苏古籍出版社，1998年影印本，第425页。

⑦ 嘉庆《重修扬州府志》卷51《人物志六·儒林文苑》，第177页。

⑧ [清]郑燮：《郑板桥集》，第103页。

傅文，工指头画，布衣终身，郑板桥《诗钞·绝句二十一首·傅文》云其：

> 长作诸王座上宾，依然委巷一穷民。年年卖画春风岭，冻手胭脂染不匀。[①]

可见书画文士之清苦。胶州秀才高凤翰，号西园，工诗话，尤善印篆，病废后，用左臂，书画更奇，他曾多作名家赝品而受人诟病，如郑板桥《诗钞·绝句二十一首·高凤翰》云："西园左臂寿门书，海内朋友索向余；短札长笺都去尽，老夫赝作亦无余。"寿门，即金农。《新世说》卷6曾记载市面上郑板桥书画真迹渐少，赝品流行事：

> 郑板桥以书画名海内，真迹渐少。当时已有扬州某观道士学其体，足以乱真。后又有同县黎氏仿之，皆书也。兰竹则理氏昌凤能为之。[②]

在扬州的文士，除了以授徒、出售书画为治生手段外，还有部分文士为生计不得不通过其他途径：或为人校雠词曲获得束脩，如清乾隆时人凌廷堪，安徽歙县人，12岁即弃书学贾，后因工诗词被人邀请至扬州，校雠词曲：

> 鹾使置词曲馆，检校词曲中之字句违碍者，从事雠校，得脩脯以自给。[③]

或以占卜之学以养家糊口者，如李钟源从其父习得占卜之学，父死后，家道贫寒，"钟源以星命糊口，得钱以酒食养母，余以供弟之衣食"[④]。或以行医为生，如江都人孙凤翔，初读书，"以家贫改习医，悬壶于城南砖街，日出应诊，暮归仍篝灯自课，久之能为诗"[⑤]。又如元和人陈傅焯，其父因事为富人所讼，败家破产，他"益发愤读书，而以谋食故兼习医，弱冠即能神明其术，甚有声"。后游于扬州，因医术高明，为人治病有奇效，"业遂饶"，遂移家于扬州。他除了行医问病外，还开肆卖药，一直到80余岁才停诊。由于他讲求医德，受到扬州人的尊重：

---

① [清]郑燮：《郑板桥集》，第83页。
② 李春光纂：《清代名人轶事辑览》，第2907页。
③ 李春光纂：《清代名人轶事辑览》，第1972页。
④ [清]李斗：《扬州画舫录》卷12《桥东录》，第292页。
⑤ 民国《江都县新志》卷9《人物传第四》，第879页。

于是即所居之旁，列肆市药，亲督子弟经理，诚心不欺，凡求治疾者，兼求药，治益神。遇贫者，与药不取直，扬之人益重之。年过八十，始谢病者不复诊。

他曾买扬州郑氏之废园，疏泉叠石，种花栽竹，时时啸咏其间，一时贤士大夫多乐从之游①。或以游幕为生，如江都人陶桂金，晚清时人，郡增生，少负文名，为当地官员宋传燧所器重，太平天国失败后，"乃延至幕中，襄办善后，里人赖之"。后选授句容训导，成就者甚众②。或多种治生手段并用，如江都人汪中，早年丧父，因家贫不能就学，"稍长，助书贾鬻书于市，因遍读经史百家，过目成诵，遂为通人"③。《碑传集》卷 134 云其"能鉴别彝器、书画，得之售数十百倍，家渐丰裕"④。汪中通过为书贾鬻书于市和出售彝器、书画治生。江都人凌曙，国学监生，少时家贫，读四子书未毕，"即去乡，杂作佣保，而绩学不倦。年二十为童子师"⑤。凌曙除了"杂作佣保"外，还做过塾师。安徽歙县人汪起铎，先世业盐，后来家道中落，"起铎初习贾，复改而读书"，年近三十始补诸生，"旋遭洪杨之乱，转徙至扬州，授经自给，居郡城三十年，晚依其婿北湖阮氏以终"。他生性孤峭，惟日闭门吟咏⑥。江都人吴夔宣，工诗古文词，有经世志，光绪九年(1883)补诸生，文名益盛，后以处馆、授徒、游幕为生：

戊子[光绪十四年(1888)——徐永斌按，下同]，就馆宁波榷署，乡试屡荐未售，乃改习兵家书，能通大义焉。乙未[光绪二十一年(1895)]，自浙返扬，郡守沈锡晋延课其子。壬寅[光绪二十八年(1902)]冬，徐宝山督带五岸缉私各营，聘掌文牍。⑦

在清代，文士游幕十分普遍，尤其是在晚清时期。扬州文士常常将游幕和其他治生手段交互使用，在一种治生手段未取得成效或难以维持生计后，就改用另一种治生手段。如江都人梁承诰，弱冠补诸生，"凡授徒三十

① [清]吴德旋:《初月楼续闻见录》卷 7，《笔记小说大观》1 编第 2 册，第 935 页。
② 民国《江都县续志》卷 26 上《列传第六下》，第 744 页。
③ 《清史稿》卷 481《儒林二》，第 13213—13214 页。
④ 李春光纂:《清代名人轶事辑览》，第 2423 页。
⑤ 《清史稿》卷 482《儒林三》，第 13264—13265 页。
⑥ 民国《江都县续志》卷 27《寓贤列传第九》，第 774 页。
⑦ 民国《江都县新志》卷 7《人物传第二》，第 863 页。

年，得其绪余者，莫不速化”。但他十应布政司试，竟不售，“中年遭洪杨之乱，转徙兵间，雷侍郎以诚督师扬州，耳其名，延入戎幕”①。扬州士子到外地游幕的更是不计其数。

第三节 寄迹或依托于豪门富室

作为经济、文化巨镇的扬州，豪门富室林立，文士墨客荟萃留连。豪门富室以与文士相交为标榜，文士墨客则常依托于豪门富室，以之为衣食之所，儒、商合流，形成了一种良好的互动关系。

扬州大富商马曰琯、马曰璐兄弟原籍歙县，好诗文，喜与文士交接，号称“扬州二马”。文士与之过从频繁，或寄寓其家，或诗文唱和，度词作曲。《扬州画舫录》曾云马曰琯“所与游者皆当世名家。四方之士过之，适馆授餐，终身无倦色。著有《沙河遗老诗集》。尝为朱竹垞刻《经义考》，费千金为蒋衡装潢所写十三经，又刻许氏《说文》《玉篇》《广韵》《字鉴》等书，谓之马版”。浙江鄞县人全祖望，在扬州时，与马曰琯相友善，曾寓居马氏之小玲珑山馆，“得恶疾，主政出千金为励医师，后卢转运延之幕中”。吴兴人姚世钰客死扬州，马氏为之经纪丧事，并为之刻《莲花庄集》。杭州人厉鹗，工诗词及元人散曲，寓居马氏家中多年，终生著述，“年六十无子，主政（马曰琯）为之割宅蓄婢。后死于乡，讣至，为位于行庵祭之”②。杭州人陈思贤的祖父陈章“客马氏玲珑山馆最久，因家扬州，籍江都”③。杭州人陈章，精于诗，尤工楷书，乾隆间举博学鸿词科，因亲老力辞不就，侨居扬州，“因就马氏聘，遂家焉。时坛坫甚盛，同人唱和，张咸与焉”。蒋士铨因工诗、古文词和南北曲，被马曰琯赏识而延于其馆中，度词填曲，成为一时之佳话：

> （蒋士铨）兼工南北曲，马曰琯延士铨于玲珑山馆，所填院本，朝缀笔翰，夕登毡毹，扬人盛传其风流文采云。④

《药裹慵谈》卷4曾记载郑板桥避债和马曰琯替郑板桥还债趣闻：郑板桥曾

---

① 民国《江都县续志》卷24上《列传第六上》，第739页。

② ［清］李斗：《扬州画舫录》卷4《新城北录中》，第86—94页。

③ 民国《江都县续志》卷24上《列传第六上》，第738页。

④ 同治《续纂扬州府志》卷15《人物志七·流寓》，第839页。

因无钱还债，躲至镇江焦山同乡僧某处，巧遇马曰琯，马颇赏其才，在得知详情后，不动声色地寄金二百两至板桥家，替其还清债务，并以余金修葺房屋，是年二人订交，后来郑板桥成为马氏家中的座上客，罢官后，郑板桥常主于马氏府中[①]。清代著名文学家袁枚曾在《扬州游马氏玲珑山馆感吊秋玉主人》一诗中云：

山馆玲珑水石清，邗江此处最知名。横陈图史常千架，供养文士过一生。[②]

连当地的一些官员，如卢见曾、曹寅等也与文士打得火热。卢见曾，号澹园，一号雅雨，山东德州人，康熙间进士，尝任四川洪雅县令，前后任两淮盐运使各数年，有吏才。他爱才好客，好培植后进，四方名士咸集。《榆巢杂识》卷上曾云诸生李苑因善诗为其所赏识，延至署中，李苑死后，又归其葬于家，为置千金产以资其妻子之生活；后来又资助沈德潜选李苑诗入《别裁集》。《湖海诗人小传》卷2又云卢见曾"接纳江浙文士，唯恐不及。如金寿门农、陈玉几撰、厉樊榭鹗、惠定宇栋、沈学子天成、陈授衣章、对鸥皋兄弟前后数十人，皆为上客"。民国《萧山县志稿》曾记载萧山陶元藻，参加乡试不第，"客扬州，以《修禊虹桥》绝句为运使卢见曾所激赏，所至公卿倒屣馈遗丰腆"[③]。卢见曾任职扬州期间，主持风雅，片言一艺，皆见褒赏，以好士故，宾朋纷集，供给甚繁，以致亏累官银七八十万两而见罪[④]。《清稗类钞·师友类·扬州鹾商好客》亦云：

扬州为鹾商所萃，类皆风雅好客，喜招名士以自重，而小玲珑馆马秋玉（马曰琯，号秋玉）、佩兮（马曰璐，字佩兮）昆仲尤为众望所归。时卢雅雨任转运，又能奔走寒畯，于是四方之士辐辏于邗，而浙人尤多。[⑤]

曹寅亦喜与文士相接，如安徽歙县人姚潜，家于江都，少为博士弟子，明崇祯十七年（1644），弃举子业，以诗酒自豪，为人慷慨任侠，中年妻子俱丧，益

① 李春光纂：《清代名人轶事辑览》，第2919页。
② ［清］袁枚：《小仓山房诗文集·诗集》卷27，《四部备要》集部第545册。
③ 民国《萧山县志稿》卷18《人物·列传五》。
④ 李春光纂：《清代名人轶事辑览》，第849—850页。
⑤ 徐珂编撰：《清稗类钞》，第3609页。

遨游自适，世称达者，“晚归扬州，通政使曹寅馆于近舍二十年，乃卒”[①]。

继马曰琯之后，大盐商江春、江昉兄弟雅好结交文士，远近闻名。其他盐商如程梦星、郑超宗、汪玉枢、安麓村等亦是如此。江春，安徽歙县人，先世侨居扬州，以盐策起家，工制艺，精于诗，好藏书，广结纳，文士学士咸乐与游，其府上“奇才异士，座中常满，亦一时之盛也”[②]。如华亭人沈大成，绩学工文，中年游幕，弃去举子业，为名公卿所礼重，然非其人不就，“寻客康山江氏甚久，检校淮纲案牍，井然就里，以暇与士大夫唱酬……江方伯春为刻其《学福斋诗文集》”。浙江鄞县人陈撰，“始客项氏，项中落，江鹤亭方伯（江春，号鹤亭）迎而馆之”。陈撰之侄女婿徐滨，亦与陈撰一起同馆江春家以终[③]。其从弟江昉，曾为候选知府，工诗词，“所居紫玲珑，一时文燕之盛，称二江公家昉”[④]。一些文士如蒋士铨、程午桥等尝馆于其家康山别业秋声馆。清人陈康祺曾云其曰：

> 富甲东南，慕悦风雅，一时经生墨客，多与联缟带之欢。其投赠诗文，见于前辈集中者，可指数也。[⑤]

郭尚文，少以笔墨游公卿间，尚文工诗，好宾客，“江春延之典文汇阁所贮书籍”[⑥]。据嘉庆《两淮盐法志》卷46《文艺》、卷44《才略》记载，江春对于“四方词人墨客必招致其家”，凡士大夫过扬，问其馆于何家，不曰江春的康山草堂，即曰江昉的紫玲珑阁。吴梅村之孙吴献可，通经史，究名法之学，江春“延于家二十年”；工诗的徐麟趾“晚居康山草堂”。《广陵纪事》卷7曾云，阮元在江昉死后所作的挽诗中有“从今名士舟，不向扬州泊”之叹。嘉庆《两淮盐法志》卷46《文艺》又载，盐商程梦星筑筱园及漪南别业“以寓四方名士，与其乡马曰璐诸人为邗江雅集，主东南坛坫者数十年”；程晋芳，“独好儒术，购书五万卷，招致天下高才博学，与共讨论，四方宾客游士辐辏其门，由此交日广、名日高，而家日替”。因与文士交游花费甚巨，最后竟是

① 道光《徽州府志》卷12之五《人物志·义行一》，第8页。

② [清]李斗：《扬州画舫录》卷12《桥东录》，第274页。

③ 嘉庆《江都县续志》卷6《人物》，第567页。

④ 同治《续纂扬州府志》卷15《人物志七·流寓》，第839页。

⑤ [清]陈康祺：《郎潜纪闻四笔》卷4《豪商黄筠》，中华书局，1990年，第67页。

⑥ 光绪《江都县志》卷25上《列传第五上》，第290—291页。

贫不能自给[①]。明末大盐商郑超宗，经常在其家的影园宴请四方名士，赋诗饮酒，殆无虚日，如清金埴《不下带编》卷 1 云其在影园中宴请南北名流品花赋诗事：

广陵郑进士元勋超宗，卤贾之巨豪也。明末时，其家园亭开黄色巨朵芍药花百余，集南北名流，品花赋诗，币请钱宗伯牧斋谦益主坛甲乙，首选者侯公子朝宗方域作也。超宗则又挥千金为公子寿。千秋盛事，独擅淮南，迄今士林艳之。[②]

程晋芳亦是如此。程晋芳，字鱼门，一字蕺园，先世由安徽歙县迁到扬州。累试不第，乾隆二十七年(1762)南巡时，召试诗赋，授中书。后十年始成进士，改主事，旋授吏部员外郎，与修《四库全书》，特旨改翰林院编修。好奖掖后进，卒于西安巡抚毕沅幕中。家饶富，喜读书，性好客，延揽四方名流，与袁枚、赵翼、蒋士铨等名士诗歌唱和无虚日。袁枚《翰林院编修程君鱼门墓志铭》云其不像其他程氏族人那样，富而好豪侈，多蓄声色犬马，而是喜儒好学：

独愔愔好儒，罄其资购书五万卷，招致方闻缀学之士，与共讨论。海内之略识字能握笔者，俱走下风，如龙鱼之趋大壑。……亡何，盐务日折阅，而君舟车仆速觅觉温卷之费，颇不资。

由于他沉迷于学，百事不理，家业渐至衰败：

付会计于家奴，任盗侵，了不勘诘。以故虽有俸，有资助，如沃雪填海，负券山积，势不能支。

而且性好周济亲友，求者应，不求者强施之，家渐中落，只好乞假赴陕西巡抚毕沅幕中，为归老计。即使如此，“索逋者呼噪随之”。后来病死于毕沅幕中，身无长物，毕沅资助三千金归其葬[③]。袁枚亦将程晋芳所欠其 5000 金债券付之一炬，并抚养其遗孤。商人喜与文士相接，耽误商事，因以败家，不止程晋芳一人，如清代福建人高超亦属此种类型。高超以设可可居

① 王瑜、朱正海主编：《盐商与扬州》，江苏古籍出版社，2001 年，第 242—243 页。

② [清]金埴：《不下带编》卷 1。

③ [清]袁枚：《小仓山房文集》卷 26《翰林院编修程君鱼门墓志铭》，《袁枚全集》，第 454—455 页。

小酒肆起家，后因日与文士吟咏，不管生意而败家：

> 闽人好作嵌字诗钟，高尤嗜之，日夕集文士从事吟咏。其司簿籍之某，亦能诗能棋。有客过其门，辄闻咿唔之声。店小二报账，而居停与司帐者方闭目推敲，其营业遂因诗钟以败。[①]

华岩《离垢集》卷3自云其曾常年寓居于扬州员氏之员园和汪玉枢之玉玲珑山馆，在其“砚田既薄刹，精粒荒渺收”之时，员家子女给其“分金压岁”，助其度过难关[②]。盐商安麓村亦以好士著称，如《扬州画舫录》卷10《虹桥录上》载，浙江秀水人朱彝尊举博学鸿词科，授检讨后，“归过扬州，安麓村赠以万金。著《经义考》，马秋玉为之刊于扬州”[③]。

《清稗类钞·鉴赏类·安麓村刻书谱》又载，乾隆年间，安麓村重刻孙过庭《书谱》数石，重金聘请袁枚题跋，袁枚仅书“乾隆五十七年某月某日，随园袁枚印可，时年七十有七”22个字，安麓村得之已是喜出望外，送给袁枚2000金作为酬谢[④]。江淮间贫而不遇之文士，多依他为生，安麓村则始终礼遇之，不稍懈也。黄慎到扬州后，先后寓于李氏园、双松堂、刻竹草堂等，在其著述《蛟湖诗钞》中曾多次提到此经历。诸如此类事例举不胜举。富商巨室财力雄厚，有经济条件举办诗文酒会，文士也乐于前去应酬，所以当时扬州的诗文酒会十分盛行，其中尤以马氏小玲珑山馆、程氏篠园和郑氏休园为最盛。这种情形一直延续至晚清盐商势力衰落后才告结，清末光宣年间，扬州文士还追怀康乾时扬州文会之盛景，创办冶春后社，每逢花晨月夕，醵金为文酒之会，刻烛催诗，但已不复康乾时盛况。

文士与富商巨室的互动现象在扬州是普遍的，具有一定的积极意义，一方面推动了学术文化的发展，另一方面也提高了富商巨室的文化品位，但也出现了一些“变异”现象。如清代的扬州出现了一种文士替巨商富室捉刀弄笔、富商以文士之才学为炫耀之资的怪现象，从而催生了“冬烘先生”的盛行。郑板桥曾云乾隆时的扬州：

> 巨富之商，大腹之贾，于玩弄古董余暇，家中都聘有冬烘先生，明

---

① 徐珂编撰：《清稗类钞》第8册《文学类·高乃超诗钟好嵌字》，第4018页。

② ［清］华岩：《离垢集》，《清代稿本百种汇刊》集部第66册，台湾文海出版社，1974年影印本。

③ ［清］李斗：《扬州画舫录》，第242页。

④ 徐珂编撰：《清稗类钞》，第4301页。

言坐馆，暗里捉刀，翻翻诗韵，调调平仄，如唱山歌一般，凑集四句二十八字，使人扬言于众，某能作诗矣，如黄某、杜某、金某，是此一类之魁梁也。更有一般无赖文士，日奔走于彼等之门，依附于阿谀，说石为玉，指铁成金，谓某诗近古，某诗逼唐，才有天授，非关人力，谁说商贾中无才乎？阿谀人到如此地步，亦已尽止。……其主人也忘乎所以，如鹾商黄某，在园中开宴迎宾，居然传花行酒，刻烛催诗，一意附庸风雅，某商丧子，自撰哀悼诔文，出示旁人，令人不能卒读。

郑板桥在此以贬斥的语气描述了在扬州的一些文士与富商巨室的这种“互惠”现象，揭示了巨室富商凭借财富附庸风雅，文士日奔走其门，阿谀奉迎，藉以获利。在《书札·与起林上文》中郑板桥又进一步分析了文士这样做的主要原因是由于生活所逼，因贫困所致：

或曰：文士无赖，日事奔走阿谀。彼等非天生媚骨，恬不知耻，何至若是？所以若是者，粱为家庭升斗，将使儿不啼，女不哭，妻子不骂读书无用也。困穷如是，情有可原。特如黄、朱二子，学力俱优，在扬州薄有声名，愚蠢钦仰，乃亦追逐其间，随声附和，是何道理？或曰：亦为贫故，伤哉贫也！①

一些成名文士更是巨商富室竞相延致的对象，如葛虚存《清代名人轶事》曾记载书画名家金农为扬州盐商和诗解嘲事：

钱塘金寿门先生农，客扬州，诸鹾商慕其名，竞相延致。一日，有某商宴客于平山堂，先生首坐。席间以古人诗句飞红为觞政，次第至某商，苦思未得，众客将议罚，商曰：“已得之矣，柳絮飞来片片红。”一座哗然，笑其杜撰。先生独曰：“此元人咏平山堂诗也，引用綦切。”众请其全篇，先生诵之曰：“廿四桥边廿四风，凭栏犹忆旧江东。夕阳返照桃花渡，柳絮飞来片片红。”众以先生博洽，始各叹服，其实乃先生口占此诗为某商解围耳。商人大喜，越日，以千金馈之。②

金农以其才学和机敏替商人作诗解围，得到了巨额馈金。清代丹阳人鲍

① [清]郑燮：《郑板桥文集》，第69—70页。

② 葛虚存：《清代名人轶事》卷5《文艺类·金寿门口占七绝》，江苏广陵古籍刻印社，1993年，第185页。

皋，善诗赋，曾客淮扬间，受到扬州盐商的推崇：

时天下殷富，邗上诸大贾富逾王侯，皆延先生为上客，献以金帛，先生领之而已。[①]

即使到了晚清扬州盐商实力衰微之时，古风犹存，如晚清文士龚自珍，素负文名，他在扬州时，曾与盐商相唱和：

定庵（龚自珍，字定庵）在扬州时，一日于某盐商席间，酒半，行联句之令，一商云："正是桃红柳绿天。"定庵急续云："老夫人移步出堂前。"坐客大笑，此与一富商以资得某处令。[②]

一些文士仰富商之鼻息，自损士品，丧士气，令人汗颜，郑板桥对此种不正常的现象颇有微词，如其在《补遗·书札·与江宾客、江禹力书》文中云：

学者当自树其帜。凡米盐船算之事，听气候于商人，未闻文章学问，亦听气候于商人者也。吾扬之士，奔走躞蹀于某门，以其一言之是非为欣戚，其损士品而丧士气，真不可复述矣。[③]

第四节 文士经商

扬州的经济地位和文化优势，吸引了许多文士来此经商，尤以徽人为多，陈去病《五石脂》曾云：

徽人在扬州最早，考其年代，当在有明中叶。故扬州之盛，实徽商开之。扬，盖徽商殖民地也，故徽郡大姓，如汪、程、江、洪、潘、黄、许诸氏，扬州莫不有之，大略皆因流寓而著籍者也。而徽扬学派，亦因以大通。[④]

陈语虽云指徽商，但徽商中有一部分属文士经商性质，可见安徽文士在扬州经商群体中的重要地位，史籍中多有记载，今人张海鹏等主编的《明清徽

① ［清］昭梿：《啸亭杂录》卷9《鲍海门》，第294页。
② 葛虚存：《清代名人轶事》卷16《杂录·龚定庵》，第403页。
③ ［清］郑燮：《郑板桥集》，第191页。
④ ［清］顾公燮：《丹午笔记·吴城日记·五石脂》，第309页。

商资料选编》中亦多辑录。

扬州是漕运和盐政重镇，由盐业致富者尤多，清人张云章曾云："扬之繁富甲天下，大半以鹾为业。"[①]文士来扬州经商，涉及的领域虽多，但尤以从事盐业为重，即使不从事盐业，有的文士经商致富亦由盐业而起，如清代福建人高超，其先人为扬关榷吏，遂移家于扬州，"常于扬之教场，设可可居小酒肆，营业日超，乃增益资本而扩之"[②]。文士经商的方式多样，或佐人经商，或直接参与经商，有的甚至将两种经商方式结合起来，但以直接参与经商这种方式最为普遍。至于这些文士参与经商的原因，或因举业不成，或因生计所逼，或受长辈的影响，或观念开始转变等等。

一、佐人经商

一些文士由于各种原因，难以或不愿独自经商，而凭借自己的经济头脑，替他人或亲人佐理商务，待时机成熟后，有的则转入独自经商。这些佐人经商的文士，主要是通过依靠富商，参与商务以获利。今略举数例：吴守礼，明嘉靖万历时人，起初遵母命涉足商界，失利后到扬州，凭着出色的经济头脑，成为当地的"盐策祭酒"：

> 余（吴士奇）为诸生，已受知于从祖鸿胪公（吴守礼），公三娶而得孺人，曰："白首穷经，非人豪也。"公遂弃其敝帚，北游于淮海之间，然公性故广大，子钱空以单骑归，四方扼腕。谈奇之士，时遇其庐，孺人不惮供具，甚且取给脱簪。然公所忆度盐策，事隔千里，什九中窾，复出广陵，则益明习贾事。时吾宗守礼，公故多算，为盐策祭酒，亦决计委任于公，守礼公不戒于火，得鼓余烬而完丰资，大都公算也。公以戮力亦自渐饶。客广陵，先后数十载，晚归筑室卜邻。[③]

明代歙县人汪道斐，弃儒佐父经商，后到扬州，凭着出色的经济才能取得了不俗的业绩：

---

① ［清］张云章：《朴村文集》卷14《诰赠征仕郎行人司副乔君墓志铭》，《四库禁毁书丛刊》集部第168册，第50页。

② 徐珂编撰：《清稗类钞》第8册《文学类·高乃超诗钟好嵌字》，第4018页。

③ ［清］吴吉祜：《丰南志》卷6《艺文志下·行状·从祖母朱状》，《中国地方志集成·乡镇志专辑》第17册，江苏古籍出版社，1992年影印本，第378页。

> 羁贯受书，质疑师友不休。父贾池阳，以心计佐父，业渐起。已治维扬，盐策稚之间有所计画出入意表，众惊谁，夙知而暮成见之，此君矣，业因大起。[①]

清乾隆时，歙县郡业人汪德昌，在经过多次的科举失利后，“游淮扬，佐办南巡大差，诸商人咸赖之”[②]；歙县蓝田人叶天赐，性聪颖，嗜学工诗，擅书法，“家贫为人行贾，料事十不失一，晚业盐策于扬，重然诺，恤患难，族党戚里间待举火者甚多”[③]；歙县《济阳江氏族谱》卷9《清州同知覃恩敕封武义大夫南安参将嘉谟公原传》曾记载江嘉谟在读书之余，就留意盐务，凡盐策出入盈缩以及交游酬接等皆能洞达明核，后承父业：

> 嗣随父办鹾皖江，公开诚布公，不欺不贰，可襄父业。邗上诸当事暨同乡巨公，咸相器重，遇事谘商。缘是客居邗城，肩任鹾务，凡豫章、饶、吉诸盐埠，公尽司其责，无少负托，声誉广播，业日隆起。……数十年来，乡党奉为祭酒，即诸宗人居邗上者，靡不推诚钦服。[④]

陈去病《五石脂》卷10《序·善德纪闻君叙》曾云福建人闵象南到扬州，起初是白手起家，通过自己的才能和忠信为在扬州经商的同乡“掌计簿”，累资巨万。在成为巨富后，不是用于挥霍，而是多行善事，虽“产不更饶”也在所不惜：

> 赤手为乡人掌计簿，以忠信见倚任，久之，自致千金，行盐策，累资巨万，自是遂不复贾。岁入自家食外，余尽以行善事。故君年七十有二，筦财利数十年，而产不更饶。[⑤]

歙县丰南人吴骏，康乾年间人，出生于读书世家，早年丧父，读书颖悟绝人，习举业颇有成，其伯兄怀夫，为庠邑名诸生，曾在扬州综理盐务，伯兄去世后，吴骏毅然弃儒继兄业：

---

① ［明］李维桢：《大泌山房集》卷73《家传·汪处士家传》，《四库全书存目丛书》集部第152册，第270—271页。

② 民国《歙县志》卷9《人物志·义行》，第384页，又见于［明］李维桢《大泌山房集》卷73《家传·汪处士家传》，第270—271页。

③ 民国《歙县志》卷9《人物志·义行》，第377页。

④ 张海鹏、王廷元主编：《明清徽商资料选编》，第137页。

⑤ ［清］顾公燮：《丹午笔记·吴城日记·五石脂》，第516页。

> 顾以怀夫先生奄逝，嗣子皆紫眉，尚在髫龀，恐堕先业，遂弃帖括弗事，以贡入成均，非公初志也。是时公甫弱冠，继兄之邗江，综理鹾务。

他将自己获得的财富用来行善济贫：

> 公孝友性成，敦善行不怠。……如振困穷，焚债券，施医药，瘗枯骨，阴行善事，不可殚述，公不自言，人亦无由悉知也；与人交，倜傥光明，不设城府。[①]

江都人唐志朝，清末民初人，幼聪颖，长而能文，以家贫辍读，改习商，由于他为人诚笃，“所主之家，咸倚若左右手，尤重其不苟，俾司出纳，志超素精计学，凡所钩稽毫厘不爽，以故甚有声”。光绪二十二年(1896)，浙江德清人童宝善出官江都时，“聘主会计，江都大县，一岁钱谷出入，数甚巨，志朝廉洁自守，于所当得外一无所私”，深受童宝善的信任和赞赏，当童氏改官安徽和州知州后，他被童氏携往任上[②]。江都人李容，诸生，“及长，为鹾商张某会计厓策，张时官黔，事无巨细，悉容主之”。李容廉介自持，临财不苟，同人不敢干以私。当时扬州俗尚奢靡，业盐者尤甚，处纷华靡丽之场数十年，独朴俭如寒素。性好施与，里中有不能殡葬婚嫁者，周之无吝色。虽处商场，但他在晚年家居时，“博览群籍，手不释卷，喜画花卉山水，得方环山、罗两峰、唐朴园笔意”。江都人张薰，晚清人，监生，“以家贫服贾，时扬州盐务犹盛，为人司会计，获利辄厚”。他在获厚利后，将财富用于社会，道光二十九年(1849)大水，赈恤灾民，城中保赤堂、义学、请节堂、恤嫠会、暂栖所多所筹济[③]。这种义商实属难能可贵。歙县《棠樾鲍氏宣忠堂支谱》卷21《中宪大夫肯园鲍公行状》云，鲍志道7岁读书，少年时即弃儒习会计，奔波于金华和扬州，成年后，到扬州佐人业盐，有了一定的资本后，自立门户，成为巨富：

> 年十一即弃家习会计于鄱阳，顷之转客金华，又客扬州之栟茶场，南游及楚无所遇。年二十，乃至扬州佐人业盐，所佐者得公起家，而公亦退自居积，操奇赢，所进常过于所期，久之大饶，遂自占商数于淮南，

---

① [清]吴吉祜:《丰南志》卷6《艺文志下·行状·从祖母朱状》，第393—394页。

② 民国《江都县新志》卷11《人物传第六》，第893页。

③ 光绪《江都县志》卷26《列传第六》，第299—302页。

不复佐人。[①]

二、亲自参与经商

文士来扬州直接参与经商，也大有人在。如上文所提到的马曰琯、江春就是其中之翘楚。马曰琯原是安徽祁门诸生，好学博古，考校文艺，评骘史传，旁逮金石文字，到扬州行盐策，从盐业，成为扬州著名的大盐商。《扬州画舫录》曾记载他受到乾隆的赏赐和表彰："南巡时，两赐御书克食，尝入祝圣母万寿于慈宁宫，荷丰貂宫纻之赐。"[②]歙县江氏家族是业盐的大族，文士出身的江春更是其中的代表。江春，少攻制举业，乾隆六年(1741)乡试以兼经呈荐，因名额已满未被录用，从此弃儒从商，受到当地官员的倚重和乾隆帝的奖掖：

> 遂弃帖括经商扬州。练达明敏，熟悉盐法，司鹾政者咸引重推为总商。才略雄峻，举重若轻，四十余年规划深远。高宗六巡江南，春扫除宿戒，懋著劳绩，自锡加级外，拜恩优渥，不可殚述。曾赏借帑金三十万两为盐商之冠，时谓："以布衣上交天子。"

清代安徽歙县蜀源人鲍光甸，幼通经义，"长往扬州营盐策，性俭约而乐于助人，于族中置祠产、义田，修谱牒，立家塾于里中，设社田，治坏道，葺废桥，凡有匮乏者告必应，后以子孙官累授封赠"[③]。

由于文士具有一定的才学，善于洞察时务，经商时注意吸取经商成败的经验和教训而获得成功，如歙县人黄五保、黄锜、黄崇敬，海阳人吴继可等，他们善于择人任时，取财有道，不为小利所左右，即使在致富后，也多不奢华侈靡，而是礼贤赈乏。歙县《竦塘黄氏宗谱》记载，黄五保，明成化、嘉靖年间人，读书不拘于书，惟求通大义，识古今事变，后转变观念弃儒经商，因其经营有法，家致饶裕：

> 已而叹曰："生新都之地，无富给之资，固不得不窥市井，不行异邑，坐而待收，身有处士之义而取给也。"乃挟资治鹾淮阴间，善察盈缩，与时低昂，以累奇赢致饶裕。善握计任览之画，非琐琐竞机智争锥

---

① 张海鹏、王廷元主编：《明清徽商资料选编》，第145页。

② [清]李斗：《扬州画舫录》卷4《新城北录中》，第87—88页。

③ 民国《歙县志》卷9《人物志·义行》，第366页。

刀者比也。处士既以孤孱自树起家，愈益好义，自里闬至于淮阴，无不悦处士者。

黄崇敬，明成化、嘉靖年间人，少有盛才，文章宏富，但在其父亲去世后，因家政丛委，即抑志经商：

初游齐鲁燕赵之间，既而止淮扬，效猗顿氏。治鹾能择人任时，取与有义，不效世俗沾沾竞锥刀微末利，义入而俭出，赀大饶裕。公曰："积而能散，礼经明训。"于是时时洒沫润稿，输粟继匮，自里闬至客邸，盖多霑被云。

黄锜，明嘉靖时人，幼好读书，辄通大义，其祖父对他寄予厚望，然家世商隐，遂折节经商。他颇有经商才能，一到苏州，即获厚利，"乃货鹾淮扬间"，当时国家边计倚盐政，而两淮尤擅利权，官与商为市，朝令夕改，甚至盐商还经常受到当地有些官员的刁难和鄙视，诸盐商亦多抱着息事宁人之态，不敢得罪官府，而黄锜成为当时维护盐商利益的代表，时常与官府周旋，由于方法得当，问题很快就得到解决。黄锜为人谦厚，好贤礼士：

虽商而博涉左传史家言，每偕侪耦白鹾司必推君对，君侃侃然发中要领，气劲而词温，所谘禀多见听。……君退让好施与，咸出自天性。乡人有所侵侮，置弗校。居鹾场，视窭灶不自存者周之，时有所贷，不责其偿，场之人至今德之不忘。至于好贤礼士，挥金不靳，有柳开客大名之风。[①]

陕西三原人孙枝蔚，明诸生，世为大贾，工诗，康熙时举博学鸿词，未终试而出，授中书舍人，辞归。《广陵诗余》卷 3 曾云其率乡人抵抗李自成农民军失败后，"至广陵学贾，三致千金"。后折节读书，著述甚富[②]。清乾隆年间，安徽歙县人汪孟翊，21 岁时，补博士弟子，屡试不第，遂开始留心商务，为了承欢于父母，"家中列肆，佯鬻货以承欢"[③]。

有的士子因家贫、父死、父老或家中缺少治生或经商之人，不得不从事经商，如明代歙县人徐禄生，兄弟 6 人，家中生计恒苦不济，"以贫故不能卒

① 张海鹏、王廷元主编：《明清徽商资料选编》，第 111—114 页。

② 李春光纂：《清代名人轶事辑览》，第 2259 页。

③ ［清］袁枚：《小仓山房外集》卷 6《汪君楷亭墓志铭》，《袁枚全集》，第 106 页。

业，乃贾于扬，所入悉以遗父母”[①]。吴继可，聪颖好学，曾随叔兄宦游南京，并入南雍习儒，在其叔兄去世后，应其侄辈所请，弃儒经商：

> 于是广陵部署什一之业，则曰：“先君子规划具在，奉之无失，又何加焉。”任人而因时，无欲速，无见小利，而业骎骎起矣。[②]

晚明时，王大经，原籍江西南康，在其父辈时始迁扬州，幼习举子业，“稍长，以家贫习为贾”。至近20岁时，始复肆力于学，通六经、子史百家言，为古文辞，有奇气。入清后，屡征不起，多次与修地方志，晚年，著书作文，学者多归之[③]。清代江都人蒯枢，监生，因其兄读书成明经，无以供养父母，“枢弃书习贾以养父”[④]。江都人杨德宣，早年父死，初业儒，“以贫故，改习贾”[⑤]。江都人巴埙，晚清时人，先世为安徽歙县人，以业盐居扬州，籍仪征，性孝友，早年丧母，父有羸疾，不能治生，“埙遂弃儒而贾以赡其家，侍父疾十余年如一日”。江都人刘开宏，晚清时人，先世由江西新昌迁扬州，居郡城而籍仪征，世习儒，“父元兴遭兵燹，以生计之迫乃弃儒就贾。开宏习父业，性宽仁”。刘开宏抚孤恤寡，为友殓葬，见义勇为之事甚多，“尝设肆市米，阴行厥善，藉恤贫乏”[⑥]。江都人杜长椿，幼年丧父，靠其母抚养成人，“以家贫不能竟读，改业商。性诚朴，言动不苟，所设之肆不幸以折阅闭，而负债甚巨，人负之者数亦多。长椿刻苦十余年，尽偿债家”。杜长椿之所以去经商，主要是由于家贫所致，经商初期，失利负债累累，虽经过十余年的经营，将所负债尽还，但家境并不丰盈，尽管如此，对别人所负他的债务，不仅“度不能偿则焚其券，未尝索亦未尝言也”，而且他还好施舍：“常节衣缩食，预购一棺以待戚友贫不能殓者，既施，则复储以待，如是者数十年，生平无二色。”[⑦]山西襄陵人乔承统，太学生，其父业盐于扬州，父死，遂继承父业：“而君亦遂弃科举业，留扬州为居积。”[⑧]广西桂林人洪性钠，邑

① 民国《歙县志》卷8《人物志·孝友》，第330页。
② [明]李维桢：《大泌山房集》卷71《吴雅士家传》，第237页。
③ [清]吴德旋：《初月楼闻见录》卷9，《笔记小说大观》1编第2册，第826页。
④ 光绪《江都县志》卷23《列传第三》，第271页。
⑤ 民国《江都县续志》卷22《列传第四》，第733页。
⑥ 民国《江都县新志》卷末《人物传第八·前志补遗》，第903页。
⑦ 民国《江都县新志》卷11《人物传第六》，第892页。
⑧ [清]魏禧：《魏叔子文集》卷18《墓表·襄陵太学乔君继配史孺人合葬墓志铭》，第970页。

庠生，通六经，工诗，“其尊甫业鹾于扬，乃老，钠代之，才本大且以诚信待人，十年之间声名遂出诸巨商之右，其于鹾业利弊及一切公事无不惟钠是命，以故维扬隆隆日起，皆其力也”。他对于乡党宗族之事，身肩其任，凡修桥、筑路、济弱扶贫诸义举，热心为之[①]。

有的文士随着自身条件的变化，采取经商和其他手段并用的方式，如清代扬州人刘怀瑾，早年丧父，弃儒经商。他在经商的过程中，对医学很感兴趣，于是边经商边自学医学，后改为行医：

> 君龀齿失怙恃，沦落甚。年十二始入书塾，甫三年则已熟经书解文义，窭贫不能卒儒业，乃习贾，而所业复不足自立。君私购医家言，乘夜诵习之，昼执贾业无遗误。久之，人知君能，求治者多应手愈，遂改业医。

由于其医术精湛，不问穷富，均能为之精心医治，名声大噪：

> 君治病者不问贫富，皆辄往，富室酬报从其意，贫者日赠以药饵，或袖钱资将息，其有疮溃脓血臭秽至家人莫敢近者，君见可治状，必亲为洗涤加膏丹，以瘳为度，君医名大噪。洎癃老不改其处。

由于他太专心医学，没有顾及祖上留下的商铺生意，为铺中伙计所欺诳，生意由此败落下来，反而原来店中的伙计成了巨富，但他不以为意，以德报怨，后来还帮助其摆脱困境：

> 君家故有祖遗神香肆，各房轮值司肆事，其不值之房值者，岁贴白金三十两；值者，欺君孤弱，遂据如私业，起家累万。旁观怜君困，皆愤，劝君持约剂结算，当得钱千缗。君曰：“贫富，命也。为财利伤同气之和，无不忍也。”后据业者荡其积，君境渐给，振助之。

他不同于一般的经商者，除了维持自身的生活费用外，专以济贫赈乏。包世臣为此感慨道：

> 余则谓挟术者多居奇，攫利者必乘危。君虽不讳自济，而意专于济人，市肆中无是人也。

刘怀瑾在经商和从医余暇，喜好读书：

---

① 道光《徽州府志》卷12之五《人物志·义行一》，第29页。

> 君记问过人，虽不事举子业，暇辄温燖经籍，泛览史册，答问者无所隐滞，而决不以知能自衒，庠序中无是人也。[①]

这些因各种原因弃儒经商的文士，多有古君子之风，带有儒商的特点，他们利用经商获得的财富来造福于社会，或修桥铺路，或抚孤赈寡，或救灾赈济等等，多行义举，与那些唯利是图的奸商是迥然不同的，从一些文献记载中不难看到这一点。

有的官员也参与到扬州的业盐活动中，明陈洪谟《治世余闻》下篇卷3记载了御史张智与盐商勾结、设计逼迫另一御史刘峣往淮扬为其支盐一事：

> 御史张智，涞水人，称货于盐商某颇多，因同道御史刘峣往淮扬，嘱其支盐。刘未允，智乃与盐商谋，置酒于城外郑家花园，请峣饯别。且宿戒，伺酒酣出妓，令二三光棍作缉事校尉缉出，挟其必从。后如某谋，逼勒要银千两，方免闻官。峣无计，智佯曰："我与某处商人相厚，令其出银，淮扬准其支盐就了。"峣以为然，遂出银千两得释。智分其半，商人至淮倍获，且出入无忌。[②]

张智身为御史，为了牟利，却做出了这种令人不齿之事，最后导致刘峣的自杀，而自己也受到了朝廷的惩处。有的则弃官经商，如明嘉靖时的狄来宾就是其中的一例。狄来宾，字德敷，杭州人，官工部库局大使，迁凤阳县丞，"不乐仕宦，弃官隐扬州，以边商贾盐"[③]。

从上面的分析可以看出，来扬州经商的文士，主要涉足的领域是盐业，取得了令人瞩目的成就，这与当时扬州的盐业十分发达有关，自明代中叶盐纲发生有利于盐商的变化以来，文士紧随其他盐商的步伐，肆力于盐业，获利颇多，在明嘉靖万历年间和康乾年间曾盛极一时，直至晚清陶澍改盐纲后才渐至衰败。徐谦芳《扬州风土小记》云：

> 士大夫起家盐策，尤操赢余。华盛之族，席丰履厚，器物相尚，力求精美，以故艺能日进。片长薄技，新巧相尚，争自揣摩，求其尽善。[④]

---

① [清]缪荃孙纂录：《续碑传集》卷84《艺术·刘国子家传》，《近代中国史料丛刊》第99辑。

② [明]陈洪谟：《治世余闻·继世纪闻·松窗梦语》，中华书局，1985年，第54页。

③ 民国《杭州府志》卷141《人物七·义行一》，第407页。

④ 转引自王振忠《明清徽商与淮扬社会变迁》，第128—129页。

扬州盐业带来的巨大利润，就连官员也趋之若骛，难怪有人仿刘禹锡《陋室铭》作《陋吏铭》以示嘲讽：

> 官不在高，有场则名。才不在深，有盐则灵。斯虽陋吏，惟利是馨。丝圆堆案白，色减入枰青。谈笑有场商，往来皆灶丁。无须调鹤琴，不离经。无刑钱之聒耳，有酒色之劳形。或借远公庐（署印官有借佛寺为公馆者），或醉竹西亭（候补人员每喜游平山堂，每日命酒宴乐而已）。孔子曰："何陋之有。"①

综上所述，明清时期，扬州吸引了许多文士来治生或经商。他们的治生途径呈现出不同的表现形式，或依靠自身的一技之长，如授徒、出售书画、占卜等取利自养，或寄迹、依托于豪门富室，文士与豪门富室之间形成了一种密切的互动关系，但也出现了一些"变异"现象，如一些文士仰富商之鼻息，自损士品，士气尽丧。文士经商涉及的领域虽多，但尤以从事盐业为重；经商方式也是多样，或佐人经商，或直接参与经商，有的甚至将两种经商方式结合起来。文士参与经商的原因，或因举业不成，或因生计所逼，或受长辈的影响，或观念开始转变等等。

① ［清］钱泳：《履园丛话》卷21《笑柄·陋吏铭》，第564—565页。

第六章　明清时期文士在苏州的治生状况

明清时期，苏州成为当时的经济和文化重镇，文士除了科举一途，还积极从事治生或经商，他们从事治生涉及的领域十分广泛，呈现出多样化的特点，这与当时的环境、思想观念的变化是密不可分的。

苏州地处太湖流域，在明清时期，东、西、南、北分别与富庶的松江府、常州府、嘉兴府、扬州府毗邻，顾炎武《天下郡国利病书》称其：

> 南近诸越，北枕大江。川泽沃衍，有海陆之饶。①

苏州是主要的财赋重地，素有"苏湖熟，天下足"和"苏常熟，天下足"之称。清钱泳曾形容苏州和江南在全国所占的经济地位：

> 以苏、松、常、镇、杭、嘉、湖、太仓推之，约其土地无有一省之多，而计其赋税，实当天下之半，是以七郡一州之赋税为国家之根本也。②

清金之俊《封大中大夫大参佟继亭先生墓志铭》又云：

> 虑江南财赋甲天下，而右藩所辖江镇，苏、松、常尤甲江南。③

苏州不仅经济发达，而且还是当时的文化重镇，名门望族荟萃之地，科甲冠天下。清杨朝麟《紫阳书院碑记》称：

> 本朝科第莫盛于江左，而平江一路尤为鼎甲萃薮，冠裳文物，竞丽增华，海内称最。④

"平江"即苏州之旧称。范金民教授曾对包括苏州在内的江南进士数量、地域分布及其特色做出详尽的分析⑤。尽管苏州的经济、文化十分昌盛发

---

① ［明］顾炎武：《天下郡国利病书》原编第四册《苏上》，《四部丛刊》本。

② ［清］钱泳：《履园丛话》卷 4《水学·水利》，第 95 页。

③ ［清］金之俊：《金文通公集》卷 15，《四库全书存目丛书补编》第 56 册，第 284 页。

④ ［清］杨朝麟：《紫阳书院碑记》，转引自江庆柏《明清苏南望族文化研究》，南京师范大学出版社，1999 年。

⑤ 参见范金民《明清江南进士数量、地域分布及其特色分析》一文，《南京大学学报（哲学·人文科学·社会科学版）》1997 年第 2 期。

达，但仍有一些文士、士子在此从事治生，如清代金廷训，先世为徽州休宁人，雍正中迁吴，少孤，既长，"不欲以家事累祖父母，遂弃举子业，专治生，家日裕"[①]。吴县袁鼒，字臣器，少读书，后家业日落，弃去，与弟同治生，"家渐丰"[②]。甚至不乏藉此成为巨富者，如《苌楚斋随笔》卷五《冯桂芬治生术》曾记载：晚清吴县人冯桂芬少中巍科，中年辞官，尽力于治生，"以善治生鸣一时，其家大富"[③]。文士治生，既有本地人，也有外来客，从事治生的原因不一，或由于家贫，或因科举失意，或因被罢官、致仕，或厌倦官场而辞官，或因鼎革之际不愿与统治者合作等，他们根据自身的条件和特长从事治生，所涉及的治生领域广泛，呈现出多样化的特点。

第一节　以教授生徒为生

苏州重视文化，科甲不绝，这就需要大量的塾师教授他们的子弟，以便使他们的子弟日后能在科举、仕途上有所发展。苏州名门望族荟萃，巨商大贾云集，又为此提供了有利的经济支持。一些文士出于各种原因就以之为谋生手段，这也是文士从事治生所采用的最普遍的方式。其中一部分人是因家贫不得不以教授生徒为业的，如明初吴县人王行，因家贫无力读书，幼随其父依卖药徐姓家，女主人喜听稗官小说，王行经常从书中摘录故事并为她诵读，主人对王行的聪颖很欣赏，使其尽读家中所有书籍，王行遂淹贯经史、百家言。"未弱冠，谢去，授徒齐门，名士咸与交，富人沈万三延之家塾，每文成，酬白金镒计，行辄麾去，曰：'使富而可守，则脐之惨不及矣。'洪武初，有司延为学校师，已谢去，隐于石湖"[④]。长洲县人邢参，为人沉静蕴藉，固而不陋，喜远离城市，"贫无恒业，惟教授乡里，以著述自娱"[⑤]，一生清贫。清代吴县人惠栋，诸生，涉猎广泛，尤邃于经学，为乾嘉吴派经学大家。早年"往来京口，饥寒困顿，甚于寒素。遭两丧，不以贫废礼。中年

① 同治《苏州府志》(三)卷83《人物十》,《中国地方志集成·江苏府县志辑》第9册，江苏古籍出版社，1991年影印本，第209页。

② 同治《苏州府志》(三)卷81《人物八》，第177页。

③ [清]刘声木：《苌楚斋随笔续笔三笔四笔五笔》，第108页。

④ 民国《吴县志》(二)卷第66上《列传三》,《中国地方志集成·江苏府县志辑》第12册，江苏古籍出版社，1991年影印本，第82页。

⑤ 同治《苏州府志》(三)卷86《人物十三》，第269页。

课徒自给，陋巷屡空，处之坦如”[①]。

一些官员在未仕前，也常常将教授生徒作为治生的一种途径。如明代长洲人刘铉，刚出生不久父死，“未冠授徒里中”。永乐年间，以善书征入翰林，笔法温媚，推重一时。吴江人徐琛，景泰五年(1454)，贡入太学，“家贫，教授于乡”。成化五年(1469)，授泰宁知县，寻乞归，家益贫[②]。崇祯年间曾任武宁知县的吴县人徐鸣时，“少丧父，赤贫，寄食萧寺，为句读师，藉脩脯养母，从游日众，室隘不能容，隙地构室，颜曰‘双学’，取杨万里‘老夫家圃方双学’之句”[③]。清道光时曾任兵部主事的吴江人沈镐，“未第时，家居教授，远近推为老师、宿儒”，入仕后仍乐此不疲：“京师凡缙绅子弟及应试来者，皆出镐门下，拥皋比论文不辍如诸生时。”他居官清廉自守，虽贫不蠹：“尝得马馆差，岁可入数百金，镐不取，然镐实贫，资脩脯为养而已。”[④]

一些文士由于失意于科举而以教授生徒为生，如清代吴县人袁钺，工诗古文词，旁通医术，常有奇验，晚手喜作画。乡试失利后，遂无意进取，“杜门教授生徒，执经请业者无虚日”[⑤]；吴县人吕仁杰，诸生，为人寡交游，“中年即绝意进取，开门教授，务读书，不专攻举业，其徒有能背诵《仪礼》者十余人”[⑥]。长洲人顾三典，“屡试不售，绝意进取，教授生徒以殁”。康熙时人任时懋，会试不第，归，“教授生徒，不复就试”[⑦]。昆山人支达，虽中光绪十五年(1889)进士，以教职用，但“屡困春官，遂绝意进取，家居授徒，一时名流多出其门”[⑧]。

有的则因被罢官、致仕，或辞官不做，失去了生活保障，不得不以教授生徒补贴家用，如明末授云南大姚知县的吴县人黄向坚，在其“罢官后，兵阻不得归，流寓白盐井，教授自给，音问隔绝”[⑨]。明永乐年间，吴县人贺廉，为人简严，屡以抗言忤当道，故官不达，终于福建按察知事。致仕后，

① 李春光纂：《清代名人轶事辑览》，第1857页。

② 同治《苏州府志》(三)卷104《人物三十一》，第658页。

③ 同治《苏州府志》(三)卷81《人物八》，第176页。

④ 光绪《吴江县续志》卷22《人物七·文苑下》，《中国地方志集成·江苏府县志辑》第20册，江苏古籍出版社，1991年影印本，第459页。

⑤ 同治《苏州府志》(三)卷82《人物九》，第191页。

⑥ 同治《苏州府志》(三)卷84《人物十一》，第225页。

⑦ 同治《苏州府志》(三)卷88《人物十四》，第317—322页。

⑧ 民国《昆新两县续补合志》卷14《好义附传》，第464页。

⑨ 同治《苏州府志》(三)卷82《人物九》，第182页。

"家居以经义教授乡里，多所造就"[①]。震泽人陆九章，以文学称于时，明弘治十八年(1505)进士，历任青田、云和知县，后罢职归里，"授徒终身。家酷贫，都御史邓某与九章同年，行部来访，径满蓬蒿。及卒，无财以敛，知县喻时高其行，亲往赙焉"[②]。清代吴县人周廷燮，雍正年间仕至吏部祠祭司郎中，"以病告归，囊无一钱，吴中争延为弟子师，课徒十五年，束脩所入，与诸弟共之"[③]。吴县人徐华岳，嘉庆六年(1801)进士，选庶吉士，改知县，不就选，"隐居教授，以著述自娱，有《诗故考异》三十二卷刊行于世"[④]。

另一部分文士，特别是生活在易代之际的文士，他们不愿为官或不愿与统治者合作，选择以教授生徒为治生途径，如长洲人高启，博学工诗，入明后，与修《元史》，太祖擢其户部右侍郎官职，谢绝之，"居青邱，授书自给"。后因其文中有讽讥朝廷之意被朱元璋腰斩于市，年仅39岁[⑤]。长洲人刘政，在建文帝逊位后，"誓不复仕，授徒终其身"[⑥]。昆山人张经，博学嗜古，永乐二十二年(1424)登进士，后遣归就学经，"既归，不乐仕宦，授徒为生"。同县人朱夏，刻志励行，不求仕进，"授徒讲学，师范卓然，巨族争延课子弟"[⑦]。到了明清鼎革之际，一部分文士面对异族的入侵和明朝的灭亡，对科举和仕途不再留恋，有的就选择隐居教授生徒为业，如长洲人彭行先，少补诸生，读书于僧寺，奋志自立，明季由拔贡考授知县，"见国事不支，遂绝意仕进，隐居教授。贫不能购书，数借人书缮录，日课数十纸，雅善书法，出入晋唐"[⑧]。昆山县人朱用纯，年17补郡诸生，遭国变，痛父殉难，弃去诸生冠服，慕王哀庐墓攀柏之义，自号曰柏庐，"隐居教授，资脩脯养母"[⑨]。覃精理学，不应荐举，曾有人将以博学鸿词荐，他以死自誓，作《朱

---

① 同治《苏州府志》(三)卷79《人物六》，第138页。

② 乾隆《震泽县志》卷19《文学》，《中国地方志集成·江苏府县志辑》第23册，江苏古籍出版社，1991年影印本，第181页。

③ 同治《苏州府志》(三)卷83《人物十》，第196页。

④ 同治《苏州府志》(三)卷84《人物十一》，第214页。

⑤ 《明史》卷285《文苑一》，中华书局，1974年，第7328页。

⑥ [明]文震孟：《姑苏名贤小纪》卷上《解元刘公》，《四库全书存目丛书》史部《传记类》第115册，第740页。

⑦ 同治《苏州府志》(三)卷91《人物十八》，第394—395页。

⑧ 同治《苏州府志》(三)卷88《人物十四》，第305页。

⑨ 道光《昆新两县志》卷23《儒林》，《中国地方志集成·江苏府县志辑》第15册，江苏古籍出版社，1991年影印本，第353页。

布衣传》以见志，其后有司欲举为乡饮宾，亦不应。诸士俨，明末诸生，治理学，“国变后，弃诸生，隐居嘉定，授徒自给”[①]。吴县人惠有声，明末岁贡生，隐居不仕，与徐枋友善，“以九经教授乡里”[②]。

第二节 书院治生

苏州的大多数书院主要建于清代。清代，江苏巡抚衙门驻苏州。清朝倡建书院，在苏州这样的科甲胜地，各朝巡抚多重视书院的建设，分课制艺经古，其风气不下于南京、扬州两地。始建于清代的书院主要有紫阳、正谊、平江诸书院，尤以紫阳、正谊两书院的规模最大。

近人柳诒徵《江苏书院志初稿》[③]根据所辑的史料介绍了苏州书院的概况，今据此简要介绍一些文士在苏州书院的治生情况。紫阳书院由巡抚张伯行建于康熙五十三年(1714)，由于书院的田资丰厚，膏火银有充分的保障，吸引了许多才士来此做掌教，如冯暠、朱启昆、韩孝基、陈祖范、吴大受、沈德潜、王峻、廖鸿年、钱大昕、朱琦、俞樾、冯桂芬等。其中钱大昕曾为紫阳书院的肄业生，后于乾隆年间仕至翰林侍读学士，督学广东，博学多识，与纪昀齐名，有“南钱北纪”之称，晚年以病乞归。他先主江宁钟山书院，后于乾隆五十三年(1788)六十一岁时，被巡抚闵公延请主教紫阳书院，于乾隆五十四年(1789)就任，门下学者不下2000人。嘉庆八年(1802)76岁时，屡以老病不支力辞讲席，但均被挽留不得归，于次年十月卒于书院之中。掌教紫阳书院长达16年，士子骎骎向化，并有远方好学之士负笈来游者，尤称盛事。

其后，朱琦辞官教授南京钟山书院和苏州紫阳、正谊书院近30年，巍然为江左经师之冠。《清史稿·儒林传》又记载晚清著名经学大师俞樾曾侨居苏州，主讲苏州紫阳、上海求志、德清清溪、归安龙湖诸书院。其《春在堂尺牍》亦云与许子原主讲于紫阳书院时，岁入400金，不敷所出，于是便将全家迁居书院。其《曲目自述诗注》又云，他主教苏州紫阳书院两年后，被浙江巡抚以重金聘请到杭州诂经精舍任掌教，选刻《紫阳课艺》两卷以存

---

① 同治《苏州府志》(三)卷95《人物二十二》，第473页。

② 民国《吴县志》(二)卷第66上《列传三》，第100页。

③ 《中国历代书院志》第1册。

文字之缘。冯桂芬除了善于治生外,致力于经世之学,虽素无文誉,亦曾以肄业生受聘为苏州紫阳、正谊两书院院长,先后主讲惜阴、敬业、紫阳、正谊各书院计20年,造就了诸多名士,而激励成才者不可胜数。清代吴县人石韫玉,乾隆年间仕至山东布政使,后引疾归,"主讲紫阳书院二十余年,聘修郡志"。同县人尤兴诗,乾隆五十一年(1786)顺天举人,以拣选知县就教职,署奉贤县训导,注选内阁中书,岁久当协办侍读,"忧归不出,主平江书院十有九年,家因贫,岁入仅给食指,恒敝衣冠对客,生平最重名教,谈气节眉间棱棱有爽色"。嘉庆时,曾任湖南衡永彬桂道台的吴县人高翔麟,因锦田猺案降级调用,遂乞病归。"既归,家无长物,历主各书院,以砚田为恒产"。同县人吴钟骏,嘉庆六年(1801)进士,官户曹军机处行走,后"乞养归,历主正谊、平江讲席"①。长洲人韩孝基,康熙时进士,于雍正年间,参修明史,以原衔食俸,事峻,"移疾归,掌教紫阳书院"②。元和人冯培、吴廷琛亦曾主讲苏州的书院。冯培,乾隆四十三年(1778)成进士,"服官二十年,归无一椽,历主浙江崇文、江苏紫阳书院,门下士多所造就,年七十二卒"。吴廷琛,嘉庆时仕至云南按察使,后内诏以四品京堂用,"逾年引疾归,主讲正谊书院,旋卒"③。长洲县人许大镃,嘉庆庚辰进士,以知县即用,不就选归,"教授自给,文名噪天下,及门登春秋榜者不可胜数,一生主平江书院江席,年五十余卒"④。

由上面的例子可以看出,出任苏州书院掌教的多为名士或去职后的官员,而下层的文士,如未中科甲的读书人,很难在书院中谋得一讲席。在书院的下层文士生活较为拮据,有的为获得束脩银,甚至有时不顾脸面寄读于书院,受到后辈的嘲弄,如吴江人吴茝堂,名燮,浮沉诸生中:

> 年七十余,无家室,宿食紫阳书院。后辈轻薄,肠肥脑满,视茝堂如怪物,无与言者。一日书院课期,苏州太守孔公名传炣点名及茝堂,茝堂趋而前,与太守执手问好,太守怒曰:"汝一老诸生,太无礼节,敢于我抗礼耶!"茝堂遂挺立谩骂曰:"汝父与我同举鸿词科,汝尚在子侄行,岂有孔门子孙而轻视长者乎!"太守大骇,询之他人,知其实,跼蹐

① 民国《吴县志》(二)卷66下《列传四》,第110—114页。

② 民国《吴县志》(二)卷68上《列传六》,第151页。

③ 民国《吴县志》(二)卷68下《列传七》,第167—168页。

④ 民国《吴县志》(二)卷70下《列传·孝义二》,第269页。

谢罪，人称为吴书呆。[①]

第三节　以卖文为生

有的文士利用自己的文化才能以卖文治生，甚至通过杜撰、出售谱牒、操“选政”等方式获取酬金，以达到治生的目的。如明代吴县人陈绍先，宣德初授荆州府学教授，辽王贵炲奏授纪善，有所谏诤，不纳，“谢归，以笔砚自食，人购之不轻予”。同县人陈琦，以医籍居京师，后仕至贵州副使，因事罢归，“归吴中，家具萧然，鬻书自给，日与学者讲解经义，有感触辄发于诗，所著有《冷庵集》”[②]。长洲人张凤翼，四次会试不售，遂弃去。读书养母，杜门不出，以终其身，“家本素封，以不事生产日落，乃鬻书自给”[③]。明江盈科《雪涛小说・谈丛・张伯起 伍宁方》中亦云其不到50岁，因母老不赴公车：“居恒卖文鬻字自给。其于郡邑，非公不至，有澹台之风。”[④]吴县人钦楫，字远犹，学通五经，“鼎革后，高尚不事，卖文自给”[⑤]。有人通过为人写墓志铭赚取酬谢，如明李介《天香阁随笔》曾记载：

> 唐伯虎客大宅，尝于屏上画宫女数百，服饰炫丽，姿态百出。共得四扇，传为宝物。后人求墓□□□□，西溪索为润笔资。后西溪子求墓于钱牧斋，复为牧斋索去。又有穿针图，皆伯虎笔，并倪云林手卷，价值千金。乃伯虎偿博负者，俱在大宅，今俱不可问矣，惜哉！[⑥]

文士视之为谋生途径，不再讳言以文取酬，如明人张凤鸣曾主动向当地主管撰修《姑苏志》的官员讨要修志费，他在信中云：

> 某非避世好洁者，鬻文取给，何敢自讳？方耻身贱，其价不高，过梦君侯渥惠斯及，何敢饰辞？

张凤鸣因向郡守林廷棉预支酬金，受到了林之嘲弄，为此他在《与蔡中丞

---

① [清]钱泳：《履园丛话》丛话二十三《杂记上・吴书呆》，第615页。
② 同治《苏州府志》(三)卷79《人物六》，第139—144页。
③ 民国《吴县志》(二)卷第67《列传五》，第140页。
④ [明]江盈科：《雪涛小说》(外四种)，上海古籍出版社，2000年，第111页。
⑤ 同治《苏州府志》(三)卷82《人物九》，第181页。
⑥ [明]李介：《天香阁随笔》卷2，《笔记小说大观》22编第8册，第5331页。

书》中颇有怨词：

> 故自誓不敢受无已不有，都玄敬穆故事，手其修《姑苏志》，日廪之处，家人告匮，走书郡守林司徒廷棉请米，林馈之以报，以诗有“近得颜公乞米书”句。某不敢自附于都太仆，清修俭德如君侯，恐非林司徒所敢望具抗义，周急治民，敢不拜领？若夫常给，则固陋之心自执已定，万不敢当伏冀财听。①

清代常熟人吕庸，字时中，博览群籍，“以笔墨治生，为应用之词，丽赡可观。性简率，有所造留之不拒，饮辄醉，士皆爱厚之，以寿终”②。

苏州名门望族多如繁星，他们注重谱牒，常常自己组织或请人与修族谱，于是就有文士充分把握市场需求和顾客心理，打起出售赝谱的主意，生意倒也红火，有的甚至为此受到官府的究治，如清李延昰《南吴旧话录》就有此等记载：

> 袁铉，积学多藏书，然贫不能自养。游吴中，富家与之作族谱，研穷历代以来显者为其所自出，凡多者，家有一谱，其先莫不由侯王将相而来，历代封谥、诰敕、名人叙文具在，初见之甚信，徐考之，乃多铉赝作者。铉年七十余，以作谱事致其家，为官所究治，余人四窜避去，而铉亦不复来吴，此作赝谱之始也。今阊门天库前，聚众为之，姓各一谱，谱各分支，欲认其支，则捏造附之。贵显者则有画像及名人题赞，无不毕具，且以旧绢为之，或粉墨剥落，或字画糊涂，示为古籍，喜之者尝用数十金得之，以为若辈衣食，此古来所无，而今始有之者，闻庄简之风者亦思自愧也哉。③

袁铉因家贫无以为养，便应苏州富室之请为其撰修族谱，从此就一直以之为治生之业，获利颇丰，后因官府干涉，逃离苏州，但当地作赝谱之事仍甚为流行。

明清时期，科举取士日渐程式化，为此，编选、刻印、出售每科考卷、行书、房书等有关科举参考资料在当时十分盛行，于是一些文士就参与“选政”行业，如南明时的王光承，其祖先自江右分戍金山卫之中前所，而世代

---

① ［明］张凤鸣：《羽王先生集》，《四库全书存目丛书补编》第 54 册，第 18—19 页。

② 康熙《常熟县志》卷 20《文苑》，第 488 页。

③ ［清］李延昰：《南吴旧话录》卷上，上海古籍出版社，1985 年，第 92—93 页。

业儒，多食饩学官。王光承为弘光时岁贡生，后遭战乱，避居吴门，从事选政，并躬耕养亲。《南吴旧话录》记载了王光承操选政事：

> 王玠右遭乱，杜门吴门。书贾某者袖出二缗，曰："某幸先生操选政，按其赢余，居然小康，今远来薄致情款，幸无概却。"先生曰："第得君少留。"尽所赠而去。贾人姑为唯唯，适三日，斋茹蔬而已。明日买猪肉六两，杂以秋茄、河蟹、蛋丝佐之，自以余生志在藜藿，劝书贾独酌。贾窃计食肉尽时，乃须经岁，夜半开门逃去。先生乃封还所余，吴门传为佳话。……先生弘光时岁贡，所选每科考卷、行书、房书、大小题、乐胥及京稿薛崖，南京、苏州书肆奉千金为寿，择寓延款，凡为口腹者，咸屏却之，所得选资，惟供事高堂，未尝稍涉膏粱纨绮之习。遭乱躬耕养亲，与弟名烈，字名世，敦友于义。[①]

由上所述，南京、苏州一带的书肆或不惜用重金聘请精于"选政"的文士从事这类行业，或购买他们参加过的考试的考卷等内容。

第四节　出售书画以治生

明清时期，苏州是重要的书画产地和书画市场，尤其是在明正德前后，宫廷画院急剧式微，代之而起的吴门画派，逐渐取代了浙派和宫廷画派的主导地位；明成化时期，台阁书体亦日趋衰落，吴门书派逐渐兴起。吴门画派亦宋亦元，兼行带利，其代表人物主要有沈周、文徵明、唐寅、仇英等。吴门书派直承晋唐，下窥宋元，其代表人物主要有祝允明、文徵明、沈周、唐寅等。他们有的书画兼通，独舒个性，适合市民的情趣，是书画商品化的产物，繁荣了苏州的书画市场。到晚明时，董其昌书画双绝，超越诸家，名气之高，影响之大，当时无人能出其右，以他为首的华亭派（又称松江派）占据鳌头。清代，山水、花鸟画盛行一时，随着创作势态和审美观念的变化，出现了宫廷画派（如"四王"：王时敏、王鉴、王翚、王原祁）和民间画派（如山水画的"四僧"：弘仁、髡残、朱耷、石涛；花鸟画的代表主要有恽格、蒋廷锡、邹一桂及"扬州八怪"）的分野，并在清末出现了以浙江籍为主的"海派"（以

① ［清］李延昰：《南吴旧话录》卷下，第 118—119 页。

赵之谦、任伯年、吴昌硕为代表），这时苏州的书画创作虽没有明代中后期那样繁荣，却也出现了一些名家名作，书画市场从未停歇。

明清时的一些书画家将其书画之作变为一种商品出售，以获得酬资，明代沈周、文徵明、祝允明、唐寅、朱昂之、陈元素等人的书画和清代的徐枋、金俊明、王学浩、王武等人之作更是人们争相购买的对象。如明代吴门画派的领袖人物沈周（1427—1509），长洲人，一生不应科举，读书吟诗，工书画，平生亦风流翰墨自娱，不欲标榜于世，卖画为生，其画深受买家的垂青，以致有人冒其名作赝品售之以获厚利。其弟子文徵明（1470—1559），苏州人，工书画，在沈周之后领袖吴门画派长达50年之久，品行端谨。54岁时以贡生荐试吏部，任翰林院待诏，3年后辞归故里。致仕后，“四方乞诗文书画者接踵于道，而富贵人不易得片楮，尤不肯与王府及中人，曰此法所禁也。周、徽诸王以宝玩为赠，不启封而还之，外国使者到吴门，望里肃拜，以不获见为恨”。后来他的门人常冒充他作书画，但他不以为意：“文笔遍天下，门下士赝作者颇多，徵明亦不禁。”[①]文徵明不愿将其创作的书画给富人、王府、宦官和外国人，虽重金、珍宝亦不为所动，这在焦竑《玉堂丛语》中亦有类似记载：

> 文徵明家居，郡国守相连车骑，富商贾人珍宝填溢于里门外，不能博先生一赫蹏。而先生所最慎者藩邸，其所绝不肯迩往者中贵人，曰：“此国家法也。”前是，周王以古鼎古镜、徽王以金宝缶他珍货值数百镒赘，使者曰：“王无所求于先生，慕先生耳，盍为一启封？”先生逊谢曰：“王赐也，启之而后辞，不恭。”竟弗启。四夷贡到吴门者，望先生里而拜，以不得见先生为恨。[②]

除了门人外，其他文士也参与创作和出售他的赝品，如明吴稚登《文待诏先生》云：

> 晚岁德尊行成，海宇钦慕，缣素山积，喧溢里门，寸图才出，千临百摹，家藏市售，真赝纵横。一时砚食之士，沾脂浥香，往往自润。[③]

连吴稚登本人亦曾参与书画造假以之为生计之需。

---

① 同治《苏州府志》（三）卷86《人物十三》，第275页。

② ［明］焦竑：《玉堂丛语》卷1《行谊》，第169页。

③ ［明］吴稚登：《吴郡丹青志·妙品志》，《笔记小说大观》第13编第5册，第3024页。

长洲人祝允明(1460—1526),明弘治时曾任广东兴宁知县、应天府判,以病谢归。工书法,尤工小楷和狂草,名动海内,为后世推为明朝第一。他不轻易为人作书,好酒色六博,善新声。放浪形骸,求书者往往通过贿赂他身边妓女才可得:"求文及书者踵至,多贿妓掩得之。"由于他得金即挥霍一空,不留一钱,常常负债累累,有人便借此求书:

> 尝遇困乏,欲有所贷,文休承故置兰纸室中,允明喜为书《古诗十九首》,大获声价。以休承谲得此书,为艺苑一谵。海内索书,贽币踵门,辄辞弗见。[①]

吴县人唐寅,明弘治十一年(1498)乡试中应天府第一名解元,后以科场案被黜,遂颓放潦倒,倾力于诗文书画,绘画精于山水、人物、仕女、花鸟。唐寅同文徵明不同,正如明曹臣所云,他不讳言卖画,且力行之。

明代长洲人陈元素,诸生,早负才名,能诗文,尤善临池楷书,兼画兰,"存缣尺牍人争宝之,其蝇头小楷尤自珍爱"。时任宰职的叶向高在给大学士申时行作墓志铭时,曾言必得陈元素之书方能传其文,后"遗以脱粟三百斛"请其书写所作碑文[②]。吴江人张金,"家贫不苟取,以画猫自给,人或买悬堂中,真猫见而怒与之,画名遂重"[③]。吴县人居节,工书画,后忤织珰孙隆,家破,僦屋虎丘南村,"得笔资招朋剧饮,或绝粮,则晨起写疏松远岫一幅,令童子易米以炊。年六十,竟以穷死"[④]。

明末清初时,长洲人徐枋,崇祯十五年(1642)举人。明亡,父殉国死,奉父命拮据营葬,遁迹不出,布衣草履,终身不入城市,"家贫,常卖画自给"[⑤]。吴县人金俊明,县学生,数试不利,遂归谢诸生,"杜门以佣书自给"。擅书小楷,兼工诗古文词,"四方来请者不绝。间画树石,尤工墨梅,人争传宝之。尝有学使者慕其名,欲招致之,不可得"[⑥]。

清代吴县人王武,以诸生入太学,读书、赋诗多技能,尤长于画。所写花鸟信意渲染,皆有生趣,太仓王时敏亟称之,于是声誉大噪,"四方士大夫

① 马宗霍辑:《书林纪事》卷2,《书林藻鉴 书林纪事》,第316页。
② 乾隆《长洲县志》卷24《人物三》,第298页。
③ 乾隆《震泽县志》卷20《艺能》,第192页。
④ [清]徐沁:《明画录》卷4《山水》,王云五主编《丛书集成初编》,商务印书馆,1936年,第36页。
⑤ 同治《苏州府志》(三)卷88《人物十四》,第306页。
⑥ 同治《苏州府志》(三)卷82《人物九》,第180页。

走书币造请无虚日。家本饶裕，武不事生产，好施与，家遂落，乃屏绝诸好，以高洁蕴藉自持”[1]。光绪年间曾任湖南巡抚的吴县人吴大澂，善篆籀，后因中日甲午战争军事失利被革职，永不叙用。他以出售书画和古铜器自给：“大澂善篆籀，罢官后，贫甚，售书画、古铜器自给。”[2]常熟人吴历，工书法，善山水画，《重修常昭合志》曾云其“历少孤，辄以画供节母养”。因其书法酷似苏轼，受到吴兴郡守的器重，吴历遂赁其屋，专一临摹附近僧舍中苏轼《醉翁亭记》真迹，临摹完毕不告而别，后弃家居澳门十余年，康熙年间卒于上海[3]。长洲人文点，工诗古文词，兼工山水人物画，“年四十游京师，有欲以国子博士荐者，点谢不可，尝舍莲泾慧庆寺，卖书画自给”[4]。他卖书画非常反感别人定下期限，如有一富家子弟买其书画，因欲早取到书画，被其怒斥一顿并拒绝再为其作画：

> 富人子具兼金求画，期以三日走取。君恚曰：“仆非画工，安得受促迫？”掷金于地。其人再请，不顾。[5]

有的画家卖画有一定的规矩，否则虽重金亦不接上门的生意，如清人王三锡。俞蛟曾听其好友余竹西云王三锡事：

> 北平余竹西客吴门，竹西为余言：“王君年七十余，无异少壮，乞其画者，必重具金币，函致之。一日，有负钱数十缗，叩门求画，却不受曰：‘古人谀墓得金，书碑酬绢，必当有交接之礼；岂余卖画，行同市侩乎？’其人怒而去。时咸服其高致”云。[6]

王三锡规定了求画者必须准备厚酬和拜函。吴县人高夔，字谱虞，廪生，绩学工诗文，尤精书法，“立品甚峻，家赤贫，然求书者非其人，虽重资不能购”[7]。

有的外地人也来到苏州卖画或卖字，如明代阳湖人朱昂之，善山水画，“晚年流寓吴门，名益重，间写兰竹、花卉，皆超逸有致，书法在米、董之间，

---

① 同治《苏州府志》(三)卷82《人物九》，第181页。

② 《清史稿》卷450《吴大澂》，第12553页。

③ 钱仲联主编：《广清碑传集》卷5《吴历传》，苏州大学出版社，1999年，第295页。

④ 民国《吴县志》(二)卷第68上《列传六》，第150页。

⑤ [清]陈康祺：《燕下乡脞录》卷15，《笔记小说大观》2编第2册，第1006页。

⑥ [清]俞蛟：《梦厂杂著》卷7《读书闲评·王三锡》，第133页。

⑦ 同治《苏州府志》(三)卷83《人物十》，第208页。

四方辇金币求书画者无虚日,而昂之虚怀自抑”①。清代山阴人戴易,能作径丈八分书,非其人,多不应,得者必厚酬。70余岁来到苏州,有6子,不受其养,独携一子及残书百卷自随,卖字为生:

> 其售字也,铢积寸累,不妄费一钱。一苍头饥不能忍,辄逃去。已寄僧舍中,语及枋(徐枋),必流涕。尝浮七里濑,登严子陵钓台,赋诗,且歌且泣。或竟日不得食,采野蕨充膳。操瓢量水,坐长松古石饮之。②

他本与杨无咎相友善,又因无咎与徐枋定交,枋临殁以书招无咎,易偕至,无咎为抚其孤孙,“而易卖字为枋营葬,尝冬日衣葛,终日不再食,积连岁卖字金,卒葬枋于真如坞,时人义之,后殁于虎邱”③。戴易为筹钱买地给徐枋殓葬,开始无人响应,于是“榜于门,书一幅止受银一钱,人乐购之”④。《初月楼闻见录》卷2曾记载:清康熙年间,进士黄九烟与潘铁庐往访苏州徐昭法,看到徐昭法饥饿不堪,家贫如洗,无以待客,除了自己出钱替其购米盐外,还通过卖扇将所得银钱周济徐昭法:

> 黄先生令铁庐持一扇,戒勿道姓名。铁庐持扇入市,顾者辄弃去。铁庐念昭法厨空久矣,售扇可作数日粮,乃言道:‘此黄九烟诗画也。’一富人即持白金数钱购之。⑤

又如清代无锡金匮县人施兰,工书法,“晚寓苏州,卖字以终”⑥。四川巴江人廖纶,诸生,累官至县令,同治九年(1870),以忧去官,工书法。光绪十七年(1891),自蜀来昆山,“年已七十余,鬻书自给。当道请谒,辄谢,时与二三耆旧徒步至孝定祠,展谒求书者踵相接,逾数月乃归,邑人至今思之”⑦。可见名书画家通过出售自己的作品而获得报酬相对比较容易,一般都能维持自己的生计,但有些书画家则对通过出售书画作品获取巨额酬谢颇有微

---

① 同治《苏州府志》(三)卷112《流寓二》,第822页。

② 《清史稿》卷501《遗逸二·戴易》,第13848页。

③ 民国《吴县志》(二)卷第76下《列传·流寓二》,第555页。

④ [清]潘耒:《遂初堂集·文集》卷18《传·行述·戴南枝传》,《四库全书存目丛书》集部第250册,第202页。

⑤ [清]吴德旋:《初月楼闻见录》卷2,《笔记小说大观》1编第2册,第695页。

⑥ 光绪《无锡金匮县志》卷26《艺术》,第434页。

⑦ 民国《昆新两县续补合志》卷10《名宦》,第419页。

词，如明代吴县人陆治，久困诸生，工写生，“晚年贫甚，有贵官子因所知，以画请，作数幅答之。其人后具赀币以谢，治曰：‘吾为所知非为贫也。’立却之。其画强之必不可得，不请之，乃或可得”。陆治虽在晚年贫困不堪，但坚决不愿将自己的画作当作商品来出售①。清代吴县人陆绍曾，卖画只是为了自给，不愿以此作为致富或发达的手段，虽时常受到买主的妄訾和妻子的辱骂亦不改初衷：

> 家计中落，往往携所作书，入市得资，可供数日餐，则楗户不复出。资罄复入市，市人欲贬其值，妄訾其书为劣，怡然受之，无忤容。或具厚币乞书，则傲岸略不为意。知交悯其老病，劝以操行勿太峻，周游通显，不难至中人资。白斋掀髯笑曰：“夫鼠辈饮河，止于满腹，吾但吮笔伸纸，以谋吾饔飧，是以足矣，受千金之赐无以报，岂吾之志哉！”居则刻意临书，虽妻孥诟谇，晏如也。②

有的人虽理解出售书画为生计的需要，但自己不屑这样做，如吴县人袁启潮，工人物花鸟画，隐灵岩之北，“登门索书者无虚日，寸缣尺素人争宝之。尝语人曰：‘鬻画之资，虽非造孽，然订画例较锱铢，余不屑为也’”③。

第五节　游幕为生

游幕也是文士治生的一种常见方式。他们常常因为家贫或科举不第、仕途无望，不得已而为之。有的文士通过游幕，一方面解决了生计问题，一方面希望藉此得以实现自己的理想抱负，虽多未达到自己的目标，但亦有由此踏上仕途者。游幕在清代时最为兴盛，尤其是在战乱时。

文士从事游幕，在史籍中多有记载，今仅就苏州文士从事游幕略举几例。因家贫不得不以之为生的，如清代震泽人姚舆，廪贡生，屡困省试，“以家贫幕游，藉入北闱，卒于天津”④。吴县人万端俊之父，“以家贫恒挈仲子端士游幕四方”，端俊见父渐老，请毋再出，跪而泣下，“父为垂泪曰：‘儿心

① 同治《苏州府志》(三)卷80《人物七》，第159—160页。
② 葛虚存：《清代名人轶事》卷5《文艺类·陆白斋传略》，第186页。
③ 民国《吴县志》(二)卷第75上《列传·艺术》，第519页
④ 同治《苏州府志》(三)卷108《人物三十五》，第732页。

纯孝，吾知之矣。但儿未授室，容少待数年再作归计。’遂复出，就鄂省会同县幕，竟卒于署”[①]。有的是因为举业不售而游幕的，如清代元和人朱骏声，曾受业于钱大昕，嘉庆二十三年(1818)恩科举人，七次会试不第，“郁郁不得志，在苏抚张中丞师诚幕掌笺奏”[②]。有的为了实现自己的理想和抱负，如吴县人贝青乔，诸生，称诗吴下，有干济才，“壮年尝佐扬威奕将军戎幕，不避艰险，冀有所树立。既而无成功，乃往京师，归复之浙，之黔，之滇，之蜀，足迹半天下”。后因战乱，青乔自浙迎母去，杭城再陷，母子相失，青乔出没死生，寻母不获，“不得已，就直隶制军刘公之聘，未及相见，道卒旅邸”[③]。贝青乔自壮年到其去世，一直在游幕中讨生活，虽“足迹半天下”，至死却未有所建树。吴江人顾日新，长洲诸生，才情横厉，读史好议论成败，颇以经济自负。“历游幕府，不遇，客粤东时，识陈殿撰沆于逆旅，陈时困诸生，一见即目为国士，主讲嘉定，爱毛岳生才，招使就学二事，人特称之”[④]。

有的文士被官府聘到幕府中从事校雠，如清代吴县人殷贻穀，增广生，“洪钧督学湖北，延入幕襄校，工词赋，书院课辄列高等，与修府志。光绪初年卒”。有的因在幕府中表现优异受到官员的倚重，成为官员的左右手，如吴县人吴大衡，光绪三年(1877)进士，授编修，“自弱冠后，历佐大僚幕府，凡章奏案牍援笔立就，李文忠、潘文勤、张文襄皆倚重之”[⑤]。有的甚至通过游幕获得了一官半职，如新阳县人杜群玉，“以幕僚摄云南新兴吏目，忤上官，罢。在滇教读者十年。归而养母课子，族党称长者”[⑥]。杜群玉虽然通过游幕得到了一个地位卑微的小官，但因与上司不合被罢，不得不以教书为生。长洲人张朝端，“以名诸生客游入幕府，为当世所倚重”。后由贡士官凤阳训导，寻迁靖江训导。雍正间历署知县事。著述丰富，多为日用之学，慨然有经世志，“脩脯所入，铢积寸累，复先世旧产若干亩，设为祭

① 民国《吴县志》(二)卷第70上《列传·孝义一》，第251页。

② [清]闵尔昌录：《碑传集补》卷40《经学二·朱博士事略》，《近代中国史料丛刊》第100辑，第2210页。

③ 同治《苏州府志》(三)卷84《人物十一》，第222页。

④ 同治《苏州府志》(三)卷107《人物三十四》，第712页。

⑤ 民国《吴县志》(二)卷第66下《列传四》，第120—122页。

⑥ 同治《苏州府志》(三)卷97《人物二十四》，第519页。

田"[1]。咸丰时吴县人吴潮，习名法家言，"历佐大府幕，以资得浙江县佐"[2]。元和人程希孟，贡生，"曾幕游江右，还家枫桥市滨"。同县人钱家谟，"以世家孙游幕燕赵，咸丰末，随邹中丞宦粤西，督练义勇数千，往来柳郁高廉间"。由军功累得县丞，移浙江委办军需局，终秀水丞，乞归，有《半舫吟草》[3]。

第六节　以刻书或撰稿治生

明清时期，苏州一代的刻书业很发达，一些文士便以之为业，如常熟徐氏就是著名的刻书商，他们边刊刻书籍便从事销售，明俞允文《水东日记·序》曾云叶盛的《水东日记》始刻于徐氏：

> 括苍山人玄孙恭焕识："此先高祖日记，始刻于常熟徐氏者……徐氏刻行已久，嘉靖中始持板求售，先君命余购之。"

苏州所刊刻书籍的质量比较好，但有的文士为了获利则不讲究质量，甚至可以说是刊刻的质量很低劣，如上面提到的常熟徐氏所刊刻的书籍多是如此，他所刊刻的《水东日记》只有 38 卷，较原本缺少了 2 卷，后来叶盛的后人才根据家藏原本补刻完毕。不仅如此，徐氏所刻《水东日记》的版式和字体错误百出，缺失严重，如叶盛的后人叶方蔚云：

> 二泉兄又贻余旧刻本六册，末二卷字迹微异，即咸曾大父所购徐氏本补刻足之者也。钞本多伪字，而徐氏本尤甚，且多用抬头，直似章奏体，字迹亦已漫漶，度先君时板久不存矣。……先曾大父尝属执友俞仲蔚(俞允文)先生为作序文，向未入刻，兹求柏庐朱子重录付梓。又此书本不必编目，而书贾每以无目录疑非完本，因增编目录于前，然率意标题，深恐未得当也。[4]

---

① 民国《吴县志》(二)卷第 68 上《列传六》，第 147 页。
② 民国《吴县志》(二)卷第 66 下《列传四》，第 114 页。
③ 民国《吴县志》(二)卷第 68 下《列传七》，第 170—171 页。
④ [明]叶盛：《水东日记·序》。

第七节 从事医卜、农耕或其他杂业以治生

有些文士在苏州还将行医、问卜、业农和其他杂业作为治生的途径。历来从事行医、卜卦就是不少文士时常涉足的行业，司马迁曾云："古之圣贤，不居庙堂，则隐于医、卜之间。"可见行医、问卜在文士心中的重要地位。在中国古代社会，卜筮之术大行其道。有的不事科举，隐以医卜为生，如明代长洲人邢量，"隐居葑门，以医卜自给"。他足迹不出里门，甘于清贫：不畜奴婢，敝屋三间，青苔满壁，折铛败席，萧然如野僧，长日或不举火，客至相与清坐而已。其学自经史，外凡释老、方技之说，无所不通①。湖北谷城人方征思，在入清后，弃官避地苏州，"穷老卖卜而负气节"②。清代长洲人尤怡，布衣，"隐于医以给食"③。有的甚至放弃科举专以行医为生，如明代嘉定人侯周臣，徙长洲，喜读医书，"是因弃帖括，专精医术，吴中士大夫延请无虚日，全活者无算，所得悉以施药济贫。崇祯癸酉，巡按御史祁彪佳奖其德行"④。有的则因病弃儒就医，如明代昆山人李棠，少业儒，"因病辍业，习医术，家贫好施与，多储药以活贫者"⑤。有的是因为举业不成而弃儒就医的，如清代震泽人秦丕烈，"屡试不得志，弃而为医，善事亲"⑥。有的避乱弃儒就医，如《三吴游览志》曾记载清人顾右民"遭乱去乡，摆浪散帙，遨游齐、鲁、燕、赵间，与悲歌慷慨文学之士交。久之，渡江淮，归吴市，弃去儒侠之行，盖自精于医"⑦。有的在明清鼎革之际，以卜筮自养，如元和人殳丹生，嘉善县学生，工诗及古文，"鼎革时破家，以卖卜游四方，恒饮酒悲歌以自遣"⑧。有的甚至藉卜筮之术参与朝廷军事而扬名的，如明代宁波儒士胡弘，正统初出游杭州时，遇一老翁授其卜筮秘技，"由此以卜筮名。景泰初，从张都御史楷征闽寇邓茂七，在军中，所言多奇中。后至苏，

① 同治《苏州府志》(三)卷85《人物十二》，第261页。

② [清]李果：《在亭丛稿》卷6《李汤传》，《四库全书存目丛书补编》第9册，第233页。

③ [清]吴德旋：《初月楼续闻见录》卷4，《笔记小说大观》1编第2册，第899页。

④ 同治《苏州府志》(三)卷112《流寓二》，第808页。

⑤ 同治《苏州府志》(三)卷93《人物二十》，第434页。

⑥ 同治《苏州府志》(三)卷108《人物三十五》，第734页。

⑦ [清]余怀：《板桥杂记》(外一种)，上海古籍出版社，2000年，第121页。

⑧ 民国《吴县志》(二)卷76下《列传·流寓二》，第554页。

士大夫多从问休咎”①。

有的专以业农以治生，其中有的是一些去职后官员，如明代常熟人许昕，曾任山东掖县令，后因母老归养，“既归，治圃自给，专以奉母。性淳直，遇人谦厚有礼”②。有的耕读并用，如清代吴江人王载，博学通经，“归隐湖浦，灌园养母”，与群弟子讲明理学，所造就者皆成端士，论者称其学不为人，隐不近名③。吴江人袁琏，籍嘉善，学官弟子，“治其生，买田汾湖之上，课子弟耕之”。袁琏意识到治生的重要性，认为有一定的物质基础，才能更好地做学问：

> 以为士生今世，不能自吃饭，则必不能安其学，许鲁齐言非诬也。④

有的因家中缺少治生者，不得不业农以养家，如清代昆山人金咸德，“年十四，念父母早衰，又值岁歉，弃书营农圃以助孝养”⑤。有不喜举业而从事农耕的，如清代元和人沈谨学，家世业农，其父就以农耕致富，沈谨学少时聪颖，但不喜举子章句之学，好歌诗，终其身虽穷不废。他在父亲去世后以业农为生，但拙于农事，以致穷困不堪：

> 初，山人之孤也，醉余肩农业而委之于学……而山人之为生事拙。值吴中水潦，连岁不登，山人督耕又怠，既困矣，又得人濒江弃田若干亩，培土为高，谓水患可以人力胜，凡耗数百金，功卒不就，农业反坏。后数年乃率妻子为人佣耕，或以山人始疏懒，今自苦若此，疑其中有不自得者，而山人歌啸自如也。又数年，人之佣山人者谓：山人之报我不足。且更其佣而夺之田，于是山人益困，饥寒且剧，日嗷嗷焉，以至于死。

沈谨学虽然拙于农事，饥寒困顿，但他视财产如粪土，从不负人一钱一粟，有人乘势折辱他，他亦不与计较；在其穷困潦倒时，他亦不求人，不怨人，坦坦然无一切寻常世俗之心⑥。

---

① ［明］陆粲：《庚巳编》卷9“胡弘”条，中华书局，1987年，第112页。

② 康熙《常熟县志》卷19《孝友》，第461页。

③ 同治《苏州府志》（三）卷106《人物三十三》，第692页。

④ 同治《苏州府志》（三）卷107《人物三十四》，第713页。

⑤ 民国《昆新两县续补合志》卷11《孝友补遗》，第437页。

⑥ ［清］闵尔昌录：《碑传集补》卷37《逸民三·沈山人事略》，《近代中国史料丛刊》第100辑，第2042—2044页。

文士隐于农耕者，尤以明代遗民为多，如昆山人周楫，嘉定廪生，明亡，弃去，隐于农耕：

> 所居吴淞之湄，有轩三楹，又日学圃，杂植果蔬自给，足迹未尝入城市。与归庄、金俊民订忘形交，尊酒相对，每悲歌长啸，郗歔泣下。[①]

徐白，本嘉兴人，徙吴江，诸生，遭乱弃去，“隐灵岩之上沙，有园数亩，无子女，不蓄僮仆，手一镰种蔬艺果，捃拾自给”。暇则坐小楼作画吟诗，故旧相寻，扫落叶，汲泉烹之，清谈终日，三十余年不出山[②]。太仓人陈瑚，博通经史，兼精律历、兵农之学，崇祯十五年(1642)举于乡，“明亡奉父隐居昆山之蔚村，力耕养亲”[③]。

有的文士受雇于官府或他人，或为吏，或佣书，靠出卖自己的劳动力为生。他们得到的薪酬比较微薄，有的甚至为人佣书 14 年才将父母殓葬，如清代长洲人汪允昌，少习经言，“家贫，去而为吏，不乐，乃为煮字，得锱铢市酒、果饵以娱亲”。父母死，未殡遭乱，守柩不去，“佣书十四年始成葬事”[④]。吴县人李果，12 岁而孤，尝应童子试，旋弃去，“入官舍佣书以养其大母及母”。吴江人吴诞文，“少孤贫，为县吏佣书，日得三四十钱，度可供母，便辍笔读书，补诸生”[⑤]。长洲人袁骏，“早丧父，佣书养母”[⑥]。吴县人金俊明，诸生，以善书名，尤工画梅。明亡后，“隐居廛市。贫甚，杜门佣书自食”[⑦]。

有的文士还从事一些杂业，如清代长洲人杨介，工诗，“家贫甚，以切帛为业，人呼为东帛居士。性高洁，时握刀自食其力，不妄取人一钱”[⑧]。由于明代苏州一带古董赝品十分盛行，一些文士，即使是一些成名的文士也借此为生：

> 骨董自来多赝，而吴中尤甚，文士皆借以糊口。近日前辈，修洁莫

① 同治《苏州府志》(三)卷 95《人物二十二》，第 473 页。

② 同治《苏州府志》(三)卷 106《人物三十三》，第 689—690 页。

③ 同治《苏州府志》(三)卷 112《流寓二》，第 808 页。

④ 民国《吴县志》(二)卷 70 下《列传·孝义二》，第 269 页。

⑤ 同治《苏州府志》(三)卷 106《人物三十三》，第 708 页。

⑥ 同治《苏州府志》(三)卷 88《人物十四》，第 307 页。

⑦ 谢正光、范金民编:《明遗民录汇辑·金俊明》，第 11 页。

⑧ 同治《苏州府志》(三)卷 89《人物十六》，第 343 页。

如张伯起，然亦不免向此中生活，至王伯榖则全以此作计然策矣。[①]

“张伯起”，即张凤翼；“王伯榖”，即王稚登。

第八节　文士经商与多种治生手段的交互使用

明清时期，有些文士还参与经商，涉及的领域也十分广泛。他们在经商大潮中，展现出文士化的特点；有时还根据自己的情况和当时外界因素的影响，采用多种治生手段交互使用，以达到治生之目的。

一、文士经商

明清时期，苏松一带文士经商的风气很盛，经商范围日渐扩大，如明人黄省曾云：

> 吴中缙绅士夫多以货殖为急，若京师官店、六郭开行、债典、兴贩、盐酤，其术倍克于齐民。[②]

史籍中颇多记载，本书在此主要探讨本地和外地文士在苏州一带经商的情况。文士弃儒经商成为一时之风尚，如清代有的是因为读书不成而弃儒经商的，如吴县人费孝友，“少读书，不就，服贾养亲”[③]。有的是在明清鼎革之际，不愿与清统治者合作而弃儒经商，如长洲人高名，元和监生，“遭明鼎革，随父蕃祚避乱西洞庭山葛家坞，事平回家，弃儒就贾”[④]。有的是因为亲老、家贫而不得不经商的，如清代长洲人王敬容，性嗜学，“以亲老家贫弃儒就贾”[⑤]。长洲人朱宏晋，“家贫亲老，弃举业服贾江湖间，藉余资以奉甘旨”。他在经商余暇，勤于练习篆刻技术，练就一手绝活：“然孜孜好古不少辍，尤嗜籀篆摹印……铁笔之技日臻工妙，凡金银、磁竹、牙角无不擅长，而刻玉尤精绝，著有《漱芳草堂印商》四卷。”[⑥]又如顾培源，切志于学，“因祖

① ［明］沈德符：《万历野获编》卷26《玩具》“假骨董”条，第655页。

② ［明］黄省曾：《吴风录》，《笔记小说大观》6编第5册，第2879页。

③ 同治《苏州府志》(三)卷83《人物十》，第209—210页。

④ 民国《吴县志》(二)卷70下《列传·孝义二》，第262页。

⑤ 民国《吴县志》(二)卷70下《列传·孝义二》，第268页。

⑥ 民国《吴县志》(二)卷75下《列传·艺术二》，第523页。

早故，祖母缪甘贫苦节，父又远幕不归。培源弃儒业市，以养祖母，恪代父职"[①]。有的少年劳作，青年始读书力学，后学、商结合，如清雍乾时吴县人唐鲁岩，早年丧父，"年十四五时，为富家监赁舂，衣服穿敝而莫敢陵之者"。暇则从师问学，"已而出外行贾，致千金，然不废学，治浮屠言及老庄、诸子"。其两个兄弟全靠他接济，并出资助其兄治生；又好赈贫济弱，不吝其资，加之后来经商失利，以致败家潦倒而死：

> 有两兄不事事，鲁岩饮食之，衣帽履袜共之。其后分与百金，令治生，尽，再分与百金。比死，为殓葬。妻父死，贫甚，买棺衣墓地，恤其家，竟以是致亏空。无何，始复为贾，从人假贷，人以其前致千金也，争出金贷息之。鲁岩复出游，交易不利，期年大困，得疾死。[②]

晚清时，文士经商更是盛极一时，即使在战乱时期也是如此，如俞文霆，原籍桐城人，性纯孝，后"弃儒就贾"，在咸丰年间来到苏州经商，战乱后，重整旗鼓，获利不菲："（咸丰）甲子事平后，重理商业，家道日丰。"他在获得厚利后，不是用于挥霍，而是"悉举常熟田六百余亩让于兄，自取市房一所，又立义庄与学校，修桥梁，建平备义仓。……乡人皆啧啧称之"[③]。颇有儒商之特点。

由于苏松一带丝织业比较发达，有些文士便从事丝织业，即使贵为内阁首辅的徐阶也不例外：

> 吴人以织作为业，多以纺织求利，其俗勤啬好殖，以故富庶。如华亭相在位，多蓄织妇，岁计所积，与市为贾，公仪休之所不为也。往闻一内使言，华亭在位时，松江赋皆入里第，吏以空牒入都，取金于相邸，相公召工倾金，以七铢为一两，司农不能辨也。人以相君家巨万，非有所取，直善俯仰居积，工计染指侧耳。[④]

有的经营制笔，如明代吴兴人陆用之，精于制笔，徙居娄江，授其外甥顾秀严，秀严又授其外甥张蒙，世传笔法，如出一手，"自漳、泉、广、海贾舶来吴，舣舟岸下，百金易之，殆无虚岁。吴淞之士大夫求笔，有不待远走百

---

① [清]顾震涛：《吴门表隐》卷18，江苏古籍出版社，1999年，第284页。

② [清]吴德旋：《初月楼闻见录》卷7，《笔记小说大观》1编第2册，第789页。

③ 民国《吴县志》(二)卷70下《列传·孝义二》，第270页。

④ [明]于慎行：《榖山笔麈》卷4《相鉴》，中华书局，1984年，第39页。

里而取之几席之下矣"[①]。有的还在苏州经营图书,如清代吴县人黄丕烈,《苌楚斋随笔》卷4《论书贾四人》曾云:

> 国朝吴县黄荛茂才丕烈。设□□□书肆于苏州,以搜罗善本书,后人奉为圭臬,其名氏遂直驾虞山毛氏、钱氏、四明范氏、泰兴季氏等而上之。生平欲编《所见古书录》,将所藏为正编,所见而未藏者为附录。其分目,一宋椠,二元椠,三毛钞,四旧钞,五杂旧刊。并未编定。身后瞿木夫司马中溶分为廿卷,稿本亦不知归为何所。

由于他好搜罗善本书,受到后人的重视[②]。

由于苏州在明清时期为东南经济巨镇之翘楚,许多外地人也热衷来到苏州经商,如明代宁波人孙春阳,因举业不成,弃儒经商,便在苏州开店,专以经营食品而著名。孙春阳精于管理,店规极严,受到海内外消费者的青睐和称赞,自明至乾隆间,凡二百余年长盛不衰,惠及其子孙:

> 苏人讲求饮馔,无不推苏州孙春阳店之小食为精品。孙春阳者,宁波人。明万历应童子试,不售,遂弃举子业,为懋迁术。始至吴阊,设一小肆,在吴趋坊北口,地为唐六如居士读书处。……铺中办事分六房,曰南货房,曰北货房,曰海货房,曰腌腊房,曰蜜饯房,曰蜡烛房。售者由外柜给钱,取一小票,自往各房领货。而总管者掌其纲,一日一小结,一月一总结,一年一大结。凡二百余年,子孙尚食其利,无他姓顶替者。吴门户口繁盛,五方杂处,为东南一大都会。群货萃聚,何翅数万户,而惟孙春阳著闻于海外。所售之物,岁入贡单。其店规之严,选制之精,合郡所未有也。[③]

该店"有地穴,藏鲜果,不及其时,可得异品"。更重要的是,其商业信誉极好,明亡后,"有持万历年间所发之券,往易货物,肆中人立付之,不稍迟疑"。此店后来毁于晚清战乱[④]。又如清代余杭人孙尧锟,监生。少孤,家恒不给,"尧锟弃举业贾苏常,生子死葬,咸得如体"[⑤]。徽州文士也是苏州

① [明]李诩:《戒庵老人漫笔》卷7《笔墨》,第278页。
② [清]刘声木:《苌楚斋随笔续笔三笔四笔五笔》,第67页。
③ 徐珂编撰:《清稗类钞》第5册《农商类·孙春阳设肆于苏》,第2313页。
④ 范烟桥:《茶烟歇·孙春阳》,上海书店,1989年影印本,第10页。
⑤ 民国《杭州府志》卷140《人物六·孝友二》,第390页。

经商群体中的一重要力量，如徽州歙县人汪扬烈，监生，“贾于吴，每岁业稍暇必归觐其父，所需财产一身任之，不累诸昆弟”。他好济人赈乏，余暇以读书为事：“抚幼恤孤，乾隆辛未旱荒，出金平粜赈济乡闾，尤好以医济人，来就诊者不取一钱，活人无算。年七十余，旦夕诵四子书不倦。”[①]休宁人杨津，国学生，父死后，“贾吴门，世父负客项二千余金，津积贮偿楚，生平以学吃亏三字训其子孙，年七十二无疾而卒”[②]。清代婺源人董棰照，邑庠生，与兄弟析产分居后，合伙到苏州经营木业：

> 后析居，与兄合赀业木姑苏，兄本利亏折棰七百余金，欲以房屋抵还，封契缄寄，棰受而毁之，不与子侄言。[③]

有的文士，严于义利之辨，但因家贫不得不经商，后又改以他业治生。如清代长洲人陈树玨，学官弟子，通六经：

> 生平严于公私义利之辨，先是贫无以养，业服贾，旋悔曰：“计利而害义。”遂弃去，授徒奉母。……恒以五经应举终不受，年六十五殁。[④]

二、多种治生手段互用

苏州文士从事治生，不只是从事单一职业，有的则根据自身的条件、特点和环境的变化，在不同时期或在从事一种治生手段时再选择最有利于自己的一种乃至多种治生手段，以达到治生的目的。

他们常常将所学文化知识与其他职业相结合。一种是将学、医相结合，如明代吴县人沈野，工诗，为人孤癖寡合，“不能治生，僦庑吴市傍，教授里中。下帘卖药，虽其饥寒，人不得而衣食之也”[⑤]。昆山人周恭，博洽群书，甘贫养晦，“授徒市药以自给。时与高人逸士谈论古今，以土风民俗为念。性嗜梅，数亩之宅，环树以梅，自号梅花主人”[⑥]。又如清代吴县人尤怡，父有田千亩，至怡中落。“贫甚，鬻字于佛寺。业医，人未之异也。好为

① 道光《徽州府志》(三)卷 12 之五《人物志・义行一》，第 24 页。
② 道光《徽州府志》(二)卷 12 之四《人物志・孝友》，第 515 页。
③ 张海鹏、王廷元主编：《明清徽商资料选编》，第 190 页。
④ 乾隆《长洲县志》卷 25《人物四》，第 322 页。
⑤ 民国《吴县志》(二)卷第 66 上《列传三》，第 100 页。
⑥ 同治《苏州府志》(三)卷 92《人物十九》，第 399 页。

诗，与同里顾嗣立、沈德潜游。晚年，学益深造，治病多奇中，名始显。性淡荣利，隐于花溪，自号饲鹤山人，著书自得”①。

一种将襄校与书画、医术相结合，如清代昆山人王学浩，少孤力学，乾隆时累赴会试不第，都门大人先生争相罗致之，侍郎周兴岱视学粤东，学浩在幕府襄校，誉满粤中，后主山东兖州书院，复工山水画：

> 片楮尺纸，人争宝之。家有易画轩，为人作画十幅，其人筑精舍三楹报之，为人珍重如此。尝偕吴映奎修辑《昆新合志》，搜罗广博，体例谨严，为近时县志所仅见。平时奉母至孝，且以嘉言善行表率乡里。又工医术，垂手奏功，年七十九无疾而逝。

王学浩既在幕府做过襄校工作，后曾入主兖州书院，又精于书画，为人作画获得的酬谢甚厚，又工医术②。

一种是将出售书画与堪舆之术相结合，如清代长洲人李森，工书画，“平生不趋荣利，衣食于砚田，并通青乌之学，时售其术，倏然自足也”③。

一种是将授徒与游幕相结合，如清代新阳县人朱元理，县学生，“家本贫，坐是益困，复游幕山左，数年归以教授终其身”④。

一种是将佣书与行医相结合，如明末清初昆山人吕天裕，少孤家贫，不足供两人食，母命其就食于叔。其叔未允，乃往依圆聚僧舍，僧延师训之。15 岁时，有少林僧来，奇其貌，授兵书一卷并刺击之法。他在母亲死后，“佣书富室，彻夜诵读，通经济，与朱集璜、陶琰友善”。后于顺治时纠集义兵抗清，失败被俘，乘间逃逸，归隐于医：

> 遇前少林僧，复授以玄门秘旨并神医案宏景方等书，天裕归隐于医，所入颇饶，不屑生产，惟周贫济困为务。⑤

一种是将佣保与授徒相结合。如清代长洲人曹炳，“家贫失学，年二十余犹为人佣保以给食，后乃自知读书，遂以经教授乡里，不为举子业”⑥。

---

① 《清史稿》卷 502《艺术一・尤怡》，第 13874 页。
② 同治《苏州府志》(三)卷 96《人物二十三》，第 506 页。
③ 民国《吴县志》(二)卷 75 下《列传・艺术二》，第 524 页。
④ 同治《苏州府志》(三)卷 97《人物二十四》，第 522 页。
⑤ 同治《苏州府志》(三)卷 95《人物二十二》，第 476 页。
⑥ [清]吴德旋：《初月楼闻见录》卷 2，《笔记小说大观》1 编第 2 册，第 703 页。

一种是将经商与授徒相结合，如明代常熟人张洪，诸生，“十六去学贾，既壮坐邻人累，戍云南，帅臣延教其子”①。清代汪瑚伯，早年因家贫遵父命佐人经商，在佐人经商的同时，好学不倦，后在亲友的资助下，授徒以治生，并成为县学生：

> 家贫，父令入市中，佐人为贾，意忽忽不乐，挟一册书，暇辄诵习之。已而依其舅宋子迁主会计，日诵所挟书如故，外兄振翼怜其志，为致童子数人，俾授句读，生喜曰：“是吾心也。”遂习举子业。从何虎占游，使卒学，补县学生。②

一种是将经商与业农交替运用。如《新安文献志》卷90《百岁程君实墓表》曾记载，明初徽州人程实，早年业儒，后弃儒经商，失利后回乡力田，收入不菲：

> 少客江湖间，尝以木易粟至姑苏贷人，值岁侵，悉弃不取而归。归更事畎亩不复出，力勤孔时，所入恒倍。③

诸如此类事例举不胜举。

文士从事治生或经商，有的获利不菲，但许多从事治生者，仅能维持生计，生活比较清贫。如清嘉庆四年(1799)夏季吴中杖责诸生一案就显示出文士的窘态，王述庵少司寇《与平恕书》云：

> 诸生寒士居多，求贷于富户，乃事理之常。伊等或以教课为业，或以笔墨为生，无力偿还，亦其常分。……即使伊言粗率，亦何至不能稍贷，乃至扑责寒士，以媚富户，实无情理。此非该令平日与富户交接往来，受其馈贿，即系意存庇奸，为事后得钱之计，情事显然，不待推求而可见。④

官商勾结，欺凌寒士，寒士之处境令人心酸。当时苏州的好货食利之风蔓延，如明人黄省曾云：

> 自沈万三秀好广辟田宅，富累金玉，延至于今，竞以求富为务，书

① 同治《苏州府志》(三)卷98《人物二十五》，第541页。

② [清]吴德旋：《初月楼闻见录》卷7，《笔记小说大观》1编第2册，第792页。

③ 张海鹏、王廷元主编：《明清徽商资料选编》，第189—190页。

④ 徐珂编撰：《清稗类钞》第3册《狱讼类·吴中杖责诸生案》，第1082页。

生惟藉进士为殖生阶梯，鲜于国家效忠。①

奢侈糜烂之俗日盛，如《吴门画舫录》描述当时的苏州之地：

吴门为东南一大都会，俗尚豪华，宾游络绎，宴客者多买棹虎邱，画舫笙歌，四时不绝。垂杨曲巷，绮阁深藏，银烛留髡，金觞劝客，遂得经过赵李，省识春风，或赏其色艺，或记彼新闻，或伤翠黛之漂沦，或作浪游之冰鉴。②

谢肇淛《五杂组》亦云：

姑苏虽霸国之余习，山海之厚利，然其人儇巧而俗侈靡，不惟不可都，亦不可居也。

这不免会影响到一部分文士，为此有的文士为了治生甚至迎合势家富室：

士子习于周旋，文事俯仰，应对娴熟，至不可奈，而市井小人，百虚一实，舞文狙诈，不是本业。③

有的文士甚至提出了治生之术与治国之术等同的理念，如曾因治生而致富的冯桂芬就曾与人论及治生之术，刘声木在《苌楚斋随笔》卷5《冯桂芬治生术》中曾云及此事：

先文庄公与官允友善，素闻其名，尝请其术，官允谓不外知人审事而已。先文庄公谓："千古治天下，岂能越此四字？以之治生，可谓小用之矣。"官允大悦。小之可治生，大之则治天下，岂有二术？官允所见远矣。

总而言之，苏州文士在明清时期，由于各种原因参与治生或经商，涉及领域十分广泛，他们多根据自身的特点、条件，采用一种或两种乃至多种的治生手段，达到自己的治生目的，一部分文士获利不菲，亦有许多文士仅能维持生计，甚至到了朝不保夕、借贷之地步，有的甚至受到势家富室的欺辱。文士治生获利后，常常不是用来奢靡挥霍，而是用于慈善事业、赈贫济乏、修桥铺路，带有一种儒商的特点。

---

① [明]黄省曾：《吴风录》，《笔记小说大观》6编第5册，第2878页。

② [清]西溪山人：《吴门画舫录》，《笔记小说大观》5编第10册，第5675页。

③ [明]谢肇淛：《五杂组》卷3《地部一》，第50页。

第七章　明清时期文士在杭州的治生状况

明洪武年间改元时杭州路为杭州府,领9县:钱塘、仁和、海宁、富阳、余杭、临安、于潜、新城、昌化,府治设在钱塘和仁和。清顺治初,因明制。乾隆三十八年(1773),升海宁县为州,至是杭州府下领海宁州和钱塘、仁和、富阳、余杭、临安、于潜、新城、昌化8县。府治仍设在钱塘和仁和。杭州地处东南繁富之地,财赋重区,经济和文化十分发达,亦为文士墨客荟萃之地,吸引了一些文士来此治生,他们涉足于许多领域,除了一些传统治生途径外,还从事一些特色的行业,他们从事治生的原因多样。

从目前所辑的资料来看,在杭州从事治生的文士,既有本地人,也有外地的,他们从事治生的途径和手段呈现出多样化的特点,与东南其他地区相比亦不遑多让,如通过授徒、谋职于书院、卖文、出售书画、刻书、医卜、游幕、业农等适合自身特点的手段以达到自己治生之目的,既有未仕的士子,亦有去职的官员,他们从事的治生职业既有共同性,亦有迥异之处。

第一节　授徒以治生

通过授徒获得束脩,这是许多文士经常运用的治生手段,从事这种职业的文士所占的比例最大,尤其是下层文士最重要、最基本的谋生手段,一些官员去职后,也时常以之为治生的基本手段。

明代文士授徒不乏其人,有的因不乐仕进而授徒,如仁和人吾衍,博览群书,工篆隶,谙音律,"不求仕进,隐居教授。居一楼,坐学童楼下,遣高弟子递授之"。他对弟子要求严格,即使客人来访,其弟子亦不乱礼:"客至,童子辄止其登,使登乃登。与客笑谈楼上,而楼下群童肃如也。"[1]又如钱

① [明]田汝成辑撰:《西湖游览志馀》第8卷《贤达高风》,上海古籍出版社,1998年,第117—118页。

塘人沈守正，在杭州“下帏灵隐，讲业授徒历有年所”[①]。钱塘人陆晋，隐居甘泉里，长年不一至城府，“以教授生徒为业”[②]。有的因在官场不得意，得罪上官，在被罢官或称病辞职后，亦以授徒为治生的手段，如余姚人诸燮，曾任兵部主事，因得罪上官，被贬往茶陵，后归居钱塘，匾曰梅隐，“隐居教授，执经受业者如云”，后任职潮阳、邵武县丞，皆有惠政，以艰归。“开化诸士，走诸传经”，后不幸溺水而死，归葬钱塘石屋山白鹤峰下[③]。明清鼎革后，有文士不再留恋科名而从事授徒的，如钱塘人丁文策，少为诸生，鼎革后弃去，和母亲、妻子一起避居杭州骆家庄，“家贫，授徒以给朝夕，学者称为江樵先生”[④]。鄞县人万斯大，为万斯同之兄弟，明亡后，“隐居教授”[⑤]。

清代，以授徒为治生手段的文士甚多，今略举数例。有的文士是出于对科名不感兴趣而专以授徒为生，这类文士多是隐士，如杭州应嗣寅，“以经学教授里中，生徒甚盛”。康熙十八年(1679)诏征不至，卒于家。“密友多穷交，经年不见与日见无异”[⑥]。钱塘人王荫桂，诸生，“不求闻达，课徒自给，庆春门外自号太平民”[⑦]。有文士因与上官不合而辞官回乡以授徒为生的，如仁和人顾光，乾隆年间仕至广州府知府，“以忤大府引疾归。先生居危巷中，屋数椽，甚狭，傔从一人，以贫授生徒自给，见者不知其为太守也”[⑧]。有因家贫以授徒为生的，如海宁人俞宝善，“家贫授徒养亲”[⑨]。仁和人陆召南，同治九年(1870)副贡，“少劬学，家贫以授徒奉父”[⑩]。又如清代钱塘人陈观西，因父死母病，家境困乏，在其母亲病愈后，“而复授徒里中，所入与弟共之”[⑪]。有的则因遭受家难或战乱而以授徒为生的，如仁和

---

① 雍正《西湖志》，《中国地方志丛书・华中地方》第543号，台湾成文出版社有限公司，1983年影印本，第1705页。

② 民国《杭州府志》卷148《人物十・隐逸》，第514页。

③ 万历《钱塘县志・纪献・寓贤》，《中国地方志丛书・华中地方》第192号，台湾成文出版社有限公司，1975年影印本，第520页。

④ [清]吴庆坻：《蕉廊脞录》卷4《丁文策》，中华书局，1990年，第114页。

⑤ 民国《杭州府志》卷170《人物十三・寓贤二》，第954页。

⑥ [清]王士禛：《池北偶谈》卷10《谈献六・应徐二高士》，第229页。

⑦ 民国《杭州府志》卷148《人物十・隐逸》，第521页。

⑧ [清]钱仪吉编：《碑传集》卷108《乾隆朝守令下之下・广州府知府顾光墓表》，《近代中国史料丛刊》第93辑，第4995页。

⑨ 民国《杭州府志》卷146《人物八・文苑三》，第490页。

⑩ 民国《杭州府志》卷140《人物六・孝友二》，第392页。

⑪ 民国《杭州府志》卷140《人物六・孝友二》，第391页。

人邵舞胄,“少遭家难,以教授糊口,暇辄苦吟,不与俗人相往来”,年四十余丧偶,遂不续娶,无子侄[①]。仁和人沈方颐,诸生,“贼犯浙疆,方颐徒步入乡,授徒山中。杭州再陷,转徙浙东”[②]。有的在未仕前以教授生徒补贴家用,或科举不售而以授徒为生的,如仁和人蒋师爚,乾隆四十五年(1780)进士,“为诸生时,已授徒讲学二十年,一遵安定、紫阳之法。及官部曹,大学士阿桂、尚书纪昀皆重之”[③]。王龙光,浙江会稽人,“诸生,屡踬乡闱。年五十余,已倦游,承谟抚浙,延课其子”[④]。有的一家兄弟数人均以教授生徒为生,互相帮助,如余杭人严恺,父兄早逝,“视孤侄如己子,友爱诸兄弟,雍睦无间,以仲兄及弟侄皆授徒不给,所得束脩岁必分寄给庶母及诸弟、弟媳,先后死,医药棺衾一身肩其任。同堂弟侄有应试者,助以费,婚嫁疾病死丧者,不待有求,无不酌增。与人言辄曰尧舜之道、孝弟而已”[⑤]。

第二节 谋职于书院

明清时期,杭州府的书院众多,最著名的有三大书院:敷文书院、崇文书院、紫阳书院。三书院专以教习制艺为主。诂经精舍则为清中后期浙江最具影响的讲读之地,独重经解,不尚制艺。一些文士就职于书院中做掌院或教习,获得膏火,作为他们的一种治生手段。

敷文书院,旧名万松书院,位于仁和县万松岭上,始建于明弘治十一年(1498),康、乾年间,多次重修,历经变迁,成为浙江最著名的书院之一,直至同治后因兵乱才渐趋衰败。由于自建院至清中期屡受朝廷和官员士绅的重视,敷文书院的经费比较充裕,吸引了许多文士来此任教或就读,如《清万经乾隆五年济斋夫子讲学碑记》云:

> 吾浙敷文书院,恭蒙圣祖仁皇帝特颁匾额,世宗宪皇帝复赐帑金宸翰,赏赉有加,历三朝之培育,极旷世之隆恩,则浙士沦浃肌髓于沚莪章汉者至隆且渥矣。己未,大中丞卢公雅意振作,葺庑舍,疏井泉,

① 民国《杭州府志》卷143《人物七·义行三》,第434页。

② 民国《杭州府志》卷131《忠义二》,第244页。

③ 民国《杭州府志》卷138《人物五·儒林》,第349页。

④ 《清史稿》卷488《忠义二·王龙光传》,第13483页。

⑤ 民国《杭州府志》卷140《人物六·孝友二》,第377页。

布科条，延礼尊宿，日省月试，而一时□人小子咸鼓舞而兴起焉。

直至晚清时，其经费尚有余额，如《浙江巡抚杭嘉湖兼营水利海防兵备驿政道宪为敷文书院增设孝廉月课事》云：

查敷文书院经费自道光四年以后各前宪筹款拨给，历年添补渐有盈余，计共额收银四千八百余两，除每年按考课生童膏火、山长脩金、杂项照例支给，实放银四千三百余两，约有剩银五百余两。现在本年经费，除收支外，连旧管共存银三千三百两，应请即将此项经费存银内提出三千两，仰祈宪台饬给运司衙门分给盐商具领，按月一分生息，每年可得息银三百六十两，遇闰增银三十两，仍由运司按季移道，又额收经费每年余胜银五百余两，内拨银四百八十两，共足八百四十之数，年计十课，足敷各项支给。

并规定了生童与院长的薪金数额：每年 10 课，正取生童，每人给膏火银 2 两；次取生童，每人给膏火银 1 两；附取生童，每人给膏火银 4 钱。院长两课共给束脩银 40 两，每课供膳银 1 两 5 钱。据《敷文书院志略・附录》记载，先后在敷文书院任教的文士主要有：陆阶、郑江、鲁曾煜、张映辰、苏滋恢、殷元福、方棨如、陆宗楷、赵大鲸、苏祝、齐召南、金甡、郑羽逵、王昶、李汴度、张鉴、顾宗泰、潘庭筠、沈维鐈、许乃庚、沈祖懋等[①]。

崇文书院，据《两浙盐法志》记载，元至正年间，廉访使徐子方在宋西太乙宫故址仿书院规制建三贤堂。明布政使宁良改建于成化年间，名曰西湖书院；万历年间，巡盐御史叶永盛移筑葛岭之南孤山之后，以祀朱子，尊曰紫阳，颜曰崇文，故曰紫阳崇文会，以浙商多籍新安，疏请新安诸博士弟子自为籍以隶于浙江，聚书院为讲读之地，人称崇文书院。清代时，督学王掞重构堂名西湖书院，延师课士。康熙四十四年(1705)，仍名崇文书院。后历经多次重修。同治时，诸生与任教者的生活条件较前代有所改善。晚清时，历经战火，至光绪二十八年(1902)，改为钱塘高等小学。由于崇文书院地处湖山之胜，学者每乐趋之。任职于崇文书院的文士很多，较为知名的主要有吴廷华、孙嘉乐、冯浩、郑虎、卢文弨、张时风、魏成宪、吴寿昌、戚学标、张鉴、胡书农、陈廷庆、冯培、姚近宝、胡敬、胡珵、戴熙、章鋆等[②]。

---

① 魏颂唐编：《敷文书院志略》，《中国历代书院志》第 8 册。

② [清]王同编：《杭州三书院纪略》，《中国历代书院志》第 9 册。

紫阳书院，始创于康熙四十三年(1704)①，鹾使高熊征以崇文书院离城稍远，诸生往返不便，遂和盐商捐助建书院于杭州城内吴山山麓，为区别新安之紫阳书院，命名为紫阳别墅，延请名师主讲，乾隆时始名紫阳书院。由于当地官员和盐商的慷慨解囊，紫阳书院和崇文书院一样，经费比较充裕，如《乾隆六十年杭州紫阳书院碑记》中记载大盐商汪鸣瑞曾廓新书院旧舍，“独力延师课士，岁贵千金，二十年如一日，自后同业者踵其捐资两书院(指紫阳、崇文两书院——笔者注)，人文蔚然”②。许多文士在此任教，知名者主要有孙庭槐、傅王露、顾光、孙志祖、郑虎、邵树本、魏成宪、石韫玉、朱鸿、龚丽正、卞斌、屠倬、姚近宝、钱振伦、项名达、章鋆等。光绪二十八年(1902)，紫阳书院改为仁和高等小学。

在三书院任教的文士，多是去职后的官员，包括丁忧家居的一些官员，有的甚至就职于不止一个书院，数量也远不止上述所列人数，仅清代就多达百余人，他们任教的时间长短不一，如《院长记略》云：

> 国初至今，合三院计之，为院长者，或一二年，或三四年，或十余年，应不下百余人，惜见于记载者绝少，缘归田主讲，行状、传记往往略而不书，而其人之不见传记者更无论矣。③

诂经精舍，始成于清嘉庆五年(1800)前后阮元抚浙时。早在嘉庆二年(1797)，阮元督学浙江时，在杭州西湖孤山之阳构屋50间以做修书之所，后在其任浙江巡抚后，在旧址上辟为书院，名曰诂经精舍，选拔浙江士子中的高材生读书其中。在嘉庆十四年(1809)阮元离浙后，精舍辍讲长达20年之久，至富海帆抚浙时始渐中兴。晚清时，历经鸦片战争、太平天国起义，诂经精舍和崇文书院一样，多罹兵燹，损毁甚重，直至同治五年(1866)才修复。光绪三十年(1904)罢。前后历时长达100余年。书院聘请名师主讲，主要课经古学。书院膏火多由地方大吏资助，故录取名额多少与奖额之丰约，视书院的经费之多少而定。任教者与学生的膏火津贴虽没有敷

① 紫阳书院创始年代，一说始于清康熙四十三年，如[清]王同编《杭州三书院纪略》卷1所辑的《西湖志》云紫阳别墅在紫阳山，康熙三十三年运司高熊征捐建，颜曰紫阳别墅，以其地位紫阳山麓适与新安之紫阳同名，随以别墅别之。一说始于清康熙四十二年，如[清]王同编《杭州三书院纪略》卷2《院长记略》云：“至紫阳则始创于康熙四十二年，仅称别墅，乾隆时始以书院名。”

② [清]王同编：《杭州三书院纪略》卷2，《中国历代书院志》第9册，第51页。

③ [清]王同编：《杭州三书院纪略》卷4，第90页。

文、崇文、紫阳三书院丰厚，但亦不少，《诂经精舍志初稿》云晚清时：

> 掌教束脩，据王葦赋先生说：年俸六百两，监院月薪二十两，学生则高材生十六人，每人月给廪膳六两，朔课考试，内课每名膏火银一两二钱，外课每名六钱，附课无定额，不给膏火。内课前十名，自应得膏火外，第一名加给笔资二两，并奖洋四元，以次至第十名，则人各加笔资各一两二钱，另奖银二元云。[①]

来此讲学者，多名士，最著名的当属嘉庆时的孙星衍和晚清时的俞樾。其中俞樾在此任掌教长达30年，门下一时号称多士。生徒可考者多达一千多人。学问名家，更是比比皆是，如姚文田、严元照、陈饘、洪颐煊、洪震煊、李富孙、李遇孙、张廷济、张燕昌、钱林、施国祈、周中孚、朱为弼、徐养原、汪继培、朱一新、吴承志、黄以周、章炳麟、崔适、戴望等。自创立百余年来，科甲迭出，两浙学者多肄业于此。

另外，杭州东城讲舍也很有影响，文士也常以之为讲读之地。杭州东城讲舍，系清太守薛慰农创设，主课制义，兼课经解诗赋，如张应昌、张铭斋等名士曾来此讲学。如《蕉廊脞录》卷3《张应昌》云：

> 舍人（张应昌）清贫而性孤介。杭州东城讲舍，薛慰农太守创设，制义外兼课经解诗赋。太守去官，即主讲席，继之者为海盐张铭斋先生。先生殁，里人有言于郡守，欲延舍人主讲者。舍人辞不就，自言年衰耄，经义词章皆荒落，岂足胜讲授之任。顾家无担石储，亦坚不就讲席之任。[②]

第三节　通过卖文、为人抄书、出售书画作品以治生

一些文士为了生计，常常将自己所学的知识变为一种商品，如通过卖文、出售书画作品换取酬谢，这在明清时期的杭州也是很普遍的现象。从事这些职业的文士常常是一些出身寒微或未出仕的文士。

有的文士因科举不售以卖文为生，如钱塘人高士奇，以监生就试北闱，

① [清]张崟：《诂经精舍志初稿》，《中国历代书院志》第8册，第333页。

② [清]吴庆坻：《蕉廊脞录》，第76页。

不利,“卖文自给。新岁为人书春帖,自为句书之”①。有的文士因家贫而以卖文作为生计,如钱塘人赵巍,诸生,精于金石文字,“家贫无以为食,尝手抄秘书数千百卷,以之换米,困苦终身”②。这类文士多处于穷困状态,仅能维持生计而已。

明前期,以戴进为代表的浙派画家占据画坛的主导地位。他们承袭南宋院体一路的风格,适应上层的审美趣味,并传入宫廷之内,成为画院创作的主流,又名“宫廷派”,并影响到其他地区的绘画创作,明宣德以后,职业画工和文士画家多受其影响。明弘治时,其主导地位被吴门画派所取代。清末又出现了以浙江籍为主的“海派”,以赵之谦、任伯年、吴昌硕为代表,影响深远。

明清时期的杭州,书画市场繁荣,许多文士从事书画创作,有的以之作为治生的一种手段。如钱塘人梁同书,乾隆十七年(1752)恩科进士,官翰林侍讲。引疾归,“家居六十年,博学多文,而尤工于书。日得数十纸,求者接踵。至于日本、琉球、朝鲜诸国,皆欲得其片缣以为快”③。仁和人施炘,工诗文、书法,“喜抚晋人书,居一小楼,听夕握管不倦,乞书者踵相接,七十外犹能于扇头做小楷。诗古文风格高旷”④。钱塘人毛雍,诸生,“年十三,能作大字。工书,得润笔尽给贫乏”⑤。

在杭州,通过出售画作以赚取酬谢的亦不乏其人,如奚冈,钱塘布衣,工行草、篆刻,兼通诗词,尤工于画,“四十后,名益重,四方以书币求画者不绝于户,估舶至海外,皆悬金购之”。他为人豪迈不羁,与人交披露肝胆,好周人之急,即使倾其囊一无吝色,喜豪饮,以友朋为性命,然非其人不与接交,不喜与官府中人来往⑥。甚至有地方官员附庸风雅,用重金聘请外地画家来杭州作画,如明人何良俊曾云:“苏州又有谢时臣号樗仙,亦善画,颇有胆气,能作大幅,然笔墨皆浊俗品也。杭州三司请去作画,酬以重价,此亦逐臭之末儿。”⑦官员不识货,用重金聘请来的画家水平比较低下。

---

① [清]丁柔克:《柳弧》卷1《高士奇》,第46页。

② [清]钱泳:《履园丛话》丛话六《耆旧·晋斋文学》,第170页。

③ [清]钱泳:《履园丛话》丛话六《耆旧·山舟侍讲》,第146页。

④ 民国《杭州府志》卷150《人物十一·艺术二》,第549页。

⑤ 《清史稿》卷493《忠义七·毛雍传》,第13652页。

⑥ 民国《杭州府志》卷146《人物八·文苑三》,第487页。

⑦ [明]何良俊:《四友斋丛说》卷29《画二》,第265页。

由于当时人颇重戴画，利润比较丰厚，市场上便出现大量的赝品，其仿冒水平较高，不易被人识破，竟能瞒过行家的法眼，甚至混入皇宫内院，真是令人叹为观止。晚清时，陈其元曾专记其事：

> 世之称鉴别书画，大抵皆凭一己之见，不必尽真识也。其识之精者，不过能辨妍媸耳。近年重钱塘戴文节公山水，虽一扇一楮，价抵兼金，好事者争藏之。世侄钱伯声太守承其家箨石宗伯画法，花卉妙一时，初不以山水名也。近以世重戴画，偶一临摹，辄觉逼肖，因时时作小幅，署戴名，人争购之。伯声时告余以为笑。前年消夏无事，以文节名作册页十二幅，装潢，交陈仙海司马，戏索廿四金。时某廉访备兵上海，留意翰墨，适欲购文节画，陈以钱作示之，廉访极为赏鉴，即留不还。陈惧以欺获咎，因以实告，廉访笑曰："此子不忍割爱，故造作此语耳！"亟取金如数予之。伯声得重直焉。伯声之画为张子青尚书赏识，余偶举是事告之，尚书言："咸丰年间，偕祁春圃相国入直南书房，蒙文宗召观内府珍秘。见一巨然画手卷，历代名人题跋，无不精绝，惊叹希有。比出，相国告以此卷曾两见之，于今而三。究之孰真孰赝，却未能辨别也。"则收藏一事，岂易言哉！[①]

第四节　通过游幕、医卜、刻书、业农、杂业以治生

通过给官员大吏做幕宾，也是文士治生的一种常用手段，一方面可以获得束脩维持家用，一方面可以实现文士的政治理想，或许能由此踏上仕途。从事这种职业的文士占有一定的比例，如明代钱塘人洪镃，好读书，工诗文、书法，"商文毅公闻其名，辟置幕下"。他性情恬淡，不乐仕进，归隐西溪，以图书消磨岁月，或栽花莳竹，借以自娱，常与农夫、邻老课晴问雨，究桑麻之事，屡次不应官员、朝廷征召[②]。清朝时，阳湖人洪亮吉，6 岁而孤，"家贫，以副贡客公卿间。朱学士筠督学安徽，先生从游最久。旋客浙江学使王文端杰幕中，资馆谷养母"。45 岁时，中乾隆五十五年(1790)进士[③]。

① ［清］陈其元：《庸闲斋笔记》卷 9《鉴别书画无真识》，第 216 页。

② 雍正《西湖志》卷 20《名贤二·洪镃》，第 1649—1650 页。

③ ［清］李元度：《国朝先正事略》卷 35《名臣·洪稚存先生事略》，《四部备要》史部第 302 册。

华亭人王叶滋，诸生，“浙江巡抚轼辟佐幕，器其才”。雍正时举顺天乡试，“福敏督湖广，世宗命叶滋往赞其幕”。后授常德知府①。晚清时，陈学绳，工骈文，“为人掌书记。咸丰辛酉，客浙江布政使幕，遭寇乱，转徙江北”②。

行医问卜，是传统文士治生的一种常用手段。他们常常是一些下层文士，在科举仕途上难以取得成就而选择医卜为职业，有的则是自幼受家庭的影响而从事此类职业的，从事此类职业的人为数不少。行医卖药者，明代如翁禹训，钱塘人，幼治医家言，治病有奇验，“获医资随以济人，及抵家，待以举火者又满座，终不吝施与也”③。仁和人柴绍炳，少为诸生，后弃学业，“杜门扫轨，以医自业”④。明清鼎革时，有的隐于医，如民国《杭州府志》记载：遂初老人，字逸度，家金陵，明亡后，挈妻子来杭，隐于艮山，“卖药自给，晦迹匿名”⑤。清朝时，有的因家贫以之为生，如海宁人王士雄，居于杭州，世代为医。士雄读书砺行，“家贫，仍以医自给”。咸丰中，杭州陷落，遂转徙上海⑥。有的因举业无成而转而为医，如陈永治，诸生，17 试不售，“专精医理，尽传张献晖之术”⑦。仁和人胡龙友，工诗善医，“就市卖药，有韩康伯风。……尝曰：‘医虽可活人，不若三书活人更无算也。’”⑧卖卜者，如明末临清人胡守乾，父死后，随母依其杭州外祖父家，母携之居杭十余年，家益困乏，“卖卜于城东市中，得百钱辄下帘，子吟咏，人不知其贵公子也”⑨。有的医卜并行，如明代钱塘人王志道逵，博通子史百家，因家贫，“卖药文锦坊，兼以卜市”⑩。

杭州的刻书业自明中后期开始，就已闻名国内，仅明代坊刻，今人张秀民《中国印刷史》已辑出 24 家，顾志兴《浙江出版史研究（元明清时期）》则辑出 36 家之多⑪。坊刻较著名的如洪楩，他的清平山堂刊刻了许多书籍，

---

① 《清史稿》卷 300《王叶滋传》，第 10438 页。

② [清]吴庆坻：《蕉廊脞录》卷 3《陈善》，第 83 页。

③ 民国《杭州府志》卷 149《人物十一・艺术一》，第 535 页。

④ [清]厉鹗：《东城杂记》卷下《陈际叔柴虎臣二处士》，《笔记小说大观》1 编第 2 册，第 1056 页。

⑤ 民国《杭州府志》卷 170《人物十三・寓贤二》，第 953 页。

⑥ 《清史稿》卷 502《艺术一・王士雄传》，第 13876—13877 页。

⑦ 民国《杭州府志》卷 150《人物十一・艺术二》，第 547 页。

⑧ 民国《杭州府志》卷 143《人物七・义行三》，第 431 页。

⑨ [清]厉鹗：《东城杂记》卷下《胡清清》，《笔记小说大观》1 编第 2 册，第 1015—1016 页。

⑩ [明]田汝成辑撰：《西湖游览志馀》第 13 卷《才情雅致》，第 192 页。

⑪ 缪咏禾：《明代出版史稿》，第 91—92 页。

其刊刻的《清平山堂话本》是我国现存最早的一部短篇话本小说总集，影响很大；段景亭所创办的杭州书肆读书坊也很有名，刻有《昭代经济言》14卷、《浣纱记》2卷、《孔子家语注》10卷、《今古诗话》83卷、《徐文长文集》30卷、《名山胜概记》48卷、《扬子法言注》10卷等等；武林容与堂是杭州影响很大的书坊，刊刻的《李卓吾先生批评水浒传》《幽闺记》《红拂记》《玉合记》《琵琶记》《西厢记》《金印记》等小说戏曲作品深受世人的喜爱，至今仍为古代小说戏曲研究者所重视，影响深远。晚明著名刻书家、评选家陆云龙、陆人龙两兄弟的峥霄馆，是其全家努力经营的结晶。落第书生陆云龙兄弟依托于峥霄馆，编、刊、评三位一体，成为其治生的一种途径。他们除了刊刻一些圣贤书、佛经外，主要刊刻一些畅销小说，如《魏忠贤小说斥奸书》《辽海丹忠录》《型世言》等，其中《型世言》一度失传，后于20世纪80年代才面世，引起小说界的广泛关注和重视。

有的文士隐于农，他们对科场和仕途不再留恋，或是厌倦官场之陋习，宁愿业农为生，如明代范元琰，博通经史，居家不出城市，“家贫，惟以园蔬为业”[①]。又如钱塘人潘时雍，徐之夔为之序曰：

> 钱塘潘时雍，读书赋诗，廉介自将，视当世富贵，虽非不愿欲者，使其脂韦取容，以侥幸一时，宁贫贱而肆志。郡城之东，二百步而近，有地十余亩，古井一区，宋辇院基也，入于民居久矣，荒弃弗治，暇日过见之，徘徊相度曰：“是岂不足为吾生乎？”既而购得之，除治一亩为庐，用其余地，析而为畦，纵横数十塍，茹菜若干品。天稍不雨，辄置桔槔井上，俯前仰后，声轧轧如龙鸣，出井水以灌。已则摄弊衣履，循行畦间，顾见菜色青青，若绿云覆地，喜曰：“生意若此，足矣。”掇其脆美，为其父母妻子供具，而斥其余，卖诸市中，日以为常不辍。[②]

有的文士在罢官后，为了维持生计，不得不从事一些许多文士不愿从事的行业，如清代杭世骏，因言事罢官后，在杭州以设荒货肆为生：

> 杭堇浦检讨世骏以言事罢官。高宗南巡至杭州，杭迎銮，玉音垂询里居何以自给，杭叩头，以设荒货肆对。上问荒肆云何，杭以收买破

---

① ［明］田汝成辑撰：《西湖游览志馀》第8卷《贤达高风》，第112—113页。

② ［明］田汝成辑撰：《西湖游览志馀》第12卷《才情雅致》，第183页。

铜烂铁对。即日御笔书“买卖破铜烂铁”六字赐之。[①]

第五节 文士经商及多种治生手段互用

明清时期,杭州作为江南最发达的经济重地之一,是重要的财赋之区,经商之潮亦颇及文士阶层,他们纷纷涉足于商业活动,有的甚至弃儒经商。

文士弃儒经商,在杭州非常盛行,有的是因家贫不得不如此,但他们常常一边经商一边读书,如清代仁和人卢之翰,7 岁时父死,家贫不能就塾,母亲自教之,“年十四出贾,遂废举业,稍暇辄读书,露钞星纂,虽道路奔走艰险困苦,未尝稍弛。喜为诗,晚与冯景玉玉枢结诗社”[②]。有的在年轻时服贾,后改为儒业的,如明末清初时,钱塘人姚宏任,早年丧父,“敬恒不应科举,隐于市廛,稍营十一之息以养家”。由于他与其他奸商一样欺骗顾客,受到母亲的训斥,随决心业儒,改过自新,但家境遂败落:

> 其母一日见敬恒贸丝,银色下劣,愠甚,斥责甚,遂改业儒,然敬恒以学道故,所营十一之息无甚增益,而勤施渐不可支,遂以此落其家。

后穷困而死[③]。

有的文士因举业不售而改以经商为生的,如明代项承恩,新安人,入籍杭州,“久困诸生,遂弃去,隐居西湖岳坟侧,携一奇丑女奴供爨,开小肆,杂置书籍、画卷并盆花竹石,索价颇贵。己能画,仿沈石田笔,苍莽淋漓,兼得子久家法”[④]。有的代父业贾的,如清代仁和人周世道,先世自会稽迁杭,“少英敏好学,年十七,以父锝劳疾,所遗咸业几折阅无可委托者,以身肩之,遂弃书为贾”[⑤]。

明清时,文士在杭州从事治生,常常根据自己的情况,采取多种治生手段相结合,以取得最佳的治生效果。一种是将训蒙和就职于书院相结合,如清代浙江桐乡人陆以湉,咸丰十年(1860)杭州被太平军攻陷后,他辞官

① 徐珂编撰:《清稗类钞》第 5 册《农商类·杭堇浦设荒货肆于杭》,第 2327 页。

② 民国《杭州府志》卷 145《人物八·文苑二》,第 472 页。

③ [清]全祖望:《鲒埼亭集》卷 26《状略二·姚敬恒先生事略》,《全祖望集汇校集注》,第 486—487 页。

④ [清]姜绍书:《无声诗史》卷 7《项承恩》,《四库全书存目丛书》子部第 72 册,第 784 页。

⑤ 民国《杭州府志》卷 140《人物六·孝友二》,第 382 页。

回家，以授徒糊口。后携家辗转到上海，被李鸿章赏识，聘做忠义局董事。太平军退出杭州后，受浙江巡抚蒋益澧之聘充杭州紫阳书院讲席，同治四年(1865)卒。他在《冷庐杂识自序》中亦云：

> 余不敏，幼惟从事举业，弱冠即以是授徒。三十五岁通籍，宦游武昌，未逾年改官归，复理旧业。三十八岁当校官，幸遂禄养，冀得舍帖括，专精典籍，而势不可舍，事与愿违，孜孜于手批口讲，迄今又十七年矣。[①]

一种是将授徒、经商、劳作相结合，如清代海宁人黄永，诸生，“本姓顾，少孤，蒙母姓外氏，中落乃赁屋市廛，外授生徒，内兼井臼，忍饥寒而甘旨无缺。年四十余始娶，就馆里中”[②]。有的甚至以多种治生手段混合使用，如清代钱塘人魏之琇，布衣。他曾从事劳作、就职于质库、行医、作画、游幕等，如民国《杭州府志》卷145《人物八・文苑二》曾记载他：

> 少孤贫，无遗资，于街市，勤十指，操作自给，既而佐生与质库中，昼营所职，夜篝灯读书，为同事所憎，乃展卷默诵，复以灯光逼射为诟，于是卷跼坐帐中，翳灯而阅，膏尽为度。向无师授，苦思力索，积学既久，豁然贯通。家本世医，兼攻其先人所遗岐黄书，亦臻奥窍，遂悬壶取资以俯畜妻子，又取市扇需画者得资以助。当其画时，手一扇于前，置一卷于左，劳惫益甚，乃能自拔于庸杂侪偶中，成大雅材之诗，人一时称作手。卒年五十余。

同书卷150《人物十一・艺术二》亦云他：

> 少佐计瓶窑、质库，昼营所职，夜读书，为同事所厌，又夜禁灯火，乃坐帐中，障灯默诵。兼攻岐黄书，业成辞归。悬壶卖药，复为市扇作画，置扇于前，摊卷于左手，丹墨目伊，吾不知惫也。诗甚工，为落花诗至五十首，吴鸿极赏之，延至粤东学幕，鲍廷博刻其《岭云诗草》，后悔少作，自删定，即胡涛项墉与廷博复刻者也。晚年以医自给，辑《续名医类案》六十卷。

综上所述，作为明清时期江南地区经济文化最为发达地区之一的杭

① [清]陆以湉：《冷庐杂识》，第1页。

② 民国《杭州府志》卷140《人物六・孝友二》，第382页。

州，吸引了许多文士在此治生，这些文士治生的途径和手段呈现出多样化的特点，主要集中在授徒、谋职于书院、卖文、出售书画、刻书、医卜、游幕、业农、经商等几个方面，他们根据自己的具体情况选择适合自身特点的治生职业，促使他们从事治生的因素也是多方面的，值得我们去研究和探讨。

第八章　晚清时期文士在上海的治生状况

晚清上海开埠以来，许多中外人士齐集上海治生和经商，一时成为前所未有的景象，加之此后国内大江南北战乱频繁，而上海一时少受战乱的纷扰，许多文士奔赴上海避难或寻求更大的发展空间，他们中的一些人士和本地文士出于各种原因从事治生或经商，所从事的职业多种多样，有的成为上海颇有影响的人士。

第一节　文士治生的时代背景

宋末，朝廷在上海设立市舶投举及榷货场；元代始析华亭置上海县，设治于吴淞、黄埔之交；明清以来，历属松江府，为吴越之衢要巨邑。

早在晚清以前，就有一些文士在此治生，如同治《上海县志》曾记载明代王守信、顾听、陆时伊等人在此治生的情况：王守信，建文时布衣，“授徒自给”，靖难兵起，愤郁绝世死；曾任建昌府丞的顾听，弃官归隐，以教授生徒和业农为治生手段：

> 自号孤松小隐，足迹不入城市凡三十年，集生徒教授，躬治园圃。卒之日，惟书数卷，布袍、竹杖而已。①

陆时伊，因身体不好而弃儒业农：

> 以心疾去儒业农，兼葺圃舍，旁躬锄灌，暴赤日中艺植，肥颖足供饔飧、祭祀，余以付酒家，以故人咸称为老圃，遂自号老圃。暇或手一编，倚树长吟。性简率疏直，与人言无隐讳，不啖人一饭，受人一钱，终身不识县门。②

《松江府志》记载了清代施润、沈沐、张国臣、杨城书、张梦松、陈焕、贾

---

① 同治《上海县志》卷18《人物一》。

② 同治《上海县志》卷19《人物二・陆时伊》。

振元、计渤等人在上海从事治生的情况：施润，乾隆三十七年(1772)进士，以母老就凤阳府教授，逾5年以母丧归，“主讲敬业书院”。施润以到书院谋职获得束脩为生计。沈沐，周浦人，顺治十七年(1660)副贡，“穷经授徒，及门百余人，多知名”。沈沐以教授生徒为生。张国臣，明末清初名士，“家贫，国臣以母族周以居，故从周姓。善治生，不数年，力致中人产。弟子德困乏，贻以财，后罹火灾，复为治其室庐，视三族如一家，人以缓急告，无弗应”[①]。杨城书，乾隆五十七年(1792)举人，博学笃行。应礼部试，闻父疾而归，“后遂绝意进取，授徒供菽水，一时名士咸出其门”。杨城书以授徒为生。张梦松，博学能文，中乾隆四十四年(1779)副榜，“游京师，先达咸器重之，后居家，问字者屦常满。兼精术数，为人相地多获吉”。张梦松以相术为治生的手段。陈焕，幼习举业，父、兄早世，“乃弃儒力持门户，两侄成家，始析产，丝粟不私，遇善举率乐从”[②]。贾振元，诸生，教授生徒外，辅以堪舆之术以治生：“课徒之暇，旁涉堪舆，取酬不苟，有延之者，辄曰：‘佳地须有德福，非我所能助，但求入土为安耳。’乡人有赂之者，弗纳。遇有惑于祸福者以理折之，人皆感服。”[③]计渤，周浦人，由经商入儒，后以教授生徒为生：“幼孤贫，习贾，偶于市中得梅村残集，酷摩之。赘邑城，课徒自给。”[④]尽管如此，本地或外地文士在上海从事治生和经商的活动却远远不能与晚清时相比，这与当时国内外形势的变迁密切相关。

上海自中外通商以来，由于当时江南多受兵燹，尤其是清军与太平军交战，受到战争的严重破坏，“时江南诸地多陷于贼，渡江避乱者流离载道”[⑤]，而上海则很少受到战争的破坏。江南许多富商大贾、文人雅士避难到上海，而且中外通商，使之渐渐发展成当时的经济重镇，王韬《代上丁观察书》曾云：

> 国朝乾嘉而后，近得西人通商，税务日旺，货物充牣，财力富裕，几甲天下。数年之间，所系于江左者尤重。……苟无上海，是无江左也，是上海一隅，几握江左全局之关键。此固由地势今昔之不同，而治之

① 《松江府志》卷20《人物三》。

② 《松江府志》卷21《人物四》。

③ 《松江府志》卷22《艺术》。

④ 《松江府志》卷23《游寓》。

⑤ 民国《甘泉县续志》卷25《列传第七》，第552页。

者亦既事繁而任剧矣。论其财赋所出，全倚于商，地虽濒海，物产远不逮闽、浙，鱼盐之利，两无所居，古所称穷海也。

南北文士慕之而纷集，成为治生之理想目的地：

南北人才，近以此为孔道，持温卷挟荐书以干者，日不知其凡几，酬之则为无益之费，不应则生觖望之心，此难于接纳者一也。[①]

当时上海地理条件的特殊决定了其经济发展主要依靠商贸，这与江南地区不同。士、农、工、商均重商贸，其中身为四民之首的文士也卷入了这场经商大潮之中，时任分巡苏松太兵备道海关监督的涂宗瀛在其作同治《上海县志序》中恰当地描述了当时上海的状况：

或曰今之上海，非昔之上海也。关津之所由，财货之所集，他州别邑殊方异域之所萃，而处形势便利，用能以区区之地制粤寇之死命，天下通都岩邑莫是过焉。……上海自咸丰以来，中外缔交，华裔错处，婆罗门教窟宅滋蔓邪说，诐行视为故常。而士几非昔之士，峨舸大舰捆载百物，贩运往还，万里若咫；而商几非昔之商，奇技异术，尽态极妍，人巧极而天工错；而工几非昔之工，且工商之事，积重其利，什佰倍于农；而农亦非复如昔之力于田，其夫人女子亦将自荒其木棉之业，如是则四民之职不尽废乎？[②]

第二节　文士治生的途径

文士在上海从事治生的途径也多种，除了传统的教授生徒、谋职于书院以获得膏火银、游幕、出售书画作品、行医等治生手段外，还呈现出与前代不同的特色，如有的文士从事办报、翻译、买办等具有近代化特色的行业。

一、以授徒为生

上海地濒江浙，经济富庶，日益重视文化。而晚清时，上海较之颇受战

① ［清］王韬：《弢园尺牍·代上丁观察书》，中华书局，1959年，第91页。

② 同治《上海县志》。

火破坏的江浙而言，处于较为平静的时期，故而吸引了一些文士在此授徒，除了本地人外，许多江浙文士乐而往从，尤以来自浙江一带的文士居多，他们勤于职守，信誉极好，颇受到上海人的好评：

> 浙省文学士，多馆谷于我郡。郡人以其春至冬归，功课不辍，每乐延之。其间往往有掇科擢第来宦游者。①

在上海以授徒为生的文士，主要有以下几种类型：一是由于科举不售而转而以授徒为生的，如王钟骐，工诗文，尝以国子监生应布政司试，房考某力荐未售，"家贫，笔耕糊口，客沪上最久"。他因体质素弱，因用心过劳患咳血疾，年 34 岁而早逝②。

一种是因为家贫而从事授徒的，如张武，上海人，"居贫力学，授徒自给"。后以贡谒选，当得府推，武雅不乐刑名，请以师儒自效，遂授弋阳王府教授，后乞归。"萧然一室，以著述为事"③。

一种是因学识优异而被上海名门望族聘去教授其子弟的，如李祖锡，世居上海闵行。咸丰十年(1860)，随父避地通州，不以乱离废学，其后回里，"在家授徒十六年，馆竹冈黄氏八年，所造就甚众，远近执贽来游者，皆撷芹食饩掇巍科以去，热心地方公益"④。又如蒋清镜，上海马桥乡人，邑庠生，通经史，工诗文，"性不轻去就，应聘授徒，宾主辄相得甚欢，馆华阳桥顾氏至十余年"。后任马桥强恕沙溪县立农业闵行，强敏各学校校长、教员，造就甚多。由于他学识优异，被当地推为祭酒，有大著作多仰成之。而且在其休假时，一些后生也闻名而至，向他请教学问：

> 每放假旋里，后生踵门执经问难者相继，清镜指示详明，虽盛暑严寒曾不屏却，曰："我乐此不为疲也。"家贫而廉于取，亦不肯有求于人。

其同学多已成官，但他不干请，晚年东游日本，考察教育以资取法⑤。

一种是因战乱而来到上海以授徒为业的，如沈石介，浙江秀水人。后

---

① [清]毛祥麟：《墨余录》卷 10《馆师念旧》，第 160 页。

② 民国《甘泉县续志》卷 24 下《列传第六下》，第 548 页。

③ 《松江府志》卷 52《古今人物传四・张武》。

④ 民国《上海县志》卷 15《人物上・李祖锡》。

⑤ 民国《上海县志》卷 15《人物上・蒋清镜》。

因战乱避居上海，“设馆训蒙终其身”①。

一种是鉴于时局变迁，不愿为官而授徒的，如杨振录，光绪间授教职，“未及选除，而政局变迁，遂绝意进取，家居教授十二年，后就馆于徐汇公学，初任大修院教习，继兼中学教习，能勤其职。振录少席丰厚，晚年家中落，而夷犹洒脱，喜怒不形”②。

晚清时期，随着上海中外通商，有大量的外国人来到上海，或经商，或办学，或建医院，或传教，不一而足，出于各种目的，他们需要一些中国文士，这就为文士到外国人建立的机构中任教产生了可能。所以在当时有许多文士就教于西馆。如王韬《弢园老人自传》中云：

> 自少性情旷逸，不乐仕进，尤不喜帖括，遂勉为之，亦豪放不中绳墨。既孤，家益落，以衣食计，不得已橐笔沪上。时西人久通市我国，文士渐与往还。老民欲窥其象纬舆图诸学，遂往适馆授书焉，顾荏苒至一十有三年，则非其志也。沪上虽为全吴尽境，而当南北要衢，四方冠盖往来无虚日，名流硕彦接迹来游，老民俱与之修士相见礼，投缟赠纻，无不以国士目之。中如姚梅伯、张啸山、周弢甫、龚孝拱，其交尤密。西馆中，时则有海宁李壬叔、宝山蒋剑人、江宁管小异、华亭郭尤松并负才名，皆与老民为莫逆交。③

文士觅馆于上海，其中不少人受到主人的尊崇，但随着上海重商风气的蔓延，觅馆日益艰难，而且竞争十分激烈，待遇日渐微薄，觅馆文士的地位也日渐低下，常常为觅得一馆席而忍气吞声：

> 为师者日益众，延师者日益轻。其诗书士族之家，尤知重传，而市井之中，欲以经管贸易之余为设一席，无怪饮食起居视如伙友，即学俸之间，亦必我算无遗。……师至今日其自待亦太薄矣，迩来课读者流，大抵以求馆之艰难吞声下气，唯恐明年又在何处无以糊口之谋，而隐忍之苦衷，实有不可明言者。④

---

① 民国《上海县志》卷15《人物上·沈石介》。

② 民国《上海县志》卷15《人物上·杨振录》。

③ [清]王韬：《弢园文录外编》卷11，第337页。

④ 《申报》1872年8月17日，上海书店影印本。

二、谋职于书院

文士谋职于书院以获取膏火银这种现象，在晚清时的上海也十分普遍。上海的书院有很多，较为著名者主要有敬业书院、蕊珠书院、龙门书院、诂经精舍、求志书院、格致书院等。敬业书院，初名申江书院，建于乾隆十三年(1748)，三十五年(1770)重修，遂改今名。咸丰十一年(1861)，因西人请还天主教堂和敬业书院所在之地，于同治元年(1862)迁建于县东旧学宫基。光绪三十一年(1905)，改敬业书院为官办小学堂。敬业书院主要招收一些举贡生童，地域不限。蕊珠书院，分支于敬业书院，道光八年(1828)，署巡道陈銮选敬业书院诸生课于县治南蕊珠宫，故名蕊珠书院，后因费用不支而停。道光十六年(1836)，当地乡绅捐资辟地于蕊珠宫南，建珠来阁育德堂，堂前建两庑为学舍，后于道光十八年(1838)、二十三年(1843)分建芹香仙馆和设海防厅于此，咸丰十年(1860)，外兵驻扰，毁损大半。同治三年(1864)，从书院撤防，复教课诸生。龙门书院，始建于同治三年(1864)，其前曰南菁书院，后名龙门书院，以砥学励行得士称盛于时。与龙门书院相表里的有诂经精舍，创设于同治十二年(1873)，课士不尚诗文，专讲经史，诸生仅限于沪人。求志书院，始建于光绪二年(1876)，应试者不限地域，多通才教育，后并入龙门师范。格致书院，始建于同治十三年(1874)，光绪元年(1875)落成，注重西学，近似于学堂。

书院给予掌院、教席、生员以不同数额的膏火银，每个书院根据自身的情况，对膏火银的拨付有一定的规定，一些名士便来此任掌教，有的文士也求学于此，依靠自身的学业优劣获得不等的膏火银，从而在生活上有一定的保障，据近人柳诒徵《江苏书院志初稿》[①]所辑出的史料记载，自敬业书院创立以来，先后有数十名文士来此任掌院，如冯桂芬、蒋德馨、吴嘉淦、钟文烝、杨长年、叶维幹、张桢、陈昌绅、汪朝模等。在其改为官立高等小学后，汪锡增来此任教，其学识、品行深受师生们的好评。汪锡增，原名龙琛，字季航，上海周浦人。光绪二十八年(1902)举人。尝被聘为海门师山书院山长，主讲2年辞归。时科举将废，敬业书院改官立高等小学，锡增任最高

① 柳诒徵《江苏书院志初稿》从同治《上海县志》《上海县续志》《瀛壖杂志》及有关当事人的著述中辑出有关上海书院的一些资料，参见《中国历代书院志》第1册。

级教习，其后学制屡变，班级递增，仍任最高级主任，以终其身，凡19年。中间曾出任养正、敬业校长各半年，任留云校长10年，仍未脱离敬业书院。起初入马冀主讲广方言馆，锡增随侍于天文、地舆、数理化，涉猎有得，不自以为能。生徒受业于锡增者，均谓先生以旧学发明新理，新旧一贯，无不心悦诚服。他热心教育，不愿因薪水微薄而放弃，亦不愿干请：

> 教育事业俸薄而课重，任此者往往半途辍业去。锡增曰："我生于斯，长于斯，生活于斯，愿终于斯。"其执德不迁如此。方科举时代，门下士掇巍科入词苑，膺显宦者，相望其后，岁时馈遗无所受，谓我自食其力，免冻馁，安用多金？固以请，则谢之曰：鄙人所需于诸君者，其在身后乎？由是不敢复请，其秉性廉介又如此。

民国九年（1920）六月卒。到蕊珠书院任掌院的文士主要有潘曾祁、吴艾生、谢荣埭、姚墉、戴兆春、陆润庠、叶昌炽、章梫等。

龙门书院建立后，聚生徒资膏火，延请宿儒来此掌教，起初仅选拔20名诸生，拟各送入书院，但诸生多以馆务辞，因谕在邑生童及附近州县之愿学者报名入院，先后共十余人，特延浙江平湖县顾广誉主讲席，设立课程，以躬行为本，以专经为业，以先儒语录为入门之要。其在院肄业者每人月给薪水银4两，汇试经古策论各1道，所取之42名都参加考试，根据成绩优劣，另资膏火。除了顾广誉外，来此任掌院文士的主要有万斛泉、刘熙载、鲍源深、孙锵明、朱琛、吴大澄、翁斌孙、汤寿潜等，其中以刘熙载主讲书院的时间最久，其德学均为学者所推服。刘熙载，字融斋，扬州人。少孤贫，笃行力学，尝以"志士不忘在沟壑，遁世不见知而无悔"二语自励。道光二十四年（1844）进士，咸丰三年（1853）召入上书房，文宗赐以性静情逸四字，因病乞归。同治三年（1864），召至京授国子监司业，迁左春坊中允，督学广东。"未几，乞病归，襆被箧书而已。旋主上海龙门书院讲席，与学子辨析，辄至夜分，虽大寒暑，衣冠冲整无惰容，历十余年如一日"。刘熙载治经无汉宋门户之见，不好考据，熟于周秦诸子书，他如天象、地舆、六书、九数、钟律、方术皆研通其意，所著有《刘氏六种古桐书屋续刻》三种，卒年69。光绪八年（1882），奉旨入国史儒林传，有品学纯粹、以身为教之褒[①]。

① 民国《续修兴化县志》卷13《人物志·列传》，第610页。

萧穆《刘融斋中允别传》亦云刘熙载曾任广东学政,“旋因病请假,主讲上海龙门书院,品学纯粹,以身为教,成就甚多,洵足为士林表率”。又云:“当道请主讲上海龙门书院凡十四年。”①

诂经精舍、求志书院和格致书院也延请名宿来此任教,如诂经精舍,为同治年间时任观察使沈仲复所专设,他自分俸禄以给诸生膏火。任掌院者先后有俞樾、杨泗孙等名儒。求志书院则先后延请钟文烝、俞樾、高骖麟、杨泗孙、刘彝程、张焕纶、孙锵鸣、宋存礼等名宿来此任掌院。格致书院,则延请西人教习化学、矿学,并按期延请中西名人学者讲演格致学理,中西并用,注重实用之学,其中王韬就曾被聘作掌院。

三、出售书画作品

晚清时的上海,书画市场日趋活跃,许多文士学士来此,以出售自己的书画作品作为治生之路,如王韬曾云:

> 沪上近当南北要冲,为人文渊薮。书画名家,多星聚于此间。向或下榻西园,兵燹后僦居城外,并皆渲染丹青,刻画金石,以争长于三绝。求者得其片纸尺幅以为荣,至其轩轾所在,未能遽定以品评。②

从现有的资料来看,在上海以之为业的文士有很多,或以卖字为生的,如相城人张祖翼,官至知府,尝游历日本,归为端方幕僚,工书,隶为最,“晚以鬻书为活,名动海上,并汪洵、吴昌硕、高邕号四大家,然祖翼其首出矣”③。又如阳湖人汪洵,光绪十八年(1892)以进士入翰林,工诗文,行楷书间架峻整,规抚篆隶,以浑厚见长,“鬻书沪上二十余年”④。有的生活极其困难,如太仓人宋希轼,“垂老颓唐,卖字为活,奇穷日甚,饘粥几至不给。所识多知名士,往来沪上者,辄以润笔钱资之。尝作笠屐小像,题者如林。梅伯有句云:‘死能埋我何妨醉,生不如人未敢狂。’壬叔亦有句云:‘一百青钱一首诗。’小坡读之泪下”⑤。或以出售书画为生的,如王韬曾云:

---

① [清]缪荃孙纂录:《续碑传集》卷75《儒学五》,《近代中国史料丛刊》第99辑。

② [清]王韬:《瀛壖杂志》卷5,《笔记小说大观》28编第7册,第3932页。

③ 费行简:《近代名人小传·艺术》,《近代中国史料丛刊》第8辑,第429页。

④ 民国《上海县志》卷17《游寓·汪洵》。

⑤ [清]王韬:《瀛壖杂志》卷5,《笔记小说大观》28编第7册,第3925页。

> 沪上前辈画家，以朱巨山、康起山为巨擘。巨山画山水花鸟，无不工，尤以荷花擅名。四方陈币求索者，无虚日。几如宋之于清言，独步一郡。①

又如黄山寿，武进人，善画，工人物、双钩花鸟、青碧山水，立规正矩，无一俗笔，“客津门数年，拳匪后，南归于沪鬻画，言行笃诚，乐于为善”②。著名画家任伯年，年少时就曾在上海造任渭长的假画出售：

> 是示任渭有大名于南市。伯年以谋食之故，自画折扇多面，伪书“渭长”款，置于街头地上售之而自守于旁。③

由于当时在上海的商贾势家，附庸风雅，重价购求名家之作，一些文士就投其所好：

> 贾于沪者，大抵皆无目者流耳，即欲攀附风雅，不惜重价购求书画，亦徒震于其名，非有真赏也。故名士至此间者，辄以势力为事，得当道一名柬，无求不获。噫！提绫文刺三百为名利奴，清操何在？窃为至沪之名士差之。④

清帝逊位后，一些文士以清遗老心态，不问世事，在上海以出售书画为生，如何维朴，同治间以道员分江南候补，工书画，“宣统三年后，隐居沪上，与诸遗老文燕往还，不问时事，鬻书画以自给”⑤；俞原，浙江吴兴县人，善画花卉山水，“尝北游，应肃亲王之招，京华冠盖，倾动一时。国变后，屏迹海上，谢绝人事，鬻书画自给”⑥；高邕，浙江仁和人，工书，“国变后，改号聋公，又号赤岸山民，专以卖字为活”⑦。

四、做报刊专职编辑

晚清时，随着言论的逐渐开禁，全国各地办报蔚然成风，上海内租界林立，华洋交错，言论氛围较之他地更加宽松，许多近代著名的报刊就发端于

① ［清］王韬：《瀛壖杂志》卷4，《笔记小说大观》28编第7册，第3894页。

② 民国《上海县志》卷17《游寓·黄山寿》。

③ 徐悲鸿：《任伯年评传》，《朵云》第3集，上海书画出版社，1982年。

④ ［清］王韬：《瀛壖杂志》卷4，《笔记小说大观》28编第7册，第3906页。

⑤ 民国《上海县志》卷17《游寓·何维朴》。

⑥ 民国《上海县志》卷17《游寓·俞原》。

⑦ 民国《上海县志》卷17《游寓·高邕》。

此，如《苏报》《大公报》《益时报》《申报》等。一些文士就受聘为报刊编辑，如唐祖绳，工帖括，又熟于时务掌故之学，后专以报刊编辑为业：

早岁课徒乡里，门弟子称盛。科举罢后，橐笔出游，历主海上苏报、天津北洋官报、大公报、益世报笔政。民国八年，以积劳殁于津寓。当益世报初办时，即受聘为总编纂员，未及二载，报纸销数达数万，执北方报界牛耳。

由于其出色的办报才能，受到了洋人的器重：

馆主西人加敬礼焉，殁后三年，仍以薪水之半赡养其家，其见重如此。[①]

有些文士便受聘于《申报》，当时的《申报》与反对清政府而鼓吹革命的其他报纸不同，报纸的销量也受到一定的影响：

《申报》创行于同治时，盖英人美查、耶松二人相友善，来华贸易，美查创办《申报》，延山阴何桂笙、上海黄梦畹主笔政，特所载猥琐，每逢乡试年，必载解元闱艺，与外报之能开通智识、昌明学术者，相去霄壤。

王韬受聘《申报》后，间撰时务论策，销量大增，不久就成为上海举足轻重的大报。当时国内的一些报纸因排满和鼓吹革命而深受民众的欢迎，取得了可观的经济效益：

至于反对政府鼓吹革命者，前推《苏报》，后推《民呼》《民吁》二报矣。宣统辛亥秋，则各报一律排满，而《民立报》声价尤高，贩卖居奇，较原价昂至十倍。[②]

五、行医为生

晚清时，在上海行医为生的文士为数不少，有的是喜好医学而行医的，如上海人朱承鼎，博士弟子员，善属文，"尤好岐黄之学，博通《灵素》《难经》《伤寒》《金匮》，性敏而静，精研脉理，治病辄应手愈，不计酬，求诊者日数十

① 民国《上海县志》卷15《人物上·唐祖绳》。

② 徐珂编撰：《清稗类钞》第8册《著述类·日报月报旬报星期报之始》，第3772—3773页。

起”。他热心地方公益，对地方助力颇多：“其规画地方如办团防、设商会、兴学校、筹自治、浚河救荒诸章程，皆其手订，便于实施，历任闵行乡经董商会会长，处事和平详慎，人无异言。”[①]有的不喜科举而选择行医，这种类型较为普遍，如陈廷诰、沈廷奎、严兆楞、张世镳等人。陈廷诰，世居北桥，邑庠生，早孤，母潘氏教养成立，母死，“尝语人曰：‘科举非经世学。’遂弃父业，承祖业行医，擅伤寒一科，不计酬，不求名”。光绪三十三年（1907）八月，在应诊回家途中，遇雷雨，他端坐轿中，毫不为意。自后盛称为天打郎中，名气益盛[②]。沈廷奎，洋泾市沈家弄人，幼有大志，世承家学，不屑治举业，专攻医学，鉴于近代西医颇有发明，除研究中医外，兼肄业中日医学校，得医学学士位，任松军军医科长，并在乡里施医给药，以救贫病[③]。严兆楞，少席丰厚，中年钻研方书，遂以医名。与张思臻善，因得其传，“兼擅内外科，所治辄效，不计诊金，贫者更却其酬”[④]。张世镳，13 岁时父死，“恬淡寡欲，不乐仕进，以家世业医”，遂寝馈于《灵枢》《素问》诸书，朝夕钻研，不数载出而问世。处方如老吏断狱，时下咸惊异之。其家如其父麟祥，兄世臻、世煜俱以医名，在这种家风的熏陶下，“世镳益专其业，术愈精，名愈盛”。即使后来有残疾，亦是乐而忘疲：

> 中岁耳聋，佐以传声筒，诊时应症处方，不爽毫发，凡妇孺走卒、遐迩人士咸尊以张聋而不名。

由于他不仅勤于行医，医术高超，而且注重医德，怜贫济弱，受到患者的欢迎，从而生意兴隆：

> 黎明即起督子若孙悉心临诊，门以内至庭除间，屏息待诊者恒肩摩无隙地，取值甚微。病者依次坐，不设拨号特诊之例，然见急病亟趋前先诊，一洗时医陋习，贫者不特却其酬，且转给以药资，富者延诊酬金或从丰则色不豫，顾寓沪，名公巨卿耳其名多乐就之。其于致病原因，率直言不为讳，人服其应验，亦怡然受之。

光绪之季，广征天下名医，有司举以进，世镳以亲老道远辞不应召，人益高

① 民国《上海县志》卷 15《人物上・朱承鼎》。
② 民国《上海县志》卷 16《艺术・陈廷诰》。
③ 民国《上海县志》卷 16《艺术・沈廷奎》。
④ 民国《上海县志》卷 16《艺术・严兆楞》。

之。平时待人和煦，蔼然可亲，然处家一衷于礼。他虽然行医获利不菲，但从不奢华，急人之所急：

> 故一家服御俭素若窭人，而慷慨仗义，以缓急告，无不援手。疏戚远族，恩义备至，敬宗收族，视为己任。

晚年于淞南筑淞隐补读庐，杂莳花木，时或习静，翛然物外，有隐君子风。光绪中，以治沪军营兵士病不取酬奖都司职，增贵封通奉大夫[①]。

有的因科举不售而改为习医的，如杨孝福，“幼善制举文，屡试不售，改习医，审脉审明，必求至当，研治女科，应手辄效”[②]。有的因战乱而弃儒行医，如陆懋修，江苏元和人，诸生，世以儒显而通医，继承家学，“咸丰中，粤寇扰江南，转徙上海，遂以医名”[③]。

六、业农

晚清时，一部分文士，包括去官后的官员，常常将业农作为治生的手段之一，耕读并行。有的是因战乱而从事农事的，如顾言，世居上海十六保荷巷桥，有胆识，善属文，博览古文辞，不仅躬行农事，而且劝导家乡人热心农事，并取得成效：

> 咸丰十年，洪杨扰松城，言居乡且耕且读，尝举徐光启《农政全书》植棉成效，劝勉乡人，以是种棉益众。言于浚渠之学，讲求有素，自光绪初至季年，历浚竹冈，横沥千步泾俞塘，并佐浚吴淞蒲肇诸幹水，工至万余丈，附近田数万亩皆资灌溉。[④]

有的是在弃官后归隐于农的，他们耕、农并行，如邬景超，上海人，康熙年间，因在平台战役中屡立战功题擢左都督，事定后，“弃官归，与弟克非耕织以养亲，暇则讲论理学，拈题歌咏以为乐。诗词清逸，人不能及云”[⑤]。

---

① 民国《上海县志》卷16《艺术·张世镳》。
② 民国《上海县志》卷16《艺术·杨孝福》。
③ 《清史稿》卷502《艺术一·陆懋修传》，第13881—13882页。
④ 民国《上海县志》卷15《人物上·顾言》。
⑤ 《松江府志》卷57《古今人物传九·邬景超》。

第三节　文士经商与多种治生手段的交互运用

自明代中期以来，东南沿海一带，好货食利之风益盛，上海亦是如此，作为社会精英阶层的文士也不免受其影响：

> 上海离郡城不满百里，而风气大异。陵弱暴寡，视为固然，若语以礼让，群指为弃物矣。以故市廛经纪，莫非人奴，不如此则站脚不定。然亦朝秦暮楚，惟势是倚。即有贤士大夫亦不免习俗所移。

有的文士为仰攀富商不顾亲情，甚至因怒而亡，如万历间进士赵升之：

> 居垣中，直声颇震，与王又玄为儿女亲，遇山右大贾至，两家争欲客之，而王氏根深，又奴丁最盛，竟拥而去，升之暴怒殊甚，顷刻仆地殒命。①

到了晚清时，上海更是经商的理想圣地，中外商贾交汇，清廷又开办官商合办产业，国人鉴于国势日弱，遭受列强的欺辱和掠夺，以实业救国的思潮随之而起。在这种情势下，一些文士弃儒经商，或创办实业，今略举两例。郁怀智，字屏翰，自号素痴，业广方言馆，"嗣以家贫弃学就商，守信义，重然诺。中年以后，营业渐顺，因以起家"。他生平对于教育、慈善事业及其他公众利益之事，无不热心兴办，资助有差。如他曾创立旦华学堂及普字义学 7 所，先后输资至 11800 元；其补助各学凡 19 校，先后捐银 6919 两，币 2400 元；其捐助慈善凡 21 处，先后捐银 2275 两，币 2120 元，其他若施衣、施银、施乐、施棺、送善书等共计捐银 4882 两，币 790 元；其各省赈捐等共计银 10917 两，币 1230 元；其办理公众利益先后捐银 4907 两，币 6100 余元。统计捐款共银 30061 两，币 24500 元。另外，郁怀智提倡实业，购桑秧千株分给法华、引翔港二乡农人，劝令种植，以广蚕业，并购美国棉子试种，译刊《棉树栽培新法》《棉种改良法》《培棉肥料浅说》分送行世。他性孝友，曾救二弟于家火，父母亡后，"二弟尚稚，怀智提携扶植，俾至成人，尝以私财润其弟。及二弟没，怀智复抚其子，俾皆有以自立"②。

---

① ［清］雷瑨辑：《清人说荟》初集《说梦二·上海之风气》，王有立主编《中华文史丛书》之 85 第 11 辑，第 77 页。

② 民国《上海县志》卷 15《人物上·郁怀智》。

有的受雇于外国人，成为具有买办性质的商人，如姜忠汾，因体弱多病，早年弃儒经商，由于他具有一定的外语水平和经济才能，受到外国人的信赖和器重，自己也成为上海富商：

逮君乃奋起，以好义闻于时。君生而岐嶷，顾体羸善病，年十五弃书，学贾于沪，无所得。弱冠丧怙恃，以孤窭弥自淬厉，少涉猎旁行文字，舌人语言，乃益展习之，为时效用。沪上绾毂江海，欧美大贾麇集牟利，器君才，争相延致，业日起，依畀日隆，君则要之以诚信，出其识略高掌而远蹠，与时俯仰，恒操厥赢，骎骎称素封矣。比岁，以沪市开拓，贾价地产，赢得过当，赀益饶。

他虽富甲一方，急流勇退，而且除了与洋人的正常往来外，从不奢靡：

君曰："吾毋殉财为也。幸有余以贻子孙，吾知止矣。"遂一切谢去。君虽与外商狎，然未尝有驰骋之娱、绮靡珍异之好，居家遵任公约，衡量出入，教饰子弟毋固毋不孙，用是以保有其家。①

近代著名实业家徐润，广东香山人，"年十五来沪上，弃书习贾，业丝茶二十年，中外人士交相推重"。同治十二年(1873)，直隶总督李鸿章议兴商埠，派他会同唐庭枢接创招商局，发展实业：

溯其六十年来，阅历名场关，于公益事业靡役不与，中外绅商咸相引重。至其利害所关，宁牺牲财产而弗恤，可谓伟矣。②

文士从事治生或经商，有时不是采取单一的形式，而是交互运用两种或多种治生手段。有的将授徒和行医相结合，如《乔润斋中丞轶事》云：

上海乔润斋中丞……中丞少苦贫，或午刻由塾归，灶突无烟，慰父母曰："师已食我。"仍返塾。弱冠游邑庠，授徒不足自给，继室张夫人纺织以佐。遇秋试，辄不能往。丙辰岁，仅持钱八缗往，同伴恐为累，预约出闱先行。中丞于十六日晚始归寓，时已不及，而囊底罄竭，一钱不名矣。中丞素善岐黄术，乃张贴行诊，应手辄效，凡至病家，率闻鬼语曰："乔大人来，谨避！谨避！"缘是归资粗足。时近榜期，姑缓归。

① [清]忻江明：《鹤巢文存》卷3《姜君炳生行述》，王德毅主编《丛书集成续编》第161册，第658页。

② 民国《上海县志》卷17《游寓·徐润》。

榜发，同人皆落，惟中丞获隽。尹文端公时制两江，素稔中丞名，见于鹿鸣宴，惊异之，厚赠而归。[①]

有的将游幕、行医、卖字相结合，如郑文焯，高密人，光绪元年(1875)举人，工诗古文辞，精金石考据，通医理，善书画，"襄抚幕前后十余年，时往来苏、沪间。国变后，闭居杜门不问世事，行医鬻书以自给"[②]。有的将游幕与农事相结合，如浙江秀水人陈鸿诰，"晚年挈家侨寓沪上，与姚芷芳文藻、葛隐耕其龙、袁翔甫祖志倡和"。因其喜饮酒，广交游，渐渐家境困乏，"乃子身往东瀛，依太政大臣黎堂为幕宾，黎公即日本相臣也"[③]。有的因早年处于战乱时期，不得不弃儒经商，后又重回儒业，但不愿入仕，以授徒为业的，如李邦黻，上海闵行镇人，精经学，"少遭兵燹，弃儒就贾。北桥孙啸琴一见器重，谓儒家子不当废学，遂决然舍去，温肄旧业，从学于川沙顾孝廉谦之门"。中年后精研三礼，尤好宋儒语录，躬行实践，治家整饬，足迹不出公门，"其教授生徒前后四十余年，教法会通经史，归本修身，曾辑《东莱博议集评》刊行，为学徒课本。浦东西青年经邦黻讲授，皆崭然不落恒蹊。家素贫，晚境稍裕，族中无后及戚友困乏者量力资助，以馆谷之余行慈善之实，而自奉淡薄，衣服或至补缀，饮食恒不兼味，居恒慎默，然当酒酣耳熟，纵谈十数年来家国事，辄蹙额深忧不能自遣。晚岁以保存古学为己任，与同志设立图书馆，课暇恒至馆釐整藏书"[④]。有的将经商和行医相结合，如顾大纲，世居蒲松市之江桥乡，少嗜学，遭兵燹不废读，"后舍儒就贾，以盐策油坊致赢羡。妻颜氏善治稼穑，家业日裕。江桥顾氏世业医……大纲博读群书，复承家学，研究有得则小试之，往返真茹、南翔间，寒暑无间，活人甚众"[⑤]。

晚清时，采取两种或多种治生手段的文士，大有人在，其中王韬就是非常引人注目的一位。下文就其治生情况作一简要介绍。

王韬(1828—1897)，初名利宾，先世为昆山人，明末迁往苏州长洲县甫

① 葛虚存：《清代名人轶事》卷14《境遇类·乔润斋中丞轶事》，第363—364页。

② 民国《上海县志》卷17《游寓·郑文焯》。

③ 裘毓麐：《清代轶闻》卷5《文苑杂录·诗人得意》，王有立主编《中华文史丛书》86第11辑，第293页。

④ 民国《上海县志》卷15《人物上 李邦黻》。

⑤ 民国《上海县志》卷16《艺术·顾大纲》。

里村。18岁时以第一人县学，遂改名翰，字懒今。后屡试不售，其父昌桂，因家贫而教授生徒，后到上海寻觅生计。父死后，他亦到上海治生，如其作《先室杨硕人小传》云：

> 既而先君子橐笔沪城，余遂授徒于家。……明年夏，先君子见背，家日益落，余遂佣书来斯。①

时年他已22岁，当时在上海有许多文士受聘任教于洋人创办的书馆中，他则受雇于英教士麦都思所办的"墨海书馆"，前后达13年之久，结识了不少文士墨客，如其《弢园老人自传》中云：

> 自少性情旷逸，不乐仕进，尤不喜帖括，遂勉为之，亦豪放不中绳墨。既孤，家益落，以衣食计，不得已橐笔沪上。时西人久通市我国，文士渐与往还。老民欲窥其象纬舆图诸学，遂往适馆授书焉。顾荏苒至一十有三年，则非其志也。沪上虽为全吴尽境，而当南北要衢，四方冠盖往来无虚日，名流硕彦接迹来游，老民俱与之修士相见礼，投缟赠纻，无不以国士目之。中如姚梅伯、张啸山、周弢甫、龚孝拱，其交尤密。西馆中，时则有海宁李壬叔、宝山蒋剑人、江宁管小异、华亭郭尤松并负才名，皆与老民为莫逆交。②

太平天国农民起义爆发后，东南诸省战乱不止，王韬屡为清廷上书、献策，却不为所重，遂投靠太平军，写信给太平天国苏州当局，亦未见用。后来因清军缴获他写给太平天国苏州当局的书信，他于1862年逃往香港，遂改名为韬，字仲弢，别署天南遁叟，帮助英人理雅各翻译中国经书。1867年至1870年间，又随理雅各去英国译书："(同治)六年冬，西儒理君雅各招往泰西佐译经籍，遂得遍游域外诸国。"同治九年(1870)二月回粤，后游荡于香港、广东、日本之间，直至1884年，他通过丁日昌的关系，得到李鸿章的默许，才返回到上海居住。王韬在上海前后，生活并不宽裕，有时甚至到了典金当衣的地步，如其《上江翼云明经师》云：

> 韬吴下诸生，而甫里之逋客也，佣书沪上，四换蜂鹛。垂翔之鹏不能奋飞，伏枥之马已无远志。……迩来贫逃酒国，愁寄书城。频搜箧

① [清]王韬：《弢园文录外编》卷11《先室杨硕人小传》，第333页。

② [清]王韬：《弢园文录外编》卷11《弢园老人自传》，第327页。

> 箧，屡叹无衣，典尽金钗，不因贳酒，寒士之苦，谁还相谅。①

后来他受雇于《申报》，经济状况才有所好转：

> 时天南遁叟王紫荃布衣韬颇有时名，间撰时务论说，弁之报首，销数遂以渐推广，获利亦不赀。②

晚年曾受聘于上海格致书院掌院。享年 70 岁。

由上我们可以看出，文士在上海从事治生的途径呈现多样化，而且还呈现出一些近代化的职业，这与当时上海形势变迁有一定的关联。由于上海的相对开放，在东南诸省遭受战乱的巨大破坏时，保持了相对的稳定，文士将上海作为“安全土”“极乐园”：

> 上海为水陆辐辏、工商集合之处，又因时局关系，各地人民皆视上海为安全土、极乐园，纷然蝟集，遂使各种生活事项有求过于供之势，而价格历年之增进，致成必不可逃之公例，长此不已，一般平民生计岂不有来日大难之叹？③

当地的官员也多喜文士，并愿与他们相往来：

> 方楷《吾园雅集》记观察李味庄先生爱士怜才，著书于江左，士以故多归之。嘉庆八年十月，余来沪城盘桓匝月，四方因观察至者亦数辈，皆一时知名士。沪城能诗词文章、精书善画者复不乏人，主宾款曲，欢极平生，滋维扬、吴门以来未之有也。④

吸引了众多上海文士在此治生和经商。

---

① [清]王韬：《弢园尺牍》，第 6 页。

② 徐珂编撰：《清稗类钞》第 8 册《著述类·日报月报旬报星期报之始》，第 3772 页。

③ 胡祥翰编：《上海小志》卷 6《生活》，上海传经堂书店，1930 年。

④ 胡祥翰编：《上海小志》卷 5《旧迹》。

第九章　明清时期徽州文士的治生状况

明清时期，徽商雄踞商界鳌头，遍布四方，向有“无徽不成镇”之说，文化亦是很盛，一时号称“东南邹鲁”。当时徽州文士除了科举仕途外，出于各自不同的境地和观念，亦参与了治生或经商的大潮，他们从事治生或经商的表现方式呈现出多样化，他们致富后的行为多呈现出其儒化的特点。

徽州多山区，地狭人稠，田瘠产薄，因此徽州文士除了科举一途外，难以依靠业农而生存，他们的治生手段只好另辟蹊径，或依靠自身的特点如依靠授徒得到束脩，或到书院讲学谋取膏火银，或依靠自身的艺术才能获取润笔资，或游幕显宦府第，或佐人经商等等，有的甚至像其他徽州人一样直接参与到经商的大潮中，或以多种治生手段交叠运用，寻求适合自己的最佳谋生方式。

第一节　以一技以自养

一、设帐授徒，获得束脩

徽州人虽然多经商，但在对后代的培养方面，仍十分注重文化教育，以便通过科举仕途出人头地，为其商业活动提供保障；即使不想通过科举仕途获取资本，为了后代能获取以后经商所必备的文化知识，也常常聘请塾师或名儒教授文化。故而一些徽州文士专以设帐授徒为生，尤以明代为盛。当时的塾师主要出自歙县、婺源两地，或出于身体状况而以授徒为业，如明代歙县黄埠口人曹锺因科举失意而染狂疾数载，“愈复治业，迭作迭愈，遂谢督学使者，弃去博士籍，家愈益贫，门下士愈益多。于是专一设帐因资生，生日益饶”[①]。或由于家贫不得不以授徒治生，如歙县丰南人李流

---

① [明]方承训：《方鄈邮复初集》卷29《曹居士状》，《四库全书存目丛书》集部第188册，第159页。

芳，“家贫，资脩脯以养母”[①]。歙县人方良范，“授徒以给家食”，与诸弟同居共爨，数世无异[②]。或因科举不成而以授徒为业，如婺源济溪人游芳，两次乡试不利，“隐居教授，以师道自任”[③]。或因父母早逝而无治生之人，不得不以授徒为治生手段的，如婺源人余垠、叶孝友即属此类。余垠，“家遗薄田数亩，尽让诸昆弟而授徒以养亲”。叶孝友，天性狷介，“授徒得束脩，毕力为继母弟妹婚嫁，乡里称其不愧命名”。后贡入礼部，试第一，累迁金华教授[④]。或因家道中落而以授徒为生，如歙县人汪一龙，读书通大义，以赀捐官为郎，后因同僚窃走藩邸巨资而累及己身，遂归，家道中落，“大司空索之亟，一龙贷偿之，归而家日落，设帷授徒，益博经史”[⑤]。有的文士甚至通过授徒成为一时之富室，如歙县岑山人范廷忠“终其身为瀹潭、北岸二乡师，凡邑南乡师规条模则，绳尺教彦，为四乡师嚆矢，化公之属也。凡出门下，皆为乡师范，范则皆可称颂，即今乡师皆其授受也”，所授生徒多达百人[⑥]。歙东长径里人胡沛然通过授徒，“起家千金”[⑦]。方承训及其族人的家中就有来自歙县和婺源的塾师，如歙县岩镇东溪人方洪曾任方承训的塾师，其“门下经生多至六七十人，所至设帐堂馆，莫能容，二三里馆皆充盈，授徒门庭若市”。晚年“贽礼繁多，起家至千金”[⑧]。婺源江德彰在方承训从兄方锱家中做塾师长达 20 余年[⑨]。程练虽生在婺源，“而帐恒设歙，歙居多弱冠”，他曾在方承训及其族人家中做塾师前后长达 40 余年之久[⑩]。

徽州形成了一些塾师世家，尤以歙县项氏和婺源游氏为著名。据方承训《方鄈邮复初集》中记载，在歙县各族中，出自项氏一族的童子师最多，他们世以童子师为业，多不以科举为能事，仅在歙县南乡小溪一带的项氏一族中就多达十余人，其中以小溪人项元表和大溪人项化中二人为最有名。如项元表未卒业，竟以童子师终其身，学识博深，对生徒认真负责，受到主

① ［清］吴吉祜:《丰南志》卷 3《人物志・文苑》，第 273 页。
② 民国《歙县志》卷 8《人物志・孝友》，第 311 页。
③ 道光《徽州府志》（二）卷 11 之三《人物志・儒林续编》，第 306 页。
④ 道光《徽州府志》（二）卷 12 之四《人物志・孝友》，第 518—519 页。
⑤ 民国《歙县志》卷 9《人物志・义行》，第 348 页。
⑥ ［明］方承训:《方鄈邮复初集》卷 27《明故处士范公墓志铭》，第 142 页。
⑦ ［明］方承训:《方鄈邮复初集》卷 33《传・胡茂才传》，第 211 页。
⑧ ［明］方承训:《方鄈邮复初集》卷 32《传・方师传》，第 192 页。
⑨ ［明］方承训:《方鄈邮复初集》卷 22《序・寿星源江处士六十序》，第 101 页。
⑩ ［明］方承训:《方鄈邮复初集》卷 32《传・星源程居士传》，第 199 页。

人和生徒的喜爱，为当地句读师之嚆矢：

> 自弱冠至老，白首帐设，未逾三乡，定潭居多，昌溪次之，瀹江又次之。何以故？主不忍释也。凡习春乐、春秋义，愈精于他经，生徒从帐外，每每七八十人……迄岁暮，家居生徒犹然执书问难。公族多十余人，世受童子师业，凡句读师其多，莫公族若，公族句读师业精且多生徒，又莫公若。……凡督逼生徒，必展布腹心，直义落落，如侈功以邀名，媚主以贾利，公不忍为也。亦兢兢授子本业，业未究，每督过过苛，曰："无靡坏人子弟，敝人适以损己也。"

后来投入项元表帐下的生徒愈来愈多，一些名公巨卿也慕名而来，他还将一些生徒分给其他族中生徒少的句读师。项元表通过做塾师终至家境富裕：

> 族中句读师或不利降帐，公每推毂之，值巨卿从者繁多不能容，或分其什三益之。……公凡布帐五十余年，起家几千金。①

项化中自幼年时就开始以塾师为业，除了肆力于经书和易学外，又兼精堪舆日术，所从生徒甚多，束脩饶裕：

> 总角即群童子从受句读，所脩蒸蒸能给其家，无内顾忧。愈益能肆力经术，深于易，为易生嚆矢。

弱冠后，犹然不自足，不愿出试，在家人的督促下：

> 试即置高等第一人，籍名郡博士，愈是受业者愈益丛门墙，所脩愈益饶裕，俯仰愈益赡。茂才（项化中）为人夷坦总其形，而门下士益遵茂才绳尺矩度，远迩毕集，莫能容馆毂，邑以南诸讲业受门下士多莫茂才若矣。且嗜习堪舆日者术，凡青囊日者诸书靡不悉究……生平攻本业什二，谈日者青囊什八。②

婺源星源济溪游氏亦是塾师世家，他们鲜业儒术，喜出为童子师。在游氏塾师中，尤以游震得、游泮、游逊三人为翘楚。游震得，少年家贫，樵采山中，年近30才发奋读书，"攻经术，为族倡，治经为诸生嚆矢，凡左右邻乡

① ［明］方承训：《方鄈邮复初集》卷32《传·项处士传》，第200页。

② ［明］方承训：《方鄈邮复初集》卷33《传·项茂才传》，第208页。

习经术诸生,皆从公游讲业”①。游泮出身于塾师世家,四代均以塾师为业:“家世受什一业读书,曾大父、大父与先严君咸设帐歙邑,邑学士多宰之。”② 游逊“门下讲业士丛盈门墙,其贽脩丰腆,自大江以南皆莫茂才若也。……即边隅远地,咸轻道里辽远,负笈携书门墙,旦暮习薰雅德”③。

徽州歙县、婺源两县塾师盛行,他们多不愿走科举之途,其贽礼丰厚,作为其治生的一种重要途径。为此明人方承训曾感慨道:“且士居乡授业,卒以贽礼起家肥盈,厚遗孙子。”④

明末清初,徽州人李衷实,明诸生,家世业儒,明末清初著名理学家孙奇逢云其“生平不治生人产,以教授为业,家计用裕”。李衷实曾应明朝王姓都尉之聘,做其家塾师。由于他好扶贫济乏,倡导学风,“一时知名士如崔九围、李顺昌等皆师事之,后进之士执经问业者,履常满户外”。入清后出仕,仕至四川顺庆府通判。同里人李童,在明朝亡后,弃巾携妻子移居成安,“父子以教授生徒为业,越十五年,困顿而死”⑤。

入清后,一些徽州文士亦以授徒为治生手段,如婺源人张瑜芳,“授徒三十余年,束脩所入,置田数十亩,念弟侄食指繁,遗命子天均以己田分给之”⑥。他们出于不同原因而从事授徒,或因家贫而授徒,如道光时曾仕至内阁学士兼礼部侍郎的鲍桂星,歙县人,15 岁补县学生,“居贫,授徒为养”⑦。歙县人程乙生,善小楷,“食贫,舌耕葬祖”⑧。黟县人杨升,廪生,“家贫授徒”⑨。或因父亲早逝,家境困窘而不得不从事授徒以治生,如婺源人朱楷,少敏力学,入商籍,为杭诸生,“父早没,家贫授徒”⑩。黟县人许琳,附贡生,少时父死,弟年幼,“授徒乡里数十年,循循善诱,门下士掇芹以

① [明]方承训:《方鄈邮复初集》卷 31《传·星源游侍郎公传》,第 178 页。

② [明]方承训:《方鄈邮复初集》卷 31《传·星源游师传》,第 191 页。

③ [明]方承训:《方鄈邮复初集》卷 32《传·星源游茂才传》,第 191 页。

④ [明]方承训:《方鄈邮复初集》卷 23《别驾吴公墓碣》,第 108 页。

⑤ [清]孙奇逢:《夏峰先生集》卷 5《李完一传》《李逸士传》,中华书局,2004 年,第 179—181 页。

⑥ 道光《徽州府志》(二)卷 12 之四《人物志·孝友》,第 530 页。

⑦ [清]缪荃孙纂录:《续碑传集》卷 18《道光朝翰詹·詹事鲍觉生先生墓志铭》,《近代中国史料丛刊》第 99 辑。

⑧ 道光《徽州府志》(三)卷 12 之五《人物志·义行》,第 15 页。

⑨ 道光《徽州府志》(三)卷 12 之五《人物志·义行》,第 76 页。

⑩ 道光《徽州府志》(三)卷 12 之六《人物志·隐逸》,第 101 页。

去者，不乏其人”[①]。郡城人江道坤，岁贡生，“幼失怙，家贫，成童即授徒养母”[②]。或因科举无成而以授徒为业，如婺源人江永，科举无成，以授徒为业，边授徒边读书，乾隆年间，不应荐举，以此终老一生：

> 为诸生数十年，樵户授徒，束脩所入。尽以购书，遂博通古今，尤专心于《十三经注疏》，自壮至老，丹黄不去手。[③]

黟县贡生江汝和：

> 乡闱十荐不售，授徒于本村环溪书舍、屏山舒村及云岭书馆，从游者众，舒斯笏、吴宝鉴、祁门县洪灏文、谢起源等皆出其门，或历部曹，或宰剧县，胥知名焉。[④]

或因不乐仕进而以授徒为生的，如祁门人胡有庆，善属文，“绝意仕进，教授以终”[⑤]。祁门人周圭，廪生，绩学有文名，官府屡招，不应，“家贫，课徒自给，布衣蔬食，恬如也”。其教人以植品为先。咸丰时，诏举孝廉方正，不应[⑥]。

二、书院治生

明清时期，徽州境内书院甚多。歙县境内主要有紫阳书院、斗山书院、天都书院、问政书院、崇正书院、西畴书院、三峰精舍、初山精舍、南山文会、凤池书院等。休宁县主要有海阳书院、还古书院、率溪书院、商山书院、柳溪书院等。婺源县境内主要有紫阳书院、霞源书院、虹东精舍、东湖精舍、太白精舍、开文书院、教忠书院、湖山书院、崇报书院、天衢书院等。祁门县境内主要有东山书院。黟县境内主要有碧阳书院、集成书院、中天书院、林历书院、桃源书院等。绩溪县境内主要有峤山书院、颍滨书院、东园书院、谦和书院、龙峰书院、桂枝书院、汤公书院、云谷文会、萃升温会等。其中最著名的当属歙县的紫阳书院。

---

① 民国《黟县四志》卷6《人物志・文苑・许琳》，《中国地方志集成・安徽府县志辑》第58册，江苏古籍出版社，1998年影印本，第104页。

② 民国《歙县志》卷8《人物志・孝友》，第341页。

③ 《国朝先正事略》卷34《经学・江慎修先生事略》，《四部备要》史部第303册。

④ 民国《黟县四志》卷6《人物志・文苑・江汝和》，第104页。

⑤ 道光《徽州府志》(二)卷12之四《人物志・孝友》，第546页。

⑥ 同治《祁门县志》卷29《人物志・孝友・周圭》，第334页。

紫阳书院始建于南宋淳祐五年(1245),院址屡经移迁,至明正德年间,移建于紫阳山麓;清顺治时,令徽州6县诸儒讲学其中;乾隆五十五年(1790),又在歙县县学后建古紫阳书院,以别紫阳山麓之紫阳书院,官府每年拨银3721两,作为延请书院山长及诸生膏火之资和书院岁脩之费。书院山长由县人公议延请,官府不予干涉。一些徽州文士受聘于书院,从事讲学,如歙县人唐桂芳,曾仕于元朝,朱元璋定徽州后,应邀出任紫阳书院山长,"学者翕然宗之"[①]。其子唐文凤亦主教于紫阳书院。正德年间,程定出任紫阳书院山长。由于明代歙县讲学者和求学者多崇尚时文,讲学者多不至紫阳书院,明末及以后,这种情形才有所改观,在此讲学者如江恒、汪德元、胡片、汪知默、吴汝遴、汪学圣、胡片、陈二典、汪佑、朱弘、汪浚、谢天达、吴苑、吴慎、施璜等人。其中《紫阳书院志》卷12《列传》曾记载歙县人江恒,崇祯十年(1637)弃诸生,来到紫阳书院讲学,"言简理析有矩度,为众所钦"。歙县人汪德元自清顺治十六年(1659)始,讲于紫阳书院,招聚生徒,"自是春秋萃集以为常,学者推尊典型必以为首,莅会之年已八十有三,在院七年而卒"[②]。黄容《明遗民录》卷六曾记载明末徽郡诸生胡片,绝意仕进,与同邑汪德元、汪知默、江恒等数人聚于紫阳书院讲学一事[③]。明末清初,一些文士绝意仕进,到书院作教席,如祁门人陈二典,明廪生,初教授于天都峰下,明亡后,不复应科举,究心理学,杜门著述,不通显贵,"会讲紫阳书院,同人推执牛耳。将卒时,豫书旌铭曰紫阳学者,后从祀紫阳书院程朱阙里及本邑朱子祠"[④]。清代,如黟县人戴承烈、程朝仪、黄敦礼、胡兆联等人也就职于书院。戴承烈,诸生,"授徒于邑之碧阳书院"。程朝仪,廪生,光绪时人,安贫乐道,不求闻达,留心著述,"主讲六安州赓飏书院,多所成就"。宣统元年(1909),为存古学堂监督。清史有传。黄敦礼,庠生,"主讲赓飏书院,诏敦礼摄其馆事,及归,学生束脩一无所受,以归征士亦不受,以修文庙两庑,其狷介多类是"。胡兆联,以附生贡成均,同治时人,"邑人推主桃源书院,好读易讲学,以考亭为宗"[⑤]。

---

① [清]施璜编,吴瞻泰、吴瞻淇补:《紫阳书院志》卷9《列传·唐白云先生》,《中国历代书院志》第9册,第552页。

② [清]施璜编,吴瞻泰、吴瞻淇补:《紫阳书院志》卷12《列传》,第560—561页。

③ 谢正光、范金民编:《明遗民录汇辑》,第482页。

④ 同治《祁门县志》卷23《人物志·儒林·陈二典》,第280页。

⑤ 民国《黟县四志》卷6《人物志·儒行》,第67—69页。

三、以卖书画、游幕、医卜、业农或其他杂业为生

明清时期，徽州版画、刻工技艺称誉一时，徽州人也十分喜好书画，并多购买名人字画，如明詹景凤《詹氏小辨》卷 42 云：

> 吾族世蓄古书画，往时吾新安所尚，画则宋马（远）、夏（圭）、孙、刘（松年）、郭熙、范宽，元颜秋月、赵子昂，国朝戴进、吴伟、吕纪、林良、边景昭、陶孟学、夏仲昭、汪肇、程达，每一轴价重至二十余金不吝也。而不言王叔明、倪元镇，间及沈启南，价亦不能满二三金。又尚册而不尚卷，尚成堂四轴，而不尚单轴。①

徽州文士也像其他地方的文士一样，利用自己的文化艺术技能，为人作文、作画等取得润笔资，养家糊口。如丰南人吴绮，侨居江都，贡生，后出守湖州，因失上官意，罢归。贫无田宅，衣食无着，便开始以卖文为生：

> 癸亥，游粤东制府，吴留村赠资购废园以居，凡索诗文者多以花木竹石为润笔，不数月成林，因名种字林。②

为人佣书，在当时是一些下层文士为了养家糊口不得已而使用的治生手段，如明代歙县人许嘉宾，"十岁能执笔佣书以佐父母饔飧"③。出售书画作品，也是一些身怀书画技能的文士常用的治生手段，如清代嘉庆时任溧水县教谕的歙县人江玉，好文，工篆隶、花卉，后来家道日落，"尝以书画资赡其家，十数年如一日"④。绩溪县人张儒璇，监生，少力学，"以贫故传父写真遗业，一时推为神手"⑤。新安画家项承恩，久困诸生，遂弃去，隐居西湖岳坟侧：

> 携一奇丑奴供爨，开小肆，杂置书籍、画卷并盆花竹石，索价颇贵。已能画仿沈石田笔，苍莽淋漓，兼得子久家法。⑥

游幕，是一些徽州文士通常采用的一种治生手段。这些文士通常具有

① 转引自高寿仙《徽州文化》，辽东教育出版社，1993 年，第 217 页。
② [清]吴吉祜：《丰南志》卷 3《人物志・文苑》，第 273 页。
③ 民国《歙县志》卷 8《人物志・孝友》，第 310 页。
④ 道光《徽州府志》（二）卷 12 之四《人物志・孝友》，第 503 页。
⑤ 道光《徽州府志》（三）卷 12 之五《人物志・义行》，第 85 页。
⑥ [清]姜绍书：《无声诗史》卷 7《项承恩》，《四库全书存目丛书》子部《艺术类》，第 784 页。

刑名、钱谷、兵法等知识，颇具干练之才，是官员争相招揽的对象。而文士通过游幕，一方面获得一定的报酬以养家糊口，另一方面也可以藉此踏上仕途之路。从事幕游的徽州文士亦为数不少，如清时溪南人吴玉搢：

> 精于小学，为公幕友，后入京师，秦尚书聘之，修《五礼通考》，著有《别雅》五卷，《金石存》若干卷。[①]

《婺源县采辑·义行》曾云江湾人江缵绪，商籍邑庠生，“乐善好施，入湖北盐道幕二十余年”[②]。清嘉庆时，休宁人许芝，习刑名兵法，“铁尚书保闻其贤，聘为幕僚，后松相国筠总制两江，罗为门下”[③]。有的文士不愿仕进，但因家贫而不得不以幕游治生，如清时婺源人王维垣，攻苦力学，擅诗工书，“而性孤高，不干仕进，遭闽变，家益贫，晚游幕以终”[④]。战乱时更是文士通过游幕一展身手的好时机，如清时歙县人江世璋，“咸丰八年，张文毅公辟入幕府”[⑤]。有的甚至通过游幕而获得踏上仕途之路的机会，如清时黟县人舒之翘，邑庠生，豁达倜傥有大志。在清同治年间通过游幕获得了花翎二品衔道员，光绪时，仕至东川府知府，是一位比较成功的游幕高手：

> 同治初，西北军兴，橐笔走秦陇，谒果勇公穆图，善陈方略，器之。时左文襄公督办西陲军务，招致戎幕，及穆公以将军兼督陕甘，召往，与兄之翰相依襄办营务，叙功历保花翎盐运使衔补知府缺，后以道员即补。

又如黄廷珍，清时黟县人，入浙江商籍，庠生，好金石花卉，精岐黄，善吟咏，“尝入粤游幕，著有《汗漫吟草》”，后以功授靖安知县[⑥]。

行医问卜也是一些徽州文士重要的治生之路。明嘉靖、万历时，歙县人吴公辅，以诸生入太学，其父即由儒入贾。吴公辅善相地，精方术，以之传承后人，和家族其他人一起将之作为治生的途径[⑦]。一些明遗民在明朝灭亡后，隐于医卜，如黄容《明遗民录》卷 5 记载：祁门人章佐圣，一作章圣

---

① [清]吴吉祜：《丰南志》卷 3《人物志·文苑》，第 273—274 页。

② 张海鹏、王廷元主编：《明清徽商资料选编》，第 140 页。

③ 道光《徽州府志》(三)卷 12 之五《人物志·义行》，第 36 页。

④ 道光《徽州府志》(三)卷 12 之六《人物志·隐逸》，第 101 页。

⑤ 民国《歙县志》卷 10《人物志·士林》，第 401 页。

⑥ 民国《黟县四志》卷 6《人物志·宦业》，第 60—63 页。

⑦ [明]李维桢：《大泌山房集》卷 86《吴太学墓志铭》，第 519 页。

佐，籍泰州，诸生，“甲申之变，遂归里，卖卜于市，后稍稍授生徒。未几岩栖，不知所终”[①]。歙县人程自玉“少为诸生，遭事变，隐于医，四十余年不践国门”，读书乐道，著慰头书以见志[②]。清代著名书画家吴大澂，歙县人，“晚年长寓吴门，行医自食，可称奇士”[③]。

一些徽州文士或不乐仕进，或在去官后归隐于农，如明代歙县人毕练，邑诸生，“家贫，下帷负郭，丹铅自喜，寻弃帖括，学卜筑六连湖上，课农垂钓，不复他事，唯取生平所读诗史，随摘二三奇怪事，鳞次成帙，题曰《汇隽》”[④]。明末婺源人汪士廉，崇祯时岁贡，廷试恩赐七品服，后抱疾归里，“所居有园池数亩，灌园自给，学者称茹菜先生”[⑤]。

第二节 文士弃儒经商及多种治生手段互用

明清时期徽州文士从事经商已成为一种风气，明人归有光曾云：“新安虽士大夫之家，皆以畜贾游于四方。”[⑥]徽州文士的经商方式主要有两大类：一是佐人经商，二是独自经商。他们像其他徽商一样，经商所涉及的领域非常广泛，其中以盐业、典业、茶业、木材业为主，其活动范围遍布全国各地。

一、佐人经商

一些徽州文士出于各种原因，难以或不愿独自经商，而凭借自己的经济头脑，替他人或亲人佐理商务，待时机成熟后，有的则转入独自经商。歙县《褒嘉里程氏世谱·寿子辅程翁五秩序》曾云明代新安人程辅，为当地望族，录入翰籍，为一时之名儒，因雅慕史迁之游历，常往来吴越之间，“遂混迹于煮海之际，因携家寓焉。……翁向以管子天下才自任，凡从事鹾业者无不推翁为领袖。一切会计持筹，莫不决策其胜”[⑦]。有的文士因早年父

① 谢正光、范金民编：《明遗民录汇辑》，第709页。
② 谢正光、范金民编：《明遗民录汇辑》，第839页。
③ [清]钱泳：《履园丛话·丛话十一下·画学》，第304页。
④ 民国《歙县志》卷10《人物志·士林》，第392页。
⑤ 道光《徽州府志》(三)卷12之六《人物志·隐逸》，第99页。
⑥ [明]归有光：《震川文集》卷13《白庵程翁八十寿序》，《四部备要》集部第521册。
⑦ 张海鹏、王廷元主编：《明清徽商资料选编》，第142页。

死，不得已佐人经商，如《休宁西门汪氏宗谱·太学应时公传》云明代徽州休阳人汪应时，7岁时父亡，少时业儒，“寻弃而佐其伯兄，惟行贾往来真州。先生有心计，多奇中，渐起富”[①]。黟县人汪承恩，号冀阶，先世以业盐起家。承恩少时嗜学，不染盐务中陋习，日手一编，随侍父亲游历阳羡。旋遭父丧，家道中落，“与伯兄支撑会计，不暇习举子业，然诗古文词未尝顷刻弃也”[②]。清时曾为候选主簿的婺源人胡廷俊，早年父死，“弃举业，佐兄经营”[③]。

有的文士因身体状况或家庭的影响，走向弃儒佐人经商之路，如清代徽州汪汝思，少时习儒，性不好章句，而喜谈诡博旁通，日算盈缩，夕占象纬，以至龟策、葬经等书，靡不毕览，因体弱弃儒：

> 仲公家故世行贾，仲公少时尝从其父游吴楚间，时时佐筹策，惊其长者。至万历之二三十年，诸中贵人税矿者所在恣暴，道路为梗，族人及家干在外者，咸谋迁帑归，废其业。仲公曰：“是乌可废？我其强起任之。”至则发纵指示，又能忍啬嗜好，以时伸缩，数年赢得过当，以财自卫，卒无犯者。[④]

有的文士因家贫或出于孝心，不愿让父辈劳瘁，而转入佐人经商，如清代歙县人叶天赐，嗜学工诗，擅书法，“家贫为人行贾，料事十不失一，晚业盐策于场”，后来自己独立经营，成为扬州的一家富商[⑤]。鲍志道，7岁读书，后弃儒佐人经商，辗转四方，在有一定的资本后，不再佐人而独立门户，成为淮南巨商：

> 年十一即弃家习会计于鄱阳，顷之转客金华，又客扬州之栟茶场，南游及楚无所遇。年二十，乃至扬州佐人业盐，所佐者得公起家，而公亦退自居积，操奇赢，所进常过于所期，久之大饶，遂自占商数于淮南，不复佐人。[⑥]

---

① 张海鹏、王廷元主编：《明清徽商资料选编》，第122页。

② 民国《黟县四志》卷14《杂志·文录·汪冀阶传》，第279页。

③ 道光《徽州府志》(三)卷12之五《人物志·义行》，第64页。

④ [明]陈子龙：《安雅堂稿》卷14《行状·明故光禄寺署丞汪仲公行状》，辽宁教育出版社，2003年，第268页。

⑤ 民国《歙县志》卷9《人物·义行》，第377页。

⑥ 歙县《棠樾鲍氏宣忠堂支谱》卷21《中宪大夫肯园鲍公行状》，嘉庆十年(1805)刊本。

康熙《婺源县志》卷10《人物·义行》曾记载胡弘善读书，因家贫不能卒业，“随父经营，家渐裕”。歙县《汪氏谱乘·式溪汪君传》曾云乾隆时歙县人汪焘，少年颖异，颇知读书，后不忍其父劳瘁，弃儒助父经商：

> 顾见鹾务繁重，不欲祖父殚其劳瘁，遂弃举子业，偕伯兄熙份任焉，奉宸公（汪焘父）倚为左右手。[①]

清代婺源人毕周万，读书粗知大义，因亲老家贫，二弟俱幼，“乃佣于木商家，练达勤谨，遂为人信任”，直至其父母俱丧才返回故里[②]。

二、独自经商

明清时期，特别是明中期以后，许多徽州文士除了佐人经商外，大多亲自参加到经商的大潮中，这样的事例举不胜举。徽州文士独自经商的种类繁多，在有关徽人的家谱、地方志、文集及明清笔记小说等中都有大量的记载。

徽州的一些文士出于不同的情形参与到商业大潮中，其中有相当一部分文士因家贫、家道中落而弃儒从商，这种情况所占的比例最大。如明嘉靖时的曹演，因家贫“舍儒而贾”，由于他善于在商业活动中“辄操心计”，由其先资本微薄的“下贾”，逐渐“骎骎乎五年而中，十年而上矣”[③]。据道光《徽州府志》记载，清代婺源人潘逢漆、程待诏、程茂梓、詹至中、洪天专、王清、方士焘、胡世闱、石之瑨、胡大汩、俞风、俞镇琮、詹德章、胡光裕、程珏、汪拔元、毕周通等人就是因家贫而弃儒经商的。如潘逢漆，“幼业儒，因贫负贩，家稍裕，即以利茗济众，行人赖之”。程待诏，贡生，“家本寒素，商于吴楚，渐至饶裕”。方士焘，贡生，“幼贫，竭蹶养亲，长而贸易”。石之瑨，监生，“少业儒，以家贫负贾养亲，家渐裕”。俞风，监生，“幼习举业，因贫就商如皋，备奉甘旨，有余即以周济贫乏”。胡光裕，监生，“幼业儒，以家贫负贾，能养亲志”。汪拔元，监生，“家贫弃儒就贾，岁得圭撮必寄供甘旨，后渐裕”。毕周通，“少攻举业，以家贫弃而商”[④]。婺源人程之铭，监生，“家本

---

① 张海鹏、王廷元主编：《明清徽商资料选编》，第125页。

② 道光《徽州府志》（三）卷12之五《人物志·义行》，第67页。

③ ［明］汪道昆：《太函集》卷33《赠奉政大夫户部贵州清吏司郎中曹公传》。

④ 道光《徽州府志》（三）卷12之五《人物志·义行》，第54—69页。

贫，少负贩以养亲，善储积，境日裕”[①]。歙县人汪嘉树，贡生，工举子业，“以亲老无昆弟，年十六服贾于浙之孝丰以养亲，产不及中人，而乐善不倦”[②]。歙县人程文傅，虽出身于仕宦之家，但家道中落，少时就已有经商养家之念，为母所阻，成人后经商四方，仍贫困如故：

> 年十三，请于母曰：“守此坐饥寒死耳。儿愿弃书学商贾也。”母以幼不许。既冠，适吴、越，北走大梁，西游汾、晋，出燕、冀间，贫困如故。归经河西务，君以世家子，读书不习贾事，上税不中约。吏持短长，白之官。官招讯，惊下座执君手曰：“吾固象山公所得士也。君竟贫至是！”因厚赠以归。

婚后不久，重拾旧业：

> 婚逾月即走四方，赀殖渐起。任孺人（文傅妻）勤俭操作以养姑。乃之扬州，徙业盐策。

后因其母病不起，遂家居不出[③]。

歙县人吴自亮，少业儒，后因家道中落弃儒经商，虽经同学力加劝阻，但他立意已决。他在经商过程中仍好儒不倦：

> 君幼慧读书，及长，君监公家日落，君念：“吾为子，父母甘旨不具，多读书何为？”遂弃而业贾。走四方，业日起，益忠养父母。
>
> 初君之弃儒而贾也，同学者交止之，君不听。然君客外，暇则阅故所读书。及家居，尝以重价买古书秘本，尤好《通鉴纲目》，日翻阅，纸墨为敝。性好客，客至，具酒馔，竟日谈古今事不倦。尝训子荣芝等：“人生世间，以利济人为当务之急也。”[④]

清代黟县人汪学礼，国学生，“家故贫，商于浙之泗安，重厚朴诚，士商推重”[⑤]。绩溪人戴文达，监生，“家贫营商，后稍裕”[⑥]。

有的是遵从父母之命而弃儒从商的，如明代休宁人杨允正，因家道中

---

① 道光《徽州府志》（二）卷12之四《人物志·孝友》，第537页。

② 道光《徽州府志》（三）卷12之五《人物志·义行》，第17页。

③ [清]魏禧：《魏叔子文集》外篇卷18《墓表·歙县程君墓表》，第886页。

④ [清]魏禧：《魏叔子文集》外篇卷18《墓表·歙县吴君墓志铭》，第932—934页。

⑤ 民国《黟县四志》卷6《人物志·孝友·江学礼》，第75页。

⑥ 道光《徽州府志》（三）卷12之五《人物志·义行》，第86页。

落，在其父劝说下才走上弃儒经商这条道路：

> 当父在时，家稍稍落。父谓允正曰："食指数百人，所入不能赡，余老不能治生，汝其勉之。"于是允正客游四方为计然之术，积累至赢余，而先业复振。[①]

又如吴良儒早年丧父，家道中落，母劝其弃儒继承父业，遂承母命弃儒经商：

> 退而深惟三，越日而后反命，则曰："儒者孜孜为名高，名亦利也。藉令承亲之志，无庸显亲扬名，利亦名也。不顺不可以为子，尚安事儒？乃今白母主，计而财择之，敢不惟命。"

吴良儒中年致富后，仍好儒不辍："暇则闭户翻书，摹六书名帖。"并云："吾少受命于亲，不自意儒名而贾业，幸而以贾底绩，吾其儒业而贾名。"[②]

有的是子承父业而弃儒经商，如明代新安海阳人朱模，发愤好学，后继承家族经商的传统弃儒从商，由于他与族人互相帮助、扶持，而且知人善任，获利较其他商人为厚：

> 是时公发愤下帷，思以儒自见，顾家仰贾而食，不得已弃之，攻计然之策。伯兄商淮楚，即从伯兄淮楚，而割赀季弟，令修息武林。季赀中诎，廉棠邑淳朴可居，复割若干缗予之。顷之业渐起，伯若季相继捐馆舍，公为周旋其家政，持缓赴急，情款殚竭。量诸孤之才分，授以业；年可就传，延名胜师友厚与为礼。久之，并令通籍成均如己子，迨诸孤能立，悉其产中分，授计簿于孤，而身营护之，不啻百万，而公诸子亦崭崭见头角矣。谓伯季少而材，可付以其业，仲及诸孙令读书为士，将托以其志。……公有心计而善任人，人争为之尽。占所进赀什佰他贾人，于是肖然称素封矣。[③]

清代婺源人胡廷璧，登仕郎，少业儒，父在广东经商。父死后，"弃儒就商，以耕读课诸弟"[④]。婺源人王启仁，"幼读书，长代父业商，操赢余以奉甘

---

① [明]朱国桢：《涌幢小品》卷7《杨允正传》，中华书局，1959年，第206页。

② [明]汪道昆：《太函集》卷54《明故处士溪阳吴长公墓志铭》。

③ [明]焦竑：《澹园集》卷25《传·上元朱封公传》，第362—363页。

④ 道光《徽州府志》(三)卷12之五《人物志·义行》，第63页。

旨"[①]。黟县人李尚吉，少好学，"以鲜兄弟承父业，弃儒就贾"[②]。

有的文士因举业无成或负才不遇而改为经商，如明嘉靖、万历时，休宁人刘澍，因病弃儒习医，病愈后，曾学技击术3年，思以报效朝廷，上胡宗宪兵事七策，不遇，遂因怀才不遇走向经商之路，获利后济贫扶弱，不以钱财为重：

> 处士既负材，靡所施用，则托于贾以游，兼圭顿孔刁之画，而错综出之，赀用日饶。乃时时有所纵舍，奉千金古崖公，佐其施。宗党里闾以急告，倾囊济之不为靳。闵称贷者之贫，仅收母钱，或焚券不问者往往有之。尝言："本富为上，末富次之。吾即以廉贾起家，力本之谓何？"谋买田桐江老焉，甫徙业，闻田媪叹息声，即还券不责其直。媪坚不肯受，三反，乃倍直而收其田。[③]

《张氏统宗氏谱》卷8《毅斋翁传》记载，徽商张光祖，少习进士业，屡败科场，"寻业商，时或值大利害事，每引经义自断，受益于圣贤心法最多"[④]。清代歙县人冯正琦，"少习举子业，不遇，即就贾"[⑤]。歙县人叶正俨，习举子业不售，"家本有市廛在湖南，遂就贾。总家政五十余年，毫无私蓄"[⑥]。

因早年父死、父母年老体衰或因家中缺乏治生之人不得已而弃儒从商，也是一种普遍的情况。如清代休宁人杨津，国学生，父死后，"贾吴门，世父负客项二千余金，津积贮偿楚"[⑦]。婺源人胡世闱，贡生，出生刚八个月而父死，"家贫食力。比长服贾以供孝养，家稍裕"[⑧]。晚清时，黟县人余光敫，3岁时父死，赖其祖母暨母亲抚养成立。成年后经商于上海、常熟一带：

> 幼读书，资质聪颖，及长经商沪渎有年，嗣因苏之常熟有祖遗店业，经营不得人，君乃改赴常熟，自为料理，店务复兴。是时，祖母、母

① 道光《徽州府志》(二)卷12之四《人物志·孝友》，第524页。
② 民国《黟县四志》卷14《杂志·文录·李希甫先生传》，第309页。
③ [明]焦竑：《澹园集》卷25《传·刘处士传》，第365页。
④ 唐力行：《明清以来徽州区域社会经济研究》，安徽大学出版社，1999年，第213页。
⑤ 民国《歙县志》卷9《人物志·义行》，第369页。
⑥ 民国《歙县志》卷8《人物志·孝友》，第338页。
⑦ 道光《徽州府志》(二)卷12之四《人物志·孝友》，第515页。
⑧ 道光《徽州府志》(三)卷12之五《人物志·义行》，第59页。

氏春秋高，君又不忍远离，遂弃店事而归侍养。君之曾祖以下亲属外贸者居多，家事悉以付托于君，族祠祀会亦赖君维持，权其出入。[①]

清代婺源人王文爔，监生，少习举业，“以亲老就商吴楚，勤劳独任，财产无私”[②]。婺源人王悠炽，监生，性好读书，“以父体弱、兄患疾，乃弃儒服贾，俾两弟文炽、鼎炽得专肄业以成名”[③]。歙县人江有容，邑诸生，成年后随父经商异地，不忍父亲体弱劳苦，助父经营：

> 弱冠随父羲龄客鸠江，同栖冷庙中，危桥隔市，父体怯，畏渡有容。晨起进餐，毕负以渡桥贸易于市，日晡待诸河上，又负以归，弥年不倦，归而应试。[④]

有的是出于孝道，不愿让父母操心生计而弃儒从商的，如清代绩溪人汪作霖，监生，少业儒，孝养尽职，“以亲老故，弃而就商”[⑤]。婺源人詹德章，贡生，幼贫苦，采樵，父挈佣江右，汗积辛资，父因目疾归乡，而“章独奇赢者数十年，渐置田产”[⑥]。婺源人汪毓，监生，少习儒，“念父且老，乃服贾以纾其劳”[⑦]。晚清时，黟县人汪源，生值战乱纷飞的年代，少时家贫，其父为生计而授徒四方，常常将他带在身边，年长后他遂弃儒从商，为此四处奔波，家业渐裕：

> （父建唐）家贫授徒四方，每携君俱，年十五废读而贾。赭寇扰黟，君在江西之玉山，踉跄奔归，奉父母挈家走避，间关至玉山，而江西亦遭蹂躏矣。肆务殷繁，烽烟一月数徙，备历险艰，或竟日不食，或终夜不寝，生平精力瘁于是时，而业亦以是渐裕矣。迨大局底定，奉亲归里，买田筑室以垂久远之规，至今家门隆盛，犹食其旧德云。[⑧]

徽州文士弃儒经商涉及的领域非常广泛，但主要集中在盐业、典业、茶业、木材业等几个行业，在史籍中记载颇多，举不胜数，今人张海鹏、王廷远

---

① 民国《黟县四志》卷14《杂志·文录·余光敫家传》，第311—312页。
② 道光《徽州府志》(二)卷12之四《人物志·孝友》，第537页。
③ 道光《徽州府志》(三)卷12之五《人物志·义行》，第65页。
④ 道光《徽州府志》(二)卷12之四《人物志·孝友》，第499页。
⑤ 道光《徽州府志》(三)卷12之五《人物志·义行》，第86页。
⑥ 道光《徽州府志》(三)卷12之五《人物志·义行》，第66页。
⑦ 道光《徽州府志》(三)卷12之五《人物志·义行》，第57页。
⑧ 民国《黟县四志》卷14《杂志·文录·汪赠君卓峰家传》，第310页。

先生主编的《明清徽商资料选编》也多有辑录。下文简要分述之。

(一)盐业。徽州商业，正如陈去病《五石脂》所云，以盐、茶、木、质铺位四大宗，茶叶六县皆产，木则以婺源为盛，质铺几遍郡国，而盐商咸萃于淮、浙。经营盐业的徽州文士最多，许承尧曾道："歙之业鹾于淮南北者，多缙绅巨族。"[①]不仅歙县，其他县乡亦是如此，自明代实行开中法以来，徽州文士紧随其他徽商的步伐，肆力于盐业，获利颇多，直至晚清陶澍改盐纲后才渐至衰败。这些文士具有一定的文化基础和较高的人格修养，善于学习和吸取历史经验和教训，推动了明清盐业的发展。如明代歙县竦塘人黄五保，经营盐业像其读书一样不拘定规，善于求通变：

> 乃挟资治鹾淮阴间，善察赢缩，与时低昂，以累奇赢致饶裕。

同里人黄崇敬少有盛才，文章宏富，但在其父亲去世后，因家政丛委，即抑志从商：

> 初游齐鲁燕赵之间，既而止淮扬，效猗顿氏。治鹾能择人任时，取与有义，不效世俗沾沾竞锥刀微末利，义入而俭出，赀大饶裕。[②]

休宁人汪当，少长治学，醇颖英发，"乃给养计，鹾泛吴越间"[③]。据歙县《新馆鲍氏著存堂宗谱》卷2记载，明末清初歙县新馆人鲍雯在其父亲辞世后，家道中落，举业失利，又因其先父治盐两浙时负债，他随弃儒经商，因其经营有方，家至渐裕：

> 不得已脱儒冠往武林，运策以为门户计。然君恂恂如书生，一切治生家设智巧、用机械者，君屏弃不屑，但推至诚待人，人亦不之欺，其后渐致赢余。

乾隆时人鲍立然"弱冠失怙，弃举子业，与兄业鹾于杭"[④]。清代江春、江人龙、江嘉谟更是歙县江氏家族文士业盐之翘楚，如江春"少攻制举业，乾隆辛酉乡闱以兼经呈荐，因额溢见遗留，遂弃帖括经商扬州。练达明敏，熟悉盐法，司鹾政者咸引重推为总商。才略雄峻，举重若轻，四十余年规划深

① 许承尧:《歙事闲谭》卷18《歙风俗礼教考》，黄山书社，2001年，第603页。

② 歙县《竦塘黄氏宗谱》卷5，嘉靖四十一年(1562)刊本。

③ 休宁《汪氏统宗谱》卷116《汪景达墓志铭》，明刊本。

④ 张海鹏、王廷元主编:《明清徽商资料选编》，第144页。

远。高宗六巡江南，春扫除宿戒，懋著劳绩，自锡加级外，拜恩优渥，不可殚述。曾赏借帑金三十万两为盐商之冠，时谓：'以布衣上交天子。'"（民国《歙县志》卷9《人物志·义行》）。江人龙以家业中落，弃儒业盐于扬州，"家声由是大震，名播江淮楚豫间。……尤谙于盐法，利弊周知，督运观察使朱公闻其贤，一切有关盐政事必礼请面商，以公清介无私，惟义是断也"（歙县《济阳江氏族谱》卷9《皇清敕授儒林郎晋奉直大夫州司马加两级人龙公传》）。江嘉谟在读书之余，就留意盐务，凡盐策出入盈缩以及交游酬接等皆能洞达明核，后承父业：

> 嗣随父办鹾皖江，公开诚布公，不欺不贰，可襄父业。邗上诸当事暨同乡巨公，咸相器重，遇事谘商。缘是客居邗城，肩任鹾务，凡豫章、饶、吉诸盐埠，公尽司其责无少负托，声誉广播，业日隆起。……数十年来，乡党奉为祭酒，即诸宗人居邗上者靡不推诚钦服。（歙县《济阳江氏族谱》卷9《清州同知覃恩敕封武义大夫南安参将嘉谟公原传》）。[①]

（二）典业。从事典业的徽州文士以休宁籍为多，其次为歙县和婺源。据张海鹏、王廷远先生主编的《明清徽商资料选编》辑载，明弘治嘉靖间，休宁人程锁在其父亲去世后家道中落，在其母亲劝说下，弃儒到江浙一带经营典业而致富：

> 母谓孺子病且无以为家，第糊口四方，毋系一经为也。长公（程锁）乃结举宗贤豪者，得十人，俱各持三百缗为合从，号为正义。时诸程鼎盛，诸少年务奢溢相高。长公与十人者盟，务负俗攻苦。久之，业骎骎起，十人者皆致不赀。长公中年客溧水，其俗春出母钱贷下户，秋倍收子钱。长公居息市中，终岁不过什一，细民称便，争赴长公。

在当地丰年或荒年之时，平价抑之，深受当地人称颂，"长公乃部署门下客，分地而居息吴越间。当是时，长公已累数万金矣"（《休宁率东程氏家谱·明故礼官松溪程长公墓表》）。同时期婺源人李贤举业不成，毅然弃儒业典，获利颇丰："初习举子业，例进太学，以数奇弗克雁塔。……遂竭力干蛊，不避艰险"，到其父去世时，"资产以数万计"；曾有他人冒贷者，亦所不

① 张海鹏、王廷元主编：《明清徽商资料选编》，第137页。

顾(婺源《三田李氏统总谱理田愚谷李公行状》)。《许文穆公集》卷 13《世积公行状》曾记载明嘉靖、万历时歙县人许世积好读书,但囿于父命只好弃学从家人就贾,在经营典业过程中,不屑于暴利:

> 公尝与他贾市米,岁计倍赢,公竟谢去。或问之,曰:"夫出入不同量,以是为利,虽什白非我愿也。"去而之湖阴,病且死……自是家居,鬻财取什二。有急者愿多出子钱,公曰:"吾什二足矣。"

清初中期休宁人汪杰,早年失怙,不能专攻举业,以国学考授州同知,"其典业在吴江之平望镇"①。

(三)茶业。徽州山多地瘠,适于种茶,如婺源的物产就以之为大宗,主要产绿茶;祁门与屯溪产红、绿茶。经营茶业的徽州文士多为婺源籍,且主要是在清代,祁门红茶的制作和贩卖萌芽于清末民国时。但由于咸同年间战乱的破坏和当时经营环境的影响,经营者连岁亏耗者不可胜数,但由于徽州文士的经营理念非普通的徽州茶商所能比拟,所以以之发家致富者亦为数不少。

据《明清徽商资料选编》辑载,清代婺源人程金广、朱文灿、吴荣运、汪琴、詹添麟、程国远、李登瀛、程焕铨等人就曾弃儒经营茶业。如国学生程金广,在其父与亲友合伙业茶多次失利,微有退志时,"光请肩父任,许之。经营有年,赀饶裕"(光绪《婺源县志》卷 35《人物・义行》)。国学生朱文灿,以父年迈,"服贾业茶,家益裕"(光绪《婺源县志》卷 35《人物・义行》)。吴荣运,幼习儒,"父苑贯尝贩茶之京师,遇乡人之贫困者辄解囊济之。殁后家贫,运弃儒就贾,好善如其父"(光绪《婺源县志》卷 35《人物・义行》)。监生汪琴为其去世之同乡代售茶,"客广东,有同邑叶甲贩茶未售,暴卒。琴素不识甲,殡殓之,代售茶,归其资"(同治《歙县三志》卷 7《人物志・尚义传》)。程国远"尝携粤人业茶,共亏金八百"(《婺源县采辑・义行》)。职贡生李登瀛"尝业茶于羊城,至赣郡被盗,力控究办,请示勒石,以安商旅"(《婺源县采辑・孝友》)。国学生程焕铨"尝与兄弟业茶,亏蚀,债负数千金。铨以己租抵偿,不累兄弟"(《婺源县采辑・义行》)②。

(四)木材业。徽州文士也如其他徽商一样,从事木材业,多贩自川广。

① 张海鹏、王廷元主编:《明清徽商资料选编》,第 160—168 页。

② 张海鹏、王廷元主编:《明清徽商资料选编》,第 175—179 页。

这些从事木材业的徽州文士以婺源籍为多，其次歙北乡村亦有从事木材业者，然不若婺源之盛。经营方式主要有合伙经营和独自经营两种。如晚清时黟县人何震，字东樵，早年父母见背，家道中落，适逢战乱之秋，颠沛流离，“兄弟四人悾悾无以为生，公喟然弃儒而贾，游吴中，从木客往来贩运，得资以赡家，暇仍浏览经史，或摹临汉魏碑版，日以为常”①。据《明清徽商资料选编》辑载，明清时期，婺源人洪庭梅、董昌瑗、董邦超、洪致晖、黄振甲、洪大诗、金照、愈盛、董樦照、李祖玘、程兆枢，绩溪人章必禄，祁门人倪思喜等人就曾弃儒经营木材业。洪庭梅，清顺治、雍正时人，因家中食指日繁，不得已弃儒从商，“常以弃儒服商不克显亲扬名为恨”，故而边经营木材边读书，习书法不辍。董昌瑗，清朝人，国学生，壮年时贷款经商，“后买木南赣，遭水涨，飘失过半。抵苏出售，罄以还人”，从此归隐于田，杜门不出。董邦超，清朝人，少读书，工诗词，“后就木业”。李祖玘，明嘉靖时人，少业儒，后因父死，家道中落，只好弃儒经商，通过贩木获利不菲，但仍保持俭朴之本色：

> 时江湾江氏以贩木起家，公与之同事，经理精勤，竹头木屑之微，无不各当于用，业以日起，而家遂饶。即饶矣，而公之拮据无减贫时，其食粝衣苴，一窭人子不若也。

倪思喜，少习举子业，因家计维艰，遂弃儒从商，“以木业起家”。程兆枢，清乾隆时人，少业儒，15岁时父母见背，“弃砚就商业木，奉宪委航海采办材料，入河套，赴都门，由监生考授州同”②。

（五）其他行业。一些文士还弃儒经营其他行业，如经营粮米、陶瓷业、玉器、丝绸业、钱庄等。经营粮米者，如晚清时黟县人王朝栋，字守之，生值咸丰战乱之时，少业儒，后经营粮食：

> 长习商于江西之景德镇粮食砻房店，其店系祖遗业，乏人料理，几至中落，自公努力经营，不数年，仍复旧观。咸丰之际，害遭兵燹，迫烽烟甫息，家无长物，仅钱三百余文，历年所进无多，自甘刻苦，凡遇急难者量力周之。③

① 民国《黟县四志》卷14《杂志·文录·清封朝议大夫何公东樵传》，第289页。

② 张海鹏、王廷元主编：《明清徽商资料选编》，第184—193页。

③ 民国《黟县四志》卷14《杂志·文录·王守之先生家传》，第307页。

黟县人郑嘉莲，监生，“尝于桐城金山墩卖米，自江西运之”。经营陶瓷业者，如清代詹元甲，工诗，家贫，弃儒从商，“常客皖省，设磁铺”①。明清之际，婺源人洪宗旷、洪宗烈二人就曾治陶业，婺源《燉煌洪氏通宗谱》卷58《儒侠永旦洪公传》记载，洪宗旷少业儒，精制义，工诗赋，在明清交替之际，无心进取，“嗣以兵燹之余，侨居景镇，理陶业”。同卷《塔雁月塘公传》记载，洪宗烈少业儒，因家贫到浮邑、景德镇治陶业，“利获赢余，家计稍殷阜”。《婺源县采辑・孝友》记载，婺源人詹腾，贡生，少业儒，因家贫从商，“偕兄经营瓷业，所余悉以奉亲”②。经营玉器、丝绸业者，如《癸巳存稿》卷15记载，清乾隆时，徽州城人胡梧，曾投奔其在杭州做官的昔日门生，因其门生犯事，遂自力更生，先后经营丝绸业、茶业和玉器，经营前两者皆获利，但在经营玉器时亏损甚重，最后破产败家，无处投奔：

> 澹中君有门生官杭州，遗信招之，至则官以事坏。遇亲串卖盐浙中者，假赀置湖绢，往来扬州，又置茶，皆获利，时已纳粟作监生。值玉器贵，乃尽以财买玉子，解视，多灰蠹。又自甘肃来者日众，遂折耗，接家信，妻财又折耗。念扬州亲串多富者，往投之，不见收。③

经营钱庄者，如清代婺源人朱昌孝，少业儒，以父年迈弃儒从商，“设钱肆于湖南德山”④。

三、多种治生手段交叠运用

徽州文士从事治生，常常不限于一种方式，有时将多种治生手段交互使用，在不同时段使用不同的治生方式，或在同时段交互运用不同的治生手段，以寻求适合自己的最佳谋生方式。

一种情况是将两种不同的治生手段结合起来：或将杂作和授徒结合起来，如清时婺源人汪绂，诸生，出身于仕宦之家，但从其父辈时就已家道日落。其父贫而善游，淹滞江宁不归。汪绂因家贫，“乃之江西景德镇画碗，

---

① 张海鹏、王廷元主编：《明清徽商资料选编》，第197页。

② 张海鹏、王廷元主编：《明清徽商资料选编》，第209—210页。

③ 张海鹏、王廷元主编：《明清徽商资料选编》，第211页。

④ 张海鹏、王廷元主编：《明清徽商资料选编》，第188页。

佣其间。……后漂泊至闽中,为童子师。及授学浦城,从者日进"①。又如晚清时黟县人翰文耀,廪生,幼孤事母孝。"咸丰中遭寇,家贫力学不辍,尝糜豆为资生计,转磨时,口中背诵经史为忘劳之助。……后旋以经学教授里中,文名亦重一事"。其长子亦为廪生,继承父业,亦以经学教授,从游者多知名②。或将授徒与卖字卖画相结合,如清代祁门人康飞鸣,诸生,家贫力学,"事亲孝,以课徒供甘旨"。父母死后,"旋以弟客死关中,孑身走数千里,带弟榇,途穷卖字以给,卒得归"③。黟县人余嘉植,嗜学力行,严于义利之辨,"聚徒讲学,说经详晰,听者忘倦,以故生徒独盛。又工米家书,耄年犹竟日挥毫,以应士大夫之求"④。道光时黟县人许宝球,原名球,晚年自号瑞岩,"工书,善制楹帖,求者无虚日,购书数千卷,囊无余储,泊如也"。屡试乡试不售,50岁后始绝意名场,"里居授徒,从游日众,必勖以先行后文章,意语殷肫,多所成就"⑤。或将到书院就职与游幕相结合,如清代休宁人黄世垲,优廪生,少邃于学,为文苦心孤诣,不喜涉猎,"主讲靖江书院四载,后入两湖制军及总帅辉戎幕,参赞筹画日不暇给。未几殁"⑥。黟县人李淦,附贡生,花翎候补道员,"幼家贫,训徒养亲。光绪六年,游幕福建,历充要差"⑦。或将授徒与游幕相结合,如清代黟县人许宝光,字映璧,笃志好学,"壮岁开塾授徒,从者日众。嗣因家业衰微,无意进取,迨先后聘入长乐、归化两县幕,游昌江得交江公,襄办赈捐事务,以积保五品衔"⑧。

有的文士将经商与耕读相结合,如晚清时黟县人叶寿萱,邑庠生,少业

---

① 参见《清史稿》卷480《儒林一·汪绂传》,第13152页。道光《徽州府志》(二)卷11之三《人物志·儒林》(第300页)亦云:"汪绂,一名烜,字灿人,别号双池,婺源人,尚书……之元孙,父士极,负人不羁,贫而善游,少不能师,母江氏博通经史,授以四书诸经,数年皆成诵。既没,往省士极于金陵,遣之归,无以自给,往景德镇画碗为佣,以居丧不御酒肉,群佣交笑侮之。寻入闽,有陈总兵者,延为子师,执礼甚恭,浦城学者争受业焉。后学成,自星历、地志、乐律、兵制、阴阳、医卜以至弹琴弯弓、篆刻、绘事无所不通,顾以高介违俗且久客,时人鲜知之。五十后始就试补邑庠生,名誉日起,究未有能窥其墙仞者。"

② 民国《黟县四志》卷6《人物志·文苑·翰文耀》,第102页。

③ 同治《祁门县志》卷29《人物志·孝友·康飞鸣》,第335页。

④ 民国《黟县四志》卷6《人物志·儒行·余嘉植》,第69页。

⑤ 同治《黟县三志》卷15之四《艺文志·人物类·许瑞岩传》,《中国地方志集成·安徽府县志辑》第57册,江苏古籍出版社,1998年影印本,第551页。

⑥ 道光《徽州府志》(二)卷11之四《人物志·文苑》,第343页。

⑦ 民国《黟县四志》卷6《人物志·宦业·李淦》,第61页。

⑧ 民国《黟县四志》卷14《杂志·文录·许映璧先生家传》,第312页。

儒,“长承父命,服贾休宁万安。父殁,居丧如礼。以诸兄弟外贸,复理儒业,入邑庠。后购地于南屏山之麓,耕且读,提倡实业,手植茶桑,栗千余株。光绪乙巳,就学上海理化学堂,益究农业”[①]。或将经商与授徒相结合,如晚清时歙县人汪起铎,先世业盐,后家道中落。“起铎初习贾,复改而读书”,年近30始补诸生,“旋遭洪杨之乱,转徙至扬州,授经自给,居郡城三十年,晚依其婿北湖阮氏以终”。他生性孤峭,惟日闭门吟咏[②]。或将行医与经商相结合,如晚清时黟县人余士溥,“少习举业,以洪杨之乱习商于休之和村盐栈”。他嗜学不辍,但家贫无钱购书,或假于亲友,或租于书肆,焚膏继晷。后精医术,虽能获厚利,但以勤俭、厚道为尚,不较医资,扶贫积弱,活人无算:

> 求医者踵相接。当时不取医金,病愈不受酬谢,贫不能药者且资之,数十年如一日;居室富家虽重资延请,亦不往;朋友有疾,或不请而至,以是休之士大夫常乐与之游。先生管理栈务,事必躬亲,获利则较人见优,折耗亦较人见少。……先生家居日少,治家以勤俭为主,而以身先之,一布衣十余年,非祭祀宾客不茹荤,独于培植子弟读书不少吝惜。亲朋无故借贷常不轻与,遇有庆吊无不从优佽助,铢积寸累而家计亦稍裕如,惟不营产业,有以权子母言者,先生则谓与其取之多,不如用之少,不节若则嗟若,虽多何益?后世子孙能读书明理,师吾俭足矣,而多财则反为子孙之累。[③]

又如晚清时黟县人程宏弼,号尧丞,少业儒,生值太平天国与清军交战之时,黟城被兵尤重,遵父母之命习贾于浙江余杭,后到上海卖药:

> 性颖悟,年十三通五经,父母奇爱之。为赡养计,令习贾于浙之余杭。公虽日习生业,而于学仍勤勤不倦,与同学舒公家堉、孙公玉书相切磋。嗣以余杭地小不足回旋,乃东之沪,与友人顾公松泉等创中西大药房。当时海禁初开,风气有塞,华人之服西药者鲜,公以上品之药售最廉之价,遇贫寒者不计资,以是销路日广,生业日隆,各地分号皆

① 民国《黟县四志》卷6《人物志·尚义·叶寿萱》,第96页。

② 民国《江都县续志》卷27《寓贤列传第九》,第774页。

③ 民国《黟县四志》卷14《杂志·文录·余博思先生传》,第286页。

自公权舆，家计稍裕。[①]

另一种情况是将多种治生手段结合起来：或将游幕、授徒、谋职于书院三者相结合，如清代黟县人胡朝贺，举人，“参孙家鼐湖北督学幕，能得士。归里后，仍教授门下，多获隽乡闱者。旋主讲紫阳书院，士论翕然。……居乡教授数十年，成就甚多，里党钦重”[②]。或将授徒、游幕、行医三者相结合，如清代黟县人叶梦衢，增贡生，“乡闱屡荐不售，初教授乡里，旋游幕于江西之南昌、新建、鄱阳、安仁等县，为人倜傥有干才，骈体文善八分书，晚年兼精医术，著名于时”，后捐职光禄寺署正[③]。或将做县吏、授徒、幕宾和种植等治生手段结合起来，如明朱国桢《涌幢小品》卷7《何翁家传》曾记载婺源人何庞：

> 少贫困，常为县吏自给，已而舍去。或教授生徒，或入幕府掌书记，久之亦弃去。家居，精种植之木，稍稍至赢余。[④]

综上所述，徽州文士非常善于治生，治生的途径呈现出复杂多样化，尤其是徽州文士弃儒经商的现象十分普遍，是其他地区难以媲美的。经商涉及的行业同其他徽州商人一样繁多，可以毫不夸张地说，徽州商人涉及的领域，从事经商的这些文士差不多都涉及了。他们根据自身条件和外在环境的变化，除了从事单一的行业，还将多种治生手段结合起来，或同时段进行，或在不同时段中采用不同的治生手段，已达到适合自己的治生目的。

---

① 民国《黟县四志》卷14《杂志·文录·程尧丞先生家传》，第304页。

② 民国《黟县四志》卷6《人物志·文苑·胡朝贺》，第98页。

③ 民国《黟县四志》卷6《人物志·文苑·叶梦衢》，第103页。

④ [明]朱国桢：《涌幢小品》卷7《何翁家传》，第204—205页。亦见于[清]戴名世《戴名世集》卷7《何家翁传》，第204页。

小　结

从上面江南六大区域文士治生状况的分析，我们不难看出文士在运河沿岸或毗邻运河的六大区域的治生活动是非常丰富多彩的，与其他区域的文士治生活动相比，既有共性，又有其不同特点。这六大区域之间亦是如此。

江南六大区域对文士治生的吸引力巨大。南京、扬州、苏州、杭州、上海及徽州在明清时期是经济文化非常发达的重要区域，对文士的粘附力，除了京城外，是其他区域难以比拟的。其独特的区位优势和相对开放的特点是众多文士乐于来此治生的重要因素。江南是明清时期朝廷的重要粮仓和最重要的赋税区。尤其明中叶以来，朝廷的管制较之北方宽松，江南商品经济和手工业发达，经济也最有活力。江南世家大族汇聚，而且自官府至民间，重视子孙的教育和培养，重视文化事业，这也是江南望族兴盛、文化艺术繁荣的一个重要原因。江南这块沃土造就了诸多文化名人和高超的文学艺术[①]。江南发达的经济文化为文士治生提供了土壤，并创造了有利条件，这也是该区域文士治生较之其他区域非常频繁的重要因素。

江南六大区域内从事治生的文士数量和涉及的治生领域较之其他区域更为众多和广泛。从上面六大区域文士治生状况的分析，我们可以看到，除了数量众多的江南本地文士从事治生外，还有为数不少的外地文士来到江南治生，他们共同构成了庞大的文士治生群体，数量之多，除了京城外，是其他区域无法媲美的；文士治生涉及的领域，也是非常广泛的，虽然大多数治生领域在其他区域也不同程度地存在，但江南文士治生有其独特性，如扬州儒、商合流，吴门画派的兼行带利，徽州的塾师世家等诸多方面的力度和频度是其他区域难以相比的，文士经商涉及的领域之广、力度之大也是其他区域难以望其项背的。晚清时的上海，文士治生的领域更是呈现出近代化的特点，而且盛行一时，这也是其他区域所难以达到的高度。

① 具体论述请参见姜建《江苏为何名人辈出》，《群众》2016 年第 2 期。

众多江南文士的治生活动，一方面促进了江南经济的发展，另一方面，为江南文化事业做出了一定的贡献。

江南六大区域的文士治生特点，既有共性，也各具特色。文士治生群体既有本地人，也有外地人；传统的治生领域如处馆、游幕、书院、书画、刻书、业农、经商等，在这六大区域均有不同程度地存在。但江南六大区域各具特色，或偏重一部分治生领域，或涉足一些其他区域尚未涉及的领域，如上文所论述的南京、苏州、杭州，文士从事刻书业的现象比较突出，这可能与明清时期全国刻书中心转移到江南有一定的关系；扬州、苏州、徽州、上海一带，文士经商的现象比较普遍，这可能与这几个区域经商氛围比较浓厚有一定的关系；而文士以书画治生的现象在扬州、苏州和晚清时的上海比较突出，这是因为明清时期的扬州八怪、吴门画派、上海海派画派的商业化行为比较突出，这些书画家兼行带利，不断推动书画作品的商品化，促进了江南书画市场的发育和繁荣，当然也衍生出赝品市场，赝品的大量出现和高超的造假技术甚至对正规的书画市场造成了一定的冲击；江南文士治生涉足近代化职业主要发生于晚清时的上海，这恐怕与上海成为中外冒险家的乐园有密切的关系。随着西方列强用炮舰打开中国的国门，大量的外国人涌入上海；因洪杨起事占领江南，江浙一带的豪门富室避难至上海。他们带给上海的变化是史无前例的，涌现出一些不同于其他区域的近代化产业，这为江南文士涉足这些具有近代化色彩的治生领域创造了非常有利的条件。

总而言之，与运河密切相关的江南六大区域独特的区位优势和发达的经济文化是诸多文士来此治生的一个重要原因，江南六大区域内的文士治生群体之大、涉足领域之广、治生力度之大，除了京城外，是其他区域难以比拟的；六大区域之间既有共性，又各具特色。江南文士治生活动在一定程度上促进了江南的经济文化发展。

余论

明清时期，运河沿岸或毗邻运河的江南，许多文士参与治生活动，成为明清文学、文化史中的一个重要内容，它反映了明清江南文士的生活状态、价值理念和文学创作趋向。这些文士从事治生活动的原因和目的虽各不相同，但其中一部分文士从事治生与明清通俗文学的创作和传播密切相关。这项课题的研究有助于我们拓展明清文学、文化史的研究视野。

明清时期江南文士治生现象非常普遍，这些从事治生的文士不同于其他阶层的治生活动，他们主要是根据自身的能力和特长采取适合自己的治生手段，如参与教育市场和艺术市场、涉足刻书业等，体现出一定的文化性特征，这在一定程度上反映了当时的文士生态。文士治生虽存在于整个社会，但文士从事治生最集中、最明显的江南六大区域，也是明清戏曲小说创作和传播的重镇。文士治生在一定程度上促进了文学作品特别是明清戏曲小说的大量诞生，二者形成了良好的互动：一方面，文士通过治生获得了薪酬，改善了明清文士的生活环境，为以后的明清戏曲小说创作奠定了一定的经济基础；另一方面，通过读者的接受程度和市场的反馈，又对作家的创作提出了切近读者和市场的文学编创要求，在一定程度上促进了戏曲小说题材和艺术性的变化。文士治生对文学作品的传播也有一定的积极作用：一方面，通过文士和书商的合作，文士使其文学作品得到销售渠道和传播渠道，促进了出版业的发展，特别是明清戏曲小说不断得到社会的认知和认可，扩大了戏曲小说作品的接受度；另一方面，随着明清戏曲小说的不断传播，书商得到的利润不断扩大，文士的薪酬也不断增加，促进了文士的创作动机。

在戏曲小说题材上，突破唐代参军戏和唐传奇的框架，在元杂剧和唐传奇"有意为小说"的基础上，明清传奇、白话小说应运而生，特别是白话小说的兴起，适应了市民阶层的文学审美趣味，题材趋于多样化，如长篇章回小说、白话短篇小说集的大量出现；从小说内容分类上看，明清白话小说也丰富多彩，演义小说、神魔小说、侠义小说、时事小说、世情小说等多是前代所没有的或是萌芽状态，而苏州冯梦龙搜集宋元话本集成的话本小说系列“三言”和凌濛初编选的拟话本小说集“二拍”，故事情节和小说框架虽多取材于前代文学作品，但冯、凌二人用白话进行了不同程度的再加工创作，适应了时人的审美意趣，受到世人的喜爱，对后世话本小说的创作影响深远，其后的话本小说、拟话本小说基本上未突破其窠臼。明代四大奇书《三国演义》《水浒传》《西游记》《金瓶梅》分别开创了章回小说的四类题材，深深影响了后世白话章回小说的创作，虽其后以《聊斋志异》为代表的文言小说一度兴起，但已是强弩之末，难以恢复唐传奇时文言小说的盛况。

在艺术特色方面，文士为了满足文化市场的需要，对文学艺术性做了诸多革新，如追奇猎艳、口语化、俚语化等，如《三国演义》中描写了大量的战争场面和谋略，令人惊心动魄；《水浒传》描写的梁山英雄传奇故事、《西游记》描写的西天取经惊险遭遇、《金瓶梅》里的世情描写都常使读者手不释卷，回味无穷；“三言”“二拍”主要描摩世态百相，受到下层民众的喜爱。在语言上，白话小说采用了通俗易懂的语言，内中包含诸多的口语、俚语和地方方言，大大拉近了与下层民众的距离；《红楼梦》集世情小说之大成，被誉为中国古代白话小说巅峰作品，它描写的封建权贵家族的兴衰和宝黛爱情，深刻而令人警醒。

在思想内容方面，明清白话小说带有浓厚的时代性，如《三国演义》贬曹扬刘、《水浒传》中梁山英雄的替天行道、《西游记》的不畏艰险、《金瓶梅》的西门家族兴衰、《红楼梦》的封建大家族的兴衰、“三言”“二拍”的市井文化、才子佳人小说的美好憧憬等，或假托前朝，或直接摹写当代，多刻有明清时代的烙印。今以诞生于运河城市湖州的著名拟话本小说家凌濛初的“二拍”为例。凌濛初编选的“二拍”，多取材于前人和时人的笔记小说、史书及戏曲作品，在题材的选择上，“二拍”中的78篇小说主要集中在因果报应、婚姻爱情、人情日用等几个方面，另有数篇侠义短篇小说。凌濛初在选择和改编这些前代作品时，将自己的思想和自己所处时代的政治、经济、文化、宗教信仰等各个方面带入他的“二拍”作品中，这就使得“二拍”具有很强的时代特色。我们细读凌濛初的“二拍”，就会感受到“二拍”作品中所迸发出的强烈时代气息，如晚明时出现的一些社会现象：因商品经济的发展和思想界反理学思潮的兴起所带来的好货食利、婚姻观念的解放、女子地位的提升等；“二拍”还揭示了晚明社会的种种黑暗现实，如对封建社会以科举制度选拔人才所存在的弊端进行批判和反思，凌濛初在《拍案惊奇》卷40入话和正文中，结合自身的科举屡次失利的经历，质疑封建科举制度的公正性，批判反思其弊端，无情嘲弄其腐朽性。他在此卷开篇愤慨地言道：

> 话说人生只有科第一事，最是黑暗，没有定准的。自古道："文齐福不齐。"随你胸中锦绣，笔下龙蛇，若是命运不对，倒不如乳臭小儿、卖菜佣早登科甲去了。就如唐时以诗取士，那李、杜、王、孟不是万世推尊的诗祖？却是李杜俱不得成进士，孟浩然连官多没有，只有王摩诘一人有科第，又还亏得岐王帮衬，把《郁轮袍》打了九公主关节，才夺得解头。若不会夤缘钻刺，也是不稳的。只这四大家尚且如此，何况他人？及至诗不成诗，而今世上不传一首的，当时登第的元不少。看官，你道有什么清头在那里？所以说：文章自古无凭据，惟愿朱衣一点头。

凌濛初在"二拍"中还对一些朝廷命官或豪强大族的贪婪枉法、鱼肉百姓的黑暗面进行了深刻的揭露和鞭挞，斥之为事实上的强盗。如《拍案惊奇》卷8开篇即言道：

> 假如有一等做官的，误国欺君，侵剥百姓，虽然官高禄厚，难道不是大盗？有一等做公子的，依靠着父兄势力，张牙舞爪，诈害乡民，受投献，窝赃私，无所不为，百姓不敢声冤，官司不敢盘问，难道不是大盗？有一等作举人、秀才的，呼朋引类，把持官府，起灭词讼，每又将良善人家拆得烟飞星散的，难道不是大盗？只论衣冠中，尚且如此，何况做经济客商，做公门人役，三百六十行中人，尽有狼心狗行，狠似强盗之人在内，自不必说。

凌濛初在《拍案惊奇》卷11入话前亦愤慨地言道：

> 如今为官做吏的人，贪爱的是钱财，奉承的是富贵，把那"正直公平"四字，撇却东洋大海。明知这事无可宽容，也将来轻轻放过；明知这事有些尴尬，也将来草草问成。竟不想杀人可恕，情理难容。那亲动手的奸徒，若不明正其罪，被害冤魂，何时瞑目？至于扳诬冤枉的，却又六问三推，千般锻炼。严刑之下，就是凌迟碎剐的罪，急忙里只得轻易招成，搅得他家破人亡。害他一人，便是害他一家了。只做自己

的官，毫不管别人的苦，我不知他肚肠阁落里边也思想积些阴德与儿孙么！

在“二拍”中，有一些作品反映了凌濛初的这种观念，如《二刻拍案惊奇》卷1正话描写了常州太守为攫取《金刚经》诬良为盗的罪恶行径；同书卷36正话亦有类似描写，文中刻画了提点刑狱使者浑耀因贪心而巧取豪夺宝镜、栽赃陷害僧人的丑恶嘴脸；同书卷4正话讲述了杨姓巡道贪赃枉法，罢官归乡后又设计将前去讨要银钱的张廪生及其家仆四人杀害的故事。凌濛初在文中影射了明代某些科甲出身的官员，并表示了对贪官污吏的痛恨之情：“这段话文，乃是四川新都县，有一乡宦，姓杨，是本朝甲科，后来没收煞，不好说得他名讳。其人家富心贪，凶暴残忍，居家为一乡之害”“盖因这巡道又贪又酷，又不讲体面，恼着他性子，眼里不认得人。不拘甚么事由，匾打侧卓，一味倒边。还亏一件好处，是要银子。除银子，再无药医的。有名叫做杨疯子——是惹不得的意思”。同书卷34虽是描写宋代杨戬的故事，但凌濛初借此揭露了晚明许多官员荒淫腐朽的生活。

“二拍”除宣扬善恶报应、因果循环外，凌濛初还在一些作品中通过揭露不同时代的某些和尚道士不守戒规而嗜利淫乱的现象，对明中后期佛道日益走向世俗化进行了深刻地揭示，并鞭挞了这些贪财好利、好色淫乱的僧人、道士及不良之徒假借宗教外衣从事不法勾当和危害社会的丑行。如《拍案惊奇》卷6入话描写了唐代静乐院主慧澄设计让滕生奸淫狄氏，正话又描述了赵尼姑设计让淫荡子弟卜良奸淫贾秀才之妻杨氏；卷17入话描写了任道元不守道规，在斋醮时调戏良家女子，正话描述了道士黄妙修与两道童一起诱奸吴氏，并谋杀其子；卷26入话描述了僧人交游官员、士子，并奸淫良家妇女事，正话描述了僧人智圆师徒纵淫；卷34正话描述了翠浮庵众尼的淫乱秽行。《二刻拍案惊奇》卷21正话曾述及尼姑私通王爵与和尚，而该僧人为图财色将王爵杀死；卷28正话描写了乞化游僧劫色不成而杀死李家妇人；卷35入话述僧人性月与马氏宣淫；卷36正话也描写了行者真空纵淫事。作者对僧、道奸淫良家女子及纵欲淫乱的秽行进行了猛烈抨击，如在《拍案惊奇》卷6开场词中言：“色中饿鬼是僧家，尼扮由来不较差。况是能通闺阁内，但都着手便勾叉。”又言：“其间一种最狠的，又是尼姑。……从来马泊六撮合山，十桩事倒有九桩是尼姑做成，尼庵私会的。”同书卷26中又言：

只这般奸淫,已是罪不容诛了。况且不毒不秃,不秃不毒,转毒转秃,转秃转毒,为那色事上,专要性命相搏,杀人放火的。

批判得甚为剀切。凌濛初在《拍案惊奇》卷 17 中对道人也进行了嘲弄:

但是邪淫不法之事,偏是道流容易做。……况且还有火居道士,原是有妻小的,一发与俗人无异了。

“二拍”中的部分作品虽然只是小说故事情节中的一个环节或小插曲,但从侧面反映了僧人道士宗教观念的淡薄。如《拍案惊奇》卷 18 揭露了道家丹客利用丹药之术骗人钱财的恶行;卷 24 入话描写了弘济寺僧人谋财害命。《二刻拍案惊奇》卷 16 正话还描述了僧人智高竟做起牙侩生意:

元来这高公,法名智高,虽然是个僧家,倒有好些不像出家人处。头一件是好利,但是风吹草动,有些个赚得钱的所在,他就钻的去了。所以囊钵充盈,经纪惯熟,大户人家做中做保,倒多是用得他着的,分明是个没头发的牙行。……就是做过几件欺心事体,也有与他首尾过来的。

凌濛初在这里把僧人智高毫无出家人的规范、食货好利的形象刻画得入木三分。同书卷 18 正话描写了道士用房中秘术诱骗甄监生钱财并使之丧命,卷 21 正话又描述了光善寺和尚杀人劫财,卷 36 正话揭露了峨眉山白水禅院僧人贪吞王渔翁赠供寺院宝镜的恶行。

“二拍”还反映了在好色食利的世风影响下,传统道德观念沦丧及其产生的一些社会恶果:一些不良之徒以美色为饵榨取他人钱财,即在晚明颇为盛行的“扎火囤”,如《拍案惊奇》卷 16 正话、《二刻拍案惊奇》卷 14 入话和正话等就是这种题材。有的为女色败坏道德甚至辱身丧命,如《拍案惊奇》卷 32 正话讲述了胡生、铁生不顾朋友之谊,淫乱其妻的丑行;《二刻拍案惊奇》卷 18 正话讲述了甄监生为女色滥服春药而丧命,同书卷 34 正话讲述了任君用为女色所祸而遭受阉割辱身事。有的为谋取他人财产而不惜采用令人发指的手段,如《拍案惊奇》卷 11 正话讲述了船家周四骗取王杰钱财以及王杰被其仆人诬陷险些丧命事;同书卷 15 正话讲述了卫朝奉趁陈秀才生活窘迫之时,用很低的价钱赚其房产。有的为了钱财毫无亲朋之情,如《拍案惊奇》卷 14 入话讲述了明朝嘉靖年间丁戌不顾落难的结义兄弟，不仅将其救命钱据为己有，而且还用这笔钱买通狱卒将其谋害事，可谓天良丧尽，令人发指；同书卷38讲述了元代刘从善之婿张郎为了独占刘家财产设计将刘侄赶出家门；《二刻拍案惊奇》卷16讲述了宋绍兴年间昌州陈祁为了多占田产，与富人毛烈算计自己年幼的亲弟，后被毛烈赖去自己的田产；同书卷20讲述了南宋时贾廉访假借官牒骗取自家亲戚钱财。对于这种嗜财如命、毫无人情味的拜金主义，凌濛初是十分痛恨和憎恶的，他在《二刻拍案惊奇》卷20开篇云：

> 不知天下人但是见了黄金，连那一向相交人也不顾了。不要说相交的，纵是至亲骨肉，关着财物面上，就换了一条肚肠，使了一番见识，当面来弄你、算计你。几时见为了亲眷，不要银子做事的？几曾见眼看亲眷富后，不想来设法要的？至于撞着有些不侧事体，落了患难之中，越是平日往来密的，头一场先是他骗你起了。

值得注意的是，“二拍”中有几篇武侠题材的小说，虽然所占比例不大，却体现出凌濛初的一个十分重要的思想认识，那就是这些常被官府称之为“盗”的侠义人士，在“二拍”中多以正面人物被描写、肯定，而且其中有许多是女子。如《拍案惊奇》卷3正话描写了明嘉靖年间一少侠折辱刘东山事；同书卷4《程元玉店肆代偿钱　十一娘云冈纵谭侠》入话和正话分别对古代女侠的高超技艺及其除恶济弱的精神给予颂扬；卷19演述了唐朝时谢小娥智擒贼盗、为受害亲人报仇的故事。《二刻拍案惊奇》卷39入话讲述了两个小故事：其一述孟尝君为秦昭王不容，幸得其门客善鸡鸣者助其逃走事；其二述南宋剧盗“我来也”智脱官牢之灾并游戏官府事。正话讲述了懒龙身怀绝技、游戏人间的故事。对这种不为正统社会相容的“盗”，凌濛初提出了自己的理解，如《拍案惊奇》卷3正话结束后云：“英雄从古轻一掷，盗亦有盗真堪述。”在同书卷4正话称赞韦十一娘“双丸虽有术，一剑本无私。贤佞能精别，恩仇不浪施”。凌濛初认为这些侠盗胜于那些贪官污吏、道德沦丧的读书人，是人间的“英豪”“奇男子”，如《拍案惊奇》卷8开篇云：“每讶衣冠多盗贼，谁知盗贼有英豪？试观当日及时雨，千古流传义气高。”正话末又云：“世间每说奇男子，何必儒林胜绿林？”《二刻拍案惊奇》卷39正话末亦云：

> 似这等人，也算做穿窬小人中大侠了。反比那面是背非、临财苟

得、见利忘义一班峨冠博带的不同。况兼这番神技，若用去偷营劫寨，为间作谍，那里不干些事业？可惜太平之世，守文之时，只好小用伎俩，供人话柄而已。

凌濛初在“二拍”作品中，除对许多女子敢于突破传统婚恋观、争取幸福爱情的大胆勇气寄予赞赏和同情外，还称赞女子的智慧、才能并不亚于男子，甚至赛过男子，如《拍案惊奇》卷19开篇言道：

赞曰：士或巾帼，女或弁冕。行不逾阈，谟能致远。睹彼英英，惭斯谫谫。这几句赞，是赞那有智妇人，赛过男子。假如有一种能文的女子，如班婕妤、曹大家、鱼玄机、薛校书、李季兰、李易安、朱淑真之辈，上可以并驾班、扬，下可以齐驱卢、骆。有一种能武的女子，如夫人城、娘子军、高凉冼氏、东海吕母之辈，智略可方韩、白，雄名可赛关、张。有一种善能识人的女子，如卓文君、红拂妓、王浑妻钟氏、韦皋妻苗氏之辈，俱另具法眼，物色尘埃。有一种报仇雪耻的女子，如孙翊妻徐氏、董昌妻申屠氏、庞娥亲、邹仆妇之辈，俱中怀胆智，力歼强梁。又有一种希奇作怪、女扮为男的女子，如秦木兰、南齐东阳娄逞、唐贞元孟妪、五代临邛黄崇嘏，俱以权济变，善藏其用，窜身仕宦，既不被人识破，又能自保其身，多是男子汉未必做得来的，算得是极巧极难的了。

尽管“二拍”所选素材广泛，但选材宗旨明确，那就是“事类多近人情日用，不甚及鬼怪虚诞”，即使对选取的佛道神鬼题材，“要是切近可信，与一味驾空说谎、必无是事者不同”（《拍案惊奇·凡例》），其主要目的是为了“意存劝戒，不为风雅罪人”（《二刻拍案惊奇·小引》）。凌濛初对晚明时期文坛出现的过分宣扬荒诞、色情的小说创作倾向及其所造成的社会危害有着清醒的认识，如《拍案惊奇·序》云：“近世承平日久，民佚志淫。一二轻薄恶少，初学拈笔，便思诬蔑世界，广摭诬造，非荒诞不足信，则亵秽不忍闻。得罪名教，种业来生，莫此为甚。而且纸为之贵，无翼飞，不胫走。”有鉴于此，凌濛初“因取古今来杂碎事可新听睹、佐谈谐者，演而畅之”，在对素材的处理上，采取“其事之真与饰，名之实与赝，各参半。文不足征，意殊有属”的艺术处理手法。

由此可见，“二拍”作品的内涵十分广阔，其所体现的思想内容和文化特色具有不同时代性、多层次性，同时又具有强烈的时代特色，这使得“二拍”作品不仅具有文学价值和一定的史料价值，学界曾有专文从不同侧面对此加以论述①，此不赘述。

一些文学家不仅身体力行，从事治生活动，而且在他们创作的一些文学作品中也不同程度地描写到文士治生，明清笔记小说中的文士治生描写，也是文士治生的现实反映。如《初刻拍案惊奇》卷1《转运汉遇巧洞庭红　波斯胡指破鼍龙壳》，描写了成化年间苏州人文若虚机起初因不善经营，将家业败光，后来随友人海外游览途中，机缘巧合，贩橘致富的故事，这反映了文士治生的重要性和中外贸易的情形。描写文士治生的长篇白话小说尤以《红楼梦》和《儒林外史》为突出，特别是后者。

《红楼梦》描写的文士治生主要集中在贾雨村这位文士身上。贾雨村未仕前主要是以卖字作文和处馆为生，如《红楼梦》第1回交代了贾雨村的出身背景和从事治生的原因：浙江运河城市湖州人士，出身于官宦之家，后因家境败落，孤身一人，无依无靠，因进京赶考偃蹇不堪，只得治生：

> 这士隐正痴想，忽见隔壁葫芦庙内寄居的一个穷儒——姓贾名化、表字时飞、别号雨村者，走了出来。这贾雨村原系湖州人氏，原是诗书仕宦之族，因他生于末世，父母祖宗根基已尽，人口衰丧，只剩得他一身一口，在家乡无益，因进京求取功名，再整基业。自前岁来此，又淹蹇住了，暂寄庙中安身，每日卖字作文为生，故士隐常与他交接。②

---

① 周舸岷《三言二拍反映的明代后期物价和市民经济生活》（《浙江师范学院学报》1980年第1期）认为，“三言”“二拍”所反映的社会生活时限不超出明万历泰昌、天启三代，并从经济史的角度对“二拍”进行了考察，从中分析出明代后期的货币及其使用的情况、物价、市民的生活水准和经济收入及城市的剥削关系；1984年冯天瑜、涂文学在《史学集刊》第2期发表了《“三言”“二拍”所表现的明代历史的新变迁》，文中对“二拍”中出现的与资本主义萌芽相适应的现象做了考察，对明代中晚期的思想观念的变化、城乡经济状况进行了分析；王齐明《三言二拍与资本主义萌芽》（《南昌师专学报》1984年第1期）一文，亦分析了“二拍”中反映的资本主义萌芽因素；张稼人、杨仁蓉在其合写的《“三言”“两拍”对商人的描写及其反映的经济思想》〔《齐齐哈尔师范学院学报（哲学社会科学版）》1985年第1期〕一文中，通过考察“二拍”中反映商人题材的作品，分析了作品描写的商人阶层的生活及其形象，并从中挖掘出其中蕴涵的经济思想；漆侠《〈三言二拍〉与宋史研究》（《河北大学学报》1988年第3期）一文，考述了“二拍”来源于《夷坚志》的一些作品中出现的与宋代文献有关的材料，并与正史对照，还补充了正史中所未明确记载的史料，如“二拍”中保留了许多关于宋代社会经济史方面的资料。在“二拍”与历史文化研究方面，周琦于1994年发表了《“三言”“二拍”话台州》（《东南文化》1994年第2期），文中对“二拍”中描写发生在台州的故事作品进行了考察，并对与故事关联的历史史实予以考述；陈辽《〈三言〉〈二拍〉与民俗》（《南通师专学报》1993年第2期）一文中，考察了“二拍”作品所反映的民俗文化。

② ［清］曹雪芹、高鹗著，脂砚斋、王希廉点评：《红楼梦》，中华书局，2009年，第5页。

从上文中可以看出，贾雨村是一位正在赶考的落魄士子，不得已寄居寺庙，每日以卖字作文为生，并因此结识了甄士隐这位乐于助人的文士。贾雨村不甘沉寂，心怀壮志，一心以仕途为念，但苦未逢时，怀才不遇，一心上京赴考，但困于缺乏上京赴考费用而淹蹇不前。甄士隐同情其处境，慷慨赠其 50 两白银和两套冬衣以作赶考盘缠，并“意欲再写两封荐书与雨村带至神京，使雨村投谒个仕宦之家为寄足之地”，不巧贾雨村因急于进京赴考留书而别。《红楼梦》第 92 回，通过贾政之口也对贾雨村未仕前的窘况和如何得到林如海推荐而做官的情况作了说明：

> 贾政道：“说也话长。他原籍是浙江湖州府人，流寓到苏州，甚不得意。有个甄士隐和他相好，时常周济他。已后中了进士，得了榜下知县，便娶了甄家的丫头。如今的太太不是正配。岂知甄士隐弄到零落不堪，没有找处。雨村革了职以后，那时还与我家并未相识。只因舍妹丈林如海林公在扬州巡盐的时候，请他在家做西席，外甥女儿是他的学生。因他有起复的信，要进京来，恰好外甥女儿要上来探亲，林姑老爷便托他照应上来的。还有一封荐书托我吹嘘吹嘘。那时看他不错，大家常会。岂知雨村也奇：我家世袭起，从‘代’字辈下来，宁、荣两宅，人口房舍，以及起居事宜，一概都明白。因此，遂觉得亲热了。”（第 626 页）

无独有偶，《金瓶梅词话》中描写的另两个文士，即举人尚小塘和水秀才就是因科举而使得家道日渐衰落。举人尚小塘为此常常入不敷出，即使如此，仍不改初衷。为了参加第二年的会试，不得不将家中珍藏的上好棺材贱卖给西门庆；上京参加会试时，因经济拮据而向西门庆讨借参加会试的行囊（皮箱、毡衫）。水秀才被弄得田产俱无，妻离子散。贾雨村较之举人尚小塘和水秀才，幸运的是他一方面遇到甄士隐这位慷慨之士，助其赴考之费；另一方面，贾雨村“才干优长”，在科试中顺风顺水，中了进士，“选入外班”，不久升任知县。好景不长，他因“贪酷之弊，且又恃才侮上”，被上司寻隙弹劾而被罢官（第 2 回，第 11 页）。贾雨村为了生计不得不又从事治生，经过别人推荐，他先到金陵甄府处馆，教授蒙童。金陵甄府虽是显贵并富而好礼之家，待遇想必会比较优厚，只是所教学生不是可造之材，令人劳神，兼之其祖母“溺爱不明，每因孙辱师责子”，贾雨村不堪忍辱，便辞馆而出(第2回,第15页)。其后,四处游历,游至维扬一带时,不慎“偶感风寒,病在旅店,将一月光景方渐愈”。这时的贾雨村可谓是贫病交加,为生计只好又重拾旧业。《红楼梦》第2回道:

> 一因身体劳倦,二因盘费不继,也正欲寻个合式之处暂且歇下。幸有两个旧友亦在此境居住,因闻得鹾政欲聘一西宾,雨村便相托友力,谋了进去,且作安身之计。妙在只一个女学生,并两个伴读丫鬟,这女学生年又小,身体又极怯弱,工课不限多寡,故十分省力。堪堪又是一载的光阴,谁知女学生之母贾氏夫人一疾而终。女学生侍汤奉药,守丧尽哀。遂又将辞馆别图。林如海意欲令女守制读书,故又将他留下。近因女学生哀痛过伤,本自怯弱多病的,触犯旧症,遂连日不曾上学。雨村闲居无聊,每当风日晴和,饭后便出来闲步。(第15页)

贾雨村这次所处馆之东家也是世宦之家。东家林如海,苏州人士,是前科的探花,后升至兰台寺大夫,钦点出为扬州巡盐御史。嫡妻贾氏是威名赫赫的贾府中贾母之女,其女林黛玉年方五岁,聪明清秀,只是体弱多病。因林如海膝下无子,仅此一女,“便也欲使他读书识得几个字,不过假充养子之意,聊解膝下荒凉之叹”。从文中可知,贾雨村是通过托友人推介而谋得林府西宾一职,才有了衣食之所。因林黛玉是女儿之身,体弱多病,兼之林如海要求不高,“工课不限多寡,故十分省力”。其间因贾夫人病亡,黛玉守制,贾雨村只好“辞馆别图”,幸而林如海令黛玉“守制读书”,贾雨村才得以留下继续教授其女识字、读书。

贾雨村人生价值观的蜕变,以其在应天知府任上错判葫芦案为分水岭。其前他满怀壮志和经世之才,为官虽有些贪酷之弊,但仍不失本心;其后经过葫芦僧的点拨,为了官位不惜自丧名节,忘恩负义,以错判葫芦案为起点,渐变为贾府的帮凶。

《儒林外史》不吝笔墨地对文士治生这一现象予以细致摹写,特别是对运河沿岸城镇和毗邻运河地区文士治生的描摹尤为深刻。从小说文本中不难看到,文士治生所涉及的领域有不少,主要集中在处馆、游幕、卖字作文、选刻时文、游食等几个方面,另外还描写了少数文士以杂业治生的现象。这在一定程度上反映了明清文士治生的普遍性和多样化。《儒林外史》中以处馆为治生手段的文士,主要有周进、王德、王仁、权勿用、宗姬、谢茂秦、迟均、虞有德、武书、沈大年、余特、沈琼枝父女等人，其中周进、虞有德是在其未仕前以处馆艰难为生的文士，经过科举中试改变了命运。

在《儒林外史》第 2 回和第 3 回描写了周进以处馆治生的状况。周进，山东运河沿岸城市兖州府汶上县人，失意于科场，60 多岁时尚未有起色，其间只好以处馆治生：起初在县户总科提空顾老相公家处馆 3 年，他所教学生顾小舍人科举中试后，在夏总甲的推荐下，受聘于薛家集，教授村中孩童，“每年酬金十二两银子，每日二分银子，在和尚家代饭，约定灯节后下乡，正月二十开馆”[①]；开馆之日所收的贽见礼“只有荀家是一钱银子，另有八分银子代茶；其余也有三分的，也有四分的，也有十来个钱的，合拢了不够一个月饭食”(第 2 回，第 22 页)。后因被村中众人不喜和没有承谢夏总甲，只处了一年馆，就被村人辞了。

虞有德，人称虞博士，运河沿岸的苏州府常熟县麟绂镇人，出身于塾师之家。祖父是做了三十余年的老秀才，在镇上教书；其父不曾进过学，也是教书为业。虞博士 3 岁丧母，父亲时常将他带在馆中，6 岁上替他开了蒙。后其父受聘于镇上祁太公，教授其子，宾主甚是相得。教了 4 年，也就是虞博士 14 岁时，不幸因病去世，临危时把虞博士托付与祁太公。自此以后，虞博士继承父业，在祁太公家处馆。虞博士虽有心学诗文，但在祁太公的劝导下，致力于时文，24 岁时应考入学。次年，处馆于附近杨家村杨姓之家，束脩每年 30 两银子。正月里到馆，到十二月仍旧回祁家来过年。在杨家处馆 2 年。利用所得馆金和预支一年的馆金娶妻成家，所谓贫不择妻，根本谈不上像贾宝玉那样对爱情的体悟[②]。新婚满月之后，又继续之前的馆业。处馆 2 年，积攒了二三十两银子的馆金。虞博士到 32 岁上，失了馆。据《儒林外史》第 36 回所写，虞博士每年的馆金大约有 30 两银子左右(第 401—405 页)。另一个处馆的典型代表就是余特，吴敬梓在《儒林外史》第 44、46 两回写到余特的处馆情形。余特，南直隶五河县人，是一位明经先生，擅长举业，起初在一个盐务人家处馆，但不太得意。后在萧柏泉的推介下，被聘到汤镇台府上处馆，每年束脩不过五六十金(第 487 页)，后因归里处理父母葬事而辞馆。余特葬完父母后，馆金所剩无几，只得再到南

① [清]吴敬梓：《儒林外史》，第 19 页。

② 关于贾宝玉对爱情体悟的论述，请参见贺岩《贾宝玉爱情体悟的三重境界》，《明清小说研究》2014 年第 1 期。

京寻馆，于表弟虞华轩家处馆，馆金每年 40 两银子(第 506—509 页)。

其他如严监生的两位妻舅王德、王仁，分别是府学廪膳生员、县学廪膳生员，“都做着极兴头的馆，铮铮有名”(第 5 回，第 62—63 页)；浙江萧山县人权勿用，农家子弟，乃父供其读书，可是“足足考了三十多年，一回县考的复试也不曾取”，其间边考边以训蒙自给(第 12 回，第 144—146 页)；湖广人宗姬、谢茂秦，一同处馆于南京赵王家(第 28 回，第 318 页)；南直隶句容人迟均，被卢华士聘为业师(第 33 回，第 368 页)；常州人沈大年，因看望在青枫做生意的亲戚，遭了兵乱，流落于此长达五六年，后受聘教授边疆孩童，“教了两年书，积下些脩金”(第 40 回，第 451 页)；南直隶常州府人沈琼枝父女两人以处馆为生(第 41 回，第 461 页)。

吴敬梓在《儒林外史》中，也用大量的笔墨描绘了文士卖字作文这一治生现象。如《儒林外史》第 22 回所描写的文士牛玉圃，就是专门以卖字作文赚取润笔资的行家。他为万雪斋等商人的往来案牍代笔，每年万府所给他的润笔资多达数百两银子(第 255 页)，因其代笔的名气比较大，有许多人请他代笔，如小说中道：

> 万雪斋道：“玉翁为甚么在京耽搁这许多时?”牛玉圃道：“只为我的名声太大了，一到京，住在承恩寺，就有许多人来求，也有送斗方来的，也有送扇子来的，也有送册页来的，都要我写字、做诗；还有分了题限了韵来求教的。昼日昼夜打发不清。才打发清了，国公府里徐二公子不知怎样就知道小弟到了，一回两回打发管家来请——他那管家都是锦衣卫指挥，五品的前程，——到我下处来了几次，我只得到他家盘桓了几天。临行再三不肯放，我说是雪翁有紧事等着，才勉强辞了来。二公子也仰慕雪翁，尊作诗稿是他亲笔看的。”因在袖口里拿出两本诗来递与万雪斋。(第 257—258 页)

从文中可以看出，虽有牛玉圃的自我吹嘘成分，但联系到后来仪征王汉策托万府请人为其母做一篇寿文，万府请牛玉圃代劳一事，牛玉圃受聘于万府以卖字作文治生，比较受欢迎并有一定的市场，有一定的真实性。他的同道牛浦虽没有他的名气大，但因跟随他一段时间，耳濡目染，冒充牛布衣也做起以卖字作文的生意来，如《儒林外史》第 24 回道：

> 话说牛浦招赘在安东黄姓人家，黄家把门面一带三四间屋都与他

住,他就把门口贴了一个帖,上写道:“牛布衣代做诗文。”(第272页)

《儒林外史》中还描写了有的文士以文字结交扬州盐商以谋利。《儒林外史》第28回就描写了文士辛东之受聘于扬州盐商以牟利、金寓刘以卖字作文治生:

> 辛先生道:“扬州这些有钱的盐呆子,其实可恶!就如河下兴盛旗冯家,他有十几万银子,他从徽州请了我出来,住了半年,我说:‘你要为我的情,就一总送我二三千银子。’他竟一毛不拔!我后来向人说:‘冯家他这银子该给我的。他将来死的时候,这十几万银子一个钱也带不去,到阴司里是个穷鬼。阎王要盖森罗宝殿,这四个字的匾,少不的是请我写,至少也得送我一万银子!我那时就把几千与他用用,也不可知。何必如此计较!’”说罢,笑了。金先生道:“这话一丝也不错!前日不多时,河下方家来请我写一副对联,共是二十二个字。他叫小厮送了八十两银子来谢我,我叫他小厮到跟前,吩咐他道:‘你拜上你家老爷,说金老爷的字是在京师王爷府里品过价钱的,小字是一两一个,大字十两一个。我这二十二个字,平买平卖,时价值二百二十两银子。你若是二百一十九两九钱,也不必来取对联。’那小厮回家去说了,方家这畜生卖弄有钱,竟坐了轿子到我下处来,把二百二十两银子与我。我把对联递与他。他,他两把把对联扯碎了。我登时大怒,把这银子打开,一总都摜在街上,给那些挑盐的、拾粪的去了!列位,你说这样小人,岂不可恶!”(第315—316页)

文士辛东之之所以接受扬州盐商邀请,从徽州来到运河城市扬州,原希望能藉此机会从扬州盐商那里得到可观的收益,却不想大失所望,为此对人痛斥其非,并恶毒咒之;金寓刘受方家所请,为其撰写对联,因嫌润笔资少,以不按其规定的价格付酬就拒付对联,最后弄得双方恶意对峙。这完全不顾自己的文士身份,纯以利往,这与《儒林外史》第55回所描写的文士季遐年相比,真是天壤之别。后者同样是以卖字作文治生,但季遐年颇有张狂个性,虽自小无家无业,在寺庙里安身,但绝不为润笔资的多少而丧失人格。

《儒林外史》用大量的笔墨摹写了文士操选政的治生情形。《儒林外史》中写到的时文选家主要有卫体善、随岑庵、马纯上、蘧駪夫、匡超人、季茅萧等名士，他们活跃在江南运河沿岸城镇或毗邻运河地区一带，与书坊合作，生产出深受许多世人欢迎的选本，成为士子们的参考书。吴敬梓在《儒林外史》中用了数回（第13、14、15、33、49回）的笔墨描写了马二先生的选文情形及其乐于助人的高尚品行。

马二先生，名静，字纯上，人称马二先生，浙江处州人。补廪生。虽在科场上拼杀了24年，仍未能登第，只得以选政为业，成为一代选文名家。他批点文章的特点是全不带词赋气，总是采用《语类》《或问》上的精语，批得很认真很仔细，“时常一个批语要做半夜，不肯苟且下笔”（第13回，第159页）。对于选文的署名问题，马二先生也是一丝不苟，绝不弄虚作假，如蘧公孙想在马二先生文海楼评选的“历科墨卷持运”书中署名，却被马二先生断然拒绝，毫无通融之处（第13回，第160—161页）。马二先生的选政事业主要在浙江，《儒林外史》第14回描写了马二先生为了选文经常奔波于嘉兴和杭州两地。马二先生虽久享盛名，书坊请之不绝，所选之书比较畅销，在浙江的一些书店里有售；从事选政的收入，较一般选家的为多，但总的来说除了维持生计所需，所剩并不丰赡，又由于他乐于助人，常常帮助落难的文士，常常入不敷出。如他被嘉兴东家包了几个月选书，束脩仅有几两银子，前后所得也只有100两银子，除去自己的用度外，剩余的92两银子，为了救人被官差和宦成诈取。后因救蘧公孙银钱用尽，手头拮据，无选本可选，出外散步求签，又差点被洪憨仙利用去骗人钱财（第14回，第167—170页）。

《儒林外史》里的另一位选家匡迥，字超人，浙江乐清县人。他是继马二先生之后的名选家。早在匡超人落难之时，曾受过马纯上救助和恩惠，其后来到杭州找马纯上，不巧后者已回处州。杭州文瀚楼主人临时请匡超人应急选文，于是匡超人的人生出现了转折点，他由此踏上了选政之路。这时的匡超人是选文新手，但不同于马二先生精细的选文特点，匡超人选文速度很快，在短短的6日之内，就把雇主交付的三百多篇文章都批完了，由此受到了雇主的欢迎和挽留。从此以后，书坊名店相继请匡超人选文（第19回，第222页）。尽管如此，匡超人的选文工作虽多，但其所得并不太多，如他给杭州文瀚楼主人批点300多篇文章，才得2两选金和50本样书；小有名气后，给书店选两部书，也不过能得几两选金和几十本样书而已。经过娶妻赁房的花费后，匡超人囊中已空，又不得不接选本之活以赚钱养家，勉强度日，如《儒林外史》第19回道：

> 潘三替他在书店左近典了四间屋，价银四十两，又买了些桌椅家伙之类，搬了进去。请请邻居，买两石米，所存的这项银子，已是一空。还亏事事都是潘三帮衬，办的便宜；又还亏书店寻着选了两部文章，有几两选金，又有样书，卖了些将就度日。到得一年有余，生了一个女儿，夫妻相得。（第222页）

与马二先生不同的是，匡超人不仅知识浅薄，选文没有马二先生的精细和一丝不苟，而且善于对人吹嘘自己的选本，人品也比较低下，如不仅不感念马二先生的救助之恩，而且还昧着良心刻意贬低马二先生。

除了以上马二先生、匡超人两位选家外，《儒林外史》提到了几位选家，如卫体善、随岑庵两位文士是浙江20年的老选家，选的文章“衣被海内”（第18回，第211—212页）；安庆人萧鼎，字金铉，临时被请应急参与选书，属临时性质，数人连吃带喝将东家银两耗尽（第28回，第319页）。选家相互有竞争，甚至彼此不相能，恶意诋毁对方的现象屡有发生，如匡超人对恩人马二先生刻意贬低而抬高自己的选本竞争力；卫体善、随岑庵两位浙籍选家对马二先生亦是如此。

吴敬梓在《儒林外史》中，还不惜笔墨地描写了文士游食这一文化现象。吴敬梓描写了牛布衣、王义安、倪廷珠、余特等文士曾有过游幕经历：牛布衣曾游幕山东范进府中（第10回，第123页）；牛玉圃的20年结拜弟兄王义安曾与牛玉圃一同游幕于官府（第22回，第256页）；倪廷珠自20多岁就学会了幕道，“在各衙里做馆”，前几年在山东游幕，后来来到苏州抚院衙门姬大人处做幕宾，宾主相得，幕资“每年一千两银子”（第27回，第308—309页）；余特不仅从事处馆，还“各府、州、县作游，相与的州、县官也不少”（第44回，第489页）。吴敬梓在《儒林外史》中对文士打秋风现象予以描绘，如范进中举后，虽接受了当地缙绅和乡亲的不少贺贽，但因办理母亲丧事花费殆尽，连参加会试的费用也无处筹措。在张师陆的劝说下，不顾孝服在身，和张师陆一起到广东高要县知县汤奉处打秋风。之所以二人选择高要县，一是因为就近；二是因为“高要地方肥美，或可秋风一二”（第3回，第51页）；三是张师陆曾数次到汤知县处打秋风，熟门熟路，而范进中举不久却从未到高知县处打过秋风，汤知县不好拒绝，自己也能“秋风一二”：

> 知县汤奉接了帖子,一个写"世侄张师陆",一个写"门生范进",自心里沉吟道:"张世兄屡次来打秋风,甚是可厌;但这回同我新中的门生来见,不好回他。"(第三回,第53页)

二人不仅未能"秋风一二",反而因遇到民变而逃归。

牛浦不仅卖字作文,还借着讲诗为名,到安东董知县处打秋风,如《儒林外史》第23回道:

> 牛浦三日两日进衙门去走走,借着讲诗为名,顺便撞两处木钟,弄起几个钱来。(第53页)

余特在扬州处馆时所得的馆金用完后,不想再处馆,兼之父母待葬急需银两,于是打起到无为州刺史那里打秋风的主意,如《儒林外史》第44回道:

> 余有达笑道:"小弟因有一个故人在无为州做刺史,前日有书来约我,我要到那里走走。他若帮衬我些须,强如坐一年馆。"(第488页)

他的二弟余持很赞成兄长的想法:

> 二先生道:"哥这番去,若是多抽丰得几十两银子,回来把父亲母亲葬了。灵柩在家里这十几年,我们在家都不安。"大先生道:"我也是这般想,回来就要做这件事。"(第490页)

因刺史刚到任不久,没有多余的钱财给予,但给余特指点了一条利用官司谋取银钱之路,为此余特获银130多两,回家处理父母葬事。后事发,受到官府的追究。

文士陈木南以打秋风度日,《儒林外史》第53、54两回就描述了陈木南到他的表弟徐三公子、徐九公子府上打秋风,每次都数额不少,多达二三百两银子,但因流连青楼而银钱用尽,躲债远走福建。《儒林外史》第50回也描述了秀才万里,冒充中书,以图商家、乡绅们有所照应,后因此吃官司,幸而得侠士凤鸣歧解救。

除了以上几大类治生方式外,《儒林外史》还描写一些文士兼做他业,虽然以这些杂业为治生方式不占主流,但也反映了明清时期文士治生的多样化和日趋恶化的治生生态。如《儒林外史》第25回讲到秀才倪老爹,因科场屡次失利,家贫卖子,只得以修补乐器为生:

> 倪老爹叹一口气道:“长兄,告诉不得你!我从二十岁上进学,到而今做了三十七年的秀才。就坏在读了这几句死书,拿不得轻,负不得重,一日穷似一日,儿女又多,只得借这手艺糊口,原是没奈何的事。”(第284页)

《儒林外史》还描绘了明清时期科场替考现象,如第19回所写科试替考,明码标价:

> 李四道:“目今宗师按临绍兴了,有个金东崖,在部里做了几年衙门,挣起几个钱来,而今想儿子进学。他儿子叫做金跃,却是一字不通的,考期在即,要寻一个替身。这位学道的关防又严,须是想出一个新法子来。这事所以要和三爷商议。”潘三道:“他愿出多少银子?”李四道:“绍兴的秀才,足足值一千两一个。他如今走小路,一半也要他五百两。只是眼下且难得这一个替考的人,又必定是怎样装一个何等样的人进去?那替考的笔资多少?衙门里使费共是多少?剩下的你我怎样一个分法?”潘三道:“通共五百两银子,你还想在这里头分一个分子,这事就不必讲了。你只好在他那边得些谢礼,这里你不必想。”李四道:“三爷,就依你说也罢了。到底是怎个做法?”潘三道:“你总不要管,替考的人也在我,衙门里打点也在我。你只叫他把五百两银子兑出来,封在当铺里,另外拿三十两银子给我做盘费,我总包他一个秀才。若不得进学,五百两一丝也不动。可妥当么?”(第222页)

匡超人受潘三所托,做替考之勾当,得银200两。

《儒林外史》第53、54回分别描写了南京围棋国手邹泰来、马先生两位文士以弈棋治生,陈木南以一锭银子为彩,才得与邹泰来让子对弈;国手马先生与人弈棋,以110两银子为彩头,共赢了2000多两银子。

吴敬梓虽然不善治生,但他也认为:“治生儒者事,谋道古人心。”[①]他的亲友却多是治生之人,并且多活跃在运河沿岸城镇和毗邻运河地区,如他的儿子吴烺弱冠时就自力于衣食,处馆于大江南北;他的好友冯粹中就是以操选政治生,后来吴敬梓将冯粹中化为《儒林外史》中马二先生的原型。吴敬梓将自身经历的一些人和事融入《儒林外史》之中,如杜少卿就是

① [清]吴敬梓著,李汉秋、项东升校注:《吴敬梓集系年校注》卷二《诗一·漕园四首》,中华书局,2011年,第110页。

吴敬梓自身的摹写,而虞博士、牛布衣、季苇萧、汤镇台、余大先生、来霞士等就是吴蒙泉、朱草衣、李啸村、杨凯、金矩、王昆霞等人的原型,他们多曾参与过治生活动。吴敬梓摹写这些文士治生,一方面揭示出明清时期文士的生态不容乐观,以及科举制度对文士在精神和物质方面的双重摧残;另一方面揭示了文士面对这种窘境,为了治生所表现出的人格分裂。

文士治生作为一种文化现象,对明清文学艺术的创作和传播起到了一定的积极作用,无论在题材、艺术特色上,还是在思想文化内容上,都超越前代,迎来了明清文学艺术的辉煌时代,对中国传统文化的继承和传播也产生了积极作用。从这个意义上来说,研究文士治生,特别是对地处运河沿岸城镇和毗邻运河的明清江南文士治生状况的研究,有助于我们从侧面观照明清文学艺术的发展面貌,因为许多明清文学艺术作品是江南文士或流寓于江南的外地文士创作的,是江南或者可以说运河这块沃土孕育了这些文学艺术巨擘和传世作品。

参考文献

正史

《史记》,中华书局,1959 年。

《隋书》,中华书局,1973 年。

《明史》,中华书局,1974 年。

《明世宗实录》,台湾“中央研究院”历史语言研究所校印本(据国立北平图书馆红格抄本显微胶卷放大影印)。

《清朝文献通考》,商务印书馆,1936 年。

《清史稿》,中华书局,1977 年。

[清]蒋良骐:《东华录》,中华书局,1980 年。

[清]佚名:《清史列传》,中华书局,1987 年。

地方志

万历《钱塘县志》,《中国地方志丛书・华中地方》第 192 号,台湾成文出版社有限公司,1975 年影印本。

康熙《常熟县志》,《中国地方志集成・江苏府县志辑》,江苏古籍出版社,1991 年影印本。

康熙《常州府志》,《中国地方志集成・江苏府县志辑》,江苏古籍出版社,1991 年影印本。

康熙《衡州府志》,书目文献出版社,1998 年影印本。

康熙《秀水县志》,《中国地方志集成・浙江府县志辑》,上海书店,1993 年影印本。

雍正《西湖志》,《中国地方志丛书・华中地方》第 543 号,台湾成文出版社有限公司,1983 年影印本。

乾隆《长洲县志》,《中国地方志集成・江苏府县志辑》,江苏古籍出版社,1991 年影印本。

乾隆《江都县志》,《中国地方志集成·江苏府县志辑》,江苏古籍出版社,1991年影印本。

乾隆《绍兴府志》,《中国地方志集成·浙江府县志辑》,上海书店,1993年影印本。

乾隆《震泽县志》,《中国地方志集成·江苏府县志辑》,江苏古籍出版社,1991年影印本。

乾隆《镇江府志》,《中国地方志集成·江苏府县志辑》,江苏古籍出版社,1991年影印本。

嘉庆《重修扬州府志》,《中国地方志集成·江苏府县志辑》,江苏古籍出版社,1991年影印本。

嘉庆《江都县续志》,《中国地方志集成·江苏府县志辑》,江苏古籍出版社,1991年影印本。

嘉庆《溧阳县志》,《中国地方志集成·江苏府县志辑》,江苏古籍出版社,1991年影印本。

嘉庆《新修江宁府志》,《中国地方志集成·江苏府县志辑》,江苏古籍出版社,1991年影印本。

嘉庆《余杭县志》,《中国地方志集成·浙江府县志辑》,上海书店,1993年影印本。

嘉庆《增修宜兴县旧志》,《中国地方志集成·江苏府县志辑》,江苏古籍出版社,1991年影印本。

《松江府志》,嘉庆二十二年(1817)刊府学明伦堂藏版。

道光《徽州府志》,《中国地方志集成·安徽府县志辑》,江苏古籍出版社,1998年影印本。

道光《会稽县志稿》,《中国地方志集成·浙江府县志辑》,上海书店,1993年影印本。

道光《昆新两县志》,《中国地方志集成·江苏府县志辑》,江苏古籍出版社,1991年影印本。

道光《上元县志》,《中国地方志集成·江苏府县志辑》,江苏古籍出版社,1991年影印本。

同治《长兴县志》,《中国地方志集成·浙江府县志辑》,上海书店,1993年影印本。

同治《湖州府志》,《中国地方志丛书·华中地方》第54号,台湾成文出版社有限公司,1960年影印本。

同治《祁门县志》,《中国地方志集成·安徽府县志辑》,江苏古籍出版社,1998年影印本。

同治《上海县志》,同治十年(1871)刊本。

同治《上江两县志》,《中国地方志集成·江苏府县志辑》,江苏古籍出版社,1991年影印本。

同治《苏州府志》,《中国地方志集成·江苏府县志辑》,江苏古籍出版社,1991年影印本。

同治《续纂江宁府志》,《中国地方志集成·江苏府县志辑》,江苏古籍出版社,1991年影印本。

同治《续纂扬州府志》,《中国地方志集成·江苏府县志辑》,江苏古籍出版社,1991年影印本。

光绪《慈溪县志》,《中国地方志集成·浙江府县志辑》,上海书店,1993年影印本。

光绪《嘉兴府志》,《中国地方志集成·浙江府县志辑》,上海书店,1993年影印本。

光绪《江都县志·江都续志》,《中国地方志集成·江苏府县志辑》,江苏古籍出版社,1991年影印本。

光绪《昆新两县续修合志》,《中国地方志集成·江苏府县志辑》,江苏古籍出版社,1991年影印本。

光绪《溧阳县续志》,《中国地方志集成·江苏府县志辑》,江苏古籍出版社,1991年影印本。

光绪《六合县志》,《中国地方志集成·江苏府县志辑》,江苏古籍出版社,1991年影印本。

光绪《无锡金匮县志》,《中国地方志集成·江苏府县志辑》,江苏古籍出版社,1991年影印本。

光绪《吴江县续志》,《中国地方志集成·江苏府县志辑》,江苏古籍出版社,1991年影印本。

光绪《续纂句容县志》,《中国地方志集成·江苏府县志辑》,江苏古籍出版社,1991年影印本。

光绪《永康县志》,《中国地方志集成·浙江府县志辑》,上海书店,1993 年影印本。

光绪《再续高邮州志》,《中国地方志集成·江苏府县志辑》,江苏古籍出版社,1991 年影印本。

光绪《增修甘泉县志》,《中国地方志集成·江苏府县志辑》,江苏古籍出版社,1991 年影印本。

光绪《诸暨县志》,《中国地方志集成·浙江府县志辑》,上海书店,1993 年影印本。

[清]吴吉祜:《丰南志》,《中国地方志集成·乡镇志专辑》,江苏古籍出版社,1992 年影印本。

民国《甘泉县续志》,《中国地方志集成·江苏府县志辑》,江苏古籍出版社,1991 年影印本。

民国《高淳县志》,《中国地方志集成·江苏府县志辑》,江苏古籍出版社,1991 年影印本。

民国《杭州府志》,《中国地方志集成·浙江府县志辑》,上海书店,1993 年影印本。

民国《江都县新志》,《中国地方志集成·江苏府县志辑》,江苏古籍出版社,1991 年影印本。

民国《江都县续志》,《中国地方志集成·江苏府县志辑》,江苏古籍出版社,1991 年影印本。

民国《昆新两县续补合志》,《中国地方志集成·江苏府县志辑》,江苏古籍出版社,1991 年影印本。

民国《三续高邮州志》,《中国地方志集成·江苏府县志辑》,江苏古籍出版社,1991 年影印本。

民国《上海县志》,1935 年刻本。

民国《太仓州镇洋县志》,《中国地方志集成·江苏府县志辑》,江苏古籍出版社,1991 年影印本。

民国《吴县志》,《中国地方志集成·江苏府县志辑》,江苏古籍出版社,1991 年影印本。

民国《歙县志》,《中国地方志集成·安徽府县志辑》,江苏古籍出版社,1998 年影印本。

民国《萧山县志稿》,《中国地方志集成·浙江府县志辑》,上海书店,1993年影印本。
民国《续修兴化县志》,《中国地方志集成·江苏府县志辑》,江苏古籍出版社,1991年影印本。
民国《黟县四志》,《中国地方志集成·安徽府县志辑》,江苏古籍出版社,1998年影印本。

文集

[宋]吕祖谦:《东莱吕太史外集》,胡宗楙辑《续金华丛书》,民国十三年(1924)刊本。
[明]陈确:《陈确集》,中华书局,1979年。
[明]陈子龙:《安雅堂稿》,辽宁教育出版社,2003年。
[明]方承训:《方鄈邮复初集》,《四库全书存目丛书》,齐鲁书社,1997年影印本。
[明]龚诩:《野古集》,文渊阁《四库全书》本。
[明]归有光:《震川文集》,《四部备要》,中华书局据原刻本校刊。
[明]何白:《汲古堂集》,《四库禁毁书丛刊》,北京出版社,1997年影印本。
[明]何乔远:《名山藏》,《四库禁毁书丛刊》,北京出版社,1997年影印本。
[明]黄宗会:《缩斋文集》,上海古籍出版社,1983年影印本。
[明]黄宗羲:《黄宗羲全集》,浙江古籍出版社,1985年。
[明]焦竑:《澹园集》,中华书局,1999年。
[明]李维桢:《大泌山房集》,《四库全书存目丛书》,齐鲁书社,1997年影印本。
[明]李贽:《李贽文集》,北京燕山出版社,1998年。
[明]梁辰鱼:《梁辰鱼集》,上海古籍出版社,1998年。
[明]丘濬:《大学衍义补》,文渊阁《四库全书》本。
[明]唐寅:《唐伯虎全集》,中国美术学院出版社,2002年。
[明]汪道昆:《太函集》,明万历刻本。
[明]王守仁:《王阳明全集》,上海古籍出版社,1992年。
[明]吴宽:《匏翁家藏集》,《四部丛刊》本。
[明]徐渭:《徐渭集》,中华书局,1983年。

[明]张鸣凤:《羽王先生集》,《四库全书存目丛书补编》,齐鲁书社,1998 年影印本。
[明]郑晓:《端简郑公文集》,《北京图书馆古籍珍本丛刊》,北京图书馆古籍出版编辑组编,书目文献出版社,1998 年影印本。
[明]朱彝尊:《曝书亭全集》,《四部备要》,中华书局据原刻本校刊。
[清]包世臣:《齐民四术》,中华书局,2001 年。
[清]陈名夏:《石云居文集》,《四库全书存目丛书补编》,齐鲁书社,1998 年影印本。
[清]戴名世:《戴名世集》,中华书局,1986 年。
[清]方文:《嵞山集》,上海古籍出版社,1979 年。
[清]何家琪:《天根文钞》,王德毅主编《丛书集成续编》,台湾新文丰出版公司印行,1991 年影印本。
[清]华岩:《离垢集》,《清代稿本百种汇刊》,台湾文海出版社,1974 年影印本。
[清]蒋士铨:《忠雅堂集校笺》,上海古籍出版社,1993 年。
[清]金谔:《笃慎堂烬余诗稿》,王德毅主编《丛书集成续编》,台湾新文丰出版公司,1991 年影印本。
[清]金之俊:《金文通公集》,《四库全书存目丛书补编》,齐鲁书社,1998 年影印本。
[清]孔尚任:《孔尚任诗文集》,中华书局,1962 年。
[清]潘耒:《遂初堂集》,《四库全书存目丛书》,齐鲁书社,1997 年影印本。
[清]钱大昕:《潜研堂文集》,《四部丛刊初编》,上海商务印书馆,民国十八年(1929)影印本。
[清]钱谦益:《牧斋有学集》,上海古籍出版社,1996 年。
[清]全祖望:《全祖望集汇校集注》,朱铸禹汇校集注,上海古籍出版社,2000 年。
[清]沈廷芳:《隐拙斋集》,《四库全书存目丛书补编》,齐鲁书社,1998 年影印本。
[清]沈尧:《落帆楼文集》,嘉业堂刻本。
[清]孙奇逢:《夏峰先生集》,中华书局,2004 年。
[清]谈迁:《谈迁诗文集》,辽宁教育出版社,1998 年。

[清]魏禧:《魏叔子文集》,中华书局,2003年。
[清]吴伟业:《吴梅村全集》,上海古籍出版社,1990年。
[清]忻江明:《鹤巢文存》,王德毅主编《丛书集成续编》,台湾新文丰出版公司,1991年影印本。
[清]袁枚:《小仓山房诗文集》,《四部备要》,中华书局据原刻本校刊。
[清]张履祥:《杨园先生全集》,中华书局,2002年。
[清]张云章:《朴村文集》,《四库禁毁书丛刊》,北京出版社,1997年影印本。
[清]郑燮:《郑板桥集》,上海古籍出版社,1962年。
[清]郑燮:《郑板桥文集》,巴蜀书社,1997年。
[清]朱梅叔:《埋忧集》,《笔记小说大观》,台湾新兴书局有限公司,1980年影印本。
张郁明等编:《扬州八怪诗文集》,江苏美术出版社,1996年。
王荣商:《容膝轩文集》,王德毅主编《丛书集成续编》,台湾新文丰出版公司,1991年影印本。

笔记、杂著

[宋]洪迈:《容斋随笔》,中华书局,1978年。
[宋]吴自牧:《梦粱录》,山东友谊出版社,2001年。
[明]曹臣:《舌华录》,黄山书社,1999年。
[明]陈洪谟:《治世余闻　继世纪闻　松窗梦语》,中华书局,1985年。
[明]都穆:《寓意编》,文渊阁《四库全书》本。
[明]顾起元:《客座赘语》,中华书局,1987年。
[明]顾炎武:《天下郡国利病书》,《四部丛刊》本。
[明]何良俊:《四友斋丛说》,中华书局,1959年。
[明]胡应麟:《少室山房笔丛》,上海书店出版社,2001年。
[明]黄省曾:《吴风录》,《笔记小说大观》,台湾新兴书局有限公司,1980年影印本。
[明]焦竑:《玉堂丛语》,中华书局,1981年。
[明]雷礼:《国朝列卿记》,《元明史料丛编》,台湾文海出版社有限公司,1988年影印本。

[明]李介:《天香阁随笔》,《笔记小说大观》,台湾新兴书局有限公司,1980 年影印本。

[明]李日华:《味水轩日记》,上海远东出版社,1996 年。

[明]李诩:《戒庵老人漫笔》,中华书局,1982 年。

[明]凌濛初:《孔门两弟子言诗翼》,明崇祯刻本。

[明]刘鳞长:《浙学宗传》,《四库全书存目丛书》,齐鲁书社,1997 年影印本。

[明]陆粲:《庚巳编》,中华书局,1987 年。

[明]陆容:《菽园杂记》,中华书局,1985 年。

[明]沈德符:《万历野获编》,中华书局,1959 年。

[明]田汝成辑撰:《西湖游览志馀》,上海古籍出版社,1998 年。

[明]王锜:《寓圃杂记》,中华书局,1984 年。

[明]王士性:《广志绎》,中华书局,1981 年。

[明]王兆云辑:《皇明词林人物考》,《四库全书存目丛书》,齐鲁书社,1997 年影印本。

[明]文震孟:《姑苏名贤小纪》,《四库全书存目丛书》,齐鲁书社,1997 年影印本。

[明]吴稚登:《吴郡丹青志》,《笔记小说大观》,台湾新兴书局有限公司,1980 年影印本。

[明]谢肇淛:《五杂组》,上海书店出版社,2001 年。

[明]徐弘祖:《徐霞客游记》,上海古籍出版社,1980 年。

[明]徐纮:《皇明名臣琬琰录》,《元明史料丛编》,台湾文海出版社有限公司,1988 年影印本。

[明]徐象梅:《两浙名贤录》,《四库全书存目丛书》,齐鲁书社,1997 年影印本。

[明]叶盛:《水东日记》,中华书局,1980 年。

[明]于慎行:《穀山笔麈》,中华书局,1984 年。

[明]余继登:《典故纪闻》,中华书局,1981 年。

[明]朱国桢:《涌幢小品》,中华书局,1959 年。

[清]陈康祺:《郎潜纪闻四笔》,中华书局,1990 年。

[清]陈康祺:《燕下乡脞录》,《笔记小说大观》,台湾新兴书局有限公司,

1980年影印本。

[清]陈其元:《庸闲斋笔记》,中华书局,1989年。

[清]丁柔克:《柳弧》,中华书局,2002年。

[清]顾公燮:《丹午笔记·吴城日记·五石脂》,江苏古籍出版社,1985年。

[清]顾震涛:《吴门表隐》,江苏古籍出版社,1999年。

[清]何日愈:《退庵诗话》,广东高等教育出版社,1996年。

[清]姜绍书:《无声诗史》,《四库全书存目丛书》,齐鲁书社,1997年影印本。

[清]金埴:《不下带编》,中华书局,1982年。

[清]雷瑨辑:《清人说荟》,王有立主编《中华文史丛书》之85第11辑,台湾华文书局股份有限公司,1969年影印本。

[清]李斗:《扬州画舫录》,中华书局,1960年。

[清]李果:《在亭丛稿》,《四库全书存目丛书补编》,齐鲁书社,1998年影印本。

[清]李延昰:《南吴旧话录》,上海古籍出版社,1985年。

[清]李元度:《国朝先正事略》,《四部备要》,中华书局据原刻本校刊。

[清]厉鹗:《东城杂记》,《笔记小说大观》,台湾新兴书局有限公司,1980年影印本。

[清]刘声木:《苌楚斋随笔续笔三笔四笔五笔》,中华书局,1998年。

[清]刘体智:《异辞录》,中华书局,1988年。

[清]陆以湉:《冷庐杂识》,中华书局,1984年。

[清]毛祥麟:《墨余录》,上海古籍出版社,1985年。

[清]闵尔昌录:《碑传集补》,沈云龙主编《近代中国史料丛刊》第100辑,台湾文海出版社有限公司,1973年影印本。

[清]缪荃孙纂录:《续碑传集》,沈云龙主编《近代中国史料丛刊》第99辑,台湾文海出版社有限公司,1966年影印本。

[清]欧阳兆熊、金安清:《水窗春呓》,中华书局,1984年。

[清]蘋梗:《秦淮感旧集》,《笔记小说大观》,台湾新兴书局有限公司,1980年影印本。

[清]钱仪吉编:《碑传集》,沈云龙主编《近代中国史料丛刊》,台湾文海出版社有限公司,1966年影印本。

[清]钱泳:《履园丛话》,中华书局,1979年。

[清]汪辉祖:《佐治药言》,辽宁教育出版社,1998年。

[清]王炳燮辑:《国朝名臣言行录》,沈云龙主编《近代中国史料丛刊》第48辑,台湾文海出版社有限公司,1970年影印本。

[清]王士禛:《池北偶谈》,中华书局,1982年。

[清]王韬:《弢园尺牍》,中华书局,1959年。

[清]王韬:《弢园文录外编》,中华书局,1959年。

[清]王韬:《瀛壖杂志》,《笔记小说大观》,台湾新兴书局有限公司,1980年影印本。

[清]王应奎:《柳南随笔 续笔》,中华书局,1983年。

[清]吴德旋:《初月楼闻见录》,《笔记小说大观》,台湾新兴书局有限公司,1980年影印本。

[清]吴德旋:《初月楼续闻见录》,《笔记小说大观》,台湾新兴书局有限公司,1980年影印本。

[清]吴庆坻:《蕉廊脞录》,中华书局,1990年。

[清]吴肃公:《明语林》,黄山书社,1999年。

[清]西溪山人:《吴门画舫录》,《笔记小说大观》,台湾新兴书局有限公司,1980年影印本。

[清]徐官:《古今印史》,《笔记小说大观》,台湾新兴书局有限公司,1980年影印本。

[清]徐沁:《明画录》,王云五主编《丛书集成初编》,商务印书馆,1936年。

[清]宣鼎:《夜雨秋灯录》,《笔记小说大观》,台湾新兴书局有限公司,1980年影印本。

[清]叶廷琯:《鸥陂渔话》,《笔记小说大观》,台湾新兴书局有限公司,1980年影印本。

[清]叶廷琯:《鸥陂渔话》,辽宁教育出版社,1998年。

[清]余怀:《板桥杂记》(外一种),上海古籍出版社,2000年。

[清]俞蛟:《梦厂杂著》,北京古籍出版社,2001年。

[清]俞樾:《春在堂随笔》,江苏人民出版社,1984年。

[清]俞樾:《荟蕞编》,《笔记小说大观》,台湾新兴书局有限公司,1980年影印本。

[清]袁枚:《小仓山房尺牍》,王英志主编《袁枚全集》,江苏古籍出版社,1993 年。

[清]张之洞:《劝学篇》,上海书店出版社,2002 年。

[清]昭梿:《啸亭杂录》,中华书局,1980 年。

[清]郑元庆:《湖录经籍考》,王德毅主编《丛书集成续编》,台湾新文丰出版公司,1991 年影印本。

[清]邹弢:《三借庐笔谈》,《笔记小说大观》,台湾新兴书局有限公司,1980 年影印本。

蔡冠洛:《清代七百名人传》,沈云龙主编《近代中国史料丛刊》第 63 辑,台湾文海出版社有限公司,1971 年。

范烟桥:《茶烟歇》,上海书店,1989 年影印本。

费行简:《近代名人小传》,沈云龙主编《近代中国史料丛刊》第 8 辑,台湾文海出版社有限公司,1967 年影印本。

葛虚存:《清代名人轶事》,江苏广陵古籍刻印社,1993 年。

胡祥翰编:《上海小志》,上海传经堂书店,1930 年。

刘禺生:《世载堂杂忆》,中华书局,1960 年。

《清代野史大观》,《笔记小说大观》,台湾新兴书局有限公司,1980 年影印本。

裘毓麐:《清代轶闻》,王有立主编《中华文史丛书》之 86 第 11 辑,台湾华文书局股份有限公司,1969 年影印本。

《申报》(1872—1900),上海书店影印本。

徐珂编撰:《清稗类钞》,中华书局,1984 年。

许承尧:《歙事闲谭》,黄山书社,2001 年。

曾羽王:《乙酉笔记》,上海市文物保管委员会编《上海史料丛编》本,1961 年。

小说、戏曲

[明]陈与郊:《樱桃梦》,万历间海昌陈氏原刻本。

[明]钝庵:《生绡剪》,春风文艺出版社,1987 年。

[明]华阳散人:《鸳鸯针》,春风文艺出版社,1985 年。

[明]霍市道人:《醒风流》,春风文艺出版社,1981 年。

[明]江盈科:《雪涛小说》(外四种),上海古籍出版社,2000 年。
[明]凌濛初:《二刻拍案惊奇》,上海古籍出版社,1983 年。
[明]凌濛初:《拍案惊奇》,上海古籍出版社,1983 年。
[明]陆人龙:《型世言》,中华书局,1993 年。
[清]曹雪芹、高鹗著,脂砚斋、王希廉点评:《红楼梦》,中华书局,2009 年。
[清]刘鹗:《老残游记》,上海古籍出版社,2000 年。
[清]吴敬梓:《儒林外史》,中华书局,1999 年。
凌刻臞仙本《琵琶记》,浙江大学图书馆藏。

今人著作

陈宝良:《明代儒学生员与地方社会》,中国社会科学出版社,2005 年。
陈宝良:《悄悄散去的幕纱——明代文化历程新说》,陕西人民教育出版社,1988 年。
陈谷嘉、邓洪波主编:《中国书院制度研究》,浙江教育出版社,1997 年。
邓洪波:《中国书院史》,东方出版中心,2004 年。
董坚志:《绍兴师爷》,上海新华书局,1921 年。
杜信孚:《明代版刻综录》,江苏广陵古籍刻印社,1983 年。
范金民:《明清江南商业的发展》,南京大学出版社,1998 年。
高寿仙:《徽州文化》,辽东教育出版社,1993 年。
顾鸣塘:《〈儒林外史〉与江南士绅生活》,商务印书馆,2005 年。
顾平:《明代浙派》,辽宁美术出版社,2003 年。
郭建:《绍兴师爷》,上海古籍出版社,1995 年。
郭润涛:《官府、幕友与书生——"绍兴师爷"研究》,中国社会科学出版社,1996 年。
郭英德:《明清传奇史》,江苏古籍出版社,1999 年。
杭春晓:《明代吴门画派》,东方出版中心,2003 年。
胡佩衡等:《历代画家评传·清》,香港中华书局,1979 年。
江庆柏:《明清苏南望族文化研究》,南京师范大学出版社,1999 年。
李春光纂:《清代名人轶事辑览》,中国社会科学出版社,2004 年。
李向民:《中国艺术经济史》,江苏教育出版社,1995 年。
刘晓东:《明代的塾师与基层社会》,商务印书馆,2010 年。

柳毅:《中国的印刷术》,科学普及出版社,1987 年。
马宗霍辑:《书林藻鉴　书林纪事》,文物出版社,1984 年。
缪咏禾:《明代出版史稿》,江苏人民出版社,2000 年。
钱仲联主编:《广清碑传集》,苏州大学出版社,1999 年。
邱江宁:《明清江南消费文化与文体演变研究》,上海三联书店,2009 年。
上海书画出版社编:《朵云》,上海书画出版社,1982 年。
尚小明:《清代士人游幕表》,中华书局,2005 年。
尚小明:《学人游幕与清代学术》,社会科学文献出版社,1999 年。
沈津:《美国哈佛大学哈佛燕京图书馆中文善本书志》,上海辞书出版社,1999 年。
唐力行:《明清以来徽州区域社会经济研究》,安徽大学出版社,1999 年。
王春瑜:《明清史散论》,东方出版中心,1996 年。
王瑜、朱正海主编:《盐商与扬州》,江苏古籍出版社,2001 年。
王振忠:《明清徽商与淮扬社会变迁》,生活・读书・新知三联书店,1996 年。
王振忠:《绍兴师爷》,福建人民出版社,1994 年。
王重民:《中国善本书提要》,上海古籍出版社,1983 年。
肖东发:《中国编辑出版史》,辽宁教育出版社,1996 年。
肖东发:《中国图书出版印刷史论》,北京大学出版社,2001 年。
谢正光、范金民编:《明遗民录汇辑》,南京大学出版社,1995 年。
徐建融:《明代书画鉴定与艺术市场》,上海书店出版社,1997 年。
阳海清主编:《版本学研究论文选集》,书目文献出版社,1995 年。
叶德辉:《书林清话》,岳麓书社,1999 年。
叶树声、余敏辉:《明清江南私人刻书史略》,安徽大学出版社,2000 年。
余英时:《士与中国文化》,上海人民出版社,2003 年。
俞剑华等:《历代画家评传・明》,香港中华书局,1979 年。
张海鹏、王廷元主编:《明清徽商资料选编》,黄山书社,1985 年。
张树栋、庞多益、郑如斯:《中华印刷通史》,印刷工业出版社,1999 年。
张仲礼:《中国绅士研究》,上海人民出版社,2008 年。
赵红娟:《凌濛初考论》,黄山书社,2001 年。
赵所生、薛正兴主编:《中国历代书院志》,江苏教育出版社,1995 年。

今人论文

毕颖达、刘春英:《晚清士人商战观念的兴起》,《长春师范学院学报》2005年第1期。
岑大利:《论明清时期的官员经商问题》,《社会科学辑刊》1997年第2期。
陈宝良:《明代的致富论——兼论儒家伦理与商人精神》,《北京师范大学学报》2004年第6期。
陈宝良:《明代幕宾制度初探》,《中国史研究》2001年第2期。
陈才训:《治生切于读书,适志基于财富——从〈黄英〉看蒲松龄的治生观》,《贵州社会科学》2005年第4期。
陈国华:《论李渔的商品意识在戏曲活动中的体现》,《河南社会科学》2009年第1期。
陈婷:《明中后期文人画家治生活动探析》,《传奇·传记文学选刊(理论研究)》2010年第11期。
范金民:《江南重赋原因的探讨》,《中国农史》1995年第3期。
范金民:《明清地域商人与江南文化》,《江海学刊》2002年第1期。
范金民:《明清徽州盐商盛于两淮的时间与原因》,《安徽史学》2004年第3期。
范金民:《明清江南进士数量、地域分布及其特色分析》,《南京大学学报(哲学·人文科学·社会科学版)》1997年第2期。
范金民:《明清江南重赋问题述论》,《中国经济史研究》1996年第3期。
方旭东:《儒学史上的"治生论"——兼与余英时先生商榷》,《学术月刊》2006年第6期。
费鸿萍:《略论明清儒商经营理念的形成及其主要内容》,《北京工商大学学报(社会科学版)》2004年第1期。
高建立:《明清之际士商关系问题研究》,《江汉论坛》2007年第2期。
高娟:《论明代中后期通俗小说对士商关系的整合》,广西师范大学硕士论文,2006年。
郭润涛:《中国幕府制度的特征、形态和变迁》,《中国史研究》1997年第1期。
郭莹:《中国古代的官吏经商》,《史学月刊》1999年第4期。

胡发贵:《儒家义利观与贱商心态》,《学海》1993 年第 2 期。

胡平:《浅论晚清文人经商》,《嘉兴高等专科学校学报》2000 年第 3 期。

胡欣:《从〈儒林外史〉看吴敬梓对治学与治生问题的思考》,《信阳师范学院学报(哲学社会科学版)》2007 年第 6 期。

户华为:《张履祥的耕读治世思想与实践》,《泰山学院学报》2004 年第 4 期。

黄果泉:《李渔:集文士与商贾于一身——试论李渔戏曲创作思想的商业化倾向》,《河南师范大学学报(哲学社会科学版)》1995 年第 5 期。

黄海涛:《论李贽经济伦理的批判性》,《云南师范大学学报(哲学社会科学版)》2005 年第 3 期。

江道源:《本末观的变迁与士人的流向》,《厦门特区党校学报》1999 年第 3 期。

蒋星煜:《凌濛初刻本〈西厢记〉及其深远影响》,《上海师范大学学报(社会科学版)》1999 年第 3 期。

李家池:《论扬州盐商与扬州八怪的依存关系》,《扬州教育学院学报》2000 年第 1 期。

李静:《一种新的价值观念的显现——从"贵义贱利"到"不耻言利"》,《明清小说研究》1995 年第 1 期。

李鹏:《试论扬州画派的商业现象及艺术影响》,中央美术学院硕士论文,2010 年。

李升文:《论士商交往对明代中晚期文人画的商品化与画家职业化的影响》,扬州大学硕士论文,2007 年。

李晚成:《中国幕僚制度考论》,《上海师范大学学报(哲学社会科学版)》1988 年第 1 期。

李晓英:《试论晚清士人阶层的经商潮流》,《甘肃联合大学学报(社会科学版)》2004 年第 4 期。

刘春玲:《论晚明士大夫的润笔风气》,《阴山学刊》2010 年第 3 期。

刘晓东:《论明代士人的"异业治生"》,《史学月刊》2007 年第 8 期。

刘晓东:《明代士人本业治生论——兼论明代士人之经济人格》,《史学集刊》2001 年第 3 期。

刘晓东:《"弃儒从商"与"以文营商"——晚明士人生计模式的转换及其评

析》,《社会科学辑刊》2011 年第 3 期。
刘增合:《儒道与治生之间——儒教经济伦理观念中的对峙与融通》,《史学集刊》1999 年第 3 期。
卢昌德:《“士”“商”观念变迁论》,《社会科学战线》1998 年第 3 期。
罗能生:《儒商价值观探析》,《河南商业高等专科学校学报》2001 年第 1 期。
彭勇:《明代士夫追求润笔现象试析》,《史林》2003 年第 2 期。
任心慧:《试论李渔商业化“治生”方式对其曲论及剧作的影响》,四川师范大学硕士论文,2002 年。
孙其芬:《明清江南儒商的文化艺术活动》,上海师范大学硕士论文,2010 年。
孙志鹏:《胡宗宪幕僚群体研究》,西北师范大学硕士论文,2013 年。
唐林轩:《略论明清小说中的弃儒从商现象》,湘潭大学硕士论文,2004 年。
唐明辉、李丽萍:《古代文人的“润笔”及支付形式》,《零陵学院学报》2003 年第 4 期。
陶湘:《明吴兴闵板书目》,《青鹤》1937 年 5 月第 5 卷第 13 期。
汪超宏:《谈李渔的人品及其商人气质》,《华中理工大学学报(社会科学版)》1994 年第 3 期。
王慧林:《李渔小说的商业化与其“治生”心态》,《郑州航空工业管理学院学报(社会科学版)》2011 年第 1 期。
王剑:《明清时期官僚经商的文化透视》,《史学集刊》1996 年第 1 期。
王莉函:《论扬州八怪的书画润笔》,郑州大学硕士论文,2010 年。
王颀:《试析明清时期士商阶层与吴门画派》,《东南文化》2004 年第 3 期。
王世光:《清儒治生观念刍议》,《云南社会科学》2002 年第 4 期。
王燕玲:《“抑商”思想与明清官僚经商》,《云南社会科学》2005 年第 3 期。
王燕燕:《晚明山人治生论》,《湖南工业大学学报(社会科学版)》2009 年第 4 期。
王瑜、蔡志荣:《明清士绅家训中的治生思想成熟原因探析》,《河北师范大学学报(哲学社会科学版)》2009 年第 2 期。
吴传清:《中国传统家训文化视野中的治生之学——立足于封建士大夫家训文献的考察》,《中南民族学院学报(人文社会科学版)》2000 年第

1 期。
徐保卫:《尘世之旅——李渔的“游荡江湖”和“打秋风”》,《艺术百家》1994 年第 3 期。
徐保卫:《杭州的“寇警”与南京的“妖氛”——再论李渔的“游荡江湖”“打秋风”》,《江苏社会科学》1995 年第 4 期。
徐保卫:《“翼圣堂”主人——作为出版家的李渔》,《南京理工大学学报(社会科学版)》1994 年 Z1 期。
徐林:《明中后期士商社会交往评析》,《东北师大学报(哲学社会科学版)》2005 年第 1 期。
徐林、杨琪:《士商相混　蝇聚一膻——明代中后期江南商人与士人社会交往活动》,《江苏商论》2005 年第 3 期。
晏成江:《明代官员治生活动研究》,河南大学硕士论文,2007 年。
杨贤宗:《扬州盐商与板桥风格的形成》,《南京艺术学院学报(美术及设计版)》2002 年第 4 期。
袁宏:《论〈歧路灯〉的“治生”精神》,《科教文汇(下半月)》2006 年第 9 期。
张长杰:《浅谈许衡的“治生”思想和素质教育》,《焦作大学学报》2008 年第 3 期。
赵晓兰:《我国近代稿酬制度的确立与原因分析》,《中国出版》2009 年 Z3 期。
钟明奇:《李渔:一个有作为的书坊主与编辑家》,《复旦学报(社会科学版)》1995 年第 4 期。
周礼、范成梅:《徽商与江南士人社会交往研究》,安徽省徽学学会二届二次理事会暨“徽州文化与和谐社会”学术研讨会论文集,2007 年。
周越然:《书谈》,《小说月报》1931 年第 22 卷第 7 期。

后　记

本书完稿之际，回思本课题研究历程，感慨良多。自1997年9月我忝列恩师范金民教授门墙研习明清史至今，已历时20年。记得那时意气风发，对自己考入南京大学历史系读研感到由衷的高兴。恩师范金民教授是著名的明清史研究专家，他的研究成果蜚声海内外，能拜范先生为师研习明清史是我人生的一大转折点，也是我的荣幸。我家中的父亲、哥哥都是学中文的，弟、妹也是学的文科专业。我自小喜欢读历史演义和其他小说，可惜阴差阳错，我上大学所学专业是地质勘探，尽管如此，我一直喜欢文史，上大学和矿山工作期间，闲余时间我阅读的书籍也常常以文史方面的居多。

读研期间，研习中国古代史专业的研究生中，许多是来自贫寒的家庭，经济并不宽裕。为了解决生活之忧以顺利完成学业，一些研究生通过从事家教和为出版社校对书稿来获得微薄的报酬以补贴自己的生活费和学费。学校周围家教中心遍布，生意火爆，每逢晚上或节假日，常常是这些学子们忙碌的时刻，尽管收入极其微薄，不过诸学子们乐而忘疲。我虽出身于教师家庭，无奈家中兄、弟、妹和我接连读大学，其后兄、弟、妹又相继结婚成家，为此家中经济一时陷入窘境。我亦不得不加入做家教和校对的行列，只是因致力于考博，做家教和校对的时间较为短暂。南京大学鼓楼校区也是陈式太极拳名家杨杰人父女来此授拳的主要地点，南大的一些学子及周边的一些人慕名前来学拳。其中有来学拳的学子因长期营养不良，加之运动量较大而晕倒。一位来学拳名叫陈文的女士，苏州人，后定居南京，一心向佛，心地特别善良，看到一些学子面露菜色，于是常常邀其到她家中改善伙食，我也是经常去她家“打牙祭”中的一员。硕士毕业之际，花费会比往常为多，这也是众多学子为之犯难之处，研究生阶段已是成人阶段，尤其是我，虽以前工作六年，但工资低微，无什积蓄，这时更不好向家中父母开口，只能向经济较为宽裕的师友讨借以应一时之需。当时在东南大学读研的付予光先生在我到杭州考博之前，赠我衣服；我的高中同学郑升发在我赴杭州考博和读博期间多次借我学费，他们的慷慨解囊解了我腹饥之忧和学费之难。2000 年 9 月，我考入浙江大学中文系师从徐朔方教授读博，报到期间，因费用不够只好向陈文女士求援，陈文女士慷慨应允，在当时在南大地质系读博的陈荣博士的陪同下，连夜冒雨驱车到南京车站等候，我赶到南京车站时已是凌晨一点多，等我从她手中接过的钱比我要借的 2000 元钱款数目还多出 1000 元时，真是感动莫名。

进入浙大中文系读博期间，尤其是我和拙荆结婚后，境况有所好转，而且那时的一些高考阅卷、自考阅卷多是在浙大校园进行，给我们这些研究生提供了一些勤工俭学的机会。虽然阅卷工作繁累，但比起做家教和校对工作来，不仅时间较短，而且收入对研究生来说也比较可观。每逢这种机会，众研究生奔走相告，竞相报名，以免错失机会；另一项可以勤工俭学的工作，就是参加公务员阅卷，公务员阅卷工作的收入较之高考、自考阅卷的收入高一些，而且阅卷过程比高考阅卷也较为宽松，况且还有免费午餐可以享用，这也是诸位研究生比较喜欢的用来勤工俭学的工作。我的博士论文虽是研究凌濛初家世生平和文学作品考证方面的，但在查阅资料的过程中，发现了一些文士治生的资料，引起我对这一问题的初步思考：明清时期江南下层文士，特别是未仕文士是如何生存的？他们治生所得主要用于何处？他们为何治生？结合自己所见的诸位研究生为解决生计和完成学业而去勤工俭学的现象，我遂决定探究这一文化现象，并有意识地搜集这方面的文献资料。博士毕业后，我继续追随恩师范金民教授读博士后，并与恩师谈及自己的这一打算，范教授对此表示支持，并提出了一些建议和看法，对我博士后研究报告的最终研究框架提供了很好的借鉴。其后直至现在，我一直不间断地致力于明清江南文士治生这一课题的研究，并查阅了许多文献资料，最终使本书完稿。在我的书稿申请国家社科基金后期资助项目之前，我曾携书稿专程到恩师范金民先生府上请其提提建议，范金民先生慨然俯允，可以说范先生为本书的最后完善和定稿付出了许多心血。

在本书付梓之际，我首先要感谢家人的支持和鼓励，感谢徐朔方、范金民两位恩师的教导，可以说没有他们的支持，我就不能由此踏上自己喜爱的文史研究之路，更谈不上本书的完稿。非常感谢陈文女士对我的援助和关心，在南京、杭州求学期间，屡受陈文女士的恩惠，她心怀善念，怜贫惜弱，经常为我和其他学子慷慨解囊以解决我们的腹饥之忧。另外诸多师友在我研究这一课题期间，给予我许多帮助和指导，如江苏省社会科学院的萧相恺研究员、王学军研究员、姜建研究员、皮后锋研究员、王裕明研究员，北京大学中文系的廖可斌教授，南京师范大学文学院的陈书录教授，江苏第二师范学院文学院的冯保善教授等。非常感谢评审我书稿的专家教授，他们的评审意见为我修改和完善书稿提供了许多有益的建议和思路，感谢冯保善教授为拙著出版前校对付出的心血，感谢中华书局吴爱兰编辑为拙作的顺利出版付出的辛勤劳动。

徐永斌

撰于江苏省社会科学院寓所